KB253015

남북한 현대사의 제문제

한국민족운동사학회

국학자료원

국립중앙도서관 출판시도서목록(CIP)

남북한 현대사의 제문제 / 한국민족운동사학회 편. -- 서울 : 국학자료원,
2003
    p. ;   cm. -- (한국민족운동사연구 ; 36)

ISBN 89-541-0119-4 93900

911.07-KDC4
951.904-DDC21   CIP2003001349

발간사

　오늘 남북한이 처한 역사 상황은 일본제국주의 강점과 해방 이후 남북의 분단에서 파생된 왜곡된 현실구조에서 비롯되었다고 해도 과언이 아니다. 일제 식민권력에 대한 한국인들의 '저항'과 '순응'의 과정은 해방 이후 민족공동체 내부에서 정리되지 못하고 말았다. 이후 미국과 소련으로 양분되는 냉전의 틈바구니 속에서 남쪽과 북쪽에는 이념과 체제를 달리하는 이질적 정치권력구조가 들어섬으로써 민족공동체의 심각한 균열을 불러오는 직접적 원인이 되었다. 이런 연장선상에서 일어난 '6·25전쟁'은 민족 최대의 비극을 일으키는 원인이 되었으며, 오늘날까지 남과 북의 '대립'과 '갈등'의 원인이 되어 왔다. 따라서 해방이후 펼쳐진 남과 북의 역사에 대한 이해는 오늘 우리가 직면한 민족문제를 풀어 가는 단초가 될 것이다.

　이런 의미에서 한국민족운동사학회에서는 36집의 특집 주제를 "남북한 현대사의 제문제"라고 잡아 다루어 보았다.

　특집 주제를 통해 본 학회에서는 먼저 해방 직후 부산항을 통과해 간 한국인, 일본인 귀환자들의 동태를 정리하고, 귀환자들을 둘러싸고 조선총독부와 미군정청이 어떤 원호체계와 원호활동을 펼쳤는지에 대한 내용과 성격 등을 구체적으로 살펴보았다. 또 현대 노동분야에서 무시할 수 없는 비중을 차지하고 있는 牛村 錢眞漢의 삶을 통해 일제 강점기의 협동조합운동과 신간회 동경지회에서 활동하던 그가 해방정국에서 극단적인

반공활동가로 변모한 배경과 과정 등을 추적하였다. 그리고 5·16군사정권
의 굴욕적 한일회담을 계기로 전개된 6·3학생운동의 이념이 단순히 충동
적인 일회적 사건이 아니라 '민족자존', '민주, '민생'이라는 세 가지의
이념 속에서 펼쳐졌음을 밝히고 있다. 이와 함께 맑스-레닌주의라 일컫는
정통사회주의의 민족주의적 변용인 북한의 주체사회주의를 '공민종교'라
는 관점에서 살펴본 논문은 오늘의 북한사회를 이해할 수 있는 하나의
단서를 제공하고 있다.

이외에도 미국 유학시기 장덕수의 활동과 사회인식을 다룬 논문, 손두
환의 항일민족주의 탐색과 민족운동관을 다룬 논문, 그리고 1930년대 초
함북지방 학생운동과 운동의 전개양상을 다룬 논문 등은 일제 강점기
우리 민족운동의 '저항'의 양상을 잘 보여주고 있다. 또 만주지역에 거주
하던 조선인들의 사회경제적 존재 상태와 그들의 정치의식을 밀도있게
살핀 논문은 관련 분야의 부족한 부분을 훌륭하게 보완하고 있다. 이와
함께 『한국기독교 여성운동의 역사』에 대해 실린 서평은 저서의 의미와
한국기독교 여성사의 연구동향을 잘 소개하고 있다.

본 학회에서는 앞으로도 특정한 주제를 통해 우리 민족운동사의 주요
쟁점 등을 중점적으로 발굴하고 정리해 나가려고 하며, 이를 통해 우리
학계가 보완하거나 새롭게 확장해야 할 연구분야에 대한 학계의 활발한

발표와 토론이 이루어질 수 있는 장(場)을 제공하고자 한다.

끝으로 본서를 만들기 위해 애써주신 박수현, 성주현, 황민호 선생님께
고마움을 표하며, 원고 교정에 도와주신 여러 선생들께도 감사드립니다.

한국민족운동사학회

회 장 유 영 렬

목 차

특 집 : 남북한 현대사의 제문제

해방직후 부산경남지역의 귀환자 원호체계와 원호활동▌최영호 ·· 5

牛村 錢鎭漢의 협동조합 및 우익노조 활동 ▌임송자 ·················· 51

6·3 학생운동의 이념에 대한 고찰 ▌유영렬 ······················· 87

북한의 공민종교 ▌정대일 ··· 107

일반논문

美國 留學時期 雪山 張德秀의 活動과 社會認識 ▌심재욱 ········ 143

손두환의 항일민족주의 탐색과 민족운동관 ▌한상도 ·················· 179

1930年代初 咸北地方 學生運動의 展開樣相 ▌조성운 ·············· 217

「滿洲國」 商工業界의 民族構成과 그 實態 ▌윤휘탁 ·················· 243

在滿朝鮮人의 '滿洲國'觀 및 '日本帝國'像 ▌신규섭 ·················· 279

서 평

한국기독교여성사의 틈새를 채워 가는『한국기독교 여성운동의
  역사』(윤정란 저, 한국기독교 여성운동의 역사) ▌양미강 ····· 321

해방직후 부산경남지역의 귀환자 원호체계와 원호활동*

최 영 호**

목 차

머리말
Ⅰ. 해방직후 한국인 일본인 귀환 상황
　1. 해방직후 일본 거주 한국인의 귀환 상황
　2. 해방직후 부산경남 거주 일본인의 귀환 상황
Ⅱ. 조선총독부와 미군정청의 귀환자 원호대책
　1. 조선총독부의 귀환대책과 부산안내소의 활동
　2. 미군정청의 귀환대책과 부산경남지역 군정부대의 활동
Ⅲ. 부산지역 민간 원호단체의 조직과 활동
　1. 한국인 원호단체의 조직과 활동
　2. 일본인 세화회의 조직과 활동
맺음말

머 리 말

　일본 열도에서 근접한 거리에 있는 부산경남지역은 예로부터 한일관계에 있어서 정치적 경제적 문화적인 교류의 접점이 되고 있다. 식민지 시기

---

* 이 논문은 2002년도 한국학술진흥재단의 지원에 의하여 연구되었음 (KRF-2002-002-B00118)
** 영산대학교 국제학부 교수

에 있어서도 일본으로 건너가는 한국인들의 대부분이 부산항을 통과했으며 대륙으로 진출하는 일본인들의 대부분이 부산항을 통과했다.[1] 마찬가지로 일본의 패전에 따른 대륙 거주 일본인의 일본 귀환과 식민지 해방에 따른 일본 거주 한국인의 한반도 귀환도 대부분 부산항을 통하여 이루어졌다. 이처럼 근현대 한일관계사에 있어서 부산항이 차지하는 역사적 의의는 매우 크며 특히 해방직후 부산항이 담당했던 귀환항으로서의 역할은 매우 중요한 것이다.

일본의 패전을 계기로 하여 많은 해외 거주 한국인들이 조국으로 귀환하게 되었으며 그 중에 일본에 거주하던 한국인들의 귀환이 가장 많이 이루어졌고 이들 대부분이 부산항을 통해 조국의 땅을 밟았다. 귀환자에 관한 정확한 통계는 없으나 1945년 8월부터 1946년 12월 사이에 재일한국인의 귀환이 거의 이루어졌던 것을 감안하여 이 기간을 전후하여 일본정부에서 파악하고 있던 인구통계자료를 통해 유추할 수 있다. 내무성의 조사에 의하면 1944년 말 일본에 거주하던 한국인 인구가 1,936,843명으로 나타났고[2], 1947년 9월 시점의 인구가 529,907명이었던 것을 감안할 때[3], 대략 140만 명 정도의 한국인들이 해방직후 일본에서 귀환했음을 알 수 있다.

이들 귀환자들 대부분은 '전재민(戰災民)'으로 호칭되었던 것처럼 일본에 강제로 연행되어 전쟁수행을 위한 노동자로 이용되어 피해를 받았으며 일본의 패전과 함께 직장을 잃거나 버리고 고국으로 돌아온 사람들이었

---

1) 한일관계사 속의 부산에 관한 연구문헌 목록으로는, 부산광역시·부산대학교한국민족문화연구소(편), 『부산학연구문헌목록집』, 서울: 도서출판혜안, 2001, 285-321쪽을 참고할 것.

2) 内務省警保局 통계를 재인용한 것임. 森田芳夫, 『數字が語る在日韓國·朝鮮人の歷史』, 東京: 明石書店, 1996, 71쪽.

3) 전후 최초의 외국인 등록실시를 위해 일본의 내무성 조사국은 1947년 9월 재일한국인 인구에 관해 조사했다. 森田芳夫, 「戰後における在日朝鮮人の人口現象」, 『朝鮮學報』 50号 (1968. 5), 33쪽.

다. 이들 중 대부분은 고국에 돌아와서도 곧 바로 사회에 적응하지 못하고 절대빈곤 상황 속에서 불안정한 생활을 보내게 되었다.4) 귀환자들 가운데 상당수가 상륙지 부산에 체류하거나 정착했기 때문에 부산은 해방직후 단기간에 엄청난 인구증가를 경험했으며 이로 인한 주택난, 실업난, 식량난 등 많은 사회문제를 겪게 되었다.5)

아울러 패전 직후 한반도에 거주하던 일본인들이 본국에 귀환한 문제도 세계사에서 유래를 찾기 힘든 단기간에 걸친 대규모 민족 귀환으로서6), 현대의 한일관계 역사를 이해하는데 있어서 빼놓을 수 없는 중요한 사건이다.7) 일본 후생성의 자료에 의하면 해외에 있던 일본인(군인 포함)들이 패전과 함께 일본으로의 귀환을 시작하여 귀환활동이 거의 끝나는 시점인 1961년까지 총 6,288,665명이 귀환한 것으로 되어 있다. 이들 가운데에는 남한에서 귀환한 일본인 596,454명, 북한에서 귀환한 일본인 322,585명이 포함되어 있으며 대부분의 귀환활동이 1945년과 1946년 사이에 이루어졌다는 것을 알 수 있다. 1946년 말까지 1년 5개월 동안 총 5,096,323명이 귀환했으며 이 가운데 남한 지역에서 571,765명이, 북한 지역에서 304,469명이 귀환한 것으로 알려지고 있다.8) 여기에 만주지역에서 한반도를 경유하여 귀환한 일본인 민간인과 군인들을 포함하면 100만 명이 훨씬 넘는 일본인들이 패전 직후 1년 정도의 기간에 한반도를 거쳐 일본으로 귀환한 것이 된다. 아울러 한일간 항로가 제한적이고 교통수단도 선박에 한정되어 있던 까닭에 이들 중 대부분이 부산항을 통과하여 일본으로 귀환한

---

4) 이혜원·이영환·정원오, 「한국과 일본의 미군정기 사회복지정책 비교연구」, 『한국사회복지학』 36호 (1998. 11), 313-314쪽.

5) 부산박물관(편), 『부산의 역사와 문화』, 부산: 세한종합인쇄사, 2002, 175쪽. 이 책에는 귀환자 중에서 22만 명 정도가 부산에 정착한 것으로 되어 있다.

6) 本山實, 「終戰前後の釜山埠頭」, 鮮交會(編), 『朝鮮交通回顧錄: 終戰記錄編』, 東京: 鮮交會, 1976, 275쪽.

7) 최영호, 『현대한일관계사』, 서울: 국학자료원, 2002, 80-92쪽.

8) 厚生省(編), 『續々·引揚援護の記錄』, 東京: クレス出版, 2000, 417쪽.

것으로 볼 수 있다.

이러한 한국인과 일본인 귀환자 문제를 둘러싸고 조선총독부와 군정청에서는 수송과 원호대책을 내놓았으며 이와 함께 서울과 지방에 수많은 원호단체가 생겨났다. 자연스럽게 귀환자들이 가장 많이 거류하던 부산지역에는 귀환원호업무와 관련하여 통제기구와 원호단체가 활동하게 되었다. 해방정국에 있어서 사회복지관련 사업이 주로 귀환자들을 대상으로 하는 구호사업의 성격을 띠고 있었던 점에 비추어, 이 시기의 귀환자 원호체제를 규명하는 일은 해방정국에서 정치화해 가는 민간단체의 동향을 파악하는데는 물론 이 시기의 사회복지정책을 연구하는데 있어서도 필수적인 과제라고 할 수 있다.9)

본 논문에서는 해방 직후 부산경남 지역을 중심으로 하여 한국인과 일본인 귀환자들의 동태와 규모를 포착하고 이를 둘러싼 조선총독부와 군정청의 대책들과 민간원호단체의 활동을 규명하고자 한다. 부산경남 거주 일본인을 중심으로 하여 한반도에 있던 일본인들이 어떠한 과정을 통해 귀환해 갔으며 이들의 귀환에 대해 조선총독부와 군정청이 어떤 대책을 가지고 대응했는지에 관하여 관련자료를 통하여 가능한 실증적으로 밝히고자 한다. 해방을 전후한 시점에서 부산시(府)가 경상남도에 속하는 하나의 지역이었는데 굳이 부산과 경남이라고 하는 지역 명칭을 병용하는 것은 오늘날 서로 다른 행정단위가 되어 있다는 점과 당시에도 부산이 경상남도의 행정적 중심지로서 독자적인 지역성을 가지고 있었기 때문이다. 다만 부산을 거점으로 하여 귀환자 동향이 활발했던 까닭에 경남 지역 전체를 커버하면서도 부산 지역에 초점을 맞추어 귀환문제를 다루고자 한다.

본문에서 많이 인용되는 바와 같이 일본 거주 한국인과 한반도 거주

---

9) 이영환, 「미군정기 전재민 구호정책의 성격연구」, 서울대학교대학원 문학석사학위논문 (1989. 1), 1-7쪽.

일본인의 귀환 문제에 관한 선행 연구결과로서 모리타 요시오(森田芳夫)의 연구와 자료집이 독보적이라고 할 수 있다. 굳이 기존의 연구와 차별화하여 이 발표문의 특징을 말하자면 연구대상 공간으로서 부산경남지역을 중점적으로 다루고자 시도하고 있다는 점[10]과 한국인 귀환과 일본인 귀환을 함께 취급하여 상호간의 비교를 시도하고 있다는 점을 들 수 있다.

필자는 해방직후의 한일관계에 관한 다각적이며 실증적인 연구를 개인적인 연구목표로 설정하고 있다. 따라서 자연스럽게 이 시기의 귀환문제에 관하여 연구관심을 기울여 오게 되었다. 일찍이 90년대 초에 박사학위 청구논문과 논저를 통하여 재일한국인의 귀환에 관한 개략적인 연구를 시도한 바 있으며[11], 2002년부터는 기존의 연구를 발전시켜 일본에서 귀환해 오는 한국인들에 대한 일본정부 및 연합군사령부의 원호대책과 한반도에서 귀환해 가는 일본인들에 대한 조선총독부 및 군정청의 원호대책을 상호 비교하고 부산항을 접점으로 하는 귀환자들의 왕래 상황을 정리하고자 하는 연구목적 아래 자료 수집과 분석을 시작했다. 그 과정에서 서울 거주 일본인의 귀환 실태에 관한 자료 조사결과를 발표했으며[12], 규슈(九州) 및 야마구치(山口)현의 귀환 항구 현지답사에 즈음하여 재일한국인의 귀환에 대한 일본정부의 원호대책에 관한 보고서를 정리한 바 있다.[13]

---

10) 연구대상 공간을 특정 지역에 한정한 선행 연구에는, 나가노(長野)현 거주 한국인 류큐인의 귀환을 다룬 연구자료집과, 하카타 항구에서의 한국인 귀환을 다룬 연구논문이 있다. 金英達, 「解說・年表」, 山根昌子(編), 『朝鮮人・琉球人歸國關係資料集: 1946~1948年長野縣』, 東京: 新幹社, 1992, 276-291쪽., 出水薰, 「敗戰後の博多港における朝鮮人歸國について: 博多引揚援護局<局史>を中心とした檢討」, 『法政研究』(九州大學), 第60卷1号 (1993. 11), 71-101쪽.

11) 崔永鎬, 「終戰直後在日朝鮮人コミュニティにおける民族主義運動」, 東京大學大學院博士學位請求論文 (1992. 12), 29-61쪽; 171-185쪽., 최영호, 「해방 직후 재일한국인의 본국 귀환, 그 과정과 통제구조」, 『한일관계사연구』 제4집 (1995. 6), 99-135쪽., 최영호, 『재일한국인과 조국광복: 해방직후의 본국귀환과 민족단체활동』, 서울: 글모인, 1995, 85-150쪽.

12) 최영호, 「해방직후 재경일본인의 일본귀환」, 『해방직후 인구이동과 서울의 도시문제』(서울시립대학교 국사학과 제9회 서울향토사학술대회 발표문, 2002. 11. 15), 19-35쪽.

이어서 본 논문을 통하여 부산경남에서의 귀환자 동향과 원호체계 전개 양상을 규명하고자 하는 시도는 개인적인 연구목표에 이르기 위한 하나의 과정이다.

I. 해방직후의 한국인 일본인 귀환 상황

1. 해방직후 일본 거주 한국인의 귀환 상황

무사히 복무를 마치고 본래의 생활터전에 돌아갈 날만을 기다리고 있던 수많은 징용 한국인들은 억제할 수 없는 감격으로 일본의 패전을 맞았다. 그러나 패전 당시 일본사회는 전시동원체제로서 1923년의 관동대지진 때의 한국인 대량학살을 상기시킬 만한 험악한 분위기가 팽배해 있었다. 징용영장을 받고 1944년 12월부터 히로시마의 공장에서 복무하다가 전쟁이 끝나자 남한에 돌아온 정충해는 해방의 감격을 당시의 일기를 통해 다음과 같이 표현하고 있다.[14]

> 라디오 앞에서 무조건 항복을 한다고 하는 천황의 방송을 듣고 있던 우리 한국인들은 내심 날뛸 듯이 기뻤다. 그러나 지금 이 장소에서는 기뻐할 수도 없고, 그렇다고 하여 슬퍼할 수도 없는 미묘한 입장이었다. 눈을 감고 우리들에게 이제부터 펼쳐질 여러 가지 일을 상상하면서 그리운 고국의 산과 강, 꿈에도 잊지 못한 부모님 형제들 처자식을 눈앞에 그리며, 저 무시무시한 전화(戰禍) 속에서도 목숨을 지켜 무사했기 때문에 이제 안심해도 좋다 하고 마음속으로 외쳤다. 곧바로 뛰어서 돌아가겠다. 이제

---

13) 최영호, 「패전직후 재일한국인의 귀환쇄도와 일본정부의 대응」, 국민대학교 한국학연구소 (편), 『해방 후 해외 한인의 귀환문제 연구발표문(I)』, 서울: 국민대학교 한국학연구소, 2003. 2, 20-36쪽.

14) 鄭忠海(井下春子譯), 『朝鮮人徵用工の日記』, 東京: 河合出版, 1990, 151쪽. 정충해는 9월 8일 히로시마에서 25톤짜리 소형 목조 화물선을 타고 천신만고 끝에 13일에 부산항에 귀환했다. 같은 책, 171-210쪽.

돌아갈 수 있다. 우리들에게 때가 온 것이다. 자유세계의 자유로운 몸. 튼튼한 사슬로 꽉 매어 있던 몸이 일시에 풀어난 것 같다. 이 순간의 환희, 어떻게 필설로 나타낼 수 있을까.

일본열도와 한반도를 최단거리로 연결하는 긴 역사를 지닌 시모노세키(下關)와 부산 간의 정기연락선 항로는 미군의 공습과 어뢰공격 때문에 45년 6월부터 폐쇄되어 있었으며 그 후로는 다른 항로를 통한 부정기적 연락선이 이용되어 왔다.15) 이런 상황에서 수십만의 한국인들이 시모노세키, 센자키(仙崎), 하카타(博多) 등의 항구로 쇄도하였으며 언제 승선할 수 있을지 불확실한 상황 가운데 항구들 주변의 숙소를 메우기도 하고 급조한 판자집이나 창고 마굿간 등의 임시숙소를 사용하여 투숙하기도 했으며 또는 노숙을 하기도 하며 승선을 기다렸다.16)

연락선에 의한 계획 수송이 이루어지기에 앞서 수많은 한국인들이 일본 근해에 있던 소형선박을 이용하여 대한해협을 통해 귀환을 서두르게 되었으며 이런 현상은 연말까지 계속되었다. 그 중에 미군이 투하한 어뢰나 해적 · 풍랑 등에 의해 피해를 입는 사람들이 속출했다.17) 센자키 인양원호국(출장소)에서 근무하며 원호국 국사(局史)를 집필했던 하기와라 신타로(萩原晋太郎)는 그의 저서에서 패전 직후 시모노세키와 센자키에서 보인 한국인 귀환자들의 동태에 관하여 다음과 같이 회고하고 있다.18)

패전 직후 귀국을 희망하는 한국인들이 일본 각지에서 시모노세키로 쇄도했다. 하루에 2만 명에 달하는 한국인이 밀려오는 일도 있었다. 그러나 시모노세키항은 미군이 투하한 어뢰와 일본군이 부설한 어뢰 · 잠수함 방

---

15) 金贊汀, 『關釜連絡船: 海峽を渡った朝鮮人』, 東京: 朝日新聞社, 1988, 204-205쪽.
16) 朴慶植, 『解放後在日朝鮮人運動史』, 東京: 三一書房, 1989, 44쪽.
17) 深川宗俊, 『鎭魂の海峽: 消えた被爆朝鮮人徵用工246名』, 東京: 現代史出版會, 1974, 57-58쪽; 161-162쪽.
18) 萩原晋太郎, 『さらば仙崎引揚港: 敗戰 · 激動の峽間から』, 東京: マルジュ社, 1985, 65-68쪽.

어 그물 등으로 선박 출입이 불가능했다. 따라서 한국인들은 귀환을 기다
리며 시모노세키역 부근에 운집했으며 大和町 외곽지역에는 100채 이상의
판자집 음식점과 많은 상점이 생겨났다. 와카마츠(若松)에서 밀선이 출항
한다는 소문을 듣고 한국인들은 와카마츠로 몰려가기도 했다. 센자키에서
연락선이 출항하면서 시모노세키에서 센자키로의 대이동이 시작되었으며
수 만명이 센자키에서 노숙했다. (중략) 방파제로부터 인가가 없는 도로에
는 한국인들의 자치부락이 형성되었다. 귀국하는 한국인을 상대로 생선을
파는 주부들이 있었다. 9월 1일 한국인을 실은 興安丸이 센자키를 출항했
으며 다음날 일본인 귀환자들을 가득 싣고 귀국했다.

남한의 미군정청 참모2부는 1945년 10월부터 1946년 10월까지 거의
매일 예하부대로부터 한국인과 일본인 귀환자 상황을 비(非)작전정보로
서 보고받고 있었다. 부산 경남지구에 진주한 40사단이 보고한 바에 의하
면 1945년 9월 25일경에 이미 부산지역에서 만 명이 넘는 한국인 귀환자
들이 미군에 의해 보호를 받았으며, 9월 28일부터 10월 4일까지 한 주간
사이에 37,738명이 부산항으로 입항한 것으로 되어 있다. 40사단이 파악
하고 있는 통계에는, 10월 26일부터 11월 1일까지 한 주간에 56,000명에
달하는 가장 많은 귀환자들이 부산항에 입항했으며, 9월 28일부터 11월
15일까지 300,000명에 달하는 한국인 귀환자들이 부산항을 통과한 것으
로 나타나 있다.[19]

부산항에서의 입국 절차는 대체로 다음과 같다. 일본에서 부산항으로
들어오는 귀환선은 모두 제1부두에 정박했으며 여기에서 상륙한 귀환자
들은 우선 소독 절차를 밟고 부두에 마련된 환전소에서 일본은행권 화폐
를 조선은행권 화폐로 환전했다.[20] 다만 환전 서비스에 있어서 귀환자들

---

19) 40th Infantry Division, History of Evacuation and Repatriation Through the Port of Pusan, Korea
   28 Sept 45 - 15 Nov 45 (경남대극동문제연구소, 『지방미군정자료집 I 』, 서울: 경인문화사,
   1993), 40-41쪽.
20) 40사단의 자료에 의하면 10월 21일부터 11월 15일까지 제1부두에 설치된 환전소에서 총
   39,313,000円을 조선은행권으로 환전했다고 한다. 경남대극동문제연구소, 앞의 자료, 46쪽.

에 대한 배려가 부족했던 것으로 보인다. 본래 귀환자들이 휴대할 수 있는 금액이 1,000엔(円)까지였으며 이 금액의 한도에서만 조선은행권으로 바꿀 수가 있었다. 게다가 부두 안의 환전소가 오전 9시부터 오후 5시까지 운영되고 있었기 때문에 오후 5시 이후에 상륙한 경우에는 즉시 환전 서비스를 받을 수 없었으며 다음 날을 기다려야 했으며 일본은행권 화폐를 들고 나가는 행위라든지 개별적인 암거래 환전 행위는 불법행위로서 금지되었다.[21] 이러한 이유로 공식 환전소에서는 일본은행권 화폐와 조선은행권 화폐가 1:1로 환전되었으나 1945년 12월 당시 암거래에서는 일본은행권 10엔당 조선은행권 4원에 거래되기까지 했다고 한다.[22]

대부분 귀환자들의 연고지가 지방이었기 때문에 상륙항으로부터 직접 귀향하든지, 혹은 서울까지 일단 수송되었다가 각 지방에 흩어지든지 하여 연고지를 찾아갔다. 귀환자의 열차승차권은 무료로 배부되었으며 내륙간 이동을 위하여 일부 지방에서 수송차량(boxcar)이 지원되기도 했다. 군정청 외사과의 윌리엄슨(Williamson, H.L.)중위는 1945년 12월 한 달에 걸쳐 부산항으로 들어온 귀환자 100,465명에 대하여 다음 <표 1>과 같이 귀향지 현황을 조사했으며 타지방으로 귀환자들을 수송하기 위하여 열차 이외에 333대의 차량이 지원되었다고 밝히고 있다.[23]

일본 점령당국은 1946년 3월에 들어 귀환희망자 등록을 실시하고 그 결과를 기초로 하여 귀환포기자에 대해서 일본국 거주자로서 일본내무성의 출입국 통제를 받도록 조치를 강구하는 한편[24], 귀환희망자에

---

21) Gane, William J., *Repatriation: from 25 September 1945 to 31 December 1945*. Seoul: Foreign Affairs Section, Headquarters United States Army Military Government In Korea, 1947, 69-70쪽.
22) 張錠壽,『在日六十年·自立と抵抗: 在日朝鮮人運動史への証言』, 東京: 社會評論社, 1989, 145쪽.
23) Gane 앞의 책, 75쪽. 이러한 귀향지 조사 결과는 연합국사령부(SCAP)가 합리적인 집단수송 계획을 세우는데 참고하기 위한 자료로 사용되었다.
24) SCAPIN-852, AG 053. GA. 1946. 4. 2., Entry and Registration of Non-Japanese Nationals

<표 1> 부산항 귀환자의 귀향지 (1945년 12월)

귀향지		귀향자 수 (명)	비율 (%)
지구	도시명		
중부	서울	6,930	6.9
	천안	5,857	5.8
남동부	안동	9,477	9.4
	대구,경주,포항	30,815	30.7
	삼랑진,마산,부산	22,425	22.4
남서부	대전	7,508	7.5
	광주	8,010	8.0
	순천	8,882	8.8
	군산	561	0.5
합계		100,465	100.0

대해서는 집단수송계획을 세워 이를 준수하도록 했다.[25] 즉 처음에는 4월 15일부터 하루에 센자키에서 1,500명씩을 송환하고 하카타에서는 4,500명씩을 송환하여 모든 송환업무를 8월 30일까지 완료하기로 계획했다가[26] 계획을 바꾸어 하루에 센자키에서 1,000명씩, 하카타에서 3,000명씩 송환하여 9월 30일까지 완료하기로 했다.[27]

그런데 한국의 무질서 상황과 빈곤의 실정이 일본에 전해지면서 거의 대부분의 귀환희망자가 귀환을 포기하게 되었을 뿐 아니라 일단 귀환했던 한국인들이 다시 일본으로 되돌아가는 일이 많아졌다.[28] 결국 1946년 4월

---

in Japan.

25) 등록 결과, 집계된 한국인은 수형자 3,595명을 포함하여 총 647,006명으로 나타났고, 그 중에 귀환희망자가 수형자 3,373명을 포함하여 514,060명으로 전체의 79.5%로 집계되었으며, 그 중 북한으로의 귀환희망자가 수형자 289명을 포함하여 9,701명으로 집계되었다. 森田 芳夫, 『在日朝鮮人處遇の推移と現狀:法務硏究報告書第43集3号』, 東京: 法務硏修所, 1955, 59쪽.

26) SCAPIN-872, AG 370.05. GC. 1946. 4. 9., Repatriation of Chinese, Formosans, Koreans.

27) SCAPIN-876, AG 370.05. GC. 1946. 4. 13., Repatriation of Chinese, Formosans, Koreans.

부터 12월까지 계획수송에 의해 귀환한 한국인은 모두 82.900명으로서 귀환희망자 등록자 가운데 16.1%에 지나지 않았다. 게다가 6월부터 8월까지는 남한에서 콜레라가 발생하고 거기에 홍수와 철도 파업 등으로 더욱 귀환계획에 차질을 빚었다. 귀환을 권장하기 위하여 일본점령당국과 일본정부는 휴대 하물규제를 완화하는 조치를 내어놓았지만 아무런 효과를 거두지 못했으며 몇 차례의 계획변경 끝에 한국인에 대한 집단 귀환계획을 1946년 12월 28일을 기하여 종결짓게 되었다.

2. 해방직후 부산경남 거주 일본인의 귀환 상황

해방 당시 부산 경남 지역에 거주하는 일본인이 정확히 몇 명 있었는지에 관하여 이를 밝혀주는 자료가 아직 알려지고 있지 않기 때문에 확정할 수 없으며 대략적으로 추정할 수 밖에 없다. 예를 들어 해방 당시 경남 도지사를 역임하고 있던 노부하라 기요시(信原聖)는 부산에 8만 명, 경남에 14만 명의 일본인이 거주했다고 추정하고 있으며[29], 부산일본인세화회(世和會)에서 안내소장을 담당했던 마루야마 헤이이치(丸山兵一)는 부산에 7만명, 경남에 9만5천명의 일본인이 거주했다고 추정하고 있다.[30]

공식적인 통계자료로서는 부산상공회의소가 1944년 12월 말 시점에 집계한 통계자료가 패전일에 가장 근접한 시기의 통계로서 인용할 가치가

---

28) 1946년 9월에 일본점령당국에 제출된 보고자료에 의하면 남한에 귀환한 한국인의 설문응답자 40명 중에서 15명이 경제적 이유로 일본으로의 재입국을 희망하고 있다고 했다. *CIS Periodical Summary.* no. 5 (1946. 11. 1), 34쪽.

29) 信原聖, 「終戰以後の慶尙南道」, 『同和』 165号 (1961. 9. 1), 4쪽. 이 기록은 노부하라가 1948년 4월 8일 귀향지 구마모토(熊本)에서 술회한 내용을 정리한 것이다.

30) 丸山兵一, 「慶尙南道及び釜山に於ける引揚狀況」, 加藤聖文(編), 『海外引揚關係史料集成 (國外篇)第19卷』(朝鮮篇二 「終戰後朝鮮における日本人の狀況および引揚(二)」), 東京: ゆまに書房, 2002, 300-302쪽. 이 기록은 1945년 12월 30일 마루야마가 부산일본인세화회 안내소장을 역임할 때 집필한 기록 「鮮內に於ける日本人の引揚狀況」 중에서 발췌한 것이다. 그는 1946년 8월까지 부산에 잔류하여 세화회 원호부장으로서 일본인 귀환업무를 수행했다.

매우 높다. 이 통계에 의하면 부산시 거주자 71,824명을 포함하여 경남에 106,098명의 일본인이 거주하고 있었던 것으로 파악되고 있다. 당시 한반도 전역에 걸쳐 809,900명의 일본인이 거주하고 있었으며 경기도(221,100명)에 이어 경남에 많이 거주하고 있었다. 전국의 도시(府) 가운데에서도 서울(京城府)의 161,818명 다음으로 부산에 일본인이 많이 거주하고 있었다.31)

일본의 전황이 불리해짐에 따라 한국인과 일본인이 일본의 공습을 피해 일본에서 한반도로 이동하는 인구가 많았던 점이나32) 패전에 임박하여 소련이 참전하면서 북한이나 만주지방으로부터 남한지역으로 피난해 오는 일본인이 많았던 점33)에 비추어 볼 때, 해방 당시의 한반도 거주 일본인 인구가 1944년 통계보다는 많았을 것으로 추정할 수 있으며 이는 부산 경남지역 거주 일본인의 경우에도 마찬가지이다. 따라서 노부하라와 마루야마의 추정 중에서 노부하라의 추정 (부산 8만, 경남 14만 명)이 상대적으로 실제 거주자 통계에 더욱 근접한 것으로 보인다.

소련군이 연합군의 일원으로 참전하면서부터 한반도 거주 일본인들 사

---

31) 丸山兵一, 「朝鮮に於ける日本人の引揚狀況」, 加藤聖文, 앞의 책(朝鮮篇二), 318-320쪽. 조선총독부 자료로서는 1944년 5월의 통계자료가 패전일에 가장 근접한 통계로 인용되고 있는데 이 자료에 의하면 경남의 각 지역에 다음과 같은 수의 일본인 거주자가 있었던 것으로 나타났다. 釜山府 61,081명, 馬山府 6,352명, 晋州府 3,273명, 晋陽郡 234명, 宜寧郡 152명, 咸安郡 433명, 昌寧郡 537명, 密陽郡 2,277명, 梁山郡 369명, 蔚山郡 2,358명, 東萊郡 687명, 金海郡 2,214명, 昌原郡 9,340명, 統營郡 4,050명, 固城郡 550명, 泗川郡 1,229명, 南海郡 314명, 河東郡 658명, 山淸郡 220명, 咸陽郡 312명, 居昌郡 423명, 陜川郡 282명. 합계 97,345명. 森田芳夫, 『朝鮮終戰の記錄: 米ソ兩軍の進駐と日本人の引揚』, 東京: 巖南堂書店, 1964, 7-10쪽.

32) 태평양전쟁 말기에 이르러 패전 때까지 민간선박을 타고 일본으로부터 한반도로 피신(疏開)했던 일본인과 한국인이 도합 30만 명 이상 되었을 것으로 보인다. ワグナー(Wagner, Edward W.), 『日本における朝鮮小數民族: 1904年〜1950年(復刻版)』, 東京: 龍溪書舍, 1989, 58쪽., 樋口雄一, 『協和會: 戰時下朝鮮人統制組織の硏究』, 東京: 社會評論社, 1986, 196쪽.

33) 森田芳夫, 『朝鮮終戰の記錄: 米ソ兩軍の進駐と日本人の引揚』, 東京: 巖南堂書店, 1964, 66쪽.

이에 동요가 일어나기 시작하기는 했으나, 상대적으로 북한 지역의 일본인들에 비해 남한 지역 거주 일본인들 사이에는 일본의 패전이 가까워지는 시점에도 패전을 예측할 만한 분위기가 적었으며, 실제로 교전상황을 목격하지 않은 채 대체로 평온한 가운데 패전을 맞게 되었다.[34] 남한에서도 부산경남 지역에 거주하는 일본인들은 다른 지역에 비해 상대적으로 더욱 평온한 가운데 패전을 맞게 되었다. 1945년에 부산 제1중학교 3학년에 다니고 있던 요네쿠라 가츠노리(米倉勝則)는 다음과 같이 해방 당시를 회상하고 있다.[35]

> 당시(패전 직전) 부산에는 전선에서의 패배나 일본본토 공습상황, 오키나와 지상군 괘멸 보도 등의 진상이나 원폭투하 참상이 제대로 전달되지 않았다. 8월 15일 天皇에 의한 「종전 조칙」을 듣고도 "일본이 전쟁에 졌다"고 하는 실감을 갖기에는 시간이 걸렸다. 8월 16일 나는 여느 때와 같이 등교했다. 등교 도중의 도로는 전날의 패전으로 36년간의 기나긴 식민지로부터 해방된 한국인 군중으로 넘쳤다. 땀을 흘리면서 정문 언덕을 오르는 학생들은 갑작스런 사건에 무표정인 채로 묵묵히 교정에 정렬했다. 이제까지 학도동원 등으로 전교생이 다 모이는 것은 드문 일이었다. 교장으로부터 전날 天皇 방송의 취지와 함께 앞으로 일본인은 모두 일본에 귀환해야 한다는 말을 들었다. 일본의 중학교에 자동적으로 편입하기 위한 재학증명서와 성적표를 각자 받아가라고 하는 설명이 있었다.

일본인들을 둘러싼 치안상황의 악화와 함께 소련군이 곧 서울에 입성한다는 소문이 나돌면서 남한에 거주하는 일본인들이 크게 동요하기 시작했다. 그들은 다투어 은행예금을 인출하고 가능한 대로 귀환을 서둘렀다.

---

34) 若槻泰雄, 『戰後引揚げの記錄』, 東京: 時事通信社, 1991, 231쪽., 平和祈念事業特別基金 (編), 『資料所在調査結果報告書(Ⅰ): 資料が示す今次大戰における恩給欠格者・戰後强制 抑留者及び海外引揚者の勞苦』, 東京: 平和祈念事業特別基金, 1993, 193쪽.
35) 米倉勝則(編), 『玄海灘のかなたに: 私たちの釜山第三公立國民學校』, 東京: 鶴書院, 1993, 42-43쪽. 그와 그의 가족은 서둘러 8월 25일에 연락선 德壽丸을 타고 센자키로 귀환했다.

가재도구를 헐값에 내다 파는 일본인들이 많아지면서 이것을 사재기하기 위하여 많은 한국인들이 일본인 집에 몰려들었다. 발 빠른 일본인들은 일찍이 8월 16일부터 부산항을 비롯한 항구나 부두로 달려가 화물수송선, 범선, 어선 등 각종 선박을 이용하여 일본도항에 나서기 시작했다. 개인적으로 선박을 빌려 도항한 사람도 있었으며 상업용 선박을 이용하는 사람도 있었고 도청 등 관공서나 일본인 단체가 알선하는 선박을 이용하는 사람들도 있었다.[36]

부산은 지리적으로 일본에 귀환하기에 가장 편리한 위치에 있었기 때문에 이 지역 거주 일본인 가운데 미군이 진주해 오기 전에 재산을 처분하고 선박을 빌려 서둘러 귀환한 사람이 많았다. 그 대표적 인물로 패전 당시 삼화(三和)고무 주식회사 사장으로 부산상공회의소 총재를 맡고 있던 요네쿠라 세이자부로(米倉淸三郞)와 조선방직 전무 도키오카 쇼헤이(時岡昇平)를 들 수 있다. 그들은 패전 직후 고무신 제품과 광목을 한꺼번에 시장에 방출하고 미군이 진주하기 전에 일본으로 귀환했다고 알려지고 있다.[37] 부산일본세화회는 부산 경남 거주 일본인들 가운데 9월 중순부터 10월 하순에 걸쳐 미군의 통제를 받지 않고 선박을 빌려 귀환한 사람이 33,000명이었다고 파악하고 있는데, 이는 부산 거주 일본인의 40%가 넘는 숫자라고 할 수 있다.[38]

해방 직후 조선총독부는 일본인들의 무질서한 귀환 쇄도를 통제하기에 무리가 있었다. 무엇보다도 한반도에서 일본으로 귀환자들을 수송할 교통

---

36) 若槻泰雄, 앞의 책, 233-235쪽.

37) 高崎宗司, 『植民地朝鮮の日本人』, 東京: 岩波書店, 2002, 199쪽., 박원표, 『부산의 古今』, 부산: 현대출판사, 1965, 234-235쪽., 차철욱, 「해방직후 부산경남지역 사업체관리위원회의 운영과 성격」, 『지역과 역사』(부산경남역사연구소) 1호, (1996. 6), 2-3쪽. 도키오카는 부산일본인세화회에서 초기에 삼담역을 담당한 것으로 나타나 있으나 45년 11월 시점에는 이미 세화회 임원명단에 거명되고 있지 않다. 森田芳夫・長田かな子(編), 『朝鮮終戰の記錄: 資料編第二卷』, 東京: 巖南堂書店, 1980, 396-397쪽.

38) 丸山兵一(2002), 앞의 자료. 310쪽.

편이 형편없이 부족했기 때문이다. 당시 부산에는 일본으로 가는 연락선
이 한 척도 없었다. 8월 17일 부산지방교통국에서는 처음으로 귀환선박
조달을 위한 긴급회의가 열렸으며 여기에서 화물선에 의한 긴급수송 방침
이 결정되어 8월 18일부터 24일까지 한반도에 정박해 있던 화물선 27척이
귀환자들을 싣고 부산을 떠나 하카타항에 입항했다고 전해진다.[39]

　당시 부산지방교통국장은 해방을 전후하여 부산항 교통상황 일지(日誌)
를 남기고 있는데 그 기록에 의하면 8월 20일 해방 후 최초로 연락선
興安丸(5,600톤급)이 부산항에 입항하여 다음날 일본인 귀환자들을 가득
싣고 출항했다고 하며, 8월 22일에는 두 번째로 연락선 德壽丸(2,600톤급)
이 부산항에 입항하여 24일에 출항했다고 한다. 연합국군사령부가 24일
오후 6시를 기하여 100톤 이상 선박의 항행을 금지하도록 명령을 내렸기
때문에 연락선으로는 興安丸과 德壽丸이 한 차례씩 운행하고 중단된 셈
이며 이날 부산항 부두에 2,000명 정도의 일본인 귀환자가 남아 있었다고
한다. 또한 그 후에 대기하는 사람들이 점차 늘어나 연락선 운항이 재개되
는 8월 31일 시점에는 11,000명 정도가 대기함으로써 부산항이 대혼잡을
이루었다고 한다.[40]

　일부 일본인들 중에는 연락선 탑승을 기다리지 못하고 소형 선박을 빌
려 서둘러 귀환하는 사람이 있었다. 이러한 소형 선박들이 도착하는 일본

---

39) 森田芳夫(1964), 앞의 책, 122-123쪽.

40) 田辺多聞,「終戰前後の釜山地方交通局管內事情」, 鮮交會(編),『朝鮮交通回顧錄: 終戰記
　　錄編』, 東京: 鮮交會, 1976, 252-253쪽. 연합군사령부는 24군단을 인천에 상륙시키기 직전인
　　9월 6일부터 생활필수품 운반을 위해 100톤 이상 선박의 운행도 허가했다. 연합군사령부
　　(SCAP)로부터 부산과 센자키·하카타 사이의 귀환자 수송을 위해 연락선 운항 허가를 받아
　　興安丸이 8월 31일 부산을 향해 출항하여 9월 2일 센자키항에 귀항한 것으로 기록되고
　　있으나 승선인원 등의 정보는 알려지고 있지 않다. 德壽丸은 9월 2일 일본인 군인 군속
　　2,552명, 일반인 16명을 싣고 부산항을 떠나 이튿날 아침에 하카타항에 입항했다고 한다.
　　引揚援護廳長官官房總務課記錄係(編),『引揚援護の記錄』, 東京: 引揚援護廳, 1950, 附錄年
　　表, 2쪽., 森田芳夫(1964), 앞의 책, 123쪽.

의 항구는 한반도에서 비교적 가까운 거리에 있는 하카타, 가라츠(唐津), 시모노세키, 센자키 등이었다. 특별히 입국수속이나 세관검사를 하는 것도 아니었기 때문에 어느 항구에나 혹은 해안 부두에 상륙했으며 멀리는 오사카(大阪)까지 선박을 빌려 타고 가는 일도 있었다. 이들 가운데 8월 하순부터 9월에 걸쳐 빈번하게 발생한 태풍으로 사고를 당한 사람도 있다.[41]

이처럼 해방 직후에 전개되는 한반도의 정세변화에 따라 한반도에서 거주해 온 일본인들도 대규모 본국 귀환을 시작하게 되있으며, 부산 경남 지역은 물론 남한에 거주하고 있던 일본인들 중 대부분은 1946년 2월 시점에 일본으로의 귀환을 마치게 된다.

Ⅱ. 조선총독부와 미군정청의 귀환자 원호대책

1. 조선총독부의 귀환대책과 부산안내소의 활동

총독부는 한국인 귀환자에 대한 대책은 세우지 않았으며 한반도에 거주하는 일본인들을 안전하게 귀환시키는데 총력을 기울였다. 일본 패전 이튿날인 8월 16일 조선총독부 교통국은 식량, 소금, 섬유, 잡화, 된장, 간장, 기타 생필품의 수송을 집중적으로 실시하고 그와 함께 다음과 같은 방침으로 한반도에 거주하는 일본인들을 일본으로 수송하고자 하는 계획을 발표했다.[42]

(1) 군대의 복귀수송
(2) 각 방면의 군사, 기타 전력증강관계 공사, 공장이나 사업장의 노무자 및

---

41) 山名酒喜男, 『朝鮮總督府終政の記錄(一): 終戰前後に於ける朝鮮事情槪要』, 東京: 友邦協
　　會, 1956, 18쪽. 若槻泰雄, 앞의 책, 234-236쪽.
42) 森田芳夫(1964), 앞의 책, 121-122쪽.

  그 가족, 기타 관계자
(3) 그 밖의 일반인은 제한 수송
(4) 공습피신처로부터의 복귀수송
(5) 일본본토 귀환을 희망하는 자의 수송 (부녀자를 우선으로 함)
(6) 여객수송의 경우, 가급적 객차로 수송하며 객차 부족 시 화차로 대체함

이 계획의 특징으로는 군인들을 우선적으로 귀환시키며 남은 여력을
이용하여 민간인을 수송하겠다는 방침이었다는 점과, 또한 민간인의 경우
패전으로 인하여 가장 큰 피해를 입을 것으로 예상되는 부녀자들을 우선
시하는 방침이었다는 점을 들 수 있다. 총독부의 방침을 받아들여 지방
행정단위에서 자율적으로 세부적인 수송대책을 마련한 예로서는 유일하
게 인천의 경우가 알려지고 있다. 인천시청에서는 일찍이 8월 22일 다음
과 같은 내용의 귀환수송계획서를 작성하여 시내 일본인들에게 배포했
다.[43] 비록 이 계획은 제대로 실행될 수 없었으나 귀환 쇄도로 인한 혼란
상황을 수습하고 계획적으로 통제하려고 했던 지방관리들의 태도를 잘
나타내고 있다.

(1) 일본인은 가능한 한반도에 재류하여 새로운 정부 육성에 협력할 것.
(2) 일본 귀환자를 위해서 주요 지역에 귀환자 모임을 설치할 것.
(3) 출발역, 주요역, 부두에 안내소를 설치할 것.
(4) 군인 단체로 지도반을 구성하여 수송상 편의를 기할 것.
(5) 일본의 귀환접수 태세를 살피면서 통제수송을 실시할 것.
(6) 한 달 수송력은 한반도 거주자 7만 명, 만주 10만 명, 중국북부 3만 명,
   계 20만 명으로 함.
(7) 수하물 탁송에서 어른은 2개, 어린이는 1개로 1개 당 50kg까지로 함.
(8) 불용품 교환 모임을 설립할 것.
(9) 하물탁송소를 설치하고 탁송하고 남은 짐을 맡길 것.

---

43) 小谷益次郎, 『仁川引揚誌: 元仁川在住者名簿』, 福岡: 大起産業株式會社, 1952, 5-7쪽.

(10) 열차는 원칙적으로 임시열차로 하며 보통열차에 별도의 칸을 연결함.

(11) 부산에서 대기하는 귀환자에 대해서는 인천시청에서 주먹밥을 지급함.

(12) 선상에서는 식사제공 없으며 귀환자는 이틀 분 이상의 도시락을 지참할 것.

(13) 일본에는 소금이 부족하므로 배 안에서 지급함.

(14) 수송증명서는 총독부에서 발행하며 뒷면에 주의할 것.

(15) 일본에는 식량이 부족하므로 귀환자는 일본에서 배급받지 못할 것을 각오할 것.

(16) 귀환실시 즉 출발예정은 빠르면 3개월 늦으면 6개월 후가 됨.

이처럼 서울과 경기도 지역의 행정당국이 체계적인 수송 대책을 마련하고 일본인들의 무질서한 귀환 쇄도를 억제하려고 했던 것에 비하여, 부산 경남의 행정당국은 이와는 달리 조기 귀환을 권장하는 태도로 임했다. 패전 직후 총독부로부터 각 행정직원으로 하여금 침착하게 직장을 지키라고 하는 지시가 하달되었음에도 불구하고, 노부하라 도지사는 경찰부장 요네사와 츠네미치(米澤常道), 농상부장 김덕기(金悳基) 등과 협의하여 일본인들을 가능한 조속히 귀환시키는 것이 바람직하다고 여기고 귀환을 서두르도록 하는 명령을 내렸다. 경남지방 오지에 거주하는 일본인들을 조속히 경찰의 보호 아래 부산·울산·진해·마산·통영·삼천포 등 항구로 나오게 할 것, 가능한 짐을 가지고 나오게 할 것, 경찰서장은 그 임무를 마치는 대로 부산경찰서에 집결할 것 등을 명령한 것이다. 이와 함께 경찰서장 자리는 점차 한국인에게 넘겨주고 일본인 경찰관은 점차 부산경찰서로 전근시켜 부산으로 집중시켰다. 이러한 조속한 귀환 권장 방침에 대해 오랫동안 한반도에서 생활기반을 쌓아온 일본인들은 '나약한 정책'이라고 비난하고 영사관 설치, 거류민 조직 결성, 일본인 학교 설립 등의 적극적인 정책을 요구하기도 했다고 한다.[44]

---

44) 信原聖, 앞의 자료, 4쪽.

8월 24일 일본정부는 연합군군사령부의 요구에 따라 전쟁종결업무 연락을 위해 「종전연락중앙사무국」을 설치했으며 마찬가지로 조선총독부도 8월 27일에 「종전사무처리본부」를 설치하고 하부부서로 총무부, 절충부, 정리부, 보호부를 두었다. 이 가운데 보호부는 「일본인의 일본귀환준비」, 「잔류일본인의 단체조직」, 「기타 개인과 법인의 권익보호」를 목적으로 총독부 농상국장이던 시라이시 고지로(白石光治郎) 를 부장으로 하여 조직되었다.[45] 이에 따라 보호부가 일본인 귀환업무에 관한 주무부서가 되었으며 열차나 선박의 운행 통제와 피난민 수용소의 운영 관리업무 등을 담당했다. 보호부는 당초 존속기간을 1년으로 예정하고 10개월 동안에 걸쳐 한반도 거주 일본인 65만 명과 만주와 중국북부 거주자 130만 명을 송환할 계획을 세웠으며 이를 위하여 28,805,600원의 예산을 책정하기까지 했다.[46]

한편 일본인 귀환자들의 수송을 위하여 총독부 교통국은 대규모 귀환자 수송을 위하여 귀환열차를 지정했다. 처음에는 서울역(京城驛)에서 출발하는 오전 6시 50분발 경부선 하행선 열차를 귀환열차로 배정했으며, 9월 10일에는 여기에 오전 10시발 열차를 추가하여 부산역을 종착역으로 하는 귀환열차로서 서울역에서 출발하는 열차를 하루에 2대씩 배정했으며 대전역에서 출발하는 열차를 1대씩 배정했다.[47]

이와 함께 총독부는 보호부의 관할 아래 안내소를 설치하고 귀환자 수송과 원호업무를 담당하게 했다.[48] 안내소에서는 귀환열차와 귀환선을

---

45) 原田大六, 「終戰に伴う引揚事務處理」, 森田芳夫・長田かな子(編), 『朝鮮終戰の記錄: 資料編第一卷』, 東京: 巖南堂書店, 1979, 146-147쪽.
46) 原田大六, 앞의 자료, 148-152쪽.
47) 森田芳夫(1964), 앞의 책, 122쪽.
48) 총독부에서는 안내소(소장)으로 서울(山村正輔)・부산(一杉藤平)・대전(堤平太郎)・대구(水野薰)・전주(小泉弘)・광주(木下麟太郎)・여수(田所榮)・시모노세키(竹內俊平) 등 8개 안내소를 설치했으나 결과적으로 서울・부산・시모노세키 안내소만 독자적으로 활동하게 되었으며 시모노세키 안내소는 나중에 센자키로 이전했다. 原田大六, 앞의 자료, 147쪽.

타려는 일본인에게 특별수송 승차 승선 증명서를 교부했으며 이 증명서에
탑승할 열차와 선박을 지정했다. 증명서를 교부하는데 있어서 전쟁피난민
·일반부녀자·「종전사무처리본부」직원의 가족 등에게 우선권을 부여
했다. 일반인에게는 구청 등의 관공서를 통해 신청 순으로 증명서를 교부
했으며 점점 전쟁피난민이 증가함에 따라 일반인에 대한 교부를 일시
중단하기도 했다. 가지고 갈 짐으로는 한 사람 당 2개의 탁송화물을 인정
했으나 대부분 부산에서 배에 싣지 못했으며 9월 14일 이후에는 군정당국
의 명령으로 이것마저 허용되지 않았다.[49]

서울과 부산의 안내소는 당초에 일본인 학교만을 귀환자 수용시설로
사용할 계획이었으나 예상을 초과하여 밀려드는 귀환자들로 인하여 8월
말부터는 한국인 교육시설을 접수하여 수용했으며 이것으로도 부족하여
종교시설까지 수용시설로 활용했다.[50] 부산안내소는 귀환자 수용시설로
서 부산역 앞에 있던 마스라오관을 비롯하여, 제3국민학교·제7국민학교
·공회당·삼도여고·부산중학교 등의 시설을 이용했다. 9월 들어 귀환
수송선이 모자라는 가운데 이러한 시설로도 모자라 예전에 세관창고로
쓰던 건물을 개조하여 수용시설로 사용하였으며 모자라는 식량을 보충하
기 위해 서울에 요청하여 밀가루와 쌀을 지원받기도 했다.[51]

부산안내소의 활동과 관련하여, 모리타는 "부산안내소가 애초에 일본
에서 송환되어 오는 한국인의 접수도 실시했다"고 했으나, 한국인 귀환자
에 대한 원호활동상황을 알 수 있게 하는 근거를 전혀 제시하고 있지
않다.[52] 부산안내소는 한국인 귀환자의 원호업무를 한국인 민간 원호단체
에게 맡기고 오로지 일본인 귀환자에 대한 원호활동에 전념했을 것으로

---

49) 森田芳夫(1964), 앞의 책, 122쪽.
50) 原田大六, 앞의 자료, 153쪽.
51) 原田大六, 앞의 자료. 154쪽.
52) 森田芳夫(1964), 앞의 책, 152쪽.

보인다. 9월 1일에 결성되는 부산일본인(내지인) 세화회에서 자체 기구로서 다른 지역의 세화회와 달리 일찍이 10월 2일에 '안내소'(소장은 아오야기 사가하루, 靑柳嵯峨治)라고 하는 부산안내소 임무를 인계받는 기구를 설치하는 것으로 보아53), 세화회와 함께 총독부의 지원을 받아 오로지 일본인 귀환자의 송출 업무만을 담당했던 것으로 볼 수 있다. 여기에다가 총독부가 국고보조금으로 부산세화회에 대해 100만 원을 지급한 가운데 50만 원을 부산안내소가 사용했다는 기록54)은 부산안내소가 오로지 일본인 귀환자를 위하여 활동했다는 것을 잘 말해 주고 있다.

한편 해방 직후 군정청이 들어서기까지 총독부가 행정권을 장악하는 가운데 조선은행권 화폐를 남발함으로써 남한에 물가 앙등을 초래한 것은 널리 알려진 사실이다. 조선은행이 군정청에 접수되는 9월 30일 당시, 조선은행권 발행고는 86억 8천만 원이었으며 이는 1년 사이에 64억원이나 증가한 것이었다. 특히 8월 15일부터 9월 30일까지 1개월 반 사이에 38억 4천만 원이나 초과 발행되었다. 이러한 화폐 남발은 일본군 소집해제와 관공서·회사 등의 해산에 따른 퇴직금 지급 등 경비 지출이 많았던 것과 일본인 귀환자들이 대거 예금을 인출했던 것에 기인한다.55) 총독부는 이러한 예금 인출 및 일본 송금을 방조했을 뿐 아니라56), 스스로 방만한 종전사무처리를 행함으로써 해방된 남한에 높은 인플레이션을 유발시켰으며 심각한 경제적 타격을 입힌 것이다. 아무튼 9월 하순에 미군 군정청으로 업무가 이관되면서 「종전사무처리본부」의 보호부는 해체되었으

---

53) 森田芳夫(1980), 앞의 책, 395-397쪽.
54) 原田大六, 앞의 자료, p. 152., 山名酒喜男, 『朝鮮總督府終政の記錄(一): 終戰前後に於ける 朝鮮事情槪要』, 東京: 友邦協會, 1956, 48쪽.
55) 多田井喜生, 『朝鮮銀行: ある円通貨圈の興亡』, 東京: PHP硏究所, 2002, 230-232쪽. 이 기간 중에 예금 총액이 대체로 25억 정도로 추정되며 이 가운데 7억원 정도가 일본 본토로 송금되었다. 또한 이 기간 중에 국고보조금 지출 초과액이 12억원, 융자명령에 의한 대출과 일반대출액이 2억 5천만 원에 달했다. 山名酒喜男, 앞의 자료, 21쪽.
56) 朝鮮銀行史編纂委員會, 「終戰前後の朝鮮銀行」, 森田芳夫(1979), 앞의 책, 209쪽.

며 안내소의 업무도 10월에 들어 세화회에게 인계되었다.

2. 미군정청의 귀환대책과 부산경남지역 군정부대의 활동

일본군의 무장해제를 이유로 9월 9일 서울에 진주한 미군은 9월 20일까지 군정청 조직을 정비했으며 총독부의 기구를 물려받는 형태로 군정청 기구를 정비했다. 귀환업무에 관한 주무부서는 외사과가 되었으며 중앙 및 지방의 각 군정부서와의 연락을 취하면서 귀환자에 대한 수송과 원호를 담당하게 되었다. 외사과 안에서도 난민계(Displaced Persons Division)가 귀환업무를 전담하게 되었다. 난민계 팀원으로 가장 먼저 게인(Gane, W.J.) 중위가 임명되었으며 귀환업무 주임으로 베이어(Beyer, R.L.)대위가 임명되었다. 외사과는 귀환업무에 대해서 가능한 자생적인 귀환 원호단체를 최대한 활용하고 중앙기구인 교통국과 위생국 방역과와 긴밀한 연락체계를 유지하기로 하는 방침을 가지고 있었다.[57]

9월 23일부터 업무를 개시한 난민계에는 기획 및 특수계획반·운영반·통계정보반·연락반이 있었고 부산항에 로스(Ross, M.J.)중위 등을 파견하여 부산에 진주한 40사단 및 지방 군정팀의 지원을 받아 귀환자에 대한 원호 및 송출업무를 감독하게 했다. 군정청의 업무규정에 의하면 외사과 난민계의 당면한 임무로서 다음과 같은 규정이 있었다.[58]

(1) 귀환해 온 사람들로부터 청취하여 해외에 있는 한국인에 대한 데이터를 수집할 것.
(2) 극동지역으로부터 들어오는 한국인 귀환자에 대한 계획적 수용에 관해 군정당국과 연락을 유지할 것.
(3) 한국을 출입하는 모든 귀환자에 대해 기록을 유지하고, 관계부서(G-2)에

---

57) Gane, 앞의 책, 3-4쪽.
58) United States Army Military Government In Korea, *Manual of Military Government Organization and Function*. Seoul: USAMGIK The Office of Administration, 1946, 3쪽.

매일 보고할 것.

(4) 서울 지역에서 귀환하는 일본인을 감독할 것. 열차의 배정, 각 지방 일본인 단체에 대한 통보, 열차에의 화물적재, 등을 감독할 것.

(5) 일본인의 귀환에 관하여 관련 군정당국과 연락을 유지하고, 각 도시에서 귀환하는 일본인에 대해 기록할 것, 그리고 귀환자들의 도착 예정 상황을 부산의 연락사무소에 통보할 것.

(6) 한국에 잔류하는 일본인에 대해 통계기록을 유지할 것.

24군단의 지시에 의해 미군 제40사단이 경상남북도 지방의 일본인 무장해제를 담당하게 되었다. 9월 16일에 켈리(Kelly, J.P.) 소령이 이끄는 선발대가 부산에 도착했으며 나머지 사단 주력 부대는 23일에 인천에서 열차를 타고 부산에 진주해 들어 왔다. 부산항에서 일본인 군인 및 민간인의 귀환자에 대한 통제는 40사단의 160보병연대 인력이 담당했다.[59] 경남의 군정 도지사에는 해리스(Harris, C.S.)준장이 임명되어 9월 20일에 부임했으며 노부하라는 그의 자문역을 담당하게 되었다.[60] 마찬가지로 부산 군정 시장에는 켈리 소령이 임명되었으며 그때까지 부산시장(府尹)을 역임했던 도야마 오사무(富山修)도 부산에 남아 자문역을 담당하게 되었다.[61] 10월 하순에 들어 26군정중대와 98군정중대 등 군정부대가 착착 진주하여 민간행정 업무에 관여하게 되었다.[62] 해리스 준장은 부산에 도착하자마자 9월 23일 오후에 무질서한 일본인의 개별적인 귀환을 중지하고 오직 연락선을 통하여 질서 있는 귀환을 실시하라고 하는 내용의 다음과 같은

---

59) 경남대극동문제연구소(편), 『지방미군정자료집 I : 한국현대사자료집시리즈1』, 서울: 경인문화사, 1993, 28-34쪽., 『민주중보』 1945년 9월 23일자, 1면.

60) 信原聖, 앞의 자료, 4쪽. 노부하라는 10월말까지 자문역을 담당하다가 연락선을 타고 센자키로 귀환했다.

61) 도야마는 경남의 일본인 관리 중에서 가장 늦게까지 부산에 남아 있다가 12월 하순에 일본으로 귀환했다. 『민주중보』, 1945년 12월 28일자, 2면.

62) 국사편찬위원회(편), 『미군정기 군정단 군정부대 문서4: 한국현대사자료집성50』, 과천: 국사편찬위원회, 2000, 11쪽., 신종대, 「해방직후 부산경남지방의 변혁운동」, 역사문제연구소, 『한국근현대지역운동사: 1.영남편』, 서울: 여강, 1993, 242-246쪽.

경고문을 발표했다.[63)

　　현재 부산 재주 일본군인과 일본시민을 속히 본국으로 귀환시킬 작정이
며 9월 24일 오전 10시부터 부산항 제1부두에 집합을 개시하고 휴대품은
수하물로 한정한다. 속히 준비를 완료하기 바라며 현재 성행하는 밀도항선
은 절대로 금지한다. 금일부터 일본으로 도항할 선편은 연락선에 위탁할
뿐이며 그 승선권은 미군군정 당국에서 준비하고 있다. 밀항선에 대해서는
군정당국이 많은 감시선을 출동시켜 부산항 부근이나 釜關 노선 중간에
배치하여 엄하게 감시할 것이다. 감시대에 발각되는 밀선은 군정당국을
무시하는 무리로 간주하고 선체는 물론 탑재 화물까지 폭파할 것이며 승무
원 승객은 군정의 방침에 의거하여 엄중히 처벌할 것이다.

　미군정 당국은 여타 지역의 점령지에서 실시한 바와 같이 무장 해제된
일본군인들을 최우선적으로 귀환시켰다. 한반도에서 소집되었다가 패전
과 함께 이미 가정에 돌아간 자를 다시 소집하여 군인의 신분으로서 귀향
시키기까지 했다. 이와 함께 경찰관·신관(神官)·일본기생(芸者) 등 한국
인들로부터 우선적으로 폭행 피해를 받을 소지가 많은 사람들을 특히
우선순위로 하여 일본으로 귀환시켰다.[64) 부산을 비롯한 대도시에서 귀환
을 기다리는 일본인 민간인들이 겪고 있는 혼란을 최소화하는 일은 군정
청의 조직이 정비된 후 10월에 들어서야 본격적으로 실시되었다. 10월
3일 군정장관 아놀드(Arnold, A.V.)는 「종전사무처리본부」 보호부장을 통
하여 일본인 단체(세화회)에게 다음과 같은 사항을 지시했다.[65)

　　(1) 10월 4일부터 당분간 귀환열차 운행을 중지한다.
　　(2) 서울·대전·대구·수원 및 김천을 귀환자 집결지로 지정했으므로

---

63) 『민주중보』 1945년 9월 25일자, 2면. 이러한 엄포에도 불구하고 10월 말까지 소형선박에
　　의한 일본인의 개별적인 귀환이 계속되었다.
64) 若槻泰雄, 앞의 책, 237-238쪽.
65) 森田芳夫(1964), 앞의 책, 352쪽.

수송을 재개할 때는 군정청의 지시를 따라 이상의 집결지에 집결하
여 귀환하는 것으로 한다.
(3) 앞으로는 군정청이 발행하는 증명서를 귀환자에게 교부할 것이다.
(4) 대도시의 치안과 일본군대의 송환 촉진을 위하여 모든 일본인은 관
련 지시가 있을 때까지 현재 지역에 머물러 있어야 한다.

같은 날 군정장관은 담화문을 발표하여 "일본인은 군정당국의 지도 아
래 수송력이 허락하는 한 신속하게 귀환시킬 예정이다. 아직 귀환하지
않은 일본인은 본인과 가족의 성명을 가까운 일본인 구제기관에 등록하
고, 귀환계획을 실시할 경우 이에 포함되도록 수속을 취해야 한다. 일본인
의 개인적인 귀환은 금지한다. 귀환에 관한 상세한 지시는 수시로 공표할
것이다"라고 했다.[66] 여기에 그치지 않고 군정청은 10월 8일에 다음과
같은 내용의 법령 10호를 발령하여 일본인들의 등록을 의무화하고 개별적
인 귀환 이동을 금지시켰다.[67]

(제1조) 일본인은 모두 경찰서를 경유하여 군정청으로부터 발급되는 허
가증을 소유하고 있지 않으면 해당 거주지의 Bloc Association(세화회)
사무소로부터 10킬로미터 이상 떨어진 곳으로 여행할 수 없다. 이
범위 안에서 여행할 경우에도 원칙적으로 출발 당일 야간통행금지
시각까지 귀가해야 한다.
(제2조) 군정청의 포고가 있을 때 모든 일본인은 세화회 사무소에 등록
해야 한다. 세화회 대표는 매일 등록결과를 집계하여 다음날 정오까
지 시·읍·면사무소에 제출해야 한다. 시·읍·면장은 이것을 다
음 주 월요일까지 도지사에게 제출하고, 도청에서는 이것을 곧 바로

---

66) 『京城日本人世和會會報』28号 (1945. 10. 4), 1쪽. 京城세화회에서는 담화문 가운데 '일본인
구제기관'이 「종전사무처리본부」 혹은 일본인세화회를 지칭하는지에 관하여 군정청에 조
회했다. 이에 대하여 일본인세화회 같은 성격의 기관이라는 유권해석을 받았으며 이를 계기
로 아직 세화회가 결성되어 있지 않던 지방에서도 서둘러 세화회를 조직하게 되었다. 森田
芳夫(1964), 앞의 책, 353쪽.
67) 『京城日本人世和會會報』34号 (1945. 10. 13), 1쪽.

군정청 외사과에 제출해야 한다.
(제3조) 본 법령은 도지사의 고시에 따라 효력을 발생한다.
(제4조) 본 법령의 위반자는 군정법원이 정하는 바에 따라 처벌받아야
    한다. .

군정청은 귀환자들의 계획적인 수송을 위해 10월 10일부터 수송열차에 대한 시운전을 실시했으며 10월 23일부터 본격적인 계획수송을 시작하여 京仁지구 일본인들부터 승차하게 되었다. 10월 24일부터 귀환자 수송을 위해 매일 두 대의 열차가 서울(용산역)에서 부산으로 향했으며 많을 때는 하루 세 차례 운행하기도 했다. 서울에서 부산까지 대략 18시간이 걸렸다. 계획수송 처음에는 대부분 북한에서 건너와 서울의 수용소에 들어있던 피난민들을 수송했으며, 11월 3일부터는 군인유가족을, 11월 8일과 9일부터는 직업별 지역단체별 수송을 시작했다. 계획수송의 실시에 따라 잔류 일본인이 점차 줄어들었기 때문에 귀환수송 횟수도 줄어갔다. 11월 17일부터는 오후 3시에 출발하는 열차 하나만 운행하게 되었으며, 11월 24일부터는 단체수송이 끝나고 개인 신청자에 대한 수송이 시작되면서 4일에 한 차례 운행했고, 12월에 들어서는 일주일 내지 열흘에 한 차례 운행하게 되었다.[68]

외사과의 게인 중위는 군정청이 집계한 일본인 귀환자 통계를 재정리하여 그의 저서를 통해 발표했다. 열차를 포함하여 모든 교통수단을 통하여 8월부터 12월까지 5개월 사이에 일본으로 귀환한 민간인 숫자에 대하여, 그는 8월 63,648명, 9월 105,207명, 10월 104,981명, 11월 163,920명, 12월 32,008명으로, 총 469,764명이 귀환한 것으로 집계했으며, 귀환 군인의 숫자에 대해서는 9월부터 12월까지 4개월 사이에 총 176,241명이 귀환한 것으로 집계했다.[69] 이와 함께 열차를 통하여 수송한 일본인 귀환자 총

---

68) 森田芳夫(1964), 앞의 책, 361-365쪽.

240,830명에 대해서는 다음 <표 2>와 같이 월별로 집계했다.[70]

〈표 2〉 열차 귀환 일본인 수 (1945년 8월 23일 ~ 12월 29일)

월별	출발지	횟수	인원	월별	출발지	횟수	인원	월별	출발지	횟수	인원
8월	서울	3	3,000	11월	서울	36	79,623	12월	서울	9	10,322
					인천	5	10,001		인천	3	1,594
					개성	1	1,426		대전	1	163
9월	서울	28	50,150		영등포	1	750		전주	2	879
					대전	2	2,625		군산	6	3,593
					전주	8	7,056		남원	1	712
					이리	1	1,622		광주	1	602
					군산	5	5,109		목포	1	385
10월	서울	18	37,568		김제	1	948		대구	1	300
	서울·수원	1	2,250		광주	4	2,319		안동	1	65
	인천	2	4,417		목포	12	7,908				
	대전	1	1,380		대구	2	3,150				
					수원·대전	1	833				
					김천	8	80				

Ⅲ. 부산지역 민간 원호단체의 조직과 활동

1. 한국인 원호단체의 조직과 활동

해방 직후 남한에서는 해외로부터의 귀환자들을 원호한다는 명목 아래 수 많은 단체가 생겨났다. 그 중에 기록에 남아 있는 것으로 가장 일찍이 원호 활동의 움직임을 보인 단체로서 8월17일 결성된 건국준비위원회(이하 「건준」으로 표기함)의 후생부를 들 수 있다. 이는 주로 「건준」의 부위원장인 안재홍의 주창에 의해 결성되어 귀환자에 대한 원호활동을 실시했다. 나중에 이 후생부의 업무는 사실상의 「건준」의 활동정지와 함께 「조선

---

69) Gane, 앞의 책, 91-92쪽. 게인은 9월 27일부터 12월 28일까지 주간별로 귀환 군인의 수 176,241명을 정리했다.
70) Gane, 앞의 책, 93-97쪽. 게인은 출발시각에 따라 열차로 수송된 일본인 수를 정리했다.

인민원호회」로 인계되었다.[71]

같은 달 31일에는 유억겸을 위원장으로 하여, 「건준」의 간부들을 비롯하여 사회의 각계 지도층 인사를 망라한 형태로 「조선재외전재동포구제회」가 조직되었다. 미군정의 기록에 의하면 이 단체는 원래 「건준」의 후생부 부장을 지내다가 사퇴하여 이 단체의 구휼부장이 된 이용설을 중심으로 약 200만 원의 자금으로 결성되었으며, 사회 각계 지도급 인사들로부터 지원을 받아 주로 부산항에서 평균 100톤 정도의 소형선박 39척을 이용하여 일본인과 한국인 귀환자들을 수송했다고 한다.[72] 이 단체는 서울 수송동 중동학교의 대강당에서 창립회의를 열고 태평로의 옛 조선일보사 건물 1층에 사무소를 두었으며, 다음과 같이 당시 국내에서 활동하고 있던 지도급 인사를 대거 망라한 진용을 임원으로 갖추었다.[73]

> 위원장 : 유억겸, 부위원장 소완규 · 김상의
> 총무부장 : 조기목, 구휼부장 이용설, 선전부장 정태희, 재정부장 김경호
> 간사 : 이해규 · 홍종헌 · 이봉업 · 원용훼 · 최주용
> 고문 : 김성수 · 김활란 · 김병로 · 김관식 · 김응순 · 조만식 · 도용호 · 이종린 · 여운형 · 이종만 · 백관수 · 방응모 · 송진우 · 서상일 · 안재홍 · 양주삼 · 윤하영 · 윤희중 · 윤홍렬 · 윤상은 · 최석모 · 허헌 · 홍명희
> 평의원 : 김준연 · 김도연 · 고황경 · 정인보 · 이숙종 · 유석현 · 이상은 · 오한영 · 윤보선 · 양윤식 · 유각경 · 최승만 · 황신덕

재일한국인 단체인 「재일본조선인연맹」의 자료에 의하면, 이 단체가 9월 하순에 당시 전남의 광주YMCA 이사이던 신수용을 일본에 파견했

---

71) 『민심』2호 (1946. 3), 72쪽.

72) USAMGIK. *G-2 Periodic Report*. no.6. 1945. 9. 16. (한림대학교아시아문화연구소, 『주한미군정보일지제1권』, 춘천: 한림대학교아시아문화연구소, 1990), 38쪽.

73) 대한민국문교부국사편찬위원회(편), 『자료대한민국사』, 서울: 대한민국문교부국사편찬위원회, 1968, 32-33쪽.

다고 하며[74], 재일한국인이 발행하는 신문에 의하면 이 단체가 서울 세브란스 의전 소속의 의사 2명과 간호사 2명으로 편성된 의료반을 하카타에 파견하여 연일 150명 정도의 귀환자를 진찰했다고 한다.[75] 이 단체 이외에도 해방직후 귀환자 구호를 목적으로 하는 군소 단체가 많이 생겨났다.[76]

군정청 외사과는 9월 23일 군정청사에 13개의 한국인 원호단체 대표들을 소집하고 연합체 형성의 필요성을 역설했다. 이에 따라 「조선인민원호회」와 「조선재외전재동포구제회」가 여러 원호단체들의 통합에 주력하여 9월 30일에 서울의 숙명여고 강당에서 통합대회를 열고 「조선동포구호회 중앙위원회」를 발족시켰다. 그리고 이날 열린 제1회 위원회 회의에서, 귀환자 수용시설 설치, 구호물자배급소 선정, 상륙자 접수시설과 병원 설치, 한국과 일본간의 불법 수송 선박 규제조치 등에 관하여 협의하고, 구호활동상황과 위원회의 설립취지를 확인하는 간단한 성명서를 작성했다. 이 위원회는 종로에 사무실을 두고 수시로 한국인 귀환자 원호상황에 대해 군정당국에 보고했다.[77]

위원회는 일본에서 들어오는 귀환자들을 위해 부산에 지부를 설치하고 사찰이나 학교, 또는 빈 가옥이나 창고 등을 수용소로서 사용했다. 이 단체는 9월 27일부터 10월 20일까지의 기간에 부산에서 38,400명에게 식량을 배급했으며, 23,434명에게 열차표를 나누어주고, 8,279명을 치료했다고 한다.[78] 그러나 이 위원회는 간부들이 구호물자의 배급을 유용했다

---

74) 在日本朝鮮人連盟, 「報告書」 (1945. 11), 朴慶植(編), 『朝鮮問題資料叢書第13卷: 日本敗戰前後の在日朝鮮人の狀況』, 東京: 三一書房, 1983, 16쪽.
75) 『朝鮮國際新聞』1号 (1946. 1. 1), 1쪽.
76) 기타 한국인 귀환자 원호를 위한 민간단체의 결성 상황과 활동에 대해서는, 최영호(1995), 앞의 책, 105-113쪽을 볼 것.
77) Gane, 앞의 책, 55-56쪽. 13개 원호단체의 대표자 명부 및 성명서는 같은 책 부록, 54-56쪽을 볼 것.
78) Gane, 앞의 책, 55-56쪽.

는 이유로 군정당국으로부터 비판을 받았으며 이윽고 원호단체들을 규합하여 정치활동을 기도했다는 비난을 받았다. 특히 「조선인민원호회」와 「조선재외전재동포구제회」 사이에 정치적 성향을 둘러싸고 대립이 있었으며 이러한 이유 등으로 11월 16일에 이 위원회는 해산되었고 각각의 원호단체는 개별적으로 활동을 지속하게 되었다.[79]

서울의 원호단체 결성 움직임과 연동하여 부산경남지역에서도 지방단위의 원호단체가 결성되었다. 결성일은 확실하지 않으나 「건준」경남본부에서 하부기구로 「귀환동포경남구호회」가 결성되어 9월 중에 활동하고 있었다. 이 단체의 조직으로는 위원장 김동산, 부위원장 전성호·한진표, 총무부장 이춘남, 재정부장 김창규, 지도부장 왕치덕, 자재부장 박동구, 식량부장 박창원, 의무부장 박기출, 배식부장 최복순, 수송부장 김낙제 등이었다.[80] 10월 3일에는 경남 군정청이 난립해 있는 원호단체 가운데서 「귀환동포경남구호회」, 「조선인민원호회경남지부」, 「조선재외전재동포구제회부산사무소」, 「귀국동포보호협회경남본부」, 「귀국동포경남불교구호회」, 「민주중보사 구호위원부」 등 6개 단체를 공식 원호단체로 인정하고 이들 단체들에게 통합명령을 내렸으며 이를 받아들여 부산에서 「조선귀국동포구호연합회」가 결성되었다.[81] 그러나 이들 연합회 활동은 알려지고 있지 않다. 아마도 서울의 움직임과 연동하여 부산의 연합회 활동도 오래가지 못하고 중단되었을 것으로 보인다.

일찍이 12월 시점에서는 외사과의 게인 중위는 부산항의 한국인 귀환자 수용소에서 원호활동을 전개한 단체로서 다음 <표 3>과 같이 5단체를 들고 있다. 이들 원호단체는 제1부두 근처의 창고를 한국인 귀환자 수용시설로 활용하여 원호활동을 실시했으며, 부산지방 군정팀은 12월에 들어

---

79) Gane, 앞의 책, 60-61쪽.
80) 『민주중보』 1945년 9월 23일자, 2면.
81) 『민주중보』 1945년 10월 26일자, 1면.

이들 5개 단체의 대표자를 구성원으로 하는 협의체를 구성하여 원호활동을 허가하고 지원했다.[82]

귀환자 원호단체는 여러 가지 형태로 활동자금을 조달했다. 대중들이나 유지들에 의한 성금과 함께 군정당국으로부터 지원을 받았다. 군정청이 한국인 귀환자 원호를 위한 예산으로 9천만 원을 배정한 것이 알려지면서 10월 하순에 들어 원호단체가 급속히 증가했다는 것이 알려지고 있으나[83], 군정당국으로부터 어느 단체가 어떠한 형태로 얼마나 지급을 받았는지는 분명하지 않다.

<표 3> 부산항의 한국인 원호단체

원호단체명	대표자	담당원호업무
기독교구제회	김홍성	식사제공, 귀환자 수용소 안내
해외전재동포구제동맹	김동산	일반업무
해외동포전재회	방수운	의약주사, 방역, 입원가료
귀국동포보호협회	조인지	귀환자 수송
기독교봉사회	윤정선	부산 나병환자 수용소 담당

2. 일본인 세화회의 조직과 활동

일찍이 8월 16일 조선총독부에서는 총독과 정무총감이 재경일본인 가운데 유력인사를 불러들여 패전 정국에 대한 설명을 행하고 일본인 사회의 자구책을 촉구했다. 이 자리에는 당시 경성전기회사 사장 호즈미 신로쿠로(穗積眞六郞), 조선섬유산업회사 사장 유무라 신지로(湯村辰二郞), 조선농지개발영단 이사장 와타나베 시노부(渡辺忍)와 함께 지난날 조선

---

82) Gane, 앞의 책, 70쪽.
83) Gane, 앞의 책, 58쪽.

상공회의소 소장을 역임한 히토미 지로(人見二郎) 등이 참석했다. 총독부는 총독부 스스로의 조직력 약화와 함께 미군과 소련군의 진주를 앞두고 조선군도 치안통제력을 상실해 가는 가운데 결국 일본인의 보호와 치안확보를 일본인 스스로가 강구해야 하며 이에 대해서 최대한 지원하겠다고 하는 방침을 전달했다.84) 이를 계기로 하여 재경일본인들은 자생적인 단체를 조직하기 시작했으며 이러한 움직임은 다른 지역으로 확산되었다.

당시 아사히신문 서울지국장 이쥬인 가네오(伊集院兼雄)의 권유와 알선으로 8월 18일 경성전기회사 사장실에서 소수 재경일본인 유지들이 회합하여 일본인 단체를 결성하기로 했으며 8월 20일에 소공동(長谷川町)에 있던 경기도 상공경제회에서 「경성내지인세화회(京城內地人世和會)」라는 이름으로 정식 발족했다. 사무실은 상공경제회 건물 내에 두었으며 회장에는 호즈미가 결정되었다. 호즈미는 1914년에 조선총독부에 들어가 28년 동안 관료생활을 보냈으며 척산(拓産)국장을 역임했다. 그는 1943년에 경성전기회사 사장에 취임했으며 조선상공경제회 회장을 겸임하고 있었으며 식민지 인사들과 널리 친분이 있을 뿐 아니라 총독부와도 인맥을 널리 유지하고 있었다.85)

세화회는 8월 25일 제정된 규약의 제2조에서 명시한 대로 "서울에 거주하는 일본인들 사이의 상호 연락 및 협조를 도모할 목적"으로 설립되었으며 총독부의 지도 아래 일본인에 관한 업무와 사무에 대하여 협력하고 상담하겠다는 취지로 설립되었다. 발족 당시 발표한 취지문[趣意書]은 "우리는 급변하는 시기를 맞아 승조필근(承詔必謹)하며 충성된 신하로서의 성의를 바침과 동시에 대국민(大國民)으로서 금도(襟度)를 보여야 한다. 특히 다가올 새로운 조선을 위해서는 좋은 협력자로서 영광된 발전에 전폭적으로 기여해야 한다. 가정과 직장에서 각자 침착하게 자신의 직분

---

84) 森田芳夫(1964), 앞의 책, 132-133쪽.
85) 森田芳夫(1964), 앞의 책, 133쪽.

에 대해 배전의 노력을 다해야 한다"고 하는 내용으로 시작하고 있다.[86] 이는 당시 서울에 있던 일본인 유지들이 식민지 해방이라고 하는 역사적 변화를 얼마나 안일하게 인식하고 있었는지를 잘 말해 주고 있다.[87]

서울에서 세화회가 결성된 것이 알려지고 총독부가 지방기관을 통해 이를 권장하면서 전국적으로 세화회 결성 움직임이 확산되었다. 서울과 지방에서 모두 처음에는 '내지인' 세화회라는 명칭을 사용하다가 '일본인' 세화회로 명칭을 바꾸었다.[88] 이것은 기본적으로 이미 한반도가 일본으로부터 독립되어 '내지인' '조선인'의 구별이 필요 없게 되었기 때문이다.[89] 즉 이러한 명칭 변경은 일본인들이 시간이 흘러감에 따라 점차 한반도의 해방을 심각하게 인식하게 되었다는 것을 의미한다. 또한 지방의 세화회에서는 한반도에 잔류하기를 희망하는 그룹과 일본으로 귀환하기를 희망하는 그룹이 서로 다투는 일이 있었다. 패전 당시에는 대체로 많은 일본인들이 한반도에 잔류하기를 희망했으며 잔류 일본인의 권익을 보호하기 위한 거류민단을 예상하고 세화회를 결성했다. 이 때문에 각 지역에서 오랜 거주 경험과 인적 관계를 갖고 있는 인물들이 대부분 세화회의 대표자로 선정되었다고 한다.[90]

---

86) 森田芳夫(1964), 앞의 책, 137쪽. 취지문의 초안은 경성일보 기자 야스이 도시오(安井俊雄)가 작성했으며 초안 그대로 발기인 모임에서 통과되었다.

87) 패전 직후 한반도 특히 남한에 거주하는 일본인 대부분이 일본과 식민지 조선이 서로 전쟁을 경험한 일이 없다고 인식하고 있어 '패전'이라는 상황을 심각하게 받아들이지 않았으며, 방송이나 신문을 통해서도 포츠담 선언의 내용을 정확히 파악하지 못하는 가운데, 자신들이 식민지 통치자로서 군림해 왔다는 의식을 거의 갖고 있지 않았다. 平和祈念事業特別基金(編), 『資料所在調査結果報告書(別冊)』, 東京: 平和祈念事業特別基金, 1999, 3쪽.

88) 서울의 세화회가 1호(9월 2일) 이후 거의 매일 발행하고 있던 회보 『京城內地人世和會會報』도 세화회 명칭의 변경에 따라 13호(9월 15일)부터 『京城日本人世和會會報』로 바뀌었다.

89) 平和祈念事業特別基金(1993), 앞의 책, p. 215.

90) 森田芳夫(1964), 앞의 책, p. 146. 수村勳은 지방 세화회의 幹事들은 거의 한반도 잔류를 희망하는 사람들이었다고 회고하고 있다. 平和祈念事業特別基金(1993), 앞의 책, p. 215.

가. 부산경남지역 일본인 귀환자에 대한 부산세화회의 원호활동

부산의 세화회는 식민지 시기 수산 재벌로서 경남상공회의소 총재를 역임한 바 있는 가스이 겐타로(香椎源太郎)를 회장으로 하여 9월 1일 「부산내지인세화회」라는 명칭으로 출범했다. 그러나 가스이가 일찍이 일본에 귀환하면서 임원진이 대폭 바뀌었으며 조직 명칭도 「부산일본인세화회」로 바뀌었다. 일본 귀환이 용이한 지역이었던 만큼 다른 지역에 비해 조직 구성원의 변동이 심했으며 12월까지 한 달에 한번씩 회장이 바뀔 정도였다.[91]

부산세화회 활동에 대해서는 마루야마가 안내소장을 역임하면서 기록한 「부산일본인세화회의 활동」이 가장 상세한 자료로 남아있어[92], 이 자료를 중심으로 활동상황을 살펴보기로 한다. 부산세화회는 애초 거류민단 조직과 같은 성격으로 발족한 것으로 구성원들에게 적극적인 귀환 의향이 없었을 뿐 아니라 지역 일본인들에게 가능한 귀환을 억제할 방침으로 지도를 행했다. 설립 직후 이북지방 또는 남한의 타 지역에서 쇄도해오는 귀환자들이 많아서 수송수단 조건상 부산 경남지역 일본인들이 연락선을 이용하여 귀환하기에는 곤란한 상태였다. 따라서 설립 직후(9월 초순까지)에는 경남도내 각지에서 부산으로 밀려오는 일본인들을 억제하는데 급급했다. 9월 중순부터 10월 하순에 걸쳐 소형 선박에 의한 귀환이 활발했던 상황에서 세화회의 귀환 억제 대책은 기능을 제대로 하지 못했다. 매일 하루 평균 3척의 소형선박으로 600명 정도가 귀환해 가는 상황에서 세화회에서 담당했던 일은 기범선(機帆船) 소형선박의 운항을 통제하고 선박 운임을 통제하여 폭등을 억제하는 것이었다.

---

91) 부산세화회 역대 회장은 다음과 같다. ①香椎源太郎(45.9.1부터), ②池田佐忠(45.10.2부터), ③芥川典(45.11.10부터), ④鏡一以(45.12.5부터 47년12말까지), ⑤森田國政(47년12월부터 48년6월까지). 森田芳夫・長田かな子(編), 『朝鮮終戰の記錄: 資料編第二卷』, 東京: 巖南堂書店, 1980, 396-399쪽.

92) 丸山兵一, 「釜山日本人世話會の活動」, 森田芳夫(1980), 앞의 책, 390-396쪽.

그러나 10월 20일 이후에는 하물 수송 금지와 함께 소형선박의 운항도 금지되면서 세화회는 연락선에 의한 계획 수송업무에 관여하게 된다. 계획수송은 10월 25일부터 실시되었다. 이에 앞서 10월 22일 「종전사무처리본부」 부산안내소로부터 귀환원호업무를 인계받은 세화회는 애초의 거류민단적 성격으로부터 귀환원호단체적인 성격으로 바뀌기 시작했다.[93] 세화회에서는 다음과 같은 승선 계획을 세웠다.

> (1) 계획수송에 의하여 타지역에서 부산에 들어오는 귀환자에게는 접수 번호 순으로 승선시킨다.
> (2) 계획수송에 의하지 않고 개별적으로 부산에 들어오는 귀환자에게는 일정 기간 숙사에 수용하고 단체를 결성한 뒤 승선시킨다.
> (3) 부산경남 거주자의 귀환에 대해서는 단독 승선을 금지하고 250명 정도의 인원이 될 때까지 수용소에 수용한 뒤 그룹을 이룬 뒤 승선시킨다.

이러한 방침에 의거 세화회는 부산경남 거주자들을 지은사(智恩寺)에 수용하고 10월 22일 이후부터 그룹에 의한 계획적인 귀환을 실시했다. 이렇게 하여 부산경남 거주자 가운데 부산세화회의 통제를 받아 귀환한 자가 10월 중에 16개 단체 11,100명, 11월 중에 39개 단체 14,800명, 12월 중에 61개 단체 9,600명으로, 도합 35,500명에 달하는 것으로 세화회는 파악했다.

---

93) 식민지 시기에 부산고등법원장을 지낸 가가미 가즈요리(鏡一以)가 12월 5일부터 새로 회장직을 맡으면서 부산세화회는 그 성격이 바뀌었다. 그는 세화회 규약 제2조(목적)의 규정을 기존의 "일본인 상호간의 연락협력 나아가 상호부조를 도모할 것을 목적으로 한다"에서 개정하여 "미군정에 협력하고 모든 사태에 적응하며 원활한 해결을 도모하고 이로써 일본인의 지도 나아가 전재자의 구제 및 귀환에 관한 모든 사무의 원활한 처리를 목적으로 한다"라고 하여 전재 귀환자 원호단체로서의 성격을 분명히 했다. 森田芳夫(1964), 앞의 책, 671쪽., 森田芳夫(1980), 앞의 책, 397쪽.

나. 타지역 일본인 귀환자에 대한 부산세화회의 원호활동

군정당국에 의하여 한반도에 있는 81만 명의 일본인에 대한 귀환항으로 부산항이 지정되었기 때문에 부산은 한반도 거주 일본인 귀환의 중심지가 되었다. 부산항이 군정당국에 접수된 것은 9월 23일이며 그때까지는 일본군 부산병참사령부가 부두에서 일본인들에 대한 승선 및 선박수송 업무를 담당해 왔다. 그러나 군정당국에 의해 부산항이 접수됨에 따라 일본인의 부두 출입이 금지되고 화물 반출 반입도 금지되었다.

군정당국은 일본인 귀환업무를 당분간 「종전사무처리본부」 부산안내소에게 맡겼다가 10월 22일에 세화회에 인계했다. 10월과 11월 사이에 남한 거주 일본인들의 귀환이 대거 이루어졌으며 그 중에도 11월에 최고조를 이루었다. 이 시기에 부산 거주 일본인들이 거의 귀환한 가운데 마루야마는 일본 센자키에 건너가 일본인 귀환자에 대한 원호 수송 업무를 희망하는 일본인 청년 25명을 데리고 부산에 돌아왔으며, 세화회를 통해 귀환원호 활동에 매달렸다. 마루야마는 다른 자료에서 10월 2일에 부산에서 일본인들을 수용하고 있던 시설과 인원의 현황으로 다음 <표 4>와 같은 통계를 제시하고 있다.[94] 당시 얼마나 많은 부산항이 일본인 귀환자들로 붐볐는지를 가늠하게 하는 통계이다.

여기에는 북한 지역에서 탈출해 오는 일본인들도 섞여 있었다. 9월에 들어서부터 무리를 지어 38선을 넘어 남하해 온 일본인들의 처참한 모습들이 부산에서도 많이 보이기 시작했다. 이들은 대부분 헐벗고 굶주린 상태로 먹을 것 가진 것도 없이 육체적 정신적으로 지쳐 있는 모습들이었으며 응급 원호조치를 요하는 사람들이었다. 서울과 부산의 세화회는

---

94) 丸山兵一, 「朝鮮に於ける日本人の引揚狀況」, 加藤聖文, 앞의 자료 (朝鮮篇二), 325-326쪽.

〈표 4〉 부산의 일본인 수용시설 및 수용인원 현황(1945년 10월 2일)

수용시설	정원	최대수용력	수용인원	정원초과인원
西本願寺	1,000	2,000	2,500	1,500
東本願寺	1,000	2,000	2,500	1,500
金剛寺	300	500	700	400
智恩寺	300	500	700	400
妙覺寺	150	200	300	150
金光敎	150	200	300	150
出雲大社	300	500	700	400
마스라오관	1,500	2,000	2,500	1,000
제7국민학교	2,000	4,000	4,700	2,700
식물검사소	700	1,000	1,500	800
세관창고	5,000	7,500	8,600	3,600
합계	12,400	20,500	25,000	12,600

이처럼 형편이 어려운 일본인 귀환자들을 위하여 의료지원 활동을 실시했다. 일본인 의사와 의대생들이 자원봉사 형식으로 북한지방에서 피난해 오는 일본인을 비롯하여 귀환을 대기하는 일본인들에게 의료활동을 실시하고 있었는데 세화회는 이들에 대해 의약품을 지원했다.[95]

남한 거주 일본인들이 거의 귀환한 시점인 1946년 2월부터 세화회는 북한에서 남하해 오는 일본인들을 주된 대상으로 하여 원호활동을 전개했다.[96] 그 해 5월 상해(上海)에서 부산에 상륙해 온 한국인 선원이 콜레라로 사망한 것을 계기로 하여 군정당국은 5월 말부터 부산항 사용을 금지시키

---

95) 木村秀明, 『ある戰後史の序章: MRU引揚医療の記錄』, 福岡市: 西日本図書館コンサルタント協會, 1980, 41-47쪽.
96) 부산세화회 직원 미야케 가즈미(三宅一美)는 1945년 9월부터 1948년 7월까지 부산에 남아 원호업무에 종사하면서 부산항에서 귀환하는 탈북 일본인들의 모습들을 카메라에 담았다. 奧村芳太郎(編), 『在外邦人引揚の記錄: この祖國への切なる慕情』, 東京: 每日新聞社, 1970, 126-161쪽.

고 군산과 인천항을 대체 귀환항으로 지정했다가 콜레라가 수그러들자 8월부터 다시 부산항을 사용하게 했다.[97] 마루야마는 1947년 1월까지 부산항을 경유하여 귀환한 일본인 수를 다음 <표 5>와 같이 파악하고 있다.[98] 부산항을 중심으로 하여 일본인 귀환자 수의 전모를 밝히고 있는 귀중한 통계라고 할 수 있다. 1945년 8월의 수치로서 그 근거가 희박할 뿐 아니라 너무도 적은 수를 제시하고 있다는 문제점을 안고 있기는 하지만 부산세화회가 결성된 1945년 9월 이후의 통계는 일본인 귀환자 상황을 이해하는 좋은 자료가 되고 있다.

<표 5> 부산항 경유 일본인 귀환자수

年月	38線以南	38線以北	計
1945. 8.	4,895	-	4,895
9.	100,682	26,808	127,490
10.	169,263	-	169,263
11.	176,376	-	176,376
12.	27,740	5,168	32,908
1946. 1.	4,083	5,996	10,079
2.	5,379	1,732	7,111
3.	2,257	5,973	8,230
4.	625	28,404	29,029
5.	117	40,511	40,628
6.	53	3,091	3,144
7.	-	538	538
8.	-	19,289	19,289
9.	-	19,355	19,355
10.	-	13,453	13,453
11.	-	8,370	8,370
12.	-	4,040	4,040
1947. 1.	-	208	208
합계	491,470	182,936	674,406

다. 세화회의 원호활동을 위한 재원

운영 및 활동을 위한 예산 충당을 위하여 서울의 세화회는 설립 초기부

---

97) 森田芳夫(1964), 앞의 책, 693-710쪽.
98) 丸山兵一, 「慶尙南道および釜山の引揚(二)」, 『同和』 166号 (1961. 10. 1), 4쪽.

터 모금을 실시했다. 8월과 9월에 걸쳐 초기에 총독부와 「종전사무처리본부」, 「조선금융단」, 「조선식량협회」 등으로부터 1,700만 원 정도의 자금을 모았다.[99] 그러나 이러한 기부금 행위는 군정청이 법령2호를 통해 규정한 공공단체의 현금 유통금지 규정을 위반한 것으로서, 검찰당국의 조사를 받게 되었으며 결과적으로 11월에 기부금 가운데 극히 일부분인 151,500원만을 반환을 요청하는 단체에게 되돌려 주게 되었다.[100]

여기에 11월부터 군정청이 예산을 관리함에 따라 세화회는 그때까지 풍부하게 사용해 오던 예산을 아껴서 사용할 수밖에 없었으며 궁핍해진 재정상황을 타개하기 위해 방책을 궁리하게 되었다. 몇 차례에 걸쳐 일본 정부로부터 지원을 받으려고 했던 시도에 대해 일본점령군사령부와 군정당국이 이를 허가하지 않았으며 대신에 군정청이 직접 원호금과 구호물품을 지급했다.[101] 세화회는 잔류 일본인들로부터 현금을 차입하고 나중에 일본에 귀환한 후에 갚는 방식으로 자금을 모아서 모자라는 재원을 충당했다.[102] 1945년 8월부터 12월까지 서울세화회가 사용한 경비의 내역은 다음 <표 6>과 같다.[103]

한편 부산세화회는 서울세화회에 비해서 군정청으로부터 상대적으로 후한 지원을 받은 것으로 알려지고 있다. 세화회 결성 후 1946년 3월말까지 서울 군정청은 서울세화회에 약 170,000원 정도를 지급했으나 같은 기간에 경남 군정청은 부산세화회에 대해 423,000원을 지급했다. 또한 서울세화회의 자체 자금은 동결 당했지만 부산세화회의 경우는 동결 당하지 않았다. 여기에 미군으로부터 원호물자를 지원 받았으며 세화회 직원이 수용소 안에서 생활할 수 있었기 때문에 인건비를 줄일 수 있었다.

---

99) 森田芳夫(1964), 앞의 책, 315쪽.
100) 森田芳夫(1964), 앞의 책, 552-553쪽.
101) 森田芳夫(1964), 앞의 책, 553-556쪽.
102) 森田芳夫(1964), 앞의 책, 973-977쪽.
103) 森田芳夫(1964), 앞의 책, 556-557쪽.

<표 6> 서울세화회의 경비 내역

수입 (단위: 원)

년월	기부금	불용품매각대금	부동산관리 신청수수료	차입금	계
45. 8	1,500,000.00	-	-	-	1,500,000.00
9	15,386,488.27	-	-	-	15,386,488.27
10	39,151.10	8,161.72	-	-	47,312.82
11	-	1,720.00	11,800.00	-	13,520.00
12	7,357.41	3,600.00	10,770.00	271,312.56	293,039.97
계	16,932,996.78	13,481.72	22,570.00	271,312.56	17,240,361.06

지출

년월	수용소비	구제비	의료비	급여금	사무비	선대여금	인천세화 회 경비	기부금 반납금	반환금	계
45. 8	-	-	-	-	100	-	-	-	-	100
9	560,566	250,000	694,020	31,190	160,328	634,920	-	-	-	2,331,025
10	952,981	-	204,871	75,792	81,938	254,495	-	-	-	1,570,076
11	1,034,669	92,100	243,796	230,501	252,534	189,445	50,000	151,500	-	1,865,654
12	519,744	159,350	299,628	166,589	169,676	34,887	-	-	308,760	1,588,861
계	3,067,960	501,450	1,442,315	504,072	664,576	665,083	50,000	151,500	308,760	7,355,716

※ 지출금액은 전(錢) 부분을 반올림한 것임
※ 11월 군정청이 자금을 관리하게 됨에 따라 11월 28일 은행예금·우편저금 등 10,829,300원을 군정청 복지후생국 후생과에 이관했다.

    재정적인 면에서 부산세화회는 서울세화회보다는 어려움을 겪지 않았던 것으로 보인다. 1946년 3월까지 부산세화회가 사용한 경비 내역은 다음 <표 7>과 같다.[104]

    그렇지만 부산항에서 귀환하는 일본인 귀환자에게 원호 지원을 하기에는 충분한 재정 상태는 아니었다고 한다. 서울세화회 회장 호즈미(穗積眞六郎)가 1946년 3월에 일본에 돌아가 지속적으로 일본의 여론에 한반도 귀환 원호상황의 어려움을 호소하는 가운데, 부산세화회가 군정청으로부터 받는 교부금 이외에는 다른 수입이 없기 때문에 밀려오는 북한 탈출자들에게 충분한 식량을 제공하기 힘들다고 했다. 또한 이들은 서울에서는

---

104) 森田芳夫(1964), 앞의 책, 564-565쪽.

〈표 7〉 부산세화회의 경비 내역 (1945년9월~1946년3월)

단위: 원

수입		지출	
항목	금액	항목	금액
종전사무처리본부보조금	500,000	급식비	212,662
군정청교부금	423,000	원호비	328,738
기부금	350,150	의료비	33,045
의료수익금	4,090	원호잡비	73,083
환불금	7,125	사무비	61,358
		인건비	330,177
		복지비	106,988
계	1,284,365	시설비	102,007
		계	1,248,058
		잔금	36,307

※ 수입 지출금액은 전(錢) 부분을 반올림한 것임

물론 부산에서 승선할 때까지도 식사다운 식사를 할 수 없을뿐더러 선내에서 조차 충분한 식사를 제공받을 수 없기 때문에 이들의 영양실조 정도를 더욱 악화시키고 있다면서 연락선에 충분한 식량을 반입할 것을 일본정부에 청원하겠다고 했다.[105]

맺 음 말

이상으로 부산항을 통과해 가는 한국인 일본인 귀환자들을 중심 대상으로 설정하여 귀환자들의 동태를 정리했으며, 귀환자들을 둘러싸고 조선총독부와 군정청이 어떠한 정책으로 임했으며 어떠한 원호체계와 원호활동이 이루어졌는지를 밝혔다. 본 연구를 통해서 부각된 점은 다음과 같다.

첫째, 부산경남지역의 귀환자들의 동태와 관련하여 한국인과 일본인이 서로 매우 다른 양상을 보였다는 점을 강조했다. 대부분 강제로 일본에

---

105) 穗積眞六郞, 「在鮮邦人の引揚狀況」, 『引揚同胞』3·4号 (1946. 7), 29-31쪽.

동원된 노동자들로 구성된 한국인들은 빈곤한 형편 가운데 고국에 귀환했으며 고국에서도 사회적으로 적응하지 못함으로써 해방정국의 사회적 혼란을 가중시키는 요인이 되었던 것에 반하여, 식민지에서 대체로 유복한 생활을 영위하던 일본인들은 축적한 재산을 투매하거나 재산을 가지고 귀환하는 일이 많았다는 점을 강조했다. 다만 이북에서 월남하여 귀환하는 일본인들 가운데에는 전쟁 피해자가 많았다는 것도 함께 강조했다.

둘째, 조선총독부의 귀환자 원호체계로서 「종전사무처리본부」의 보호부가 중심부서가 되고 각 지방의 안내소가 일선 귀환업무를 담당하는 형태를 이루고 있었는데, 원호활동으로서는 일본인세화회를 통한 오로지 일본인 귀환자 대책에 전념했다는 점을 강조했다. 게다가 일본인 귀환자 및 세화회 조직에 대한 급여나 융자 지원 등으로 방만한 재정을 운용하게 하여 남한 경제에 악영향을 끼쳤다는 점을 강조했다. 결국 한반도 행정의 책임부서였던 총독부는 한국인을 위한 조직은 되지 못했으며 오로지 일본인을 위한 조직이었음을 드러냈다는 점을 부각시켰다.

셋째, 군정청의 귀환자 원호체계로서 외사과의 난민계가 중심부서가 되고 각 지방의 군정당국이 이를 지원하고 말단 원호활동은 한국인 원호단체와 일본인세화회가 담당하는 형태를 이루고 있었는데, 일본인 귀환자의 경우 이북에서 월남해 온 사람들이 주된 원호대상이 되었다는 점을 강조했다. 특히 부산경남 거주 일본인의 경우에는 군정당국의 통제를 받지 않는 형태로 귀환해 간 사람이 많았다는 점을 강조했다. 덧붙여서 한국인 원호단체가 정치적 성향을 둘러싸고 단합된 원호대책을 세우지 못한 반면, 일본인세화회의 경우는 월남 귀환자들을 위해 자금과 조직력을 동원하여 단합된 원호활동을 전개했다는 점을 부각시켰다.

끝으로 본 연구의 한계로서, 귀환자 대책과 귀환과정을 정리하는데 주력하다보니 모리타의 연구 결과로부터 크게 벗어나지 못하고 원호체계에 대해서도 보다 구체적이고 세밀한 접근을 시도하지 못했다는 점을 들 수 있다. 여기에다가 앞으로 진전된 귀환 연구를 위해서는 귀환자들의 인식이나 행태를 유형화하거나 분류하는 작업이 필요하다. 즉 분산되어 있는 귀환자들의 회고 기록이나 귀환자들의 동태와 관련된 자료들을 수집 정리하고 분석함으로써, 각각의 유형을 뒷받침할 수 있는 논거를 개발하고, 분류된 틀에서 각각의 유형이 어떠한 분포를 나타내는지 측정하는 일은 중요한 연구과제가 아닐 수 없다.

· 접수일 3003년 7월 5일 / 심사완료일 2003년 8월 10일
· 주제어 : 귀환, 원호, 세화회, 외사과, 난민계

Relief systems and activities for the repatriates in Busan and Kyungnam area right after the 1945 liberation of Korea*

Choi, Young Ho

This paper deals with behaviors of Korean and Japanese repatriates, the policy of Government-General and USAMGIK on repatriates, and the achievement of relief system and activities. The paper emphasizes on the following points.

First, in relation to the activities of the repatriates residing in Busan and Kyungnam area, Korean and Japanese repatriates exhibited prevalent differences. Korean repatriates, mostly labor workers who have been sent to Japan by force, returned to Korean nearly empty handed. In many cases, they could not adapt to society and they contributed to social disorder. Japanese repatriates, on the other hand, generally enjoyed prosperity during their stay in Korea, and returned to Japan with much accumulated wealth. Japanese repatriates from North Korea, however, were mostly war victims.

Second, the activities of relief system of Government-General are mostly done by Japanese Relief Society (Sewakai), and it solely focused on Japanese repatriates. The excessive financial management such as superfluous accommodation with funds and salaries to Japanese repatriates resulted in negative impact on Korean economy. It is evident that Korean Government-General was an organization that provided more services to

---

* This work was supported by Korea Research Foundation Grant (KRF-2002-002-B00118)

Japanese than Korean.

Third, Displaced Persons Division in Foreign Affair Section played the central role as the relief system for the repatriates under USAMGIK. The division was supported by military governments of local districts throughout the country and the Japanese Relief Society and Korean relief organizations were responsible for the actual relief practices. For Japanese repatriates, those who returned from North Korea became the primary object of relief. Many Japanese residing in Busan and Kyungnam area in particular, returned home without coming under the control of military authorities. In addition, while Korean relief organizations showed split among themselves depending on their political preferences, Japanese relief Society worked under coherent cooperation for the repatriates.

Key words : repatriate, relief, Sewakai, Displaced Persons Division, Foreign Affair Section,

牛村 錢鎭漢의 협동조합 및 우익노조 활동

임 송 자[*]

목 차

머리말
Ⅰ. 협동조합 활동
  1. 동경유학 및 협동조합운동사 조직
  2. 협동조합 활동
  3. 신간회 동경지회 참여
Ⅱ. 우익노조 활동
  1. 우익청년단 활동
  2. 우익노조 활동
  3. 반탁운동 및 단독정부 수립운동
Ⅲ. 정부수립 이후의 활동
  1. 제헌국회에서의 활동
  2. 사회부장관 재직
  3. 조방쟁의와 전진한
맺음말

머 리 말

牛村 錢鎭漢은 우리에게 익숙한 인물이 아니다. 그러나 현대사 특히 노동분야에서의 그의 비중은 결코 무시할 수 없는 존재였다. 또한 현 한국노총의 전신이었던 대한노총에 지대한 영향력을 미쳤다는 점에서 노동운

* 독립기념관 사료조사연구원

동 연구에서 간과할 수 없는 인물이라고 할 수 있다. 지금까지의 인물연구
는 정치적인 비중의 경중에 따라 진행되어 왔다. 인물 연구에 대한 지평을
넓히기 위해서는 다양한 분야에서의 인물 연구가 진행되어야 할 것이다.
이러한 문제의식에서 이 논문은 일제시기에는 협동조합운동에, 해방 이후
에는 우익노조활동에 주도적이었던 전진한이라는 인물에 대해 살펴보고
자 한다.

전진한은 일제시기 협동조합운동에 열정을 불태웠으며, 신간회 동경지
회에서도 활동하였다. 이러한 그가 해방정국에서는 좌익세력과 대항할
목적에서 조직되어 반공활동의 선봉대 역할을 수행하였던 우익청년단 및
대한노총 위원장으로 활동하였다. 해방정국의 좌우대립 속에서 철저히
우익세력 편에 서서 좌익세력 타도에 매진했던 전진한은 이승만의 단선단
정노선의 승리에 기여한 중심인물이었다. 그의 해방정국에서의 활동은
극단적인 반공활동가로서 변모한 것을 보여주는 것이다.

그는 5·10총선거에 출마하여 제헌의원이 되었고, 이승만정부의 사회
부장관에 등용되었다. 제헌의원이자 대한노총 위원장으로서 그는 헌법에
이익균점권 조항을 포함시키는데 기여하였다. 미군정기나 정부수립 후
이승만의 정치적 뒷받침 속에서 활동하던 전진한은 조방쟁의를 계기로
인생의 전환점을 맞이하게 되었다. 1951년 12월 임시수도 부산에서 일어
난 조방쟁의 및 이승만의 정당결성운동 과정에서 전진한은 이승만과 대결
하였으며, 그 결과 이승만에 의해 대한노총에서 제거되었다.

전진한 한 개인을 평가하는데 어려운 점들이 많다. 그것은 첫째, 해방정
국에서의 극단적인 반공활동은 일제시기 협동조합운동, 신간회 동경지회
참여라는 경력에 어울리지 않는 것이었다. 어떠한 계기에 의해 해방 후
극단적인 반공활동가로 나서게 되었는가는 전진한 연구에서 논의의 중심
점이 되어야 하겠지만 자료상의 한계로 인하여 규명하기가 어렵다. 둘째,

1952년 말 이승만에 의해 대한노총에서 제거되기까지 그는 이승만의 정치노선에 충실하였던 인물로 평가할 수 있다. 그러나 이것이 꼭 들어맞지 않는 경우도 있었다. 전진한은 1947년 제2차 미소공위를 놓고 이승만과 정면으로 충돌하였으며, 1951년의 이승만의 정당결성운동에서 (원내)자유당과 뜻을 같이하였다. 전진한의 이러한 점이 소신에서 나온 행동인지 아니면 기회주의적인 행동인지가 분명하지 않다. 미소공위에서나 정당결성운동에서의 전진한의 행보는 일면 한민당·민국당의 입장과 일치하는 것이었다. 셋째, 전진한은 인맥상으로 한민당과 긴밀한 관계를 맺고 있었다. 그런데 그는 직접적으로 한민당에 들어가서 활동하지는 않았다. 그리고 정부수립 후 여·야당 조직공작이 활발했을 때 대한노농당 결당에 주도적으로 참여하였으나 대한노농당 결성을 앞두고 이탈하여 한국노농당을 결성하였다. 한국노농당은 실제적으로 정치적 기반이 없는 유명무실한 존재였다고 볼 수 있다.

이 논문에서는 위와 같은 점을 염두에 두고 전진한에 대해 살펴볼 것이다. 그리고 전진한의 활동 중에서 두드러졌던 일제시기의 협동조합 활동, 해방 후 우익노조 활동에 중점을 두어 살펴보겠으며, 아울러 정부수립 이후의 활동에 대해서도 다루고자 한다.

I. 협동조합 활동

1. 동경유학 및 협동조합운동사 조직

전진한은 1901년 11월 5일 경상북도 상주군 함창면 태생이다.[1] 빈농의 집안에서 태어난 그는 15세에 보통학교에 입학했다가 17세 때 서울로

---

1) RG 469 #40, 「ORGANIZED LABOR IN THE REPUBLIC OF KOREA」, 1950.4.11, 10쪽. 독립유공자포상 신상기록철(관리번호 : 9415)에 전진한의 본적이 경북 상주군 함창면 오사리 214번지로 되어 있다.

고학의 길을 떠났다. 남의 집 사환으로 고학생활을 하였는데 이때 그는
仁村 金性洙・宋鎭禹・玄相允 등 그 당시 중학교를 경영하던 사람들과
대면하게 되었다. 이것이 그의 동경유학의 계기로 작용하였으며, 해방
이후 한민당과의 인연으로 연결되었다.

그는 사환 생활을 청산하고 다시 일인의 시계도매상에서 일하였다. 이
당시의 의식 변화에 대해서 그는 "왜놈의 집에 있는 동안에 나의 민족의식
과 반일사상은 더욱 굳어졌고, 남의 사환으로 천덕구니 노릇을 하는 동안
에, 사회의식과 계급의식이 눈뜨기 시작해서 내가 일생을 통해서 극렬한
민족주의자가 되고 노농운동에 일생을 바치게 된 운명의 마수가 그때부터
움직이기 시작했었는가 싶다"고[2] 회고하였다.

그 후 경성방직회사의 전신인 京城織紐社 급사로 취직하였다.[3] 그리고
중동학교 급사, 쌀가게 잡역 등을 하면서 중동학교 영어강습, 靑年學舍
영어야간반에서 학업에 열중하여 결국 기미육영회의 동경유학생으로 선
발되었다.

기미육영회의 장학생으로 그가 동경으로 떠났던 시기는 1920년 5월,
20세 때였다. 육영회의 규정에 중학졸업 이상자에게만 혜택을 받는 것으
로 되어 있었으나 그가 보통학교도 졸업을 마치지 못한 상태에서 선발된
것에 대해 그는 "金性洙・宋鎭禹・崔奎東・李康賢 등의 力薦이 있었던
까닭"이라고 밝히고 있다.[4]

동경 유학을 떠난 후 몇 년 있다가 그는 早稻田대학에 입학하게 된다.
그러나 전진한의 회고록을 볼 때 유학을 떠난 시점부터 와세다대학에

---

2) 『政界夜話』 後篇, 홍우출판사, 1966년, 415쪽. 錢鎭漢, 『이렇게 싸웠다』, 무역연구원, 1996,
   273-277쪽.
3) 錢鎭漢, 『이렇게 싸웠다』, 무역연구원, 1996, 278-280쪽.
4) 錢鎭漢, 『이렇게 싸웠다』, 무역연구원, 1996, 284쪽. 전진한과 함께 己未育英會에서 학비를
   받게 된 사람은 경기도에 兪億兼, 전라도에 金俊淵, 평안도에 徐椿, 경상북도에 金鼎卨,
   경상남도에 文時煥, 강원도에 崔承萬이었으며 이들은 대개 전문대학 재학 중이었다고 한다.

입학하였던 상황에 대해서는 생략하였기에 그 부분에 대해서는 공백상태로 남겨져 있다.[5] 전진한이 早稻田대학에서 유학생활을 했을 당시 그 대학의 저명한 교수들 중에는 공산주의 이론가가 많았다고 한다.[6] 그렇지만 그 전생애를 통해 볼 때 공산주의 사상에 심취하거나 공산주의 사상에 공명하지는 않은 것 같다. 그의 회고록에서 자신을 '극렬한 민족주의자'로 표현하고 있듯이 그는 공산주의는 타도의 대상으로 보았다.

전진한은 동경에서의 유학생활을 하면서 비밀결사 「한빛」을 조직했다[7]. 한빛은 표면상 학술연구를 위한 것이었으나 항일투쟁을 전개해 나갈 목적으로 결성된 것이었다.[8] 그 당시 동지들은 金源碩, 李瑄根, 咸尙勳, 李時穆, 金之基, 徐元出, 張龍河, 異河潤, 朴俊爕, 金明燁, 柳東璡, 權五鍾, 曺在浩, 林日植, 陳泰完 등이었다.[9] 「한빛」을 모체로 하여 1926년 5월 24일에 동경 早稻田 스코트홀에서 백여 명의 유학생을 집결, 경제조직체로서 「協同組合運動社」를 조직했다.[10] 협동조합사는 「한빛」 회원들이 그동안 꾸준히 구국방안을 연구, 토론 끝에 직접적인 항일투쟁보다는 일본제국주의의 착취에 대항할 수 있는 경제조직체가 필요하다는 결론을 얻어 조직된 것이다.[11]

---

5) RG 469 #40, 「ORGANIZED LABOR IN THE REPUBLIC OF KOREA」, 1950.4.11에 의하면 전진한은 1925년에 와세다고등학교를 졸업한 것으로 되어 있다.

6) 柳珍山, 『해뜨는 地平線』, 한얼문고, 1972, 29쪽.

7) 「한빛」의 결성시기에 대해 회고록에는 기술되어 있지 않아 알 수가 없으나 「한빛」 결성과 「협동조합운동사」 결성시기 사이에는 그다지 많은 기간이 존재할 것이라고는 생각되지 않는다.

8) 玉溪柳珍山先生紀念事業會, 『玉溪 柳珍山』(上), 82쪽.

9) 錢鎭漢, 「勞農黨의 路線은 나의理想」, 『내가걸어온길 내가걸어갈길』, 신태양사, 1957, 134쪽.

10) 협동조합운동사의 창립일은 자료에 따라 5월이나 6월로 기록되어 있다. 「동아일보」 1926년 7월 6일자와 「조선일보」 1926년 7월 2일자에는 5월 24일로 되어 있으며, 水野直樹는 동아일보 1928년 4월 4일자를 인용하여 5월로 보고 있다. 水野直樹, 「新幹會 東京支會의 활동에 대하여」, 『新幹會研究』, 동녘, 1983, 120쪽. 그러나 慶尙北道警察部, 『高等警察要史』, 1934, 67쪽에는 6월에 창립된 것으로 기록하였으며, 1927년에 협동조합운동사에서 펴낸 『協同組合運動의 實際』에는 6월 13일을 창립일로 보고 있다.

　협동조합운동사는 (1) 중간이윤의 철폐 (2) 고리대 驅逐 (3) 경제적 단결 (4) 자주적 훈련을 표어로 하고, 그 강령을 "우리는 협동자율적 정신으로 민중적 산업관리와 민중적 교양을 기함", "우리는 이상의 목적을 실천하기 위하여 조합정신의 고취와 실지경제를 기한다"라고 정하였다.[12]

　결성 당시 선출된 임원으로는 서무부 錢鎭漢·金成璹·徐元出, 재무부 金庸壯·權東璡·南振祐·李時穆·申浩均, 편집부 金容○·權五翼, 金明燁, 연구부 孫奉祚, 金鳳集·金○寬, 선전부 林泰虎·金聖鉉, 조사부 咸尙勳·金魯洙, 경영부 金源碩·李瑄根이었다.[13]

　협동조합운동사는 강령에 보이는 바와 같이 조선농촌의 퇴폐를 구제하여 경제상 지위를 향상시키는데 그 목적을 두었다. 이들의 주활동은 협동조합에 대한 연구와 국내에 선전대를 파견하여 선전 조직에 힘쓰는 것이었다.[14]

2. 협동조합 활동

　협동조합운동사는 1926년부터 동경에서 기관지 『조선경제』를 월간지로 발행했으며, 1926년, 1927년 두 해 동안 여름방학을 이용한 귀국강연회를 개최하여 협동조합을 선전하는 등 계몽활동을 전개하였다.

　1926년 간부 전진한 등이 귀국하여 경상남북도를 순회하면서 각지에서 강연회를 개최하여 협동조합운동을 선전하였다.[15] 그리고 1927년에도 전

---

11) 玉溪柳珍山先生紀念事業會, 『玉溪 柳珍山』(上), 85쪽.
12) 「조선일보」 1926년 7월 2일자. 慶尙北道警察部, 『高等警察要史』, 1934, 67-68쪽.
13) 「조선일보」 1926년 7월 2일자.
14) 錢鎭漢, 『이렇게 싸웠다』, 무역연구원, 1996, 284쪽. 1920년대 협동조합운동은 기독교청년회의 협동조합운동과 조선농민사의 농민공생조합운동, 그리고 동경 유학생들에 의해 창설된 협동조합운동사의 활동이 두드러졌다. 池浩源, 「白山 安熙濟의 民族敎育觀 硏究」 한국교원대 석사논문, 1988, 60-61쪽.
15) 김현숙, 「일제하 민간협동조합운동에 관한 연구」, 서울대 사회학과 석사학위논문, 1987, 47쪽.

진한은 동지들과 함께 선전대를 편성하여 전국을 순회하며 협동조합운동에 대한 선전강연을 하였다.[16] 1927년 7월 23일 목포에서는 「여기에서 출발하라」라는 제목으로 강연을 하여 청중들로부터 많은 호응을 받았다.[17] 1927년 8월 15일에는 해주에서, 18일에는 재령에서 「무엇부터 시작할까」라는 제목으로, 1927년 8월 20일에는 풍천에서, 8월 30일에는 정주에서 「분산적 생활에서 집단적 생활로」라는 제목으로 협동조합운동의 선전계몽 활동을 하였다.[18]

전진한을 비롯한 협동조합운동사 활동가들의 활약에 힘입어 전진한의 實兄 錢俊漢[19]의 주도로 1927년 1월 咸昌협동조합이 조직되었다.[20] 그리고 이 조합을 모범으로 尙州협동조합(1927.4), 中牟협동조합(1927.4), 靑星협동조합(1927.9), 豊山협동조합(1927.5), 禮安협동조합(1927.8)이 잇달아 조직되었다.[21]

전진한은 1928년 와세다대학 정경학부 경제과를 졸업하였다.[22] 그 해 4월 협동조합운동사 본부를 동경에서 서울로 옮겨 본격적으로 조직활동에 들어갔다. 1926년, 27년 귀국강연회를 통해 많은 조합들이 조직되었고, 그간의 연구성과도 상당히 축적되었다는 인식을 바탕으로 활동의 무대를 국내로 옮겨 적극적인 조직활동에 나섰던 것이다.

본부를 경성으로 이전한 협동조합운동사는 다음과 같은 금후방침과 강

---

16) 협동조합운동사의 선전대(순강대) 활동에 대하여는 김현숙, 「일제하 민간협동조합운동에 관한 연구」, 서울대 사회학과 석사학위논문, 1987 참조.

17) 「동아일보」 1927년 7월 26일자.

18) 「동아일보」 1927년 8월 18일자, 8월 21일자, 8월 27일자, 9월 2일자.

19) 전진한은 훗날 자신의 회고록에서 친형 전준한을 "하나의 나침반이 되어 나로 하여금 현재의 위치에까지 인도한 분"으로 묘사했다. 錢鎭漢, 「勞農黨의 路線은 나의 理想」, 『내가 걸어온길 내가걸어갈길』, 신태양사, 1957, 133쪽.

20) 錢鎭漢, 「勞農黨의 路線은 나의 理想」, 『내가 걸어온길 내가걸어갈길』, 신태양사, 1957, 133쪽. 錢鎭漢, 『이렇게 싸웠다』, 무역연구원, 1996, 31-32쪽.

21) 慶尙北道警察部, 『高等警察要史』, 1934, 69-70쪽.

22) RG 469 #40, 「ORGANIZED LABOR IN THE REPUBLIC OF KOREA」, 1950.4.11, 10쪽.

령을 결정하였으며 부서도 새롭게 정비했다.[23]

《금후방침》
一. 선전에서 조직으로! 조합조직에 주력, 旣成組合과의 연락 원활 및 물품
   기타 일체의 경제적 지도와 원조
二. 在來 각종 類似組合 경제단체 조사 연락 또는 조직변경
三. 이상의 件을 수행키 위하여 중앙에 경제적 기관 설치에 착수
四. 질의에 응함(조합조직방법, 물품구입방법)

《강령》
一. 우리는 대중의 경제적 단결을 공고히 하며 자주적 훈련을 期함.
一. 우리는 이상의 목적을 관철키 위하여 대중본위의 자주적 조합을 조직
   하며 이를 지도함.

《임원》
위원장 : 錢鎭漢[24]
서무부 : 金源碩·金成璹·劉永福
재무부 : 金容采·金敏稷·金東鶴
조직선전부 : 咸尙勳·金熹命·錢俊漢[25]
출판부 : 李時穆·權五翼·丁奎昶
조사연구부 : 孫奉祚·金鳳集·鄭憲台

한편 白山 安熙濟는 1927년 부산에서 협동조합운동을 하기 위해 自力
社를 차려 「自力」이라는 학술잡지를 간행하려다가 일제의 방해로 뜻을
이루지 못하던 차에, 그 이듬해에 서울로 이전한 협동조합운동사에 합류
하였다.[26] 이후 협동조합경리조합을 신설하여 고문이 되었다.[27] 이 경리

---

23) 「동아일보」 1928년 4월 4일자.
24) 「동아일보」 1928년 4월 4일자에는 錢鎭澤이라고 되어 있다. 이는 錢鎭漢의 誤記인 것
   같다.
25) 「동아일보」 1928년 4월 4일자에는 錢俊澤으로 기재되어 있으나 이는 錢俊漢의 誤記인
   것 같다.

조합은 협동조합운동사의 실무적 중심기관이었으며 협동조합 연합체적인 성격을 지녔으며[28] 지방조합과의 연락기관으로서 기능을 하였다.

경성으로의 본부 이전 및 협동조합경리조합의 신설을 통해 조직을 재정비한 협동조합운동사에서는 旣成組合의 발전상황을 조사하고 지방조합의 조직을 촉성하기 위하여 전진한은 金燾命과 함께 1928년 5월 18일 38개 지역으로 지방 순회를 떠났다.[29]

이러한 협동조합운동사의 활동으로 전국적으로 조합이 속속 조직되어 협동조합운동이 발전도상에 있었으나 일제의 탄압과 함께 1928년 7월 위원장 錢鎭漢이 서울파의 '비이론파공산당사건'에 연루되어 검거됨으로써 침체기로 접어들게 되었다.

조선공산당사건으로 검거된 전진한은 신의주 지방법원 예심에서 취조를 받았으며 1929년 6월 15일 예심이 종결되었다. 예심 결과 李丙儀 등 15명이 기소되었으나 전진한은 免訴되었다.[30] 협동조합운동에서 중심적인 역할을 했던 위원장 전진한(1928년 봄 협동조합사의 체제개편에 의하여 전진한은 위원장에 선출됨)의 검거로 인하여 협동조합운동사는 통제력을 잃어갔으며 일제의 탄압으로 결국은 해체되었다.

3. 신간회 동경지회 참여

1927년 2월 사회주의자 민족주의자 등에 의해 민족협동전선 조직으로

---

26) 池浩源, 「白山 安熙濟의 民族敎育觀 硏究」 한국교원대 석사논문, 1988, 62쪽.
27) 「동아일보」 1928년 4월 25일자. 협동조합경리조합의 임원은 다음과 같다. 이사장 安熙濟, 상무이사 錢俊漢, 이사 金㝡朵, 고문 협동조합운동사 위원장 錢鎭漢.
28) 池浩源, 「白山 安熙濟의 民族敎育觀 硏究」 한국교원대 석사논문, 1988, 64쪽.
29) 「동아일보」 1928년 5월 17일자. 전진한 김도명이 순회할 38개 예정지는 다음과 같다. 천안, 대전, 풍산, 김천, 함창, 예천, 영주, 안동, 의성, 군위, 대구, 영전, 경주, 포항, 영덕, 울산, 동래, 부산, 양산, 밀양, 마산, 창원, 통영, 고성, 삼천포, 하동, 진주, 의령, 삼가, 단성, 산청, 함양, 거창, 합천, 성주, 왜관 등지.
30) 「조선일보」 1929년 6월 28일자.

서 신간회가 창립되었다. 한국 내에서의 신간회 창립에 호응하여 일본 동경에서는 민족주의계와 사회주의계의 양대 세력에 의해 그 해 5월 7일 신간회 동경지회가 결성되었다. 동경지회의 결성과정에서 협동조합운동사 간부 전진한의 활약이 컸다.

1920년대 중반 당시 동경의 유학생계는 사회주의세력(재일노총, 일월회), 민족주의세력(학우회, 협동조합운동사), 무정부주의세력(흑우회) 등 세 갈래의 운동조류가 있었는데, 협동조합운동사는 민족주의세력 내부에서 가장 비타협파였다.[31] 신간회 동경지회에는 신간회운동에 비판적 입장을 가졌던 아나키즘계 단체가 참여하지 않고 신간회에 대해 대립적 자세를 취했던 반면 민족주의계, 사회주의계의 양대세력이 설립에 참여하였다.

지회의 조직과정에서 협동조합운동사세력은 조선공산당 엠엘계와 주도권 쟁탈전을 벌였고, 결국 설립의 주도권은 협동조합운동사의 간부 전진한에게 돌아갔다.[32] 전진한은 1927년 3월 지회 설립의 목적을 위하여 경성본부를 찾아가 회의를 하고 동경으로 돌아가 회원의 모집 선전에 전력하고 수회의 창립 준비위원회를 개최하는 등 신간회 동경지회 설립에 열성적이었다.[33] 창립된 신간회 동경지회에는 협동조합운동사 간부가 다수 참여하였고, 전진한은 총무간사로 선임되었다.[34] 이때 지회장에는 학

---

31) 「일제하 조선의 치안상황」에서는 협동조합운동사를 사회주의 운동의 한 줄기였다고 주장하였다. 『1930년대 민족해방운동』, 거름, 1984, 48쪽. 반면에 水野直樹는 협동조합운동사가 민족주의계였으며 민족주의계 내부에서 가장 강한 비타협파였다고 주장하였다. 水野直樹, 「新幹會 東京支會의 활동에 대하여」, 『新幹會硏究』, 동녘, 1983, 120쪽.
32) 전진한은 "신간회운동이 일어났을 때 ML계와 우리 사이에 일본지부 설치 쟁탈전이 벌어져 신간회 본부에서 ML계 대표와 나와의 사이에 격렬한 理論戰이 벌어진 끝에 결국 내가 설치를 전담하였었다"고 회고하였다. 錢鎭漢, 「勞農黨의 路線은 나의 理想」, 136쪽.
33) 慶尙北道警察部, 『高等警察要史』, 1934, 155-156쪽.
34) 水野直樹, 「新幹會 東京支會의 활동에 대하여」, 스칼라피노·이정식 외, 『新幹會硏究』, 동녘, 1983, 124-126쪽. 협동조합운동사 관련 인물로서 동경지회 간부로 선출된 사람으로는 林泰虎, 咸尙勳, 鄭憲台, 柳元佑, 金源碩을 들 수 있다.

우회계열의 조헌영이 선출되었다.[35]

신간회 동경지회의 활동에 대해서는 1927년 12월 18일의 「신간회 동경지회의 제2회 대회 보고 及 提出議案」을 통해 알 수 있다. 활동보고에 의하면 1927년 한해 동안 반동단체 「民衆會」 박멸운동, (관동)震災 당시 학살동포 추모회, 조선총독 폭압정치 반대운동(강연, 격문, 삐라로 폭로), 조선공산당사건 암흑공판 반대운동, 작고 반제티 사형처분 반대운동, 중국시찰단 조선대표 파견운동, 국치일 기념운동, 러시아혁명 기념운동, 조선인 대회소집(해산) 등이었다.[36]

한편 신간회 동경지회 내부에는 조선공산당계 사회주의자와 서울파 사회주의자 사이에 알력과 대립이 있었다. 1927년 11월부터 조선공산당계 사회주의자와 서울파 사회주의자 사이에 전개된 「신간회 - 민족단일당, 민족협동전선당에 대해서 프롤레타리아트는 어떠한 태도를 취해야 하는가」에 관한 논쟁에서, 협동조합운동사는 프롤레타리아헤게모니를 운운하는 것은 지나치게 좌익소아병이고, 어디까지나 소부르조아를 포함한 전민족적인 단일전선을 형성해야 한다는 서울파와 입장을 같이했다.

1927년 12월 18일에 개최된 제2회 대회에서는 조선공산당계의 사회주의자가 주도권을 쥐게 되었다. 이에 대해 조헌영 등의 민족주의자들과 서울파 사회주의자들은 격렬한 반발을 보였다.[37] 당시 간부의 改選 및 전국대회 대의원을 개선할 때 사회주의계(서울파 제외) 姜成鎭 일파와 민족주의계 趙憲泳 일파 사이에 패권을 장악하려는 암투가 있었고 결국

---

35) 水野直樹, 「新幹會 東京支會의 활동에 대하여」, 스칼라피노 · 이정식 외, 『新幹會研究』, 동녘, 1983, 124쪽.
36) 趙芝薰, 「신간회의 창립과 해소」, 『新幹會研究』, 동녘, 1983, 14-15쪽. 활동의 구체적 내용에 대해서는 水野直樹, 「新幹會 東京支會의 활동에 대하여」, 스칼라피노 · 이정식 외, 『新幹會研究』, 동녘, 1983, 128-136쪽 참조.
37) 水野直樹, 「新幹會 東京支會의 활동에 대하여」, 스칼라피노 · 이정식 외, 『新幹會研究』, 동녘, 1983, 138쪽.

사회주의계가 주도권을 잡았다. 被選幹部 20명 중 사회주의계 張志衡 외 9명, 민족주의계 柳元佑 외 9명으로 서로 반반씩 차지하였으나 대의원 15명 중 13명은 사회주의계이고 민족주의계는 2명을 당선시켰을 뿐이었다.[38] 제2회 대회에서 선출된 간부 중 협동조합운동사 관계자는 李瑄根, 咸尙勳, 金燾命, 劉永福이었으며, 錢鎭漢은 빠져있다.[39]

제2회 대회 이후 내부의 파벌대립은 심각한 양상으로 치닫게 되어 민족주의계 회원을 중심으로 1928년 1월에는 「전민족적 단일전선 파괴음모에 관한 전조선 민중에 호소함」이라는 성명서를 발표하여 임시대회 소집을 요구하였다.[40] 성명서에는 사회주의계를 전민족적 협동전선의 의의를 몰각하고 전민족의 결합을 파괴하는 일파로써 격렬하게 비난하고 있다. 이 성명서에 서명한 신간회 동경지회 회원으로는 서울파 사회주의자와 민족주의자들이었으며, 민족주의자로서 錢鎭漢을 비롯한 金源碩, 咸尙勳, 李瑄根 등 협동조합운동사 관련자가 포함되어 있다. 이러한 신간회 동경지회의 내부대립은 서울의 신간회본부의 조정에 의해 '타협형태'로 수습되었지만 그 이후에도 대립상태는 해소되지 않았다.[41]

1928년 4월 전진한을 비롯한 협동조합운동사의 간부 대부분이 귀국하여 본사를 경성으로 옮기게 됨으로써 이들의 신간회 동경지회에서의 활동은 막을 내리게 된다.

---

38) 慶尙北道警察部, 『高等警察要史』, 1934, 156쪽.
39) 水野直樹, 「新幹會 東京支會의 활동에 대하여」, 스칼라피노·이정식 외, 『新幹會硏究』, 동녘, 1983, 139쪽.
40) 「신간회 동경지회 성명서」 독립기념관 소장자료(자료번호 3889-23)
41) 水野直樹, 「新幹會 東京支會의 활동에 대하여」, 스칼라피노·이정식 외, 『新幹會硏究』, 동녘, 1983, 142쪽.

Ⅱ. 우익노조 활동

1. 우익청년단 활동

해방 후 전국 각지에서는 노동자·농민 등 변혁세력의 주도에 의해 일제 식민지하에서 누적된 사회적 모순을 해결하려는 노력들이 다양한 형태로 나타났다. 좌익세력들은 이러한 혁명적인 열기를 수렴하여 변혁운동을 주도해 나갔다. 한편 우익세력들-그들 대부분은 친일파, 지주, 자본가들-은 친일경력으로 인하여 기세를 펴지 못하고 단시 시대상황만을 관망하는 자세를 취했다. 그러다가 미군의 진주를 계기로 우익세력들은 결집하기 시작하여 한민당 결성에 이르게 된다.

오대산 중에 피신해 있던 전진한은 해방 소식을 8월 17일에야 비로소 들을 수 있었다. 일제 말기 오대산 무인지경에 들어가 감자를 부쳐먹으며 피신생활을 했던 전진한은 짚신감발에 곰방바지 차림으로 홀태기를 멘 채 서울로 상경하였다.[42]

전진한은 상경하여 유진산과 만나 건국운동의 방향에 대해 논의했다. 그들은 일제시기부터 민족운동으로 벌여온 협동조합운동을 재건하기로 의견을 모았다. 또한 정치운동으로는 임시정부를 지지해야 한다는 것과 사회주의 내지 공산세력이 독주하고 있는 실정에 비추어 모든 건국운동을 단일화해야 한다는데 의견을 모았다.[43]

---

42) 玉溪柳珍山紀念事業會, 『玉溪 柳珍山』(上), 222쪽. 전진한의 일제시기 행적에서 친일을 입증할만한 구체적 자료는 나오지 않고 있다. 다만 국가보훈처의 독립유공자포상 신상기록철(관리번호 : 9415)에 의하면 "조선임전보국단 강원지부 발기인으로 활동"한 것으로 되어 있다. 그러나 발기인 명부에 포함되어 있다고 하여 이를 곧바로 친일행적을 입증하는 것으로 연결시키는 것에는 문제가 있다. 한편 대한노총 선전부장 차장으로 있었던 문한영 선생의 증언에 의하면 원래 성격이 소탈하고 물욕이 없는 사람으로 일본놈한테 아첨할 것도 없으므로 친일은 하지 않은 것 같다고 하였다. 「문한영선생 증언자료」(면담자 임송자), 1994. 12. 31. 전진한의 친일행적에 대한 시비는 차후의 과제로 미룬다.

43) 玉溪柳珍山紀念事業會, 『玉溪 柳珍山』(上), 222-223쪽.

전진한은 趙炳玉 金性洙 등이 1945년 9월 4일에 조직한 「임시정부 및
연합군환영준비회」에서 선전부원으로 활약하였다.[44) 한편 전진한은 좌
익세력과의 투쟁을 목표로 광범위한 반공세력을 규합하여 결성되기 시작
한 한민당의 발기운동에 가담하였다. 그는 1945년 9월 16일에 결성된 한
민당의 勞農部 위원으로 선임되어 다음과 같은 「의견안」을 제출하였다.[45)

1. 한민당을 명실공히 민족대중당으로 유지발전시키기 위해 宋鎭禹선생은
   일반에게 재벌대변자로 인정되기 쉬우니 당이 대중 속에 깊이 침투될
   때까지 입당을 보류할 것.
2. 소작료 3 · 7제를 선포하여 농민의 지지를 획득하면서 협동조합운동을
   적극 전개하여 농민을 조직화할 것.
3. 민주노동조합운동을 전개하여 노동자를 공산진영에서 민족진영으로 전
   환시킬 것.
4. 청년운동을 전국적으로 전개하여 민족의식을 고취함으로써 그들의 좌
   경화 경향을 방지할 것.
5. 민족대중당의 위신과 체면을 유지하며 국민에게 獨立不羈의 정신을
   불어넣기 위하여 미군정과도 不卽不離의 입장에서 여당적인 색채를
   내지 않기 위하여 당간부 이하 당원 누구를 막론하고 미군정에 職을
   가지는 자는 일단 탈당을 성명할 것

한민당에 제출한 「의견안」을 통해 전진한의 정국구상 의도를 파악할
수 있다. 먼저 그가 내세운 것은 민족대중당 건설이다. 여기서 "민족"이라
는 의미는 '우익', '반공'으로 보아도 무리가 없을 것이다. 해방정국에서
좌익 · 사회주의 진영에 대항하는 우익세력들이 자신들을 지칭할 때 흔히
민족진영이라고 부른 경우는 허다하다. 또한 3항에서 "노동자를 공산진영
에서 민족진영으로 전환시킬 것"이라는 문구를 통해 볼 때 '민족'은 '공

---

44) 「전단」 1945.9.4(『자료대한민국사』1, 49-51쪽).
45) 전진한, 「노농당의 노선은 나의 이상」, 『내가 걸어온 길 내가 걸어갈 길』, 신태양사, 1957,
   137-138쪽. 錢鎭漢, 『이렇게 싸웠다』, 무역연구원, 1996, 289쪽.

산'의 대립적인 의미로 해석된다. 따라서 전진한이 제시한 민족대중당은 우익 · 반공이념에 충실한 대중들을 기초로 한 공산주의 · 사회주의에 맞서는 정당을 가리키는 것이다. 다음으로 그는 우익청년운동, 우익노동조합운동을 통해 좌익세력에 대항하고자 했다. 3항에서 '민주노동조합운동'이라는 것도 자본주의체제를 지향하거나 자본주의 체제내적인 노동조합운동을 의미한다. 의견안에서 한 가지 특이한 사항은 '소작료 3 · 7제' 주장이다. 소작료 3 · 7제는 조선공산당을 비롯한 좌익세력이 주장하던 것으로, 1945년 9월 6일 선포된 조선인민공화국의 시정방침에도 제시되어 있는 것이다. 소작료 3 · 7제 주장은 농민문제에서 상당히 진보적인 정책안이었다고 볼 수 있다.

　이러한 「의견안」이 결국은 받아들여지지 않자 곧 한민당에서 이탈하였다. 전진한이 한민당을 이탈하였다고 하지만 완전히 절연한 것은 아니었으며 절연할 수도 없었을 것이다.[46] 그가 우익청년운동을 전개할 때 우익청년단체의 활동자금은 대부분 한민당과 기업가, 군정청 관리들에게서 나왔다.[47] 따라서 그가 펼치고 있던 우익청년운동에서 한민당은 필요불가결한 존재였기 때문에 오히려 공생관계가 유지되었다고 보아야 할 것이다. 그가 위원장으로 활동했던 大韓獨立促成全國靑年總聯盟 조직은 한민당 청구계의 우익청년단체 통합공작에 의해 이루어진 것으로[48] 한민당

---

46) 「서울신문」 1946년 5월 4일자에는 한민당이 분과위원회를 설치하고 책임위원을 선출했는데, 이때 전진한이 청년훈련부장으로 선정되었다고 보도하였다. 「서울신문」 1946년 5월 4일자(국사편찬위원회, 『자료대한민국사』, 2, 524쪽). 이를 근거로 김삼수는 전진한이 1946년 5월까지도 한민당의 청년훈련부장직을 맡고 있었으므로 정당운동에서 이탈한 것이 아니라고 하였다. 金三洙, 「韓國資本主義國家の成立とその特質」, 동경대 경제학연구과 박사학위 논문, 112쪽 주 27). 그러나 전진한이 한성일보 1946년 5월 30일자 신문을 통해 한민당의 청년훈련부장으로 추천된 것에 대해서 "본인은 전연 關知한 바도 아니오 오로지 청년운동에 추진 중이오니 오해 마시기 바랍니다"라는 성명서를 발표한 것으로 보아 정당운동에서 이탈한 것이 사실과 다르다고 볼 수 없다. 「한성일보」 1946년 5월 30일자.
47) 임송자, 「美軍政期 大韓獨立促成勞動總聯盟의 조직에 대한 고찰」, 『成大史林』9집, 1993.12, 71쪽.

과의 관계는 긴밀했다고 볼 수 있다. 더욱이 전진한은 제2차 미소공위 재개를 계기로 참가·불참문제를 놓고 이승만과 약간의 불화를 일으킨 것을 제외하고는 줄곧 이승만-한민당 노선에 충실했던 인물이었다.

한민당에서 이탈한 전진한은 우익청년 활동에 뜻을 같이 한 黃鶴鳳, 柳珍山, 金山, 崔一永, 咸尙勳 등과 함께 비공개결사인 興國社를 조직하였다. 흥국사는 날로 세를 더해가고 있던 좌익세력을 분쇄하기 위해 조직한 비밀결사였다.[49] 이후 그는 건국청년회, 양호단, 조선청년회 등 우익청년 써클을 규합 1945년 11월 7일 18개 청년단체 대표들로서 임시정부지지 청년운동추진회를 조직하였다. 그 해 12월 10일 43개 우익청년단체를 망라하여 大韓獨立促成全國靑年總聯盟(이하 獨靑)을 결성,[50] 초대위원장에 추대되었다.[51]

전진한이 獨靑의 초대위원장에 추대될 수 있었던 것은 이승만의 신임이 두터웠기 때문이었다. 전진한은 한민당에 제출한 의견안이 무시되었을 때 새로이 청년운동을 결심하고 개인적으로 이승만을 방문하였으며, 그곳에서 자신의 포부를 설명하여 이승만의 신임을 얻을 수 있었다. 전진한이 이승만의 개인적 신임을 받게 되었던 것은 그의 조직가로서의 수완과 행동력, 협동조합운동에 대한 이론과 실천성, 그리고 반공주의에 대한 확고한 신념에 있었다.

---

48) 鮮于基聖, 『韓國靑年運動史』, 금문사, 1973, 653-655쪽.
49) 玉溪柳珍山紀念事業會, 『玉溪 柳珍山』(上), 245쪽.
50) 40여개의 청년단체 대표들의 통합공작은 한국민주당의 청구계로 불리우던 尹潽善, 柳珍山, 金山 등에 의해 지도되어 오다가 1945년 12월 대한독립촉성전국청년총연맹의 결성을 보게 된 것이다. 대한독립촉성전국청년총연맹의 임원으로는 총재 李承晩, 부총재 金九, 위원장 錢鎭漢, 부위원장 李燦雨·白碩基·柳珍山(뒤에 李成株), 총무부장 韓晸洪, 조직부장 韓國東, 선전부장 申均, 청년부장 金龜, 훈련부장 張斗瓘, 원호부장 李一靑, 지방부장 裵昌禹, 감찰부장 金潤根, 무소속 常執 洪允玉이었다. 鮮于基聖, 『韓國靑年運動史』, 금문사, 1973, 653-655쪽.
51) 鮮于基聖, 『韓國靑年運動史』, 금문사, 1973, 657쪽.

獨靑은 미군정의 진주와 함께 조직된 우익정당의 통일적 구심체를 형성하기 위한 시도로서 이루어진 우익청년단체의 연맹체였다. 우익청년단체는 우익정치세력 및 지도자에 대해 정치선전과 권력유지를 위한 기반으로, 좌익세력으로부터의 자기보호 및 좌익세력에 대한 억압을 위하여 필수적인 존재였다.[52]

1945년 12월 28일의 대표자대회를 통해 獨靑은 임시정부를 지지하는 청년단체의 연맹체라는 점을 강조하였고, 12월 28, 29일부터 불붙기 시작한 반탁투쟁에도 가세하였다. 또한 신탁통치문제로 한창 정국이 혼란스러웠던 1945년 12월 말에서 1946년 초 사이에 노동자들의 좌익적 경향을 분쇄하기 위한 활동을 개시하였다.

獨靑 위원장으로서의 활동으로 입지가 넓어진 전진한은 이후 탁치반대국민총동원위원회 중앙위원으로서 반탁운동에 일조를 하였다.[53] 이러한 활동에 힘입어 1946년 4월 29일-30일 獨靑 전국대표자대회에서 전진한은 다시 위원장에 재선될 수 있었다.[54]

獨靑의 위원장으로서 전진한은 獨靑을 중심으로 노동운동 영역에 진출할 것을 강조하는 등 大韓獨立促成勞動總聯盟(이하 大韓勞總)을 조직하는데 중심적인 역할을 하였다. 獨靑 내에 노동부를 신설하고 洪允玉을 부장으로 임명하여 노동문제를 전담케 하였다. 그리하여 전평을 타도하고 우익노동단체를 결성하기 위하여 洪允玉·金龜·李一淸 등은 용산·영등포 등지 철도 기타 직장에 침투하였고, 吳秀英은 경성전기의 丁大天과 연락하여 우익노동단체 조직에 착수하였다.[55] 또한 당시 미군정은 전평이

---

52) 이경남, 『분단시대의 청년운동』(상), 삼성문화개발, 1989, 41쪽.
53) 「동아일보」 1946년 1월 3일자(국사편찬위원회, 『자료대한민국사』1, 746-747쪽).
54) 鮮于基聖, 『韓國靑年運動史』, 금문사, 1973, 655쪽. 「동아일보」 1946년 4월 30일자, 「조선일보」 1946년 5월 1일자(국사편찬위원회, 『자료대한민국사』2, 505-506쪽).
55) 전진한, 1957, 「노농당의 노선은 나의 이상」, 홍명삼 김석영 편, 『내가 걸어온 길 내가 걸어갈 길』, 신태양사, 140쪽.

공산주의의 지배 하에 있다고 파악하여 獨靑이 우익노동단체를 결성하는
데 적극 협력하였다.

2. 우익노조 활동

해방 이후 우익진영의 인사들은 대부분 노동자대중에 무관심했다. 노동
조합을 포함한 대중조직의 필요성도 느끼지 않았다. 그러나 전진한은 일
제시기 협동조합운동의 경험을 토대로 해방정국에서 주도권을 장악하기
위해서는 노동사, 농민을 기반으로 하는 우익대중조직이 필요하다는 것을
누구보다도 먼저 깨닫고 그 실현에 앞장섰다. 반공의식에 철저하였던 그
는 좌익세력에 대항하기 위해서는 "우익노동조합 운동을 전개하여 노동
자를 공산진영에서 민족진영으로 전환"시켜야 한다고 인식하였다. 그리
하여 이승만을 비롯한 우익인사들에게 접근하여 우익진영 노동조직의 중
요성을 역설하였다.

1946년 2월 1일 비상국민회의가 개최되기 직전 전진한은 張德秀를 찾
아가 참가단체에 대하여 논의하였다. 이 자리에서 노동자, 농민대표가
없는 국민회의가 없으니 勞農 두 개 단체가 방금 조직 중에 있음을 알리고
임시편법으로 대한독립노동총연맹 명의로 金山을, 대한독립농민총연맹
명의로 金憲을 참가시키자고 제의하여 그대로 결정을 보게 되었다. 전진
한은 비상국민회의에 독청의 대표로 참가하였으며,[56] 1946년 2월 2일 비
상국민회의 이틀 째 회합에서 노농위원에 선임되었다.[57]

독청을 통한 우익노동조직 활동으로 1946년 3월 10일 대한노총의 결성
을 보게 되었다. 전진한은 대한노총 결성 후 대한노총 내에 들어가 주도권
을 장악하기보다는 독청의 위원장으로 남아 있다가 이승만의 주도에 의해

---

56) 錢鎭漢, 『이렇게 싸웠다』, 무역연구원, 1996, 292쪽.
57) 「조선일보」 1946년 2월 3일자(국사편찬위원회, 『자료대한민국사』2, 7쪽).

우익진영의 국민운동기관으로 1946년 6월 29일에 발족한 「民族統一總本部」의 노동부장으로 활동했다.[58] 이후 그는 9월총파업의 수습을 계기로 1946년 10월 대한노총 중앙집행위원회에서 대한노총의 핵심적 지도자, 즉 위원장으로 추대되었다.

1946년 10월 위원장에 취임한 이래 대한민국정부가 수립된 이후에도 전진한은 줄곧 위원장 자리를 고수하고 있었다.[59] 초기 대한노총 내에는 이승만-한민당계, 국민당계, 한독당계 등이 있었으나 1946년 10월 전진한 체제가 들어서면서 이승만-한민당세력이 강력한 영향력을 행사할 수 있었다. 대한노총의 미소공동위원회에 대한 대응이나, 이승만의 단정노선에 대한 대응에서 이승만-한민당 논리를 대변했던 전진한의 입장이 관철되어 나타났다.

전진한이 대한노총 위원장으로서 반공노동운동에 유감 없이 세력을 과시한 데에는 와세다대학 후배인 유진산의 힘이 컸다. 우익노동단체를 조직·확장해 나가는 방식은 전평과의 대결을 통해 전평을 파괴하고 난 후에 대한노총을 세운다는 것을 기본으로 삼았던 바, 유진산은 우익청년단체로서 좌익파괴 활동에 커다란 역할을 했던 大韓民主青年同盟[60]·青年朝鮮總同盟[61]의 회장으로 있었다. 이에 대해 전진한은 다음과 같이 회

---

58) 「서울신문」 1946년 6월 30일자(국사편찬위원회, 『자료대한민국사』2, 829-830쪽). 「서울신문」 1946년 8월 12일자, 「조선일보」 1946년 8월 13일자(국사편찬위원회, 『자료대한민국사』3, 88-89쪽).

59) 임송자, 「美軍政期 大韓獨立促成勞動總聯盟의 組織에 대한 考察」, 『成大史林』, 1993.12, 96쪽. 1949년 3월 제3차 정기 전국대의원대회에서 유기태가 위원장으로 선출되기까지 대한노총은 전진한 중심체제가 유지되었다.

60) 大韓民主青年同盟은 1946년 4월 9일 결성되었으며, 결성 당시의 임원은 다음과 같다. 회장 柳珍山, 부회장 金昌炯·金根燦, 총무부장 柳愚錫, 사업부장 金厚玉, 재정부장 朴禎來, 감찰부장 金斗漢, 지방부장 金厚玉, 정보부장 張愚極, 선전부장 朴容直, 조직부장 趙權, 교도부장 劉約翰이었다. 鮮于基聖, 『韓國青年運動史』, 금문사, 1973, 666-667쪽.

61) 1947년 4월 7일 결성되었다. 이 단체는 대한민주청년동맹이 1947년 4월 20일 시공관에서 열렸던 전국문화예술인 경연대회를 유회시키고 丁鎭龍 등 3명을 타살한 사건으로 인해

고하고 있다.[62]

> 해방 직후 공산세력이 극히 성하고 민족세력이 극히 약했을 때 나는 손을 맞잡고 반공투쟁 일선에 목숨을 걸고 나섰다. 珍山은 그의 역량을 종횡으로 발휘하여 반공청년운동에 큰 업적을 남겼고, 내가 반공노동운동에 착수한 후에도 珍山은 그가 가진 청년조직으로 내가 하는 일에 끊임없이 엄호사격을 보내주었던 것이다.

유진산의 대한민주청년동맹에서 감찰부장을 지낸 김두한의 회고록에는 타공활동의 무용담으로 가득차 있다. 회고록에서 그는 9월총파업을 비롯한 조선전업·남전·경전이 합동하여 일으킨 전기파업, 조선제강 파업, 경성방직 파업 등을 잔인하고, 무자비하게 진압하였음을 자랑으로 늘어놓고 있다.[63] 이렇게 파업을 수습하고 좌익세력을 파괴한 후에 우익 일색의 노조를 결성할 수 있었으므로 우익청년단체 중에서도 대한민주청년동맹은 대한노총 조직확장의 중심세력이었음을 확인할 수 있다.[64]

3. 반탁운동 및 단독정부수립운동

전진한이 한민당 발기운동에 가담하였다가 이탈했지만 우익청년운동, 우익노동조합운동을 통해 이승만-한민당 노선에 힘을 실어주는 역할에 충실하였다. 1946년 6월 29일 이승만을 중심으로 국민운동의 총본부로서 설치된 「민족통일총본부」에서 노농부 위원으로 선출되었고,[65] 이어서 8

자진 해산한 후 다시 결성한 것이다. 다시 말하면 이 단체는 대한민청이 간판만을 바꾼것에 지나지 않았다. 鮮于基聖, 『韓國靑年運動史』, 금문사, 1973, 669쪽.

62) 『政界夜話』後篇, 홍우출판사, 1966, 433쪽.

63) 金斗漢, 『피로물들인 建國前夜 金斗漢回顧記』, 연우출판사, 1963, 151-175쪽.

64) 김두한은 자신이 '대한노총' 산파역으로 전진한을 위원장에 취임시켰으며, "대한노총의 全面的組織을 펴가는데 있어서 부딪치는 大小難關을 打開해주는데 心血을 기우렸다"고 회고하였다. 여기서 전자 부분은 과장된 표현으로 보아야 할 것이다. 金斗漢, 『피로물들인 建國前夜 金斗漢回顧記』, 연우출판사, 1963, 172-173쪽.

월 12일 노동부장에 임명되었다.[66]

1946년 5월 6일 미소공위가 무기한 휴회로 들어가게 되었다. 신탁통치 문제를 둘러싼 좌우대립의 심화, 제1차 미소공위 결렬로 인한 새로운 임시 정부 수립방안 모색의 필요성, 이승만을 중심으로 하는 일부 정치세력의 남한 단독정부 수립 획책 등 당시의 정국을 돌파하고자 좌우합작운동이 전개되었다. 좌우합작운동은 1946년 중반이래 중간파 지도자 여운형과 김규식이 주도하고 미군정이 후원했던 것으로, 해방 직후 격렬했던 정치 대립과 민족분단위기를 극복하려 했던 대표적인 정치적 통합움직임이라 할 수 있다.

전진한의 좌우합작운동에 대한 입장은 이승만과 동일하였다. 그는 좌우 합작운동을 강력히 반대하였다. 그의 좌우합작 반대론은 철저한 반공주의 에서 나온 것이다. "합작은 힘의 均衡이요, 統一은 힘의 支配"라며,[67] 이 북의 전체와 이남의 1/2이 좌익세력이므로 전체적으로 좌익세력이 3/4, 우익세력이 1/4인 상황에서 좌우합작은 어불성설이라는 논리였다.

1947년 1월 미소공위 재개의 가능성이 보이자 반탁진영은 1월 16일 반탁운동에 관한 협의회를 개최하였다. 이때 전진한은 대한노총 대표로 李珏秀와 함께 참석하였다. 이 회합에서는 반탁공동성명서를 결정하고 ① 미소공위 제5호성명에 대한 서명을 취소함 ② 하등 지반과 근거가 없이 한갓 민족을 분열과 의혹으로 유도하는 소위 좌우합작위원회를 단호 분쇄할 것을 결의했다.[68] 이 회합에 이어 1947년 1월 24일에는 반탁투쟁 위원회를 정식 결성하고 부서와 임원을 결정하였는데, 이 때 전진한은 노동부장에 임명되었다.[69]

---

65) 「서울신문」 1946년 6월 30일자(국사편찬위원회, 『자료대한민국사』2, 829-830쪽).

66) 「서울신문」 「조선일보」 1946년 8월 13일자(국사편찬위원회, 『자료대한민국사』3, 88-89쪽).

67) 錢鎭漢, 『나는 이렇게 싸웠다』, 무역연구원, 1996, 294쪽. 錢鎭漢, 「勞農黨의 路線은 나의 理想」, 142쪽.

68) 「동아일보」 「조선일보」 「경향신문」 1947.1.18(국사편찬위원회, 『자료대한민국사』4, 80-84쪽).

1947년 5월 21일 미소공위가 재개되자 우익반탁진영에서는 1947년 6월 4일 회합을 갖고 공위참가 여부를 토의하였다. 이날 토의에서 참가, 불참 여론이 반반으로 결정을 보지 못하고 양측에서 대표 10명씩을 선출하여 20명으로써 미소공위대책위원회를 구성하였다.[70] 이때 대한노총의 전진한이 미소공위 참가주장 측으로 미소공위대책위원회에 들어갔다.[71] 전진한은 대한노총 대표로 공위 예비회의를 앞두고 선언서에 정식 서명하였다.[72]

전진한이 미소공위에 참가 쪽으로 입장을 정리한 것으로부터 이승만과의 사이에 틈이 벌어지기 시작했다. 미소공위가 재개되자 23일 이승만은 공위참가를 보류한다는 성명서를 발표하였으며, 전진한이 위원장으로 있는 대한노총에도 참가반대운동에 나설 것을 지시하였으나 전진한은 미소공위 참가 쪽으로 방향을 전환하였던 것이다.[73] 대한노총중앙집행위원회에서도 지방에서 불참하기로 결의해 가지고 온 대표들을 참가 쪽으로 유도하였다. 이 소식을 듣고 이승만은 중집결의를 취소발표하라고 엄명하였으나 전진한은 말을 듣지 않았다. 더 나아가서 張德秀와 柳珍山 등과 합심하여 우익진영이 참가 입장으로 선회하도록 하는데 커다란 역할을 하였다.[74]

결국 재개된 미소공위도 협의대상의 자격문제를 둘러싸고 의견일치를

---

69) 「동아일보」 1947년 1월 28일자(국사편찬위원회, 『자료대한민국사』4, 131-132쪽).
70) 「조선일보」, 「동아일보」 1947년 6월 6일자(국사편찬위원회, 『자료대한민국사』4, 809-810쪽).
71) 미소공위대책위원회 참가주장 측 대표는 다음과 같다.
    大韓勞總 錢鎭漢, 靑年總同盟 柳珍山, 全靑 李成株, 全女總盟 黃愛德, 獨促婦人會 朴承浩, 天道敎輔國黨 李鎭海, 韓民黨 張德秀, 己未獨立 柳鴻, 儒道會 李載億, 黃海會 咸錫勳. 「조선일보」, 「동아일보」 1947년 6월 6일자(국사편찬위원회, 『자료대한민국사』4, 809-810쪽).
72) 「동아일보」, 「경향신문」, 「조선일보」, 「서울신문」 1947년 6월 25일자(국사편찬위원회, 『자료대한민국사』4, 896-897쪽).
73) 「대한노총 결성 전후(其2)」, 『노동공론』 1972년 1월호, 179-180쪽.
74) 錢鎭漢, 「勞農黨의 路線은 나의 理想」, 143-144쪽. 錢鎭漢, 『나는 이렇게 싸웠다』, 무역연구원, 1996, 295-296쪽.

보지 못하고 결렬되고야 말았다. 미소공위가 결렬될 기미를 보이자 이승만, 한민당 등을 비롯한 우익세력들은 단정에 대비하여 회합에 들어갔다. 이승만은 1947년 9월 4일 우익정당 단체들의 대표자들을 초청하여 남조선 총선거에 대비한 회담을 하였다.(제2차 간담회) 이 회담을 통해 우익진영의 공동전선을 형성하기 위한 것이었다. 이때 전진한은 대한노총 대표로 참가하였으며, 대한농총 蔡奎恒도 동석했다.[75] 제2차 간담회에 이어서 1947년 9월 12일에 제3차 간담회가 열렸다. 이 회담에서는 제2차 회담 때 申翼熙(獨促), 金性洙(韓民), 錢鎭漢(勞總)이 기초한 노동 농민문제에 관한 강령을 토의 결정한 것으로 알려지고 있다. 또한 총선거 실시에 대비하여 중앙과 지방을 통하여 세포조직 구성 등에 관한 것을 토의하였다.[76] 따라서 제3차 간담회의는 5·10총선거에 대한노총원, 대한농총원 동원방안을 논의한 것으로 보인다.

1948년 초가 되어 남한에 단독정부를 세우겠다는 미국의 정책은 구체화되고 유엔한국위원단이 내한하였다. 전진한을 중심으로 대한노총은 본격적으로 총선에 대비하였다. 1948년 1월 23일 부서 개편을 단행하여 총선에 매진할 수 있도록 조직을 개편하였다.[77] 그리고 대한노총은 1948년 3월 24일 중앙선거대책위원회를 구성하고 적극적인 선거활동을 개시했으며 5·10선거를 반대하려는 어떠한 세력에 대해서도 투쟁을 감행하였다. 또한 대한노총 자체 내에서도 5·10선거에 공인후보를 내세웠으며, 전진한도 상주군 을구로 입후보하여 제헌의원에 당선되었다.[78]

---

75) 「조선일보」 1947년 9월 10일자(국사편찬위원회, 『자료대한민국사』5, 338쪽).
76) 「조선일보」 1947년 9월 13일자(국사편찬위원회, 『자료대한민국사』5, 361쪽).
77) 「조선일보」 1948년 1월 23일자(국사편찬위원회, 『자료대한민국사』6, 137쪽).
78) 중앙선거관리위원회, 『大韓民國選擧史』제1집, 1973, 1079쪽.

Ⅲ. 정부수립 이후의 활동

1. 제헌국회에서의 활동

5·10선거에서 상주군 을구로 입후보한 전진한은 차점자인 白南載가 10,257표를 얻은데 반하여 32,527표를 획득함으로써 제헌의원에 선출되었다.[79] 제헌국회에서 전진한은 노동 대중을 위한 헌법제정에 열성을 보였다. 새로 제정될 헌법 조문에 한국의 노동대중을 위한 균등사회의 실현을 위하여 노동자의 이익균점권을 보장하는 제안을 대한노총의 이름으로 다른 국회의원 9명과 함께 1948년 6월 14일 국회에 제출하였다.[80] 이 제안서에서 노동자의 이익균점권 보장이 "공산당독재와 자본가로부터 노동자·농민을 구출하고 나아가 우리 민족을 동족상잔의 참화로부터 해방하는 유일무이한 方途임"이라고 강조하였다.

이익균점권 제안에 대해 자본가측의 이해를 대변하는 상공회의소에서는 7월 1일에 「노자문제에 관한 대한노총과 농총 등의 제의에 관한 비판서」를, 7월 7일에는 「이익배당 균점제에 대한 비판」이라는 문건을 국회에 제출하였다. 또한 7월 6일에는 「근로자의 이익분배 조항에 대한 성명」을 발표하였다. 7월 19일에 개최된 전국상공업자 대표자대회에서는 이익배당 균점제를 개폐한다는 결의문을 채택하였으며, 노자협조에 대한 성명서를 발표하였다.[81]

이러한 반대에도 불구하고 이익균점권 제안은 헌법 제18조 2항으로 채

---

79) 이후 전진한이 국회의원 선거에 출마한 상황을 보면 ① 제2대 국회의원 선거에서 부산시 甲區에 출마하여 낙선, 1952년 2월 5일 실시된 경남 부산시 戊區의 보궐선거에서 당선 ② 제3대 국회의원 선거에서 부산시 乙區에 출마하여 당선 ③ 제4대 국회의원 선거에서 영등포 甲區에 출마하여 낙선 ④ 제5대 국회의원 선거에서 성동 甲區에 출마하여 낙선, 1960년 10월 10일 실시된 종로 甲區의 보궐선거에서 당선 ⑤ 제6대 국회의원 선거에서 종로구에 출마하여 당선되었다. 중앙선거관리위원회, 『歷代國會議員選擧狀況』, 1963년, 참조.

80) 한국노총, 『한국노동조합운동사』, 295-296쪽.

81) 대한상공회의소, 『대한상공회의소3년사』, 1949, 200-217쪽, 389쪽, 390-393쪽.

택되었다. 헌법 제18조 2항은 "영리를 목적으로 하는 사기업에 있어서는 근로자는 법률의 정하는 바에 의하여 이익의 분배에 균점할 권리가 있다"는 것이었다.[82]

또한 전진한은 문시환 의원과 함께 국회에 헌법 제17조(근로조항) 수정안을 제출하였다.[83] 1948년 7월 5일에 열린 국회 제12차 회의에서 전진한은 이 문제가 어떻게 결정되느냐 하는 것이 우리가 세우는 정부에 대한 영향, 남북통일에 대한 영향이 많기 때문에 대단히 중요한 문제라며 경제적인 면, 정치적인 면, 국제적인 면으로 나누어 의정발언을 하였다. 첫째 경제적으로는 적산은 민족적 공유물이라는 것이다. 민족적 공유물인 이 재산을 자본가나 기업가가 독점한다면 노동자가 그 기업가나 자본가 밑에 예속될 수밖에 없으며, 적산의 운영이 전민족적으로 이루어지지 않는다면 조선 산업의 부흥을 기대할 수 없다고 하였다. 둘째 정치적으로 남과 북의 사상 대립을 하고 있는 상황에서 전민족이 시행할 수 있는 원칙을 발견할 필요가 있다고 하였다. 셋째 국제적인 면에서 노동자가 기업권에 참여하는 방향으로 전 세계의 노동운동이 전개되고 있다는 것이다. 따라서 민주주의 노동을 전개하지 않으면 국내적으로 근로대중에게 위반이 되며 국제

---

82) 전진한은 이익균점제가 헌법에 삽입된 것을 "대한민국헌법 이외에 세계 어느 나라 헌법에서도 발견할 수 없는 일대 創見일 뿐 아니라 인류평화의 암이요, 세계적 난문제인 노자대립문제를 근본적으로 해결할 수 있는 한 개 관건"이라고 자부하였다. 錢鎭漢, 『이렇게 싸웠다』, 141쪽. 서중석은 헌법에 이익균점권이 포함된 것은 대한노총의 노력 때문이 아니었다고 주장하였다. 진보적인 조항이 헌법에 들어간 것은 일부 극우세력의 반대에도 불구하고 무소속구락부 등 진보적 의원들이 동조하였기 때문이라고 하였다. 서중석, 『조봉암과 1950년대』(상), 1999, 500쪽. 헌법의 이익균점권 조항은 그 구체적 실현을 위한 법률이 제정되지 못함으로써 유명무실하였으며, 1962년 12월 26일 제3공화국헌법이 마련될 때 삭제되고 말았다. 河京孝, 「韓國勞動法制에 관한 史的 考察」, 고려대 법학과 석사논문, 1978, 40-41쪽.
83) 전진한·문시환 의원의 제17조 수정안 조문은 다음과 같다. 제1항 「모든 국민은 근로의 권리와 의무가 있으며 근로자는 노자협조와 생산증가를 위하여 법률이 정하는 범위 내에서 기업의 운영에 참가할 권리가 있다」. 제2항 기초안 법안 그대로 둠. 제3항 「기업주는 기업이익의 일부를 법률의 정하는 바에 의하여 임금 이외의 적당한 명목으로 근로자에게 균점시켜야 한다」. 대한민국국회, 『制憲國會速記錄』1, 1987, 407쪽.

적으로 남북을 통일할 기본을 잃는 것이며 또한 남조선 정권이 남북을 통일할 수 없는 한 개의 정권이라고 볼 수밖에 없을 것이라고 결론을 내리고 있다.[84] 결국 전진한의원의 수정안은 부결되었고,[85] 조병한의원의 수정안이 통과되었다.[86]

전진한은 국회 제4회 제11차 회의(1949년 7월 15일)에서 국가공무원법 문제에 대해 발언하였다. 국가공무원법 제36조 "공무원은 정치운동에 참여하지 못하며 공무 이외의 일을 위한 집단적 행동을 하여서는 아니 된다. 진항의 정치운동에는 단순히 정당에 가입하는 것을 포함하지 아니한다"는 조문에 대해 발언하였다. 발언내용을 요약하면 다음과 같다.[87]

- 정치운동의 성격이 민주주의국가에서 용인되는 정치운동의 성격이면 용인해야 된다.
- 만일 정치운동이 반국가적 성격을 띤 정치운동이라면 국가보안법이나 기타 모든 법률로 제한 할 수 있다.
- 철도종업원도 노무원도 대개 공무원으로 되어 있는데 그러면 철도노동조합은 우리나라에서 금할 것인가. 전매국 체신부의 일체 노동운동은 금지할 것인가.
- 일본에서는 경찰관이나 소방서에 종사하는 관리나 형무소에 종사하는 관리는 그들의 정치운동이 국가의 큰 영향이 있기 때문에 못하게 되어 있다.

즉 전진한의 의견은 경찰관, 소방관리, 형무관리를 제외한 철도나 체신 공무원에게는 단체행동을 할 권리를 부여하여야 한다는 것이었다. 결국

---

84) 대한민국국회, 『制憲國會速記錄』1(여강출판사 영인, 1987), 413-415쪽.
85) 「동아일보」, 「서울신문」, 「조선일보」, 「경향신문」, 1948년 7월 6일자(국사편찬위원회, 『자료 대한민국사』7, 470-471쪽).
86) 헌법으로 채택한 제17조 근로조항은 다음과 같다. 제17조 1항. 모든 국민은 근로의 권리와 의무를 가진다. 2항. 근로조건의 기준은 법률로써 정한다. 3항. 여자와 소년의 근로는 특별한 보호를 받는다. 兪鎭午 著, 『新稿 憲法解義』, 일조각, 1959, 81-84쪽.
87) 대한민국국회, 『국회임시회의 속기록』 제4회 제11호, 185-187쪽.

공무원에게 집단행동이나 정치행동을 할 권한을 부여하자는 전진한의 의
견은 부결되었다. 이로써 공무원은 정치운동을 할 수 없음은 물론 정당가
입도 할 수 없게 되었다.[88] 그리고 귀속재산처리법안에 대해서 전진한은
장홍염의원과 함께 귀속재산 불하의 우선권자로 종업원조합을 넣을 것을
주장하는 수정안을 내놓아 통과를 보았다.[89] 그러나 정부의 거부권행사에
따라 이 수정안도 부결되었다.[90] 전진한은 그의 회고록에서 이 당시 국제
자유노련(ICFTU) 창립대회에 참가하느라 부재중에 정부에서 이 법안을
「비토」하여 결국 부결되었다고 하였다.[91]

2. 사회부장관 재직

전진한의 사회부장관 임명소식은 1948년 8월 3일 발표를 통해서였다.[92]
전진한의 입각은 독청 위원장, 대한노총 위원장으로서 이승만의 단독정부
수립에 공훈을 세운 것에 대한 논공행상으로서의 의미가 있었다지만[93]
전진한의 입각은 의외의 일이었다. 徐丙珇의 『政治史의 現場 證言』에서

---

88) 「경향신문」 1949년 7월 26일자(국사편찬위원회, 『자료대한민국사』13, 268-269쪽).
89) 공제욱, 『1950년대 한국의 자본가 연구』, 백산서당, 1993, 71-72쪽. 대한노총을 대표하는
전진한 외 40인이 제출한 수정안과 장홍염 외 13명이 제안한 수정안이 합쳐진 것으로 수정
안이 국회에서 재석의원 116명, 가 75표, 부 1표로 가결되었다. 공제욱은 우선권자에 종업원
조합을 넣고자 한 이들의 의도는 자본주의에 단지 상징적으로 사회주의적인 요소를 들여옴
으로써 노동자들을 실망시키지 않는 방식으로 노동자들에 대한 이데올로기적 효과를 기대
하고자 했던 것이라고 주장하였다. 공제욱, 『1950년대 한국의 자본가 연구』, 백산서당, 1993,
73쪽.
90) 공제욱, 『1950년대 한국의 자본가 연구』, 백산서당, 1993, 72쪽.
91) 錢鎭漢, 「勞農黨의 路線은 나의 理想」, 144쪽. 錢鎭漢, 「나는 이렇게 싸웠다」, 296-297쪽.
국제자유노련(ICFTU) 창립대회는 1949년 11월 말에서 12월 초에 걸쳐 영국 런던에서 개최
되었다. 이때 전진한은 대한노총 대표로 참석하였다.
92) 「동아일보」, 「조선일보」 1948년 8월 5일자(국사편찬위원회, 『자료대한민국사』7, 710-711쪽).
93) 한편 전진한의 사회부장관 임명은 와세다대학 후배였던 유진산의 노력의 결실이었다는
주장이 있다. 옥계유진산기념사업회, 『玉溪 柳珍山』(하), 9-11쪽 ; 서병조, 『정치사의 현장
증언』(제1공화국), 중화출판사, 1981, 174-175쪽.

는 전진한의 입각에 대해 다음과 같이 기술하고 있다.[94]

> ······그런가 하면 해방직후부터 반공청년운동을 거쳐 민주노동운동으
> 로 좌익계의 거세에 공이 컸던 당시의 노총위원장 전진한씨가 사회부장관
> 으로 기용된 것도 뜻밖의 일이었다. 그는 너무나 뜻밖에도 갑작스러운 발
> 령을 받아 장관격에 어울리는 옷차림도 갖추지 못한채 각료석에 앉게됐다.
> 알고 보면 당대의 반공청년운동으로 이름을 떨쳐 李박사의 총애를 받고
> 있던 유진산씨가 자신에 대한 요직(치안국장) 교섭을 사양하고 적극적으로
> 牛村 전진한씨를 이박사에게 천거하여 이뤄진 소산이었다. 이때부터 맺어
> 진 두 분의 돈독한 우의는 끝까지 깨어지지 않고 지속돼갔다.······

장관으로 취임한지 얼마 안 가서 대한노총 내에서는 위원장 유임 여부
로 내부갈등에 휩싸이게 된다. 대한노총 내에서 사회부장관직과 대한노총
을 겸직할 수 없다는 주장이 제기되었고 급기야는 유임 지지파와 유임
반대파간의 난투극으로까지 발전하게 된다. 1948년 8월 26 · 27일에 열린
대한노총 제3회 임시전국대의원대회에서 현위원장 錢鎭漢의 유임여부로
지지파와 반대파간에 난투극이 벌어져 결국 반대파의 총퇴장으로 이어졌
다. 대회는 지지파만으로 중집회의를 열어 임원을 선출하였다. 여기에서
전진한은 다시 대한노총 위원장으로 유임되었다. 전진한의 대한노총 위원
장 유임은 임시전국대의원대회에서 제명처분된 金龜(부위원장) · 金觀浩
(경기도연맹부위원장) · 鄭松模(경남도감찰위원장) · 韓昇龍(인천연맹감
찰위원장) 등으로부터 관제노동조합화를 획책하려는 것이라는 비난과 함
께 거센 반발을 일으켰다.

전진한의 사회부장관 겸직은 대한노총 내 전진한 지지파와 혁신파로의
극심한 분열을 초래했다. 전진한 위원장을 지지하는 파에서는 "전씨의
사회장관 겸임은 노동운동에 아무런 지장을 가져오지 않을 것이며 오히려

---

94) 徐丙珇,『政治史의 現場 證言』(제1공화국), 중화출판사, 1981, 174-175쪽.

노총의 이념을 정치면에 구현하는 가장 좋은 기회가 될 것"[95]이라는 주장을 하였다. 또한 전진한 위원장 유임을 반대하는 혁신파에 대해 "노총을 파괴하고 노동운동에 대혼란을 일으키는 반동행위라고 규탄하는 성명서를 발표하기도 하였다.

1948년 10월 16일 전진한은 사회부장관으로서 세계일보 기자와의 단독회견에서 대한노총위원장을 영구적으로 겸임할 것인지를 묻는 기자의 질문에 "당분간 겸임하겠다. 그러나 시간이 허락치 않으니 가까운 날에 별도의 방침을 취할 예정이며 남한의 사회계획은 이북보다 건실히 추진시킬 것이며 근로대중의 복리를 위하여 노동자의 생활균등을 위하여 타협을 전제로 하지 않고 적극 투쟁을 계속하겠다"고 답변을 하였다.[96]

또한 11월 10일 독립신보 기자와의 회견에서는 "노동단체에서 組閣에 들어가라 함으로써 노동운동에서 물러가야 한다는 것은 언어도단의 말일 것이다. 나는 노동자 내각이 조직되어도 지당타고 생각한다. 국가의 발전을 위하여 노동운동은 앞으로 더욱 강력한 조직이 되어야 할 것을 강조한다"고 하였다.

전진한의 사회부장관 겸직으로 대한노총 내부분열의 도가 심화되는 중 뜻밖의 사건에 휘말려 사회부장관에서 물러나게 된다. 1948년 12월 19일 前청총 위원장이며 대한청년단 최고지도위원인 유진산이 사회부장관 전진한의 관사에서 수도경찰청 무장 경관대에게 검거된 것을 계기로 사회부장관직을 내놓게 되었던 것이다.[97] 유진산의 검거이유는 청년단체용으로 특배하던 광목과 옥양목을 부정처분한 사건에 기인한 것이다.[98]

---

95) 「대한일보」 1948년 9월 10일자(국사편찬위원회, 『자료대한민국사』8, 1998, 305쪽).
96) 「세계일보」 1948년 10월 17일자(국사편찬위원회, 『자료대한민국사』8, 1998, 766-767쪽).
97) 『관보』 제26호, 1948년 12월 31일자(국사편찬위원회, 『자료대한민국사』9, 655쪽). 12월 20일 사표를 제출하여 24일 단행된 내각 일부 경질로 정식 사임하게 된 것이다. 대한민국국회, 『제헌국회속기록』 제2회 제2호(1948.12.22). 「서울신문」 1948년 12월 26일자(국사편찬위원회, 『자료대한민국사』9, 688쪽).

전진한이 사회부장관을 사퇴한 것을 놓고 장관직보다도 유진산과의 의리를 중히 여긴 것으로 평가할 수도 있다. 그러나 대한노총 위원장의 사회부장관 겸직은 "노총의 이념을 정치면에 구현하는 가장 좋은 기회"라며 노동운동 발전에 노력하겠다고 다짐했던 맹세를 망각한 감정적인 결단이었다고 볼 수도 있다.

3. 조방쟁의와 전진한

1951년 12월 임시수도 부산에서 일어난 조선방직주식회사(이하 조방)의 쟁의는 전진한이 이승만과 결정적으로 결별하게 되는 계기가 되었다. 조방쟁의는 이승만의 천거에 의해 조방의 관리인으로 임명된 강일매가 다수의 노동자들을 해고하였고 노동조합을 어용화하려고 획책함으로써 일어났다. 조방쟁의에 대한노총 위원장으로서 개입하게 된 전진한은 강일매와 대립하였으며 궁극적으로는 이승만과 대립하였던 것이다. 대한노총에서는 조방쟁의 문제를 놓고 의견이 대립하였다. 즉 조방쟁의대책위원회파와 정화위원회파로 분열되었다.

조방쟁의대책위원회파와 정화위원회파로의 분열은 이승만의 정당결성 추진과 연결되었다. 이승만은 국회를 통하여 재선이 어렵게 되자 개헌을 추진하였다. 1952년에는 정부통령선거가 예정되어 있었다. 이승만은 권력유지를 위하여 자유당 발족을 촉구하였으며, 그의 지지세력 규합에 나서게 되었다. 이승만의 정당결성운동 결과 1951년 12월 23일 (원내)자유당과 (원외)자유당이 결성되었다.[99] 그런데 자유당 결성과정에서 대한노총

---

98) 「독립신문」 1948년 12월 22일자(국사편찬위원회, 『자료대한민국사』9, 633쪽). 12월 19일 수도청에 검거되었던 대한청년단 간부 유진산은 12월 23일 석방되었다. 「서울신문」 1948년 12월 26일자(국사편찬위원회, 『자료대한민국사』9, 675-676쪽).

99) (원외)자유당은 원래 당명을 통일노농당으로 내정하였다가 원내에서 추진중인 당이 자유당으로 당명을 정한 것을 안 이후 자유당으로 바꾸었다. 원내 측에서는 내각책임제를 지지한 반면 원외에서는 이승만의 뜻에 따라 대통령직선제로의 개헌을 주장하였다. 서중석, 「자유

의 간부간에는 서로 의견이 불일치하였다. 당시 위원장인 전진한은 이승
만의 의견에 소극적인 태도를 보인 반면에 조광섭 주종필 등 일부 간부는
이대통령의 뜻에 영합하여 내각책임제 개헌반대투쟁에 적극 참여하였
다.[100] (원내)자유당 결성에 뜻을 같이한 전진한을 중심한 세력은 조방쟁
의대책위원회파로 결집되었고, 원외자유당 추종세력인 조광섭 주종필 등
은 정화위원회파로 결집되었다.

전진한은 강일매가 신관리인으로 임명되기 전에는 조방 내에 생긴 강일
매 취임 반대운동 진정화에 관여하기도 하였다.[101] 그러나 취임한 강일매
가 전진한의 기대와는 달리 '편파적 인사'와 '어용노조화책동'에 착수해
서 분규를 일으켰다. 이에 전진한은 조방쟁의에 개입하였던 것이다.[102]

조방쟁의대책위원회는 1952년 3월 12일 오전 9시를 기하여 파업단행을
선언하였으나, 1952년 3월 13일 오전 7시를 기해 전진한이 '파업중지'를
선언함으로써 별 성과 없이 막을 내리게 되었다. 그러나 조방쟁의는 전진
한에게 국회로 입성할 수 있는 기회를 가져다 주었다. 조방쟁의가 진행
중이던 1952년 2월 5일에 보궐선거가 실시되었는데, 전진한은 경남 부산
시 戊區의 보궐선거에 조방 종업원들의 강력한 지지를 얻어 국회의원에
당선되었다.[103]

당의 창당과 정치이념」,『韓國史論』41・42집, 846쪽. 원내자유당과 이승만과의 대립에 대해
　서는 延定恩, 「제2대 국회내 공화구락부 : 원내자유당의 활동에 관한 연구」, 성균관대 사학
　과 석사논문, 1997 참조.
100) 김영태, 「도큐멘타리 노동운동 20년 소사」, 『노동공론』, 1972년 5월호, 153쪽.
101) 中尾美知子는 강일매 취임반대 진정화에 관여한 것에 대해서 귀속기업체 불하에 종업원
　조합이 참여하는 것이 '균등사회' 실현의 한단계라고 창도했던 입장을 버린 것으로 보았다.
　中尾美知子, 「1951-52년 조선방직쟁의 -현대한국 노사관계의 스타트라인-」, 고려대 사학과
　석사학위논문, 1989, 39쪽.
102) 中尾美知子, 「1951-52년 朝鮮紡織爭議 -현대한국 노사관계의 스타트라인-」, 고려대 사학
　과 석사학위논문, 1989, 25쪽.
103) 이승만은 임병직에게 보낸 서한에서 전진한이 보궐선거 당시에 민국당과 제휴하고 있었다
　고 전하고 있지만 전진한과 민국당과의 관계는 밝혀지지 않고 있다. 『이승만관계서한자료
　집』4, 1952.4.17.

조방쟁의 과정에서 이승만은 전진한을 대한노총에서 제거하기로 결심하였다. 1952년 6월 국제자유노련 이사회에 참석하라는 초청장을 받은 전진한은 출국조차 허락 받지 못하였다. 또한 1952년의 대한노총 제6차 전국대의원대회 개최를 둘러싸고 조방대책위원회파와 정화위원회파로 분열되었을 때에도 이승만은 의도적으로 정화위원회파를 지지하였다. 11월에 있은 대한노총 통합대회에서도 이승만은 전진한과 주종필을 대한노총에서 제명한 후 통일대회를 개최하라고 지시하였다. 결국 통일대회에서 이승만대통령의 의도대로 전진한은 제거되었다. 전진한은 통일대회가 종료된 11월 10일 "관권과 금력에 의하여 강제로 소집된 불법대회이며 대부분이 유령단체의 대표가 날조한 유령대의원의 대회"였다며 대한노총 통일대회를 부정하였으며, "앞으로 진정한 노동운동의 정신을 수호하면서 비표면적으로 노동운동을 전개할 것을 선언"한다고[104] 발표하였다.

조방쟁의와 대한노총분규에서 이대통령에 의하여 완전한 패배를 강요당했던 전진한은 국회의원으로서 노동법 제정에 노력을 기울였다. 그는 1952년 12월에 노동조합법·노동위원회법·노동쟁의조정법 심의를 우선적으로 상정하자는 긴급동의안을 제출하고 이를 통과토록 하였던 것이다.[105] 전진한의 노력에 의하여 노동법은 제14회 정기국회에서 가장 우선적으로 심의하여 노동조합법은 1953년 1월 23일에, 노동위원회법은 1월 27일에, 노동쟁의법은 1월 30일에 각각 통과를 보았다. 그리고 근로기준법안이 1953년 4월 15일 국회를 통과하여 노동관계제법의 입법화가 완수되었다.

---

104) 「동아일보」 1952년 11월 11일자.
105) 김윤환·김낙중, 『한국노동운동사』, 일조각, 1992, 160-162쪽.

맺 음 말

전진한의 행적을 추적할 수 없었던 공백기간은 1928년 7월 치안유지법 위반이라는 죄명으로 신의주감옥에 투옥되었다가 1929년 6월 免訴되어 출옥한 이후부터 1945년 8월 해방이 될 때까지이다. 이 공백기는 전진한의 나이로 따져보면 20대 후반부터 40대 중반까지로 볼 수 있다. 전진한의 회고록에 의하면 "출옥 후 수차 구금되었고 함남 갑산에 가서 사립학교 교원으로 봉직하였으나 불온분자라고 추방되어 금강산 속에 은둔"하였으며, 태평양전쟁 말기에는 오대산으로 피신했었다고 한다.[106]

그런데 국가보훈처 독립유공자포상 신상기록철에서 조선임전보국단 강원지부 발기인으로 활동하였다는 사실을 확인할 수 있다. 그러나 조선임전보국단 발기인 명부만을 갖고 친일여부를 가름한다는 것은 여전히 문제로 남는다.

전진한이 미군정기에 독청 위원장이나 민족통일총본부 노동부장, 대한노총 위원장으로서 이승만-한민당노선에 충실할 수 있었던 연결고리는 ① 일제시기 고학생활에서 김성수, 송진우 등과의 인연 ② 동경유학을 통한 인맥형성에 있었다. 그리고 반공주의에 대한 철저한 신념은 신간회 동경지회 결성 및 참여과정에서 지회 주도권을 둘러싼 공산주의자와의 대결을 통해서 쌓여진 것으로 보인다.

조방쟁의에서 전진한은 조방쟁의대책위원회파 중심인물로서 조방쟁의를 무력화시키려는 의도에서 조직된 정화위원회파에 대항하였다. 그리고 이승만의 정당결성운동에서는 직선제개헌에 반대하여 내각책임제개헌을 주장하는 (원내)자유당과 뜻을 같이하였다. 이러한 이유로 전진한은 이승만에 의해 대한노총에서 제거되었다. 전진한은 이후 제2대 국회의원 보궐

---

106) 錢鎭漢, 『이렇게 싸웠다』, 287-288쪽.

선거에 당선되어 노동제법(노동조합법, 노동위원회법, 노동쟁의법, 근로기준법) 입법화에 상당한 활약을 하였다. 노동제법 제정과정을 기록한 『국회속기록』을 보면 전진한이 얼마나 노동법 제정에 심혈을 기울였는지 알 수 있다.

전진한이 미군정기 민족통일총본부 노동부장, 대한노총 위원장으로서 이승만의 단독정부수립운동에 충실하였다는 점에서 분단국가 수립에 일조하였다는 책임을 면하기 어렵다. 그러나 정부수립 이후 제헌국회에서 노농대중을 위한 이익균점권 제정에 적극적이었으며, 이승만과 결별한 이후 노동법 제정에 열성적이었던 그의 면모는 새롭게 평가해야 할 부분이다.

1960년 4·19로 자유당정권이 무너질 때까지 전진한은 자유당과 대립하였다. 그는 대한노총이 자유당의 굴레를 벗어나길 기대하면서 다시금 대한노총의 지도자가 되기를 갈망하였다.107) 또한 1955년에는 독자적으로 노농당을 결성하여108) 정치활동을 하였다. 노농당은 노동자·농민·지식층·소시민을 기반으로 결성되었다고 주장하였지만 조직기반이 없고 당 재정이 미약하여 뚜렷한 활동을 하지 못했으며, 전진한의 1인1당이란 평을 받았다.109)

┌───┐
· 접수일 2003년 7월 28일 / 심사완료일 2003년 8월 11일
· 주제어 : 전진한, 협동조합운동, 대한독립촉성전국청년총연맹, 대한노총
└───┘

---

107) 「黨을 움직이는 人物들」, 『人物界』 1958년 2월호, 54쪽. 金麟, 「錢鎭漢論」, 『人物界』 1959년 4월호, 62쪽.

108) 노농당은 1955년 2월 15일 결성되었다. 「동아일보」 1955년 2월 16일자. 노농당의 선언, 강령, 당면정책은 『大韓民國建國10年誌』, 1956년, 205쪽 참조. 노농당은 1960년의 대선을 앞둔 1959년 12월 20일 당명을 민족주의민주사회당으로 개칭하였다. 「동아일보」 1959년 12월 20일자.

109) 『人物界』, 제2권 2호, 1958년 2월, 54쪽.

Chon Chinhan´ Activities on the Cooperative Movement and the Rightist Labor Union

Yim, Song Ja

Chon Chinhan is not well known to us. However, in modern history of Korea, especially on the field of labor, his position can never be disregarded. Also, on study of the labor movement, we can't pass over him who had an great effect on the Federation of Korean Trade Union(F.K.T.U.). A study of characters until this time, has been proceeded with the value of political importance. To expand the field about the study of the person, this study in various areas will be advanced. This essay, from this critical point of view, is to examine into the man, Chon Chinhan, who had leaded the Cooperative movement under the Japanese Rule and the Rightist Labor Union after the Liberation.

Chon Chinhan burned his passion for the Cooperative movement under the Japanese Rule and took an active part in the Tokyo Branch of Sin Gan Hoe(新幹會). He, as a leader of the Rightist Young People's Association and of K.F.T.U. in the Political Situation of Liberation, contributed to win a victory of Rhee Syngman's unilateral government lines, and he was the central figure. His activities on the Political Situation of Liberation is to show his transfiguration as an extreme anticommunist.

Chon Chinhan was elected to the national assembly in the "May 10 Election", and was appointed as the Minister of Social Affair of the Korean cabinet. He, as a national assembly and the chairman of K.F.T.U, contributed to add the item for the right of an equal share of profits to the Constitution of Korea. But, he was opposed to Rhee Syngman during Cho-Bang Strike and Rhee, Syngman's Party-Establishing Movement. As a result, he was removed from K.F.L.U by Rhee Syngman.

Chon Chinhan was put in the Shin ui ju prison for violation of the public peace law from July of 1928 to June of 1929. And then, it is hard to trace him until August of 1945, the Liberation form Japan, since he was set free by his discharging. In his Memories, Chon Chinhan described that he had lived in seclusion at that time. However, it was found that he had worked as a promotor for the Kangwon Branch of ChoSun-imchonbokukdan(朝鮮臨戰報國團). This fact was written in personal list of national merit reward in the Ministry of Patriats and Veterans Affairs. But it still left the issue to discriminate between pro-japanese and not.

Chon Chinhan was devoted himself to Rhee Syngman's separate government lines as chief of labor department of General Headquarter for National Unity under United States Military Government and chairman of K.F.T.U. On his act, it is difficult to avoid the responsibility that he took a part in the establishment of divided country. However, after the establishment of government, he was very active to make the right of an equal share of profits for workers and farmers in the Constitutional Assembly. And it has to be estimated newly that he devoted himself to making the Labor Law after separation from Rhee Syngman.

Key Words : Chon Chinhan, Cooperative Movement, Federation of Korean Trade Union, Rightist Labor Union, Cho-Bang Strike

6·3 학생운동의 이념에 대한 고찰*

유 영 렬**

― 목 차 ―

머리말
Ⅰ. 민족자존을 위한 民族主義 이념
Ⅱ. 민주수호를 위한 民主主義 이념
Ⅲ. 민생안정을 위한 民生主義 이념
맺음말

머 리 말

6·3 학생 운동은 1964년 3월 24일 "나라 파는 한일 회담 즉각 중단하라", "평화선을 사수하자", "제2의 이완용을 소환하라", "미국은 한일 회담에 간섭치 말라"는 구호를 외치며 일어난 굴욕적 한일 회담 반대 데모로 시작하였다.[1] 그리고 6월 3일의 박정희 군사 정권 퇴진 데모와 비상계엄 발포에서 절정을 이루었고, 1965년의 한일 회담 비준 반대 데모와 8월

---

* 본 연구는 숭실대학교 교내연구비 지원으로 이루어졌음.

** 숭실대학교 사학과 교수

1) 『6·3학생운동사』<이하 『운동사』라 약함>(역사비평사, 2001) 95쪽 ; 李在五, 『해방후 한국 학생운동사』(형성사, 1984) 224~225쪽 ; 柳永益, 「韓國學生運動史鳥瞰」, 『韓國近現代史論』(일조각, 1992) 283~284쪽. 3·24데모의 준비 과정에 대해서는 신동호, 「新권력층의 뿌리」, 『뉴스메이커』(1993. 9. 16) 84~87 참조. 학생들은 이미 1962년의 한미 행정 협정 촉구 데모, 1963년의 군정 연장 반대 데모, '학원 사찰 철폐 촉구 성명'을 통하여 정치적인 의사를 표시하였다.

26일의 위수령 발동으로 사실상 막을 내렸다. 이처럼 6·3 학생 운동은 약 1년 6개월 동안에 걸쳐 연 인원 350만 명이 참가한 대규모의 對정부항쟁이었다.[2]

5·16 군사 정권의 굴욕적 한일 회담을 계기로 전개된 6·3 학생 운동의 기본 이념은 무엇이었던가? 1980년대의 학생 운동은 조직적인 학생 운동권에 의하여 주도되어 '국가의 자주화'와 '사회주의적 민주화'라는 뚜렷한 이념을 제시하였다. 이와는 달리, 1960년대의 4·19 혁명과 6·3 운동은 순수한 학생 운동으로서 特정한 이념을 정하고 운동을 시작한 것은 아니었다. 그러므로 6·3 학생 운동의 이념이 무엇이었던가는 그 운동의 전개 과정에서 제시된 구호와 선언문, 결의문 등을 통하여 추출해 보아야 한다.

5·16 군사 정권이 한일 회담을 통하여 일으킨 문제는 크게 세 가지로 집약할 수 있다. 첫째로 5·16 군사 정권은 한일 회담을 '굴욕적'으로 추진하여 민족의 자존심에 상처를 입힘으로써 '민족 문제'를 야기하였다. 둘째로 5·16 군사 정권은 국민의 의사를 무시하고 한일 회담을 '강행'함으로써 '민주 문제'를 야기하였다. 셋째로 5·16 군사 정권은 한국 경제의 일본 예속화를 촉진하고 특혜 재벌 중심으로 경제를 운용하여 서민들의 생활고를 가중시킴으로써 '민생 문제'를 야기하였다.

이에 대응하여 당시 6·3 학생들은 민족자존, 민주수호, 민생안정을 위한 운동을 전개하였다. 우리는 6·3 학생들의 민족자존을 위한 民族主義 운동, 민주수호를 위한 民主主義 운동, 민생안정을 위한 民生主義 운동을 三民主義 운동[3]이라고 칭하고, 당시 학생들의 구호와 선언문, 결의문 등

---

2) 앞의 『운동사』 49·91쪽. 6·3학생운동 기간에 구속자는 총 500여 명에 이르렀고, 연행자와 부상자, 제적생은 수천 명에 이르렀다.

3) 중국혁명의 아버지로 불리는 孫文은 民主主義·民權主義·民生主義를 기조로 하는 三民主義를 제창하였다.

을 통하여 6 · 3 학생 운동의 삼민주의 이념을 고찰하여 보고자 한다.

I. 민족자존을 위한 民族主義 이념

첫째로 5 · 16 군사 정권의 굴욕적인 한일 회담 과정에서 파생된 첫번째의 민족 문제는 한일 관계였다.

한일 관계에서 먼저 지적할 사실은 6 · 3 학생 운동이 선린의 자세를 가진 일본과 일본인을 적대시하거나 한일 국교 정상화 자체를 반대한 '배타적 반일 운동'이 결코 아니었다는 점이다.[4] 이화여자대학교 학생들은 미국 『워싱턴 데일리 뉴스』 편집장에게 보낸 항의문에서 이 사실을 분명히 밝히고 있다.

> 우리들은 한일간의 국교 정상화 자체를 반대하고 있지는 않습니다. 다만 한국과 일본이 어떤 '조건과 자세'로 旧怨을 삭이면서 새로운 호혜 평등의 선린 관계를 회복하느냐에 관심이 있었던 것입니다.[5]

일본이 화해와 협력의 태도로 한일 국교 정상화를 원했다면, 과거 양국 관계에서 가해자인 일본은 적어도 '을사 보호 조약'과 '한일 합방 조약'의 강제성과 불법성을 인정하고, 35년간 한민족에 가한 고통에 대해 진심으로 사과하는 자세를 보였어야 하였다.

그러나 일본은 한국 군사 정권의 경제적 약점을 이용하여 자국의 이익을 위해 돈으로 매수하는 식의 買受 外交를 폈다. 당시 재경 교수단은

---

4) 조동걸, 「6 · 3항쟁의 재조명과 6 · 3세대의 과제」, <6 · 3학생운동 33주년 학술발표문, 1977> 조동걸 교수도 "6 · 3항쟁이 한 · 일회담 자체를 반대한 것이 아니라, 그것을 앞뒤도 모르는 군사정권이 담당한다는 것, 특히 돈을 구걸하기에 바빠 굴욕적으로 진행하는 자세를 참을 수 없어 반대한 것이다. …… 6 · 3항쟁이 없었다면 민족주의가 분해되었을 것은 물론, 한국민이 통째로 천치가 되고 병신이 되었을 것이 아닌가?"라고 평가하였다.
5) 「이화여자대학교 항의문」, 『운동사』 496쪽.

「한일 협정 비준 반대 선언」에서 한일 협정의 문제점을 다음과 같이 지적하였다.6)

> 첫째로, 기본 조약은 과거 일본 제국주의 침략을 합법화시켰을 뿐만 아니라, 우리 주권의 약화 및 제반 협정의 불평등과 국가적 손실을 초래할 굴욕적인 전제를 인정해 놓았다.
> 둘째로, 청구권은 당당히 요구할 수 있는 재산상의 피해를 보상하는 것이 못되고, 무상 공여 또는 경제 협력이라는 미명 아래 경제적 시혜를 가식하였으며 일본 자본의 경제적 지배를 위한 소지를 마련해 주었다.
> 셋째로, 어업 협정은 허다한 국제적 관례와 선례에 비추어 의당히 정당화되는 평화선을 포기함으로써 우리 어민의 생존권을 치명적으로 위협하고 국가 어업을 일본 어업 자본에 예속시키는 결과를 초래했다.
> 넷째로, 재일 교포의 법적 지위에 관한 제 규정은 종래의 식민주의적 처우를 청산하기는커녕, 학병 징용 등 일본 군국주의의 강제 노력 동원에 의해 야기된 제 결과를 피해자(재일 교포)에게 전가시킴으로써 비인도적 배신을 자행했다.
> 다섯째로, 강탈로 불법 반출해간 문화재의 반환에 있어서 정부는 과장적 나열에 그친 무실한 품목만을 '인도' 받음으로써 마땅히 요구해야 할 귀중한 품목의 반환을 자진 포기한 결과가 되었다.

이처럼 한일 기본 조약은 사실상 과거 일본 제국주의의 한국 침략을 합법화시켜 주었다. 청구권 문제는 무상 공여 또는 경제 협조라는 미명 아래 일제 35년간의 강권 통치에 대한 우리의 당당한 배상은 포기되고, 구차한 구걸식 경제 원조로 처리되어 민족 자존심에 큰 상처를 주었다.7) 어업 협정에서는 평화선을 포기함으로써 한국 어업을 파탄에 직면하게

---

6) 「재경교수단 한일협정 비준반대선언」, 앞의 책, 503쪽.
7) 앞의 책, 79·530쪽. 2차 대전 중 잠시 일본에 점령당했던 아시아 각국의 경우, 미얀마는 일본으로부터 배상금 3억 4천만 달러와 경제협력 자금 5천만 달러를 제공받았다. 필리핀은 배상금 5억 5천만 달러와 민간차관 2억 5천만 달러를 제공받았다. 인도네시아는 배상금 약 2억 2천만 달러와 민간차관 4억 달러를 받고, 무역 연체 채권 약 1억 8천만 달러를 탕감 받았다. 월남과 태국에도 각각 배상금과 차관을 제공받았다.

하였다.

그러므로 6 · 3 학생들은 과거에 대한 반성과 사과를 모르는 일본 지도층의 부도덕함과, 경제 협력을 미끼로 경제적 침략을 노리는 일본의 신제국주의적 태도에 대응하여, 민족자존과 국가 경제의 수호를 위한 항쟁에 나선 것이다.[8]

둘째로 5 · 16 군사 정권의 굴욕적인 한일 회담 과정에서 파생된 두번째의 민족 문제는 한미 관계였다.

일본이 35년간 한반도를 강점한 대가로 제공하기로 한 직접적인 경제 원조는 겨우 3억 달러에 불과하였다.[9] 그런데 미국이 해방 이후 한국에 제공한 경제 원조는 매년 3~4억 달러로 6 · 3 학생 운동 당시 총 40억 달러에 달하였다.[10] 이 엄청난 미국의 원조는 물론 자국을 위한 대외 정책의 일환으로 제공된 것이지만, 이 원조로 해방과 6 · 25 전쟁 이후, 한국이 지탱되고 굶주린 한국인들이 연명해온 것을 6 · 3 학생들은 잘 알고 있었다.

또한 고려대학교 학생들의 선언문에는, "미국은 일본을 축으로 하는 극동 정책을 완전히 중단하라"[11]는 주장도 있었지만, 서울대학교 학생들의 선언문에는,

---

8) 「5 · 20 민족적 민주주의 장례식 선언문」, 앞의 책, 102쪽 ; 「고려대학교 6 · 3운동」 같은 책, 188쪽 ; 「서울대학교 6 · 3운동」, 같은 책, 292쪽. '한일굴욕회담반대 대학생총연합회'가 주최한 '민족적 민주주의 장례식'에서 학생들은 "민족적 긍지를 배반하고 일본에의 예속화를 촉진하는 굴욕적 한일회담의 즉시 중단을 엄숙히 요구한다"고 하였다. 고려대학교 학생들을 「6 · 3데모 결의문」에서 "일본은 군국주의 망상을 버리고 과거를 정당한 값으로 청산하라"고 촉구하였다. 서울대학교 학생들은 「성토대회 결의문」에서 "일본은 제국주의의 흑심을 버리고 위정된 제국주의 협정을 자진 폐기하라"고 촉구하였다.
9) 일본에 대한 청구권 문제는 무상 3억 달러, 정부 차관 2억 달러, 민간 차관 1억 달러 도합 6억 달러로 타결되었다. 청구권과 직접 관계되는 금액은 무상 3억 달러인 셈이다. 당시 야당에서 제시한 청구액은 27억 달러였다.(앞의 책, 93쪽)
10) 앞의 책, 465 · 527쪽.
11) 앞의 「고려대학교 6 · 3운동」, 188쪽.

> 우리 나라의 國是는 反共을 위주로 한 민주주의이며 또한 그것은 우리의
> 건국이념이기도 하다. 우리는 건국 이래로 민주주의 수호를 위해 피와 땀
> 을 바쳤으며 선혈을 뿌려왔다.[12]

고 한 것으로 보아, 학생들은 반공과 민주주의에 공감하고 미국이 구상한 극동 반공 체제의 필요성도 어느 정도 납득하고 있었다고 생각된다.

그러나 6 · 3 학생들은 일본 지도층의 반성 없는 침략성과 한국 군사 정권의 굴욕 외교로 이루어지는 한일 국교 정상화가 결국 한국에 커다란 타격을 가할 것으로 판단하였다. 그러므로 학생들은 한일 회담을 막후에서 종용하는 미국에 대하여 비판적인 자세를 가지게 되었다. 따라서 고려대 구국 투쟁 위원회가 '선언문'과 '격문'에서 "우리 나라와 동고동락 해온 미국"이라고 표현하여 한미 동맹 관계를 존중하면서도,

> 조국의 주체성을 그다지도 수호하려는 민족주의가 미국의 철저한 간섭
> 으로 좌절을 거듭해야만 했다. 우리의 주체성을 상실한 채 그 어떤 종주국
> 에 의존하려는 임시변통의 구 정치인의 비민족적 현상 타개를 추구하는
> 현 정부를 결사반대 한다. 미국은 가면을 벗고 진정한 우호국임을 보여
> 달라.[13]

고 했듯이, 학생들은 한국의 민족주의가 미국의 간섭으로 좌절되고 있음을 지적하고, 한국의 주체성을 상실케 하는 한일 회담에 미국은 간섭하지 말라고 요구했던 것이다.

그렇다고 해서 당시 6 · 3 학생 운동이 미국과의 우호관계를 저버린 '반미 운동'은 아니었다. 그것은 민족과 국가의 장래를 위하여 원조국인 미국

---

12) 서울대학교 법대학생회, 「韓日協定批准案 —黨國會通過無效 선언문」, 앞의 책, 495쪽.
13) 「고려대학교 6 · 2 선언문」, 앞의 책, 480쪽 ; 「서울대학교 6 · 3학생운동」같은 책, 292쪽. 서울대학생들은 결의문에서 "미국은 민주국가 본연의 자세로 돌아가 양국 유대를 위협하는 우행을 하지 말라"고 요구하였다.

의 부적절한 간섭에 정당한 비판을 제기한 민족 자주 운동이었다.

셋째로 5·16 군사 정권의 굴욕적인 한일 회담 과정에서 파생된 세번째의 민족 문제는 민족 내부의 남북 관계였다.

4·19혁명 이후 자유의 물결을 타고 일부 혁신 세력 사이에서 남북한의 자주적 평화 통일을 주장하는 움직임이 나타났고, 일부 학생들도 이에 동조한 것이 사실이었다. 그러나 6·25 전쟁의 참상과 공산당의 만행을 생생히 기억하는 당시로서 자주적 또는 평화적 남북통일의 주장은 성급한 것이었고, 일반 국민의 정서에도 거슬리는 것이었다. 결국 이러한 비현실적인 주장들이 국론을 분열시키고 혼란을 야기하여 5·16 군사 쿠데타를 초래한 하나의 빌미가 되기도 하였다.

6·3 학생들은 공산주의와 반공 문제에 대하여 5·16 군사 정권에 다음과 같이 주장하였다.

> 그들은 반공의 최대 무기인 자유의 가치를 무시했으며, 공산주의의 온상인 빈곤을 이 땅 곳곳에 확대해 놓았다.[14] 대공 방위에 전력하여야 할 총검이 국민의 최후의 보루인 사법권을 위협하여 민주국가의 根基를 뒤흔들었다.[15] 북쪽의 공산 세력과 현해탄의 毒蛇舌의 전과범들이 하루를 멀다하고 일보일보 (우리를) 잠식하고 있다.[16] 몇몇 군인들의 전철을 답습하지 말고 對共 전선의 강화를 이 시간 같이하여 더욱 공고히 하여줄 것을 바라는 바이다.[17]

곧 6·3 학생들은 반공의 최대 무기인 자유를 존중할 것과, 공산주의의 위협으로부터 對共 전선을 더욱 공고히 할 것을 주장하여 공산주의에 대한 경계심을 보였다. 그러나 학생들은 「난국 타개 학생 총궐기 대회

---

14) 「5·20 한일굴욕회담 반대 학생총연합회 선언문」, 앞의 책, 468쪽.
15) 「5·25 난국타개 학생총궐기대회 선언문」, 앞의 책, 476쪽.
16) 앞의 「고려대학교 6·2 선언문」, 180쪽.
17) 앞의 「고려대학교 6·2 선언문」, 479쪽.

선언문」에서,

> 우리 대학의 지성은 문제의 핵심이 굴종과 체념의 토양에서 외세에 의한
> 국토양단의 쓰라린 민족사에서 비롯되어, 계속 민족의 단결과 주체성을
> 확립하지 못하고 민주화로의 자체 능력을 스스로 파손시키고 있음을 안
> 다.[18]

고 하고, "민족 분열 일삼는 독재 정권 물러가라"[19]는 구호에서 보여주듯이, 6 · 3 학생들은 민족 분열과 민족 통일에 관심을 가지고 있었다. 그들은 숙적인 일본으로부터 굴욕적인 경제 원조를 받음으로써 남한의 일본에의 종속은 가속화되는 반면에 남한과 북한 사이의 관계는 더욱 멀어져 남북통일의 가능성이 더욱 줄어들게 될 것을 우려하기도 하였다. 그들에게 "남북통일은 한일 국교 정상화에 앞서는 1차적인 목표"였다고 할 수 있을 것이다.[20] 그러므로 학생들은,

> 우리가 산업화를 위하여 일본과의 경제 협력이 긴요하다고 정부는 말하
> 는데, 그러려면 차라리 남북 협력을 통하여 우리 경제를 발전시키는 것이
> 낫지 왜 일본으로부터 돈을 받으려 하느냐.[21]

고 하여, 한국 경제의 어려움을 남북한의 경제 교류로 풀 것을 주장하였다. 곧 6 · 3 학생들은 남북한 연대 의식을 가지고 점진적인 통일을 상정했던 것으로 생각된다. 이상과 같이 6 · 3 학생 운동 과정에서 나타난 학생들의 일본에 대한 '민족 자존 의식'과 미국에 대한 '민족 자주 의식', 그리고 북한에 대한 '민족 연대 의식'은 그들의 민족주의 의식의 표현이었다.[22]

---

18) 앞의 「5 · 25 난국타개 학생궐기대회 선언문」, 475쪽.
19) 「고려대학교 6 · 2 격문」, 『운동사』, 481쪽.
20) 김학준, 「6 · 3민주민족운동」, <6 · 3학생운동 34주년 학술발표문, 1998>
21) 김학준, 「6 · 3학생운동의 방향」, <6 · 3동지회 학술강연집, 2003>
22) 조동걸, 「6 · 3항쟁의 재조명과 6 · 3세대의 과제」, <6 · 3학생운동 33주년 학술발표문,

그러므로 민족주의는 6 · 3 학생 운동의 또 다른 기본 이념의 하나라고 할 수 있다.

Ⅱ. 민주수호를 위한 民主主義 이념

6 · 3 학생 운동은 처음에는 3월 24일 굴욕적인 한일 회담 반대로 시작되었다. 그런데 삼민회 소속 국회의원 김준연이 "대일 청구액 1억 3천만 달러를 미리 받았다"고 발설하고 "박정희 · 김종필 라인이 일본으로부터 약 2천만 달러의 선거 자금을 받았다"고 주장하는 등 對日 청구권의 정치 자금화설이 나돌아 파문을 일으켰다.[23] 한편 박정희 정권은 대일 굴욕 외교 중단을 요구하는 학생들의 요구를 묵살하고, 오히려 서울대학교 · 고려대학교 · 연세대학교의 시위 주동자들에게 불온 문서와 편지, 100 달러 짜리 미화가 든 소포를 발송하고, 학원 사찰을 더욱 강화하였다.[24] 학생들은 국민의 의사를 무시한 군사 정권의 한일 회담의 강행에 크게 반발하였다.[25]

이에 4 · 19 기념일에 즈음하여 학생 운동은 군부 독재 비판의 방향으로

1977> 조 교수는 6 · 3학생운동은 "올바른 한 · 일, 한 · 미 관계의 정립을 위한 투쟁이었다는 점에서 민족주의운동의 성격에서 이해해야 한다"고 평가하였다. 이종오, 「반제반일민족주의와 6 · 3운동」, 『역사비평』 창간호,(역사문제연구소, 1988 여름) 67쪽. 이 교수는 "6 · 3운동은 4 · 19운동의 계승으로서 50년대의 반공친미체제 하에서 함몰된 민족주의의 과제를 제기하였다" 평가하였다.

23) 『운동사』 98쪽 ; 『동아일보』 1967년 3월 27일자. 한일협정이 비준된 2년 뒤, 김준연 의원은 김종필 중앙정보부장이 일본측으로부터 5개년 계획의 자금으로 1억 3천만 달러를 사전에 받고, 이와 별도로 공화당 활동자금으로 2천만 달러를 받았다고 폭로했는데, 한일협정에서 파생된 정치자금의 유입을 확인할 수 있다.

24) 앞의 책, 98~99쪽.

25) 「연세대학교 6 · 3운동」, 앞의 책, 347쪽 ; 「중앙대학교 6 · 3운동」, 같은 책 398쪽. 연세대학교 학생들은 3 · 25 데모에서, "국민 의사 무시한 매국적인 한일 회담이 중단될 때까지 우리는 투쟁을 계속한다"고 결의하였다. 중앙대학교 학생들은 "정부는 국민여론에 귀를 기울이고 평화선을 침범하는 일본어선을 강력하게 단속하라"고 결의하였다.

선회하였다. 건국대학교 학생들은 "정부 당국은 5·16 혁명이 4·19의 연속이라고 하는데, 우리는 여기에 대해 더 이상 4·19 정신을 이용, 모독할 수 없다."[26]고 하고, 성균관대학교와 동국대학교 학생들은 "5·16은 4·19의 연장일 수 없다"고 주장하여, "5·16이 4·19의 연속이다"고 하는 군사 정권의 주장을 부정하였다.[27]

나아가 5월 20일, 학생들은 5·16 군사 정권이 표방한 '민족적 민주주의'를 '반민족적 비민주주의'라 규정하고, '한일 굴욕 회담 반대 학생 총연합회' 주최로 그 장례식을 집행하기도 하였다.[28] 그들은 '민족적 민주주의 장례식 선언문'에서,

> 4월 혁명의 참다운 가치성은 반외압 세력·반매판·반봉건에 있으며 민족·민주의 참된 길로 가는 도정이었다. 5월의 군부 쿠데타는 4월의 민족·민주 이념에 대한 전면적인 도전이었으며 대중 탄압의 시작이었다. 군사 정권은 민주주의의 가능성을 말살했으며, 모든 부정과 부패를 조작하였으며, 민족적 민주주의는 정보 정치를 합리화하기 위한 가면이었다.[29]

고 하여, 5·16을 군부 쿠데타로 규정하고, 쿠데타로 집권한 박정희 정권의 정통성을 근본적으로 부정하였다. 이것은 5·16 군사 정권의 기본 이념인 소위 '민족적 민주주의'에 대한 전면적인 부정을 의미하는 것이다.

한편 학생들의 시위가 치열해 가는 가운데, 완전 무장한 육군 공수단 소속 군인 13명이 법원에 난입한 후 숙직 판사 자택으로 몰려가, 데모

---

26) 앞의 책, 99쪽.
27) 앞의 책, 99~100쪽.
28) 앞의 「5·20 민족적 민주주의 장례식 조사」, 470~472쪽. '한일굴욕회담 반대 학생총연합회'(학총련)는 각 대학의 한일굴욕회담 반대투쟁위원회 위원장과 그 소속 학생들이 연합한 조직이었다. 그 구성원은 3·24데모 이래로 대체로 온건한 성향을 띤 총학생회를 대신하여 강력하게 학생운동을 이끌었다.
29) 앞의 「5·20 민족적 민주주의 장례식 선언문」, 441쪽 ; 「서울대학교 5·20 선언문」, 『운동사』, 466쪽.

주동자들에게 영장을 발부하도록 협박한 사건이 발생하였다. 정부 당국은 '무장 군인 법원 난입 사건'을 애국 충정에서 나온 우발적 사건이라고 해명하여 군사 정권의 비민주주의적인 속성을 다시 한번 드러냈다.[30] 그러므로 학생들은 "법치주의를 전복하는 銃治主義의 만행"과 "조국의 자유와 양심의 심장인 학원내의 테러리즘" 등 비민주적인 처사를 들어 군사 정권을 강력히 비판하였다.[31]

한편 6 · 3 학생들은 "반공을 국시의 제1의로 삼고 형식적이고 구호에만 그쳤던 반공 체제를 재정비 강화한다"는 군사 정권의 소위 '혁명 공약'에 대하여 다음과 같이 논평하였다.

> 그들(군사 정권)은 반공의 미명을 빙자하여 1천여 명의 민족적 양심 세력을 용공 분자로 몰아 옥석의 구별도 주저 없이, 서대문 감옥으로 인도하였다. …… 그들은 반공의 최대 무기인 자유의 가치를 무시했으며, 공산주의의 온상인 빈곤을 이 땅 곳곳에 확대해 놓았다. 이것이 그들이 만든 반공 태세의 재정비요 강화다![32]

곧 6 · 3 학생들은 박정희 군사 정권이 반공을 이용하여 반대 세력을 탄압한 사실을 비판하고, 반공의 최대 무기는 '자유'이고 공산주의의 온상은 '빈곤'임을 적절히 지적했으며, '자유'를 무시하고 '빈곤'을 확대한 박 정권의 잘못된 반공 태세를 비판하였다. 그들은 자유의 신장과 빈곤의 퇴치가 진정한 반공의 길임을 명확하게 인식했던 것이다.

드디어 학생들은 1964년 6월 3일에는 본격적으로 박정희 군사 정권 타도 운동에 나섰다. 6 · 3 학생들은 5 · 16을 "헌정을 역행하는 군인들의 불법 쿠데타"라 규정하고, "민주 선거로 위장된 박 정권 제3공화국"의

---

30) 앞의 책, 104쪽.
31) 앞의 「5 · 25 난국타개 학생총궐기대회 선언문」, 475쪽.
32) 앞의 「5 · 20 한일굴욕회담 반대 학생총연합회 선언문」, 468쪽.

계속적인 집권을 묵인할 수 없다고 주장하였다. 나아가 학생들은 스스로를 '자유민주혁명의 대열'로 자부하고 다음과 같이 박정희 군사 정권의 타도를 선언하였다.

> 이제 우리는 진정한 민족주의를 이 유린된 폐허의 초토 위에 재생시킬 정권을 기대한다. 팟쇼화를 향한 군부 쿠데타로 정권이 교체되는 사회를 우리는 절대로 수용할 수 없다. 또한 …… 우리는 합헌적인 민주주의가 강인하게 주체성을 견지하며 현실적으로 민족을 아사의 경지에서 구출하는 위내한 비젼을 가진 정부를 갈망한다.…… 우리는 다시 한번 자유 민주주의의 진정한 진로를 모색하기 위해 박 정권의 타도를 선언한다.[33]

곧 6·3 학생들은 '자유 민주 혁명'을 통하여 군사 독재 정권을 퇴진시키고, 국민의 자유와 권리가 보장되는 '합헌적 민주주의' '자유 민주주의' 사회를 이룩하는 것을 이상으로 생각했던 것이다.[34] 그러므로 자유 민주주의는 6·3 학생 운동의 또 다른 기본 이념의 하나였다고 할 수 있다.

3. 민생안정을 위한 民生主義 이념

한일 국교 정상화를 위한 한일 회담은 한·미·일을 연결하는 극동 반공 체제를 갖추어 자국의 경제적 부담을 줄이려는 미국의 구상과, 전후 급격히 성장한 독점 자본의 해외 진출을 갈망하는 일본의 욕구와, 외국의 경제 원조에 의한 경제 성장으로 정통성이 없는 정권을 유지하려는 박정

---

33) 앞의 「고려대학교 6·2 선언문」, 480쪽.
34) 조동걸, 「6·3항쟁의 재조명과 6·3세대의 과제」,<6·3학생운동 33주년 학술발표문, 1997> 이 글에서 조동걸 교수는 "6·3항쟁은 굴욕적 대일외교 반대투쟁을 앞세우고 군사정권 타도를 겨냥한 민주주의 혁명운동이었다. 군사정권 타도를 위한 최초의 봉기였으므로 혹심한 탄압을 받아 희생이 컸다. 반독재 민주화운동의 측면에서 보면, 4·19혁명을 계승하여 군부 지배 하에서 민주화운동의 첫 포문을 열었다는 점에서, 또 4·19에서 6월항쟁에 이르는 징검다리의 구실을 했다는 점에서 주목해야 한다."고 평가하였다.

희 군사 정권의 의도가 합치되어 추진되었다.

한국은 해방 이후 특히 6·25 전쟁 이후 피폐한 경제를 미국의 원조에 의존하여 겨우 명맥을 유지하고 있었으며 민생 문제가 아주 심각하였다.35) 일본은 6·25 전쟁을 통한 戰爭 特需를 타고 경제가 급성장 하여 생산 과잉에 의한 누적된 재고품과 축적된 자본의 배출을 위해 해외 시장의 확보가 절실하였다. 따라서 한일 국교의 재개는 일본 독점 자본의 해외 진출에 절호의 기회였다. 사실상 한일 국교 재개 이전에도 三井物産·三菱商社 등 40여 개 일본 상사들이 이미 한국에 들어와 불법 상행위를 하고 있었다. 그러므로 국교가 재개되면 일본의 독점 자본에 의하여 한국 경제가 예속될 것은 쉽게 예측되었다. 그러므로 학생들은 일본 독점 자본의 국내 침투를 경계했던 것이다.

박정희 정권은 근대화와 경제 성장의 파트너로 재벌들을 선택하였다. 당시 재벌들은 대체로 6·25 전쟁 이후 원조 물자와 관련하여, 또는 정치 권력과 결탁하여 독점적 이윤을 얻어 빠른 속도로 자본을 축적하였다. 그 중 상당수는 경제 성장을 정권의 정당화 이데올로기로 생각하는 박정희 군사 정권과 결탁하여 급성장한 신흥 재벌들이었다.36) 이러한 재벌들은 경영의 혁신보다 정부의 특혜에 의존했고, 기업의 건전한 발전보다 개인의 재산 축적에 몰두하는 이기적이고 기생적인 경영 형태를 취하였다. 이들은 한일 국교 이전에 이미 일본 자본에 영합하여 그 시녀 노릇을 하는 매판적 성격을 띠고 있었다. 그러므로 6·3 학생들은 국내 자본의

---

35) 이종오, 「반일반제민족주의와 6·3운동」, 위의 『역사비평』 창간호, 49~50쪽. 당시 민생문제가 얼마나 심각했는가 예를 들면, 1961년 3월, 대구시 인구의 15.8%가 絶糧 인구였고, 80%가 빈곤층이었으며, 餓死 상태에 빠진 1천여 명이 대구시청에 몰려와 아우성을 칠 정도였다.

36) 김재훈, 「60년대 이후 독점자본의 발전에 대한 이론적 조명」, 『역사비평』(역사문제연구소) 1990년 여름호, 86~93쪽 ; 홍덕률, 「재벌경제의 실상과 구조적 병폐」, 『역사비평』 1990년 가을호, 129쪽.

매판화를 우려하고 매판성 악덕 재벌의 처단을 주장했다.[37]

해방의 혼란과 6·25 전쟁의 파괴로 인하여 한국 경제는 사경을 헤매고 많은 국민들은 기아선상을 허덕이게 되었다. 양식이 없어 밥을 굶는 사람이 많았다. 6·3 학생 운동의 시발점인 3·24 데모는 굴욕적 한일 회담에 반대하는 민족 감정에서 폭발했으나, 거기에는 일반 국민의 민생고와 절망감이 밑받침하고 있었다.[38] 그러므로 6·3 학생들은 군사 정권에 대하여,

> 절망과 기아선상에서 허덕이는 민생고를 시급히 해결하고 국가 자주 경제 재건에 총력을 경주한다는 그들의 온갖 계획과 약속이 있은 지 3년, 물가는 70퍼센트가 올랐고 국민 소득은 세계 최하위 40불이 되었다. 민생은 기아선상에서부터 아사되어 죽을 지경이 되었다. 물가고·실업·기아 임금을 농민·노동자·소시민에게 강요하면서, 이들 전체 국민의 피눈물 위에 소수 반민족적 매판성 악덕 재벌과 벼락감투의 배를 불렸다.[39]

고 하여, 민생고 해결과 경제 건설을 약속한 군사 정권이 국민 생활을 파탄에 이르게 하고, 전체 국민의 희생 위에서 매판성 악덕 재벌만 살찌게 하는 군사 정권의 재벌 중심 경제 정책을 강력히 비판하였다. 나아가 학생들은,

> 대중의 굶주림에 반비례하여 악질 정치 세력과 결탁한 독점 자본가들은 계속 소비 성향만 병적으로 높여 중산층을 파멸로 이끌고, 나약한 중소기업에 10여 년간의 악랄한 테러를 감행해왔다.[40]

---

37) 「서울대학교 4·17 선언문」, 『운동사』, 469쪽 ; 「한일굴욕회담 반대 학생총연합회 선언문」, 같은 책, 476쪽.

38) 『조선일보』, 1964년 3월 28일자. "2·24를 시발점으로 민족감정은 '데모'로 폭발, 전국적으로 퍼져가고 있다. 그러나 그것은 단순히 반일에서만 나온 것은 아니다. 생활고와 희망상식, 짓눌린 억압 등 불만이 반일이라는 떳떳한 명분으로 노출된 것이다."

39) 앞의 「5·20 한일굴욕회담반대 학생총연합회 선언문」, 469쪽.

40) 앞의 「5·25 난국타개 학생총궐기대회 선언문」, 475쪽.

고 하여, 정치 세력과 결탁한 악덕 독점 자본가들이 중산층과 중소기업을 파멸케 했다고 비판하였다. 따라서 6 · 3 학생들은,

> 농민 · 노동자 · 소시민의 피눈물을 밟고 서서 홀로 살쪄만 가는 매판성 악덕 재벌을 처형하라.[41] 파국에 직면한 민생고 타개는 망국 독점 매판 재벌의 엄단 몰수로부터 출발하라.[42] 부정부패 관료들을 과감히 발본 색출하여 엄단할 것을 천명하는 바이며, 저들 파렴치한 독점 자본을 즉시 해체하여 민생고 해결과 중산 계급의 건전한 발전을 기할 것을 재차 강조하는 바이다.[43]

라 하여, 일본과 결탁한 매판 자본, 정치권력과 결탁한 특혜 재벌, 정경 유착하는 부패 관료 등을 처단하도록 요구하고, 일반 서민들의 민생고를 속히 해결하고 중산층과 중소기업을 보호하는 건전한 경제 운동을 촉구하였던 것이다.

곧 6 · 3 학생 운동은 밖으로는 외국, 특히 일본 독점 자본의 경제 침략에 의한 대외 예속 경제에서 벗어나 민족 자립 경제의 건설을 추구하고,[44] 안으로는 '정경 유착'에 의한 특혜 재벌의 횡포를 억제하고, 중소기업을 보호 육성하며, 민생의 안정과 향상에 역점을 두는 건전한 국민 경제의 건설을 추구하였다.

이러한 주장은 자본주의 반대 운동으로 전개된 것은 아니었다. 6 · 3 학생 운동은 특혜 재벌 · 매판 자본 같은 재벌 중심의 부패한 자본주의 경제 체제를 배격하고, 소시민과 중소기업이 보호되는 국민 중심의 건전한 자본주의 경제 체제의 실현을 추구하였다. 그러므로 건전한 국민 경제

---

41) 앞의 「5 · 20 한일굴욕회담반대 학생총연합회 선언문」, 470~171 참조.
42) 「5 · 21 고려대학교 구국비상결의 선언」, 『운동사』, 473쪽 참조.
43) 앞의 「5 · 25 난국타개 학생총궐기대회 선언문」, 476쪽 참조.
44) 서울대학교 법과대학 한일문제연구회, 「현 한일회담 저지투쟁의 정당성」, 『사상계』 1965년 5월호, 『운동사』 534쪽.

의 실현으로 민생의 안정과 향상을 기하려는 민생주의는 6·3 학생 운동
의 또 다른 기본 이념의 하나라고 할 수 있다.

맺음말

이제까지 우리는 6·3 학생 운동 과정에서 표출된 민족자존을 위한 민
족주의 이념, 민주수호를 위한 민주주의 이념, 민생안정을 위한 민생주의
이념 등 三民主義 이념을 살펴보았다.
세계적인 민족주의 연구의 대가인 Carlton Hayes와 Hans Kohn 등은
nationalim(=민족주의)이란 애국심 또는 충성의 최고의 대상을 국민 국가
곧 민주 국가에 두는 것이라 하여, 민족주의는 반드시 자유 민주주의를
포괄하는 개념으로 보았다.45) 민족 구성원의 자유와 민권 없이 민족의
행복은 있을 수 없기 때문이다. 6·3 학생 운동은 자유 민주주의를 내포하
는 근대 민족주의를 지향함으로써 한국 민족주의의 올바른 방향을 제시하
였다.
6·3 학생들은 총칼로 권력을 잡은 박정희 정권에 맞서 최초로 군사
독재를 타도하려는 민주주의 운동을 전개하여 오늘날 문민정부 창출에
선구적인 역할을 담당하였다. 그리고 6·3 학생 운동이 추구한 민주주의
는 서민들의 기본 생활 보장에 역점을 두는 국민 경제의 확립을 전제로
하는 진보적 자유 민주주의를 지향하여 한국 민주주의의 올바른 방향을
제시하였다.
6·3 학생 운동은 특혜 재벌·매판 자본 등 재벌 위주의 타락한 자본주
의 경제를, 소시민과 중소기업 등 서민 위주의 건전한 자본주의 경제로
전환시킴으로써 민생의 안정과 향상을 기하려는 민생주의 이념을 표출하

---

45) 칼튼 헤이스(차기벽 譯),『민족주의』(사상계사, 1961) 27쪽 ; 한스 콘(차기벽 譯),『민족주의』
    (삼성문화재단, 1974) 10쪽.

였다. 앞으로 한국 사회가 자유 민주주의와 자본주의적 시장 경제를 바탕으로 하고 철저한 사회 보장주의를 추구해가야 한다면, 오늘날의 입장에서 보아도 6·3학생운동의 민생주의는 한국 경제가 나아가야 할 올바른 방향을 제시했던 것이다.

　결론적으로 6·3 학생 운동의 진행 과정에서 나타난 민족의 자존과 자주를 위한 민족주의, 민주의 수호와 신장을 위한 민주주의, 민생의 안정과 향상을 위한 민생주의 등 삼민주의 이념은 앞으로도 한국 사회가 추구해나가야 할 귀중한 목표라고 생각된다.

·접수일 2003년 7월 1일 / 심사완료일 2003년 8월 07일
·주제어 : 학생운동, 민족주의, 민주주의, 민생주의, 삼민주의

A study on the Principles of the June 3rd Student Movement

Yoo, Young Nyol

The June 3rd Student Movement was begun against the Korea-Japan Conference to open a new diplomatic relationship between two countries in 1964. At last the Students requested retirement of the Park Chung Hee's Military Regime ignoring the will of the people, and the Park's Regime proclaimed emergency martial law to put down the Student demonstrations. Next year the Students demonstrated against the ratification of Korea-Japan Agreement and the Regime declared garrison law to stop the demonstrations. The Student Movement had continued fighting against the Park's Regime for about a year and half.

As Park Chung Hee's Regime promoted a submissive foreign policy hurting the national sentiment of Korea, the Students fought for the national self-respect. As the Park's Regime enforced the Korea-Japan Conference against the will of the people, the Students fought for keeping democracy. And as the Park's Regime did not care for the people's economy, the Students fought for the elevation of people's daily life.

After all, one of the principles of the June 3rd Student Movement was nationalism(民族主義) to keep the national self-respect and self-reliance from the foreign interference. Another principle of the Student Movement was democracy(民主主義) to keep people's right for freedom from the suppression of the Park's Military Regime. The third principle of the Student Movement was public welfare(民生主義) to keep the well-being of the people from the oppression of giant financial groups.

We can say nationalism, democracy, and public welfare, the three principles of the June 3rd Student Movement are desirable ideas that we ought to pursue for our future society.

Key Words : The Student Movement, Nationalism, Democracy, Public Welfare, the Three Min Principles

북한의 공민종교
- 주체사회주의의 기원, 형성, 구조를 중심으로-

정 대 일[*]

목 차

머리말
Ⅰ. 주체사회주의의 사상적 기원과 특성
Ⅱ. 주체사회주의의 형성과정
Ⅲ. 주체사회주의의 구조
맺음말

머 리 말

공민종교의 뿌리는 고대에까지 거슬러 올라간다. 고대 그리스와 로마의
도시국가들에서 신성화된 왕권은 왕이나 황제를 신으로 숭배할 것을 요구
하였고, 이러한 숭배는 매년마다 특정한 시기에 개최되는 의례와 예식들
에 의해서 고양되었다. 이러한 도시국가의 종교는 중세와 르네상스를 거
치는 동안에도 여전하였으며, 각 도시의 수호성인에 대한 숭배는 비록
기독교의 외피를 걸치긴 하였으나, 본질상 도시국가 그 자체에 대한 숭배
였다고 할 수 있다. 국가 그 자체가 신성화되는 경우는 루소에게서도 찾아
볼 수 있다. 루소가 1762년 『사회계약론』을 집필하면서 신성한 것으로

---

* 한국정신문화연구원 박사과정수료

묘사한 '공민'과 '일반의지'는 바로 본질상 '국가'였던 것이다. 루소의 철학에 대한 거의 광적인 신봉자였던 로베스 피에르는 프랑스 혁명의 고양기인 1793-1794년에 공민종교를 제정하고, 그 이름을 '최고존재의 종교'(the Religion of the Supreme Being)라고 하였다. 여기에서 최고존재란 사실상 혁명 그 자체였다. 혁명은 자코뱅당 지도자들에게 인류역사에서 가장 종교적인 사건으로 간주되었으며, 따라서 혁명정부와 혁명국가도 신성한 것으로 여겨졌고, 이에 대한 배반은 독신(瀆神)에 해당하는 중죄중의 중죄로 간주되어 엄벌에 처해졌던 것이다.

나폴레옹이 유럽대륙의 구석구석에 전했던 프랑스 혁명의 민족수의적 구호는 민족국가의 성립을 다그쳤으며, 이러한 민족국가는 탄생과 동시에 공민종교의 '신'이 되었다. 민족국가의 신성은 시와 노래, 야외극 그리고 설교를 통하여서 찬양되었으며, 국가를 위한 공민의 죽음 또한 영광스러운 것으로 예찬되었다. 이러한 종교적 열정과 헌신에 바탕하여 일어난 전쟁이 1차 세계대전이라는 점에서, 이 전쟁은 중세 십자군 전쟁의 맥을 잇고 있다고 할 수 있다. 다른 점은 후자가 기독교에 대한 헌신과 열정에 기초하였음에 비하여, 전자는 민족주의에 기반한 공민종교에 대한 헌신과 열정에 기초하였다는 점이다. 사실 민족주의의 종교적인 측면이 민족국가 단위에서 공민종교로 구체화되는 현상은 20세기의 가장 특징적인 현상중의 하나라고 할 수 있다.[1] 따라서, 민족국가(national state)의 공민종교(civil religion)는 한 마디로 민족주의의 종교(religion of nationalism)라고도 할 수 있는 것이다.

이러한 공민종교는 전통종교와 모종의 관계를 맺고 있는 바, 그 관계의 양상에 따라 몇 가지로 구분할 수 있다. 먼저 세속적 세계관에 기반한 공민종교가 전통종교를 완전히 배척하고 말살하려는 입장을 취하는 경우

---

1) Calton J. H. Hayes, *Essays on Nationalism*(Russell & Russell Publishers, 1966), pp.93-125.

이다. 이러한 혁명적 입장은 프랑스 혁명기의 자코뱅 당에서도 찾아 볼
수 있고, 러시아 혁명기의 볼셰비즘에서도 찾아 볼 수 있다. 1917-1922년
의 5년동안 볼셰비키는 28명의 러시아 정교회 주교와 1,215명의 일반사제
들을 처형하였고, 성직자들은 주거와 식량배급을 비롯한 일체의 시민권을
박탈당하였으며, 신학교도 폐쇄되고 모든 종교적 간행물들이 정간되었
다.[2] 유의해야 할 점은, 전통종교를 극도로 반대하는 세속적 세계관에
기반한 이들 공민종교들도 자신의 의례와 예식을 제정하는 데 있어서는
전통종교의 요소들을 적극적으로 차용한다는 사실이다. 둘째로, 민족국가
가 하나의 전통종교를 자신의 국교로 선포하고, 그에 따라 그 전통종교가
공민종교로서의 기능까지 수행하게 되는 경우이다. 한 예로서, 영국은
성공회를 국교로 삼았으며, 성공회는 영국의 왕을 자신의 수장으로 추대
하여 공민종교로서의 역할을 다하고 있는 것이다. 셋째로, 세속적 세계관
에 기반한 공민종교가 건재한 조건에서 전통종교들의 존립을 허용하는
경우이다. 이러한 예는 1945년 이후의 소련과 동유럽에서 찾아 볼 수 있
다. 2차 세계대전에서 히틀러가 소련을 침공하자 러시아 정교회는 전쟁지
지 선언과 함께 국민의 단결을 호소했고 스탈린은 이를 받아들여 교회가
다시 부활하게 되었던 것이다. 이후 소련과 동유럽에서의 종교는 시기별
로 각이한 탄압 속에서도 나름대로 생존하게 되었고, 공민종교의 쇠퇴기
에는 스스로 공민종교의 역할을 하게 되어, 소연방의 붕괴와 민족국가의
성립에 기여를 하기도 하였다.[3] 넷째로, 다양한 종교가 다원적으로 존립
하며, 국교가 인정되지 않는 상황에서, 사실상 하나의 주도적인 종교가
공민종교로서의 기능을 담당하게 되지만, 그것이 암묵적으로 이루어지는

---

2) Pedro Ramet, "The Interplay of Religious Policy and Nationalities Policy in the Soviet Union
   and Eastern Europe", in P. Ramet(ed.), *Religion and nationalism in Soviet and East European
   Politics*(Duke University Press, 1989), p.18.
3) 위의 책, pp.18-19.

경우이다. 미국의 공민종교는 사실상 매우 기독교적이며, 따라서 미국에서는 기독교가 공민종교의 기능을 담당하고 있다고 말해도 과언이 아니다.[4] 그러나, 미국은 종교의 자유를 헌법으로 보장하고 있으며, 국교를 인정하지 않고 있기에, 기독교는 공민종교로서의 기능을 명시적으로 수행하지 못하고, 다만 암묵적으로 담당하고 있다. 이러한 네 가지 유형을 염두에 두고서 고찰해 보면, 북한의 공민종교는 첫째유형에서 셋째유형으로 변화하고 있는 것으로 보인다. 즉, 북한에서 공민종교 형성 초기에는 맑스-레닌주의에 입각하여 여타의 전통종교들을 배제하였지만, 공민종교가 형성되어 확고한 지반을 구축하게 되자, 서서히 전통종교들의 존립정도는 허용하는 방향으로 종교정책을 수정하고 있다고 볼 수 있다.

이처럼 공민종교는 그 민족국가가 처해있는 상황에 따라서 여러 가지형태로 드러나지만, 모든 민족국가는 그 자신을 통합시키고 유지시키기위하여 나름대로의 공민종교를 가지고 있기 마련이다. 왜냐하면, 뒤르껭이 지적했듯이, 사회는 종교현상이며, 결속력이 있는 집단은 항상 종교적속성을 지니고 있기(the phenomenon of cohesion has a religious quality) 때문이다.[5] 인간이 만들어내는 사회와 집단 중에서도 가장 결속력이 강한 민족국가가 여타의 사회나 집단에 비교할 수 없는 강력한 종교적 속성을 지니고 있으리라는 것은 의심의 여지가 없으며, 이러한 종교적 속성의 구체화와 체계화가 바로 각 민족국가의 공민종교인 것이다. 현대의 국가들이 대부분 민족국가 혹은 국민국가를 이루고 있다는 점에서 민족주의혹은 애국주의를 바탕으로 한 공민종교 또한 현대의 보편적인 종교현상으로 볼 수 있을 것이다. 이러한 점에서 북한 또한 예외가 될 수는 없다.

북한도 나름대로 '조선민주주의인민공화국'이라는 민족국가를 형성하고 있는 이상, 국가의 결속을 유지하며 나라와 민족을 신성화하는, 나름대

---

4) 미국의 공민종교에 대해서는 R.N.Bellah, *Beyond Belief* (Harper & Row, 1970), pp.168-186.
5) R.N.Bellah and P.Hammond, *Varieties of Civil Religion*(Harper & Row, 1980), p.139.

로의 공민종교를 가지고 있을 수밖에 없다. 대체로 사회주의국가에서 공민종교의 역할을 담당해온 것은 현대의 대표적인 세속적 세계관들 중 하나인 맑스-레닌주의였다. 맑스-레닌주의는 유신론을 대체할 수 있는 강력한 무신론의 교의를 제공해 주기는 하지만, 민족문제에 대한 해답을 제시하는 부분은 약하며, 오히려 프롤레타리아 국제주의를 고창한다. 이러한 특성으로 하여, 맑스-레닌주의는 민족에 대한 언급의 중요성이 떨어지는 연방제 하의 소비에트에서는 다민족간의 결합력을 제고할 수 있었지만, 연방 붕괴이후에 독립한 동구권 국가들이나, 애초에 민족국가를 형성했던 북한의 경우에서는 적절한 결합력을 제공하기에 역부족이었다. 따라서 북한의 경우에는 맑스-레닌주의를 받아들이면서도 민족을 단위로 한 국가의 결합력을 제고할 수 있도록 적절한 변용이 불가피 하였고, 그 결과로 제시된 것이 바로 주체사상에 기초한 주체사회주의였다. 북한은 수령을 중심으로 하는 그들의 독특한 사회주의를 '주체사회주의'로 규정하고 있다. 주체사회주의는 수령의 사상인 주체사상이 밝힌 사상, 이론, 방법론에 기초한 사회주의이며, 북한의 사회주의는 그가 기초하고 있는 지도사상, 지도이론, 지도방법이 새롭고 독창적인 것으로 하여 다른 나라 사회주의와 근본적으로 다른 '우리식'의 독특한 사회주의로 되고 있는데, 바로 여기에 북한의 사회주의를 주체사회주의라고 부르는 근거가 있다는 것이다.6) 주체사회주의는 맑스-레닌주의라 일컬어지는 정통 사회주의의 민족주의적 변용이며, 북한의 공민종교인 것이다.

이 논문은 북한의 공민종교인 주체사회주의에 대한 일 고찰을 시도하는 것을 그 목표로 한다. 한 사회를 이해하는 데에 있어 그 사회가 기반해 있는 종교적 믿음의 체계와 의례의 양태들, 그리고 공동체의 구성 등을 파악하는 것은 커다란 도움이 될 수 있을 것이다. 마찬가지로 한 국가를

---

6) 백철, 「주체의 사회주의의 사상, 리론, 방법론적 기초」, 『주체사회주의 연구 1, 인민대중중심의 사회주의』, 평양출판사, 1992, 8-9쪽.

파악하는 데 있어서 그 국가의 공민종교를 파악하는 것은 그 국가를 심층적으로 이해하는 데에 있어 필수적인 전제라고 할 수 있다. 이러한 시도는 단순히 북한을 타자로서 이해하는 데에서는 말할 것도 없고, 북한을 민족의 일원으로 간주하며 분단기간 동안 지속된 타자화의 궤적을 살펴보고 동질성을 확보하려는 차원에서도 꼭 필요한 시도일 것이다.

Ⅰ. 주체사회주의의 사상적 기원과 특성

북한의 공민종교인 주체사회주의는 주체사상을 그 사상적 기반으로 하고 있다. 주체사상은 철학의 근본사명을 사람의 '운명'문제에 해답을 주는 것이라고 말하며, 주체사상 또한 이 문제에 답하는 것을 자신의 사명으로 하고 있다고 천명한다.[7] 운명이란 인간의 처지나 전도와 같은 인간의 존재와 발전과 관련되는 근본문제들을 집약화 하여 표현하는 철학적 개념인데, 이러한 운명문제야 말로 인간에게서 가장 중요한 문제라는 것이다. 그리고 이 문제에 대하여 기존의 철학과 종교에서 여러 가지 대답을 내놓았지만, 오직 주체사상만이 참다운 해답을 제시했다는 것이다. 주체사상은 사회적 존재인 사람의 속성을 자주성, 창조성, 의식성이라고 규정한 뒤, 이 중에서도 세계와 자기 운명의 주인으로서 자주적으로 살며 발전하려는 사회적 인간의 속성인 자주성이 바로 사람의 사회정치적 '생명'을 이룬다고 말한다.[8] 즉, 운명과 생명의 관계에 있어, '운명'의 주인으로 살려고 하는 것이 바로 사람의 '생명'이라는 것이며, 사회정치적 생명은 육체적 생명과는 달리, 유한하지 않고 무한하며 '영생'한다는 것이다.[9] 또한 이 사회정치적 생명은 수령, 당, 대중의 통일체인 사회정치적 생명체

---

7) 리성준, 『위대한 주체사상 총서 1』, 사회과학출판사, 1985, 103쪽.
8) 위의 책, 193쪽.
9) 위의 책, 194쪽.

의 한 성원이 되어 당의 영도를 받으며 당을 통하여 수령과 혈연적인 연계를 가지게 될 때 비로소 지니게 되는 생명이라고 설명한다.[10] 한마디로 말하여 주체사상은 인간의 '운명'문제를 해결하기 위해서 출발하였으며, 그 해답을 수령을 통한 '영생'에서 얻었던 것이다.

북한 주체사회주의는 주체사상에 입각하여, 인간의 운명문제에 대한 해답으로서 수령을 운명의 구원자이며, 영생의 부여자라고 제시한다. 1994년 7월 29일자 로동신문에서 김홍룡은 "우리 인민들은 누구나 다 친애하는 지도자 김정일동지를 운명의 구세주로 우러러 받들고 있다. 운명의 구세주! 여기에는 친애하는 지도자 김정일동지의 품을 떠나서는 자기들의 삶도 행복도 있을 수 없다는 철석같은 믿음과 그 품에 자신들의 운명과 미래를 전적으로 맡기고 하늘 땅 끝까지 따르려는 우리 인민의 절대적인 숭배심이 뜨겁게 맥박치고 있다"라고 말한 뒤, "원래 인간의 믿음가운데서도 가장 큰 믿음은 자기 운명을 책임져줄 운명의 구세주에 대한 믿음이다. 그것은 인간에게 있어 최대의 관심사가 다름아닌 자기 운명에 대한 생각이기 때문이다. 그래서 인류가 삶의 깃을 펴기 시작하던 태고적부터 사람들은 자기의 운명을 건져 줄 구세주를 목마르게 기다려왔다.(…)우리 인민은 오직 친애하는 지도자 김정일동지만을 믿는다.(…)우리 인민은 진정 친애하는 지도자 동지의 위대성에 완전히 매혹된 인민이다.(…)우리 인민들은 자기들에게 인간의 참된 삶을 피워주시고 운명을 맡아 지켜주시는 친애하는 지도자 동지를 절대적으로 숭배하며 끝없는 충성과 효성을 바쳐갈 것이다.(…)령도자를 받드는 이처럼 더없이 맑고 고결한 마음은 오직 친애하는 지도자 동지를 운명의 구세주로 절대적으로 숭배하는 우리 인민만이 보여줄 수 있는 숭고한 정신세계이다.(…)령도자는 인민을 끝없이 아끼고 사랑하며 인민은 령도자를 운명의 구세주로

---

10) 조성발, 『주체의 인간론』, 과학 백과사전 종합출판사, 1988, 53쪽.

절대적으로 신뢰하고 따르는 우리 인민의 이 위대한 혼연일체를 깨뜨릴 힘은 이 세상에 없다"고 토로하고 있다.[11]

수령의 사상이 사회의 유일한 사상이 되고, 수령의 영도가 사회 전반에 걸쳐 관철된다는 점에서, 그리고 한 걸음 더 나아가서, 수령에 대하여 단순한 정치지도자로 인식하고 있는 것이 아니라, 전체 사회구성원들의 운명을 의탁받아 구원하여 주며, 그들에게 영생하는 생명을 부여하는 존재로 여기고 있다는 점에서, 북한 주체사회주의를 이해하는 데서 수령을 이해하는 것이 필수석이라는 것을 알 수 있다. 이치럼 절대적이고 신격적인 수령의 존재와, 그러한 수령의 지위와 역할을 설명하는 이론체계인 수령론의 독특한 성격이야말로 북한 사회의 강력한 종교적 성격이 기인하는 바의 것이다.[12]

이처럼, 이제까지 기존의 전통종교들이 해명하고자 한 '운명', '생명', '영생' 등의 문제를 직접적으로, 그리고 전면적으로 제시하고, '수령'을 통한 새로운 해명을 시도했다는 점이 바로 세속적 세계관으로서의 주체사상의 가장 큰 특징이라고 할 수 있다. 그런데, 북한의 주체사상은 이러한 문제를 해명함에 있어, 현대의 대표적인 세속적 세계관[13]인 맑스-레닌주의와 인본주의, 그리고 민족주의의 요소들을 복합적으로 받아들이고 있으며, 이러한 요소들을 '수령론'을 매개로 하여 독특하게 융합시키고 있다. 주체사상은 사회주의의 사상적 기초인 맑스-레닌주의를 전제로서 계승하

---

11) 김홍룡, 「믿고 따르는 품」, 『로동신문』, 1994. 7.29(금), 3면.
12) 윤기덕, 『수령형상문학』, 문예출판사, 1991, 168쪽.
　　"혁명적 수령관을 세우는데서 중요한 것은 수령의 위대성에 대한 인식과 체득이다. 친애하는 지도자 김정일동지께서는 인식은 세계관형성의 기초이며 위대성을 알아야 절대성이 나오고 신격화가 나온다고 가르쳐 주시였다."
13) 니니안 스마트와 폴 틸리히는 각각의 저작에서 공히 민족주의, 인본주의, 사회주의를 현대의 대표적인 세속적 세계관으로 예시하고 있다. 니니안 스마트, 강돈구 역, 『현대종교학』, 청년사, 1986, 32쪽; 폴 틸리히, 정진홍 역, 『기독교와 세계종교』, 대한기독교서회, 1969, 14쪽.

고 있음에도 불구하고, 인간의 운명문제 해명이라는 독자적인 철학의 사명과 사람과 세계의 관계문제라는 새로운 철학의 근본문제를 제시하였다. 주체사상은 맑스-레닌주의의 한계에 대하여 사람을 철학의 근본문제로 전면에 제시하지 못했다는 점과 민족에 대한 해명을 올바로 할 수 없었다는 점을 들고 있다. 즉, 인본주의적 요소와 민족주의적 요소를 포괄하지 못하였다고 맑스-레닌주의를 비판하면서 자신은 이러한 요소를 받아들임으로 하여 이 시대의 가장 탁월한 맑스-레닌주의가 되었다고 주장하고 있는 것이다. 또한 주체사상은 사람의 문제를 전면에 제기하고, 사람을 세계와 자기 운명의 주인으로, 모든 것을 결정하는 힘있는 존재로, 모든 가치의 창조자이자 체현자로 설명한다는 점에서 인본주의의 계보를 잇고 있다. 그러나 주체사상은 맑스-레닌주의라는 무기를 이용하여 기존의 모든 인본주의는 부르죠아 계급에 복무하는 관념론에 불과하다고 비판하며, 오직 자신만이 사람의 존엄과 가치를 최상에서 보장해 줄 수 있다고 주장한다.

끝으로 주체사상은 민족의 가치를 절대화하고, 민족의 자긍심을 고취시키며, 민족성의 제고를 꾀한다는 점에서 민족주의적 요소를 다분히 가지고 있다. 그러나 주체사상은 맑스-레닌주의의 입장에서 기존의 민족주의를 부르죠아 계급에 복무하는 한계성을 지니고 있다고 비판하면서 오직 자신만이 참다운 민족주의임을 천명한다. 결국 주체사상에는 사회주의와 인본주의 그리고 민족주의의 제 요소들이 서로서로 비판, 절충, 보완하면서 융합되어 있는 것이다. 그리고 이러한 융합을 가능하게 한 매개체가 바로 수령론이다. 주체사상의 수령론에 의하면, 기존의 사회주의의 사상적 기초인 맑스-레닌주의를 혁신적으로 계승하여 사람의 운명문제를 해명하는 사람중심의 새로운 사상을 창시한 존재도 수령이요, 인간의 존엄과 가치를 최상에서 보장해주고 사람에게 영생하는 사회정치적 생명을 부여해주는 인간 사랑의 최고 화신도 수령이며, 민족 운명의 구원자이자 민족 통합의 구심이며 민족의 시조로 된 이도 바로 수령이라는 것이다.

수령을 매개로 하여 맑스-레닌주의와 인본주의 그리고 민족주의의 제 요소들을 융합시켜낸 주체사상을 기반으로 삼고있는 주체사회주의는 그 선행단계의 사상들에 뒤지지 않는 세계관적 속성을 지니게 되어, 북한의 공민종교로서의 기능을 감당할 수 있게 되었다. 즉, 사람들에게 전일적인 신념체계를 제공하고, 강력한 상징들을 창출해 내게 되었으며, 삶의 궁극적인 의미를 제시힐 수 있게 된 것이다. 북한의 공민종교인 북한 주체사회주의의 세계관적 특성은 인간의 운명문제와 생명문제를 전면에 제기하였다는 것과, 그에 대한 해답을 수령론을 중심으로 맑스주의와 인본주의, 그리고 민족주의의 제 요소를 융합한 독특한 형태로 제시한다는 점에 있다.

Ⅱ. 주체사회주의의 형성과정

북한의 공민종교에 대한 총체적인 이해를 위해서는 주체사회주의가 어떠한 과정을 거쳐 형성되어 왔는지 살펴보아야 한다. 역사를 모르고서는 하나의 공민종교가 왜 지금의 이런 모습으로 존재하게 되었는지에 대한 맥락을 파악할 수 없을 것이기 때문이다. 주체사회주의가 왜 인간의 운명과 생명에 대해서 관심을 가지게 되었는지, 언제부터 수령이 영생의 부여자로 설명되었는지, 최종적으로 민족과 수령이 결합되어 수령이 민족의 시조로 고백되어진 것은 어떠한 맥락에서 가능하였으며, 앞으로의 전개는 어떠할 것인지 등의 질문에 대한 대답은 오직 역사적인 고찰을 통해서만 주어질 수 있을 것이다. 그러면, 이제부터 주체사회주의가 형성되는 과정을 고찰해 보도록 하자.

1. 주체사상의 발생

주체사회주의는 주체사상이 수령의 항일무장투쟁 시기에 맹아적 형태로 발생하였다고 말한다. 1926년에 수령이 결성한 타도제국주의 동맹으로부터 주체사상이 기원한다는 것이다. 사실, 항일무장투쟁 시기는 주체사회주의에 있어 신화적 차원을 이루고 있다. 그 시기는 역사의 어느 한 시기를 지칭하기보다는, 오히려 모든 역사에 대하여 하나의 원형이자 전형으로 여겨지고 있다. 북한 주체사회주의의 역사적인 뿌리이면서, 지탱점이 되고 있는 것이다. 이 시기의 이러저러한 경험은 지나가 버린 과거의 경험이 아니라, 북한 주체사회주의 사회에서 끊임없이 재연되고, 재해석되는 경험이라는 점에서 매우 중요하다. 이 시기의 경험을 잘 분석하여야 작금의 주체사회주의의 여러 가지 특성들이 기인하는 바를 제대로 밝혀낼 수 있는 것이다. 더구나 주체사회주의의 지도사상인 주체사상이 이러한 신화적 차원의 시기에서 비롯된 원형적 경험들을 그 사상적 배경으로 하고 있으며, 그러한 경험상의 특성들을 사상적인 차원으로 반영하여 지니고 있으리라는 것은 자명한 사실이다. 모든 사상은 시대의 아들이며, 그 사상이 태동하게 되는 당시의 이러저러한 경험들을 반영하고 있는 것이다. 그러면 주체사상은 어떠한 경험들을 그 사상적 계기로 삼고 있으며, 그에 기반하여 독특한 영생관을 제시하게 되었는지를 살펴보자.

먼저, 항일무장투쟁 시기의 가장 큰 경험은 식민지 망국노의 경험이라고 할 수 있다. 나라가 망했다는 충격적 경험은, 비록 체계화되지 않은 파편적인 형태로나마, 궁극적 의미를 지니고 있는 여러 가지 물음들을 유발하게 된다. 나라와 민족의 운명을 구원하여서, 생명을 되찾아야 한다는 등의 자각과, 어떻게 나라와 민족의 운명을 구원하여서 생명을 되찾을 수 있는지 하는 방도에 대한 의문을 동시에 유발하게 되는 것이다. 주체사상이 인간의 운명문제에 대한 해명을 철학의 사명으로 삼게 된 것은 이러한 식민지 망국노의 경험에서 맹아적 형태로 기인한다고 할 수 있다. 한마디로 말하여, 가장 절망적인 '운명'에 직면하여 '구원'을 모색하다보니, 가장 궁극적인 '생명'의 '영생'을 희구하는 사상으로 되었다는 것이다.

다음으로, 유격대의 경험과 사람의 문제이다. 일정한 후방과 물자의 보급을 전제로 하는 기존의 유격전의 형태와는 달리, 김일성의 항일유격대는 일정한 후방도, 물자의 정기적인 보급도 기대할 수 없는 형편이었다. 이러한 형태의 유격전에서 항일유격대는 인민대중에 의거하는 수밖에 없었다. 물고기가 물을 떠나 살 수 없듯이, 유격대는 인민을 떠나 살 수 없다는 구호가 보여주듯이, 김일성의 항일유격대는 물자도 인민에 의거하여 풀었고, 인원의 보충도 인민에 의거하여 풀었으며, 몸을 숨기거나, 정보를 입수하는 모든 활동을 철저히 인민과 함께 진행할 수밖에 없었다. 이러한 인민에 의거하는 원칙은 당시 상황이 불가피하게 조성된 데에만 기인하는 것은 아니다. 김일성은 유격대만의 전투로 일제를 타승할 수 있다고 보지 않았으며, 오로지 광범한 대중을 발동하여 전 인민적 항쟁을 불러일으킬 때만이 승리할 수 있다고 타산했기에, 인민에 의거하는 것은 단순한 공급문제의 해결을 넘어서서 승리를 위한 담보로서의 정치공작의 장을 마련한다는 주동적 의미도 있는 것이다. 당시 유격대의 경험은 사람밖에 믿을 데가 없으며, 사람에게 의거하여야만 살 수 있다는 경험이었고, 이러한 경험은 주체사상이 사람을 중심으로 내세우게 되는 하나의 계기가 되었다고 할 수 있다.

또한, 유격대 내에서의 사람관계를 보면, 동지애에 기초한 자각적 단결을 볼 수 있다. 목숨을 걸고 싸우는 전투마당에서 맺어지는 전우애가 일상적인 관계의 우정과는 유다르리라는 것은 자명한 이치이다. 더구나, 유격대는 정권을 장악한 국가에서 소집한 부대도 아니고, 탈영을 방지할 수 있는 담장을 갖추고 있는 것도 아니며, 규율을 위반한 부대원을 가둬 둘

영창도 없는 부대이다. 그야말로 자발적으로 입대하여서, 자발적으로 참여하며, 자발적으로 규율을 준수해야 하는 부대이다. 이러한 유격대의 경험은 동지간의 강한 애정과 의리를 느끼는 경험이고, 강요가 아니라 자각에 의한 주인된 입장에서의 행동을 하게 되는 경험이다. 이러한 경험에 기초하여 주체사상은 사람의 주인으로서의 자각을 중시하고, 구성원들 사이의 동지적 사랑과 혁명적 의리를 강조하게 되는 것이다.

그리고, 유격대의 경험에서 빠뜨릴 수 없는 것이 바로 지휘관에 대한 문제이다. 전투집단의 수장은 일상적인 사회집단의 수장과는 그 의미가 같을 수 없다. 생사가 걸린 전투마당에서 유격대의 지휘관이 어떠한 결심을 하느냐에 따라 부대전체가 살아날 수도, 몰살될 수도 있기 때문이다. 그야말로, 유격대의 지휘관은 전체 유격대원들의 생명을 한 손에 쥐고 이끌어 가는 존재라고 해도 과언이 아니다. 유격대원들이 자신들의 생명을 의탁한 지휘관을 받들어 모시는 마음을 간직하게 된다는 것은 자연스러운 감정일 것이다. 한 때, 극단적 군사민주주의가 고양되어, 군사작전 수립에서 모든 유격대원들이 민주적으로 참여하여야 한다는 목소리가 커졌을 때, 일제의 토벌대와 조우한 유격대원들이 눈앞에 적을 두고 작전을 논의하다가 몰살된 사건의 경험은 지휘관을 유일중심으로 하여 신속하게 명령을 집행하여야 승리할 수 있다는 신념을 더욱 강하게 하였을 것이다. 이러한 유격대의 특성에서 비롯된 경험들은 주체사상이 수령관을 정립하는 데 있어 많은 영향을 끼치게 된다.

다음으로, 항일무장투쟁 시기의 경험 중 주체사상을 정립하는데 영향을 끼친 것은 사대주의와 교조주의의 문제와 민족문제이다. 주체라고 하는 것은 사대주의와 교조주의에 대한 반정립이다. 김일성은 사대주의를 대국에 아부하고 굴종하는 사상이라고 말하며, 사대주의자는 예외없이 교조주의자라고 비판한다. 결국 사대주의는 대국을 추종하는 사상이며, 대국의 경험을 비판없이 받아들이고 추종하는 것이 바로 교조주의라는 것이다. 1920년대에 조선 공산주의자들이 국제당의 승인을 받기위해 동분서주한 것이라든지, 1930년에 중국 공산당의 지시하에 무모한 5. 30폭동을 일으켜서 많은 타격을 받은 것 등이 바로 사대주의와 교조주의에 관련한 항일무장투쟁 시기의 경험이며, 이러한 경험에 기초하여 김일성은 주체를 세울 것을 주장하게 되는 것이다. 특히 민생단 사건의 경험은 사대주의와 교조주의가 조선인 유격대원들에게 크나큰 손실을 미친 사건이었다. 김일성은 그 자신이 민생단으로 오인받는 경험을 통해, 대국주의자들의 교조적인 입장이 민족적인 차원에서 얼마나 큰 재앙이 될 수 있는지를 뼈저리게 느끼게 되었다.

　민생단의 광풍이 지나간 후, 김일성은 조국광복회를 결성하게 되고, 사대주의와 교조주의를 극복하고 자기 민족의 진로는 자기 민족 스스로가 결정해야 한다는 민족 주체적인 노선을 천명하였다. 이처럼 사대주의와 교조주의를 반대하고 민족 주체적인 입장을 견지하여야 한다는 입장은 주체사상의 근본적인 주장을 이루게 되었으며, 이러한 경험은 해방 후, 건국의 시기에도 꾸준히 이어지는 주체사회주의의 근본적 입장이 기인하는 원 경험이라고 할 수 있다. 주체사상이 말하는 사회적 인간의 속성인 자주성과 창조성은 항일무장투쟁 시기의 자주적 입장과 창조적 입장의 중요성을 절감한 데에서 이론화 된 것이라고 볼 수 있는바, 자주적 입장이란 한마디로 반 사대주의요, 창조적 입장이란 한마디로 반 교조주의라고도 말할 수 있는 것이다. 결국 주체사상의 기본 명제들은 사대주의와 교조주의를 극복하고 민족의 주체를 확립하는 과정에서 얻게된 교훈들을 개념화 한 것이며, 이러한 점에서 항일무장투쟁의 시기에 이미 주체사회주의의 민족주의적 성격이 노정되어 있었다고 할 수 있다.

2. 수령의 승리와 주체사상의 김일성주의화

주체사상은 수령제가 확립되는 과정 속에서 지금의 모습, 즉 수령중심주의를 표방하는 사상으로 형성되었다. 강력한 수령중심주의 사상이라는 점에서 주체사상은 수령의 이름을 따서 '김일성주의'라고도 불리운다. 김일성이 수령의 지위를 차지하지 못했다면 주체사상은 결코 김일성주의가 될 수 없었을 것이며, 수령숭배라는 종교적 특성도 띠지 못했을 것이다. 북한에서 '김일성주의'라는 말이 처음으로 등장한 것은 1974년 김정일의 이른바 「2월 19일 선언」에 의한 것이다. 이 선언에서 김정일은 주체사상을 김일성주의로 정식화한다.[14] 이는 김일성이 수령으로서 당을 완전히 장악했음에 대한 과시이기도 한 것이다. 김일성은 50년대 한국전쟁의 와중에서 국내파인 박헌영[15], 연안파인 무정[16], 소련파인 허가이[17]를 숙청하고, 1956년 8월 전원회의에서 최창익과 박창옥[18]을 거쳐, 1967년 제4기 15차 전원회의의 박금철, 리효순의 갑산파[19]와 마지막으로 항일 빨치산파

---

14) 김정일, 「온 사회를 김일성주의화하기 위한 당 사상사업의 당면한 몇 가지 과업에 대하여」 (1974. 2. 19), 『김정일선집 4』, 15쪽.
  "김일성주의는 한마디로 말하여 주체의 사상, 리론 및 방법의 체계입니다. 다시말하여 주체 사상과 그에 의하여 밝혀진 혁명과 건설에 관한 리론과 방법의 전일적인 체계입니다."
15) 박헌영은 1953년 초에 간첩죄, 국가전복죄 등의 혐의를 받고 체포되었고, 동년 8월 재판에 회부되었으며, 1955년 12월에 사형을 선고받아 이듬해에 처형되었다. 이종석, 『새로 쓴 현대 북한의 이해』, 역사비평사, 2000, 74쪽.
16) 일제하 연안독립동맹에서 조선의용군 총사령을 지낸 무정은 1950년 12월에 개최된 조선로 동당 중앙위원회 제3차 전원회의에서 전투과정에서 범한 오류로 인해 권력의 핵심에서 밀려났다. 위의 책, 73쪽.
17) 허가이는 후퇴시기에 당증을 없애버린 당원들을 책벌하고, 농민들의 입당을 받지 않았다는 이유로 1951년 11월 권력핵심에서 배제되었으며, 1953년 7월에 자살하였다. 『조선로동당력 사』, 조선로동당출판사, 1991, 292쪽.
18) 최창익은 연안파, 박창옥은 소련파인데, 이들은 '집체영도의 강조와 개인숭배 반대'라는 대의로 연합하여 1956년 8월 30일 당중앙위원회 전원회의에서 김일성에 대한 공격을 시도 하였으나, 실패한 후 권력 핵심에서 축출된다. 『조선로동당력사』, 347쪽.
19) 1967년 5월 4일-8일에 열린 당중앙위원회 제4기 15차 전원회의에서는 '갑산파'라 불리는 조국광복회 출신 간부들을 대거 숙청하여, 크게 보면 김일성계에 속할 수 있는 세력 중에서

내의 군벌주의자인 김창봉, 허봉학[20]에 이르기까지 자신에 반대하는 세력들을 숙청하는 과정을 거쳐 유일적인 수령의 지위를 확고히 하였다. 그렇게 안정된 정치구도의 뒷받침 속에서 김정일은 주체사상이라는 일련의 신념체계를 수령의 이름과 결부시킨 김일성주의로 절대화시켜, 그것으로 온 사회를 일색화, 유일화 하려는 구상에 착수할 수 있었던 것이다.[21] '수령'이 절대적인 존재로 제도화[22]되는 길을 걷게 되면서, 주체사상은 수령의 사상, 즉 김일성주의로 명명되는데, 이러한 과정에서 생성된 수령관을 단적으로 드러내 보여주는 것이 바로 「당의 유일사상체계확립의 10대원칙」의 확립이다.

1974년 4월 14일 김일성의 62회 생일에 즈음해 김정일은 「전당과 온 사회에 유일사상체계를 더욱 튼튼히 세우자」라는 연설[23]을 통해 '당의 유일사상체계확립의 10대 원칙'을 발표하였다. 이 원칙의 제8항은 "위대한 수령 김일성동지께서 안겨주신 정치적 생명을 귀중히 간직하며 수령님의 크나큰 정치적 신임과 배려에 높은 정치적자각과 기술로써 충성으로 보답하여야 한다"이며, 그 세부항목에서는 "정치적 생명을 제일생명으로 여기고 생명의 마지막순간까지 자기의 정치적 신념과 혁명적 지조를 굽히

도 국내 세력은 배제하고, 순수 빨치산 세력만 인정하게 되는데, 그 이유는 항일유격대의 혁명전통 확립과 그에 기반한 유일체계의 정통성 확보를 위함이었다. 이종석, 앞의 책, 428쪽.
20) 1968년 말에 군 수뇌부에 대한 대대적인 숙청이 있었는데, 당시 민족보위상이었던 김창봉과 대남총책 허봉학은 '군벌관료주의'로 단죄 받았다. 김일성, 「당사업을 강화하기 위한 몇가지 과업에 대하여」(1969. 3. 3), 『김일성저작집 23』, 427쪽.
21) 김정일(1974. 2. 19), 탁진, 김강일, 박홍제, 『김정일 지도자, 제2부』, 평양출판사, 1994. 23쪽.
22) 1966년까지 북한에서 '수령'의 호칭은 제도화된 지위가 아니라 최고지도자에 대한 존칭어였을 뿐이며, 당시까지 김일성에 대한 공식적인 호칭은 '내각수상'이었다. 그러나 1967년 5월 당중앙위원회 제4기 제15차 전원회의에서 수령 체계의 확립이 공식 선언된 이후 '수령'의 호칭은 제도화된 지위로서 회고 지도자를 의미하게 되었으며, 이에 따라 김일성에 대한 공식적인 호칭 역시 '수령'으로 변화되었다. 이태섭, 『김일성 리더십 연구』, 들녘, 2001, 168쪽, 각주 174번.
23) 김정일, 「전당과 온 사회에 유일사상체계를 더욱 튼튼히 세우자」(1974. 4. 14.), 『김정일 주체혁명위업의 완성을 위하여, 3』, 조선로동당출판사, 1987, 91-124.

지 말며 정치적 생명을 위해서는 육체적 생명을 초개와 같이 바칠 줄 알아야 한다"라고 강조하고 있다. 여기에서는 정치적 생명이 육체적 생명보다 귀중하며, 정치적 생명은 수령이 부여한 것이고, 거기에 대하여 충성으로 보답하여야 한다는 등의 원칙이 언급되어 있는 바, 사회정치적 생명체론의 초보적 규정들이 나타나있다. 북한의 문헌에 의하면, 이러한 원칙들이 단순히 한 번 반포되는 것으로 끝난 것이 아니라, 1974년 말부터 1976년 사이에 전반적인 당조직들에서 새 원칙을 재접수, 재토의 하는 사업이 높은 정치사상적 수준에서 이루어졌다고 한다.[24] 탈북자인 현성일은 「당의 유일사상체계확립의 10대 원칙」이 헌법이나 당 규약을 넘어서는 최고지상법이라고 말하며, 북한 사회가 소련이나 동구권과 다른 이유가 바로 이 10대 원칙에 있다고 진단한다.[25] 북한 주체사회주의의 체제적 특성을 가장 집약적으로 보여주는 것이 수령관이며, 이 10대 원칙은 정치적 생명을 부여하는 절대적 존재로서의 수령에 대한 관점을 명백하게 제시하고 있기 때문에, 이러한 진단은 이유 있다고 할 것이다.

3. 사회정치적 생명체와 수령

김정일은 1982년 3월 31일 김일성의 탄생 70돌에 즈음하여 개최된 전국 주체사상토론회에 「주체사상에 대하여」라는 논문을 보냈다. 이 논문에서 김정일은 주체사상을 체계적으로 집대성하였는데, 주체사상의 창시, 철학적 원리, 사회역사적 원리, 지도적 원칙, 역사적 의의 등을 다루고 있다.[26] 이 논문은 1980년 10월 조선로동당 제6차 당대회에서 김일성의 당중앙위원회 사업총화보고를 통해 1980년대 사회주의 건설노선으로 '온 사회의

---

24) 『조선로동당력사』, 478쪽.
25) 현성일, 「북한노동당의 조직구조와 사회통제체계에 관한 연구」, 한국외국어대학교 외교안보학과 석사학위청구논문, 1999, 17-23쪽.
26) 『김정일동지략전』, 조선로동당출판사, 1999, 243쪽.

주체사상화'가 채택되자, 이에 따라 주체사상의 체계화가 절실히 요구되는 시점에서 작성된 것이다.[27] 이 논문은 주체사상에서 사회정치적 생명체론이 형성되는데 결정적인 역할을 하고 있으며, 주체사상이 제기한 인간의 운명문제에 대한 해답으로서의 영생이해가 대두할 수 있는 서막을 열어주고 있다. 이 글에서 김정일은 "사람에게 있어서 자주성이 생명이라고 할 때 그것은 사회정치적 생명을 말하는 것입니다. 사람은 육체적생명과 함께 사회정치적 생명을 가집니다. 육체적 생명이 생물유기체로서의 사람의 생명이라면 사회정치적 생명은 사회적 존재로서의 사람의 생명입니다"라고 하여, 사람의 생명에는 육체적 생명과 사회정치적 생명의 두가지가 있다는 독특한 생명관을 보여주고 있다.[28] 이러한 생명관은 육체적 생명은 개인의 죽음과 더불어 사멸하지만, 사회정치적 생명은 사회적 집단과 더불어 영원히 존재할 수 있다는 주장을 암시하고 있다. 그런데, 사회정치적 생명은 '사회정치적'이라는 수식어에 드러난 것처럼 집단적 성격을 띠고 있으며, 집단을 통해서만 개인에게 부여될 수 있는 것으로서, 이 집단은 무차별적인 개인들의 집합은 아니라고 한다. 김정일은 이에 대해, "인민대중은 력사의 창조자이지만 옳은 지도에 의하여서만 사회력사발전에서 주체로서의 지위를 차지하고 역할을 다할수 있습니다.(…)수령은 혁명의 최고 령도자입니다"라고 하여, 수령의 영도와 결합된 대중만이 사회정치적 생명체를 이룰 수 있다고 한다. 여기에서 북한 사회의 독특한 생명관은 수령관과 밀접한 연관이 있음을 알 수 있다. 영생하는 생명, 즉 사회정치적 생명의 비밀은 수령의 영도와의 올바른 결합에 있었던 것이다.

김정일은 1986년 7월 15일 조선로동당 중앙위원회 책임일군들과 한 담화인 「주체사상교양에서 제기되는 몇 가지 문제에 대하여」라는 글[29]에

---

27) 이찬행, 『김정일』, 백산서당, 2001, 487쪽.
28) 김정일, 「주체사상에 대하여」(1982. 3. 31), 『주체사상에 대하여』, 조선로동당출판사, 1982.

서 '영생하는 사회정치적 생명체'에 대하여 구체적으로 언급하고 있다. 먼저, 혁명의 주체에 관하여서는, '수령, 당, 대중의 통일체'가 혁명의 자주적인 주체라고 하며, 이러한 통일체를 '영생하는 자주적인 생명력을 지닌 하나의 사회정치적 생명체'라고 규정하고 있다. 이어서 김정일은 수령은 '사회정치적 생명체의 뇌수'이고, 당은 '사회정치적 생명체의 중추'라고 표현하며, 개별적인 사람들은 당조직을 통하여 사회정치적 생명체의 중심인 수령과 조직사상적으로 결합되어 당과 운명을 같이하게 될 때 영생하는 사회정치적생명을 지니게 된다고 하여, 당이 수령과 대중의 결합을 위한 매개체가 됨을 말하고 있다. 이처럼 김정일은 수령과 당에 대한 표현을 '뇌수'나 '중추'와 같은 생물학적 용어를 사용함으로써, 사회정치적 생명체의 유기체적 성격을 강조하고 있으며, 수령이 사회정치적 생명체의 생명활동에 있어 가장 근원이 됨을 강조하고 있다.30)

4. 민족과 수령

1980년대 중반 북한에서 사회정치적 생명체론이 확립되고 그에 기반한 수령관과 영생이해가 대두할 무렵, 또 하나의 새로운 기류가 감지되는데, 그것은 바로 민족에 대한 강조와 민족주의에 대한 복권 움직임이다. 이러한 움직임들은 시기적으로만 중첩되어 있는 것이 아니라 내적 논리를 가지고 긴밀히 상호 연관되어 있다. 영생이 사회정치적 생명체를 통하여 이루어진다면, 그러한 사회정치적 생명체는 실제 역사에서 어떠한 단위로

---

29) 김정일, 「주체사상교양에서 제기되는 몇가지 문제에 대하여」, 『김정일선집, 8』, 조선로동당출판사, 1998, 432-471쪽.

30) 이러한 인식은 김정일이 1987년에 발표한 「주체의 혁명관을 튼튼히 세울데 대하여」에서도 반복적으로 확인되고 있다.
   "혁명적 수령관을 세우는데서 수령이 사회정치적집단의 생명의 중심이라는 것을 옳게 인식 하는 것이 중요합니다.(…)수령은 어디까지나 사회정치적집단의 생명의 중심이라는데 그 본질이 있습니다."

형성이 되는 것인지에 대한 질문이 논리적으로 도출된다. 1980년대 중반의 북한의 출판물들은 이 질문에 대해 한결같이 입을 모아 '민족'이라는 답을 내놓고 있는 것이다. 북한의 사회과학원에서 출판된 1985년판 『철학사전』은 '민족'에 대하여 인민대중의 자주성을 실현해 나가는 혁명과 건설의 기본단위라고 규정하고 있다. 이는 곧 사회정치적 생명체의 기본단위가 민족이라는 말이다. 즉, 수령과 당과 대중의 결합체라는 내포를 가진 '사회정치적 생명체'라는 개념이 역사적 현실태로 드러날 때에는 '민족'이라는 외연을 가지게 된다는 것이다. 이리하여, 주체사상은 민족을 영생의 기본단위로 이해하게 된 것이다. 그런데 영생의 기본단위로 민족을 이해하기 위해서는 영생의 부여자인 수령이 어떤 식으로든지 민족과 결합하여야만 한다는 문제가 논리적으로 도출된다. 이 문제를 해결하며 수령과 민족을 결합시킨 주체사상의 민족 담론이 바로 '조선민족제일주의'이다.

김정일은 민족과 수령을 어떻게 접목시킬 것인가 하는 물음에 대한 답을 1989년 12월 28일에 발표한 연설인 「조선민족제일주의정신을 높이 발양시키자」에서 내놓고 있다. 그는 이 글에서 조선민족이 제일이라고 하는 이유를 위대한 수령, 위대한 당의 영도가 있고, 위대한 주체사상이 있으며, 가장 우월한 사회주의제도가 있기 때문이라고 한다. 왜냐하면 인민대중이 자기 운명의 주인으로 등장한 오늘날에 있어 민족의 운명을 결정하는 결정적 요인은 민족을 이끌어나가는 당과 수령의 영도이며 민족이 지침으로 삼는 지도사상이며 민족이 살고 활동하는 사회제도이기 때문이라는 것이다.[31] 이처럼 김정일은 민족을 운명개척의 기본단위로 상정하고, 운명개척에는 수령의 영도가 필수적임을 내세워, 수령과 민족을 결합시키는데서 그치지 않고, 민족의 위대성을 판가름하는데서 가장 주되는 요인으로까지 수령의 중요성을 격상시켰던 것이다. 이제 '조선민족제일

---

31) 김정일, 「조선민족제일주의정신을 발양시키자」(1989. 12. 28), 『김정일선집』9권, 조선로동당출판사, 1997, 454쪽.

주의'라는 주체사상의 민족 담론은 민족에 있어 가장 중요한 요소로서 수령을 접목시켜냄으로써, 영생의 단위인 민족과 영생의 부여자인 수령을 일관되게 설명할 수 있는 틀을 제공하게 된 것이다.

그런데 조선민족제일주의는 민족을 민족구성원들의 자의적인 가입 의사에 따라 결성된 주관적 집단이 아니라 역사를 통해 객관적으로 실재해온 실체로 간주하고 있으며, 이러한 실체로서의 민족의 표징이 되는 고유한 민족성이 문화, 언어, 혈연, 관습, 종교, 전통, 역사 등의 객관적인 공통성을 통해 전해 내려왔다고 주장한다는 점에서 일종의 '낭만적·문화적 민족주의'라고 할 수 있다.[32] 이러한 낭만적·문화적 민족주의는 민족을 객관적으로 실재해온 객관적 실체라 규정한 이상, 객관적 실체로서의 민족이 어디에서 출발하였는지 그 시원을 객관적, 과학적으로 밝히고, 그에 기반하여 해당민족의 혈연적 단일성과 역사적 유구성, 문화적 우수성을 증명해 내어야 하는 과제가 제기된다. 조선민족제일주의에도 동일한 과제가 제기된 것으로 사료되는 바, 이러한 문제의 제기에 대한 북한 주체사상의 대답의 시도가 바로 일련의 단군담론이다.

5. 민족의 원시조 단군과 시조가 된 수령

북한의 주체사상은 영생의 기본단위인 민족의 실체를 확증하기 위하여 객관적 실체로서의 민족의 시원을 과학적으로 밝히고, 그에 기반하여 민족의 혈연적 단일성과 역사적 유구성, 문화적 우수성을 증명해 내어야 하는 난제를 '단군'을 통해 해결하려고 시도했다. 그런데 영생의 기본단위인 '민족'의 실체를 확증하기 위한 이 사업을 진두지휘한 사람은 바로 영생의 부여자인 '수령' 자신이었다. 김일성은 1993년 10월 20일 단군릉

---

32) 박호성, 『남북한 민족주의 비교연구』, 당대, 1997. 낭만적·문화적 민족주의에 대한 자세한 논의는 31-49쪽, 북한 민족주의의 낭만적·문화적 성격에 대하여는 136쪽을 참조.

개건 관계부문 일군협의회에서 한 연설인 「단군릉 개건방향에 대하여」라
는 글33)에서 "단군릉을 잘 개건하는 것은 우리 나라가 반만년의 유구한
력사를 가진 오랜 력사국이고 우리 민족이 생겨난 때로부터 하나의 피줄
을 이어온 단일민족이며 혁명의 수도 평양이 단군의 태가 묻힌 조선민족
의 원고향이라는 것을 보여주는데서 중요한 의의를 가집니다.(…)단군릉
에서 단군의 유골을 발굴하고 단군이 반만년전의 실재한 인물이라는 것을
고증한 것은 우리 민족의 유구성과 단일성, 발상지를 확증하는데서 력사
적 의의를 가지는 커다란 성과입니다"라고 하여, 단군을 통해 민족의 혈연
적, 역사적 단일성을 확증하고자 하는 의지를 피력한다.

　이러한 수령의 교시에 근거하여 북한의 학자들은 집단적으로 단군에
대해 연구하고 그 결과물들을 생산해내기 시작했다. 북한 학자들의 단군
이해를 크게 분류해보면 다음과 같다. 첫째, 단군은 신화상의 인물이 아니
라 역사상의 실재한 인물이라는 것이요34), 둘째, 단군은 고조선이라는
한 국가의 건국시조일 뿐 아니라, 민족의 원시조라는 것이요35), 셋째, 단군
이 일으킨 나라인 고조선의 발상지, 중심지, 수도는 모두 요녕지방이 아니
라 평양이고, 따라서 단군이 민족의 문화를 진작시켰던 민족의 성지는
평양이라는 것이요36), 넷째로 단군을 시조로 하는 우리 민족의 신앙은
밝음을 숭배하는 밝음신앙이라는 것이다.37) 즉, 단군을 통하여 민족의
역사적 실재성, 혈연적 단일성, 문화적 우수성 등을 밝히려는 학문적 시
도38)를 하고 있는 것이다.

---

33) 김일성, 「단군릉 개건방향에 대하여」(1993. 10. 20).
34) 박광용, 「북한학계의 단군 인식과 '단군릉' 발굴」, 『역사비평』 통권 52호, 2000, 188쪽.
35) 김철식(1995), 「고조선사 재정립이 가지는 민족사적 의의」, 이형구 편, 『단군과 고조선』,
　　살림터, 1999, 177-178쪽.
36) 강인숙(1994), 「단군의 출생지에 대하여」, 이형구 편(1999), 291쪽.
37) 리철(1994), 「미술유물들을 통하여 본 고조선사람들의 '밝음'에 대한 숭배」, 이형구 편
　　(1999), 489-500쪽.
38) 여기서 북한 학자들의 연구에 대해 '학문적' 시도라고 한 것은, 일반적인 의미에서 엄정하고

북한에서는 주체사상의 이러한 단군 담론에 힘입어 영생의 부여자인 수령은 민족의 원시조의 정통을 이으면서 사회주의 조선을 건국한 건국시조로 선포되었고, 이제껏 '조선민족'이 원시조의 이름을 따서 '단군 민족'으로 불리어왔듯이, 이제는 수령의 이름을 따서 '김일성민족'이라 불리우게 되었던 것이다.[39] '수령'이 '시조'가 되어 '민족'과 더욱 밀접히 결합된 것이다. 이러한 결합은 아이러니칼하게도 수령의 죽음을 통해 완결적으로 성취되었다.

6. 수령의 죽음과 영생

주체사상이 제기한 인간의 운명문제에 대한 해답으로서의 영생이해는 1994년 7월 8일 2시 김일성의 사망을 기해 가장 큰 문제를 제기받게 된다. 수령의 영생을 어떻게 모범적으로 선포하고, 그를 통해 주체사상의 영생이해를 확증할 수 있을 것인가 하는 문제는 난제가 아닐 수 없었다. 영생의 부여자인 수령의 사망에 직면하여, 수령의 영생을 확증하지 못한다면 주체사상이 제기한 인간의 운명문제에 대한 해답으로서의 영생이해 자체가 파탄에 직면할 수도 있기에, 수령의 영생을 어떤 식으로 보장할 것인가 하는 것은 북한 주체사회주의에 대두된 심중한 문제였다. 이 문제를 '수령영생위업'이라 이름짓고, 해결하기 위하여 나선 이는 바로 '후계수령'인 김정일이었다.[40]

객관적이고 과학적이라는 의미가 아니다. 오히려 북한의 학자들은 수령의 교시를 일종의 도그마로 전제하고 있으며, 말하자면, 결론을 명확히 숙지하고서 소위 '학문'활동을 하고 있는 것이다. 이와 비슷한 학문 활동은 현대 사회에서는 오직 신학이나 교학의 영역에서만 찾아볼 수 있다. 신학은 교의를 '전제'로 하고, 교회의 '한계'안에서, '자유'로운 학문을 추구하고 있는 것이다.

39) "우리 민족의 건국시조는 단군이지만 사회주의조선의 시조는 위대한 수령 김일성동지이십니다.…지금 해외동포들은 조선민족을 김일성민족이라고 하고있습니다." 김정일, 「위대한 수령님을 영원히 높이 모시고 수령님의 위업을 끝까지 완성하자」(1994. 10. 16.),『김정일선집, 13』, 조선로동당출판사, 1998, 427-428쪽.

　　김일성의 사망소식에 접하여 김정일이 가장 먼저 내놓은 구호는 바로 "위대한 수령 김일성동지는 영원히 우리와 함께 계신다"였다. 수령의 영생을 구호의 형태로 단적으로 제시하고 선언한 것이다. 김정일은 영결식에 쓸 김일성의 대형 초상화를 만드는 작업을 직접 지도하는데, 일반 관례와 같이 근엄한 표정이 아니라 환히 웃는 모습으로 형상하도록 했으며, 지금 북한에서는 이를 '태양상'이라고 부른다.[41] 김정일의 의도는 김일성의 초상화를 살아 생전의 모습으로 제작함으로써 수령이 영생하고 있음을 대내외에 공표하려 한 것으로 보인다. '태양상'은 수령영생에 대한 신념의 미술적 상징물이라 할 수 있다. 7월 19일에 거행된 영결식에서 운구차로 포차나 장갑차를 이용하던 기성의 관례에서 벗어나 김일성이 생전에 사용하던 승용차를 사용한 것도 같은 맥락에서 이해할 수 있다.[42] 김정일은 태양상을 대량으로 제작하여 전국에 보급하는 한 편, 종래의 만수무강축원탑을 "위대한 수령 김일성동지는 영원히 우리와 함께 계신다"라는 글귀가 새겨진 '영생탑'으로 바꾸도록 조치했다.[43]

　　김정일은 김일성의 사망 100일을 추모하여 발표한 글인「위대한 수령님을 영원히 높이 모시고 수령님의 위업을 끝까지 완성하자」를 통하여 단군과의 관련 속에서 시조로서의 김일성의 지위를 확정하며 '김일성민족'이라는 개념을 선보이고 있다.[44] 이 글에서는 '김일성민족'이라는 개념의 진원지를 '해외동포'에로 미루고 있으나, 북한의 국영방송인 평양방송은 1996년 7월 8일자　정론「우리는 김일성민족이다」를 내보냄으로써 '김일

---

40) 탁진, 김강일, 박홍제, 『김정일 지도자, 4』, 동방사, 1998, 205쪽 참조.

41) 태양상의 밑그림이 된 사진은 김일성이 1986년 6월 24일 서해갑문의 개통식 때 촬영한 사진이라고 한다. 위의 책, 218쪽

42) 위의 책, 221쪽.

43) 위의 책, 240쪽.

44) 김정일,「위대한 수령님을 영원히 높이 모시고 수령님의 위업을 끝까지 완성하자」(1994. 10. 16.),『김정일선집, 13』, 조선로동당출판사, 1998, 427-428쪽.

성민족'의 정식화를 선포하였다. 이 정론은 "위대한 수령님에 의해 소생되고 수령님의 존함과 떼어놓고 생각할 수 없는 민족이기에 우리는 우리 민족을 김일성민족이라고 긍지 높이 부른다"고 말하며, 태양이 영원하듯 김일성민족, 김정일민족은 영원무궁하리라고 보도했다.[45]

1997년 7월 8일 김일성의 사망 3주기를 맞아 조선로동당중앙위원회, 조선로동당중앙군사위원회, 조선민주주의인민공화국 국방위원회, 조선민주주의인민공화국 중앙인민위원회, 조선민주주의인민공화국 정무원은 「위대한 수령 김일성동지의 혁명생애와 불멸의 업적을 길이 빛내일데 대하여」라는 제목의 결정서를 발표하여, "위대한 수령 김일성동지는 영원히 우리와 함께 계신다는 우리 인민의 신념은 확고부동하며, 위대한 수령님은 무궁토록 번영하는 사회주의조선의 시조로, 우리 혁명의 영원한 승리의 기치로 전체 인민과 온 민족의 절대적인 흠모와 신뢰를 받으시며 우리 모두의 심장속에 영생하실 것"이라는 확신을 토로함과 함께, 수령영생위업의 최종적인 마무리로서 두 가지의 결정을 발표하는데, 그 첫째는 "위대한 수령 김일성동지께서 주체의 태양으로 높이 솟아오르신 1912년을 원년으로 하여 <주체년호>를 제정한다"는 것이고, 둘째는 "위대한 수령 김일성동지께서 탄생하신 민족최대의 명절인 4월 15일을 <태양절>로 제정한다"는 것이다.[46] 북한의 시간은 수령의 탄생에 의해 지배받게 되었으며, 수령의 탄생은 태양이라는 상징과 적극적으로 연관되게 된 것이다.

북한의 주체사회주의는 수령을 시조화함으로써 민족이 존재하는 한 수령의 영생을 보장받을 수 있는 길을 열어 놓았으며, 주체사상의 영생이해가 수령과 민족이라는 지반을 떠나서는 성립 불가능하도록 규정지어 놓았다. 수령의 죽음에 대한 이러한 일련의 대응을 통하여, 주체사상은 매우

---

45) 이찬행, 『김정일』, 백산서당, 2001, 789쪽, 각주 219번.
46) 김경숙, 『경애하는 김정일동지는 수령에 대한 충실성의 최고귀감』, 사회과학출판사, 1999, 134쪽.

독특한 성격을 담지하게 되었다. 주체사상이 제기한 인간의 운명문제에 대한 해답으로서의 영생이해는 수령을 영생의 부여자로 설명하였으며, 동시에 그러한 수령을 민족의 시조로 설명함으로써, 결국 수령을 통하여 부여받고 민족과 더불어 영생하는 생명이 가장 고귀한 인간의 제일 생명인 사회정치적 생명이라는 주장으로 귀착되었다. 이러한 주체사상의 영생이해는 그 문제제기로 인하여 강한 종교적 성격을 띠고 있으며, 수령을 중심으로 한 민족주의적 성격도 강하게 가지고 있다. 이러한 주체사상을 시도사상으로 하는 북한의 주체사회주의는 한마디로 강한 종교적 성격을 띠는 수령민족주의라고도 말할 수 있을 것이다. 대체로 민족국가의 공민종교는 그 국가나 민족 자체를 신성화하게 되는데, 북한의 주체사회주의는 수령을 민족과 국가의 대표단수로서 내세우게 됨으로써, 결과적으로 수령을 신격화하게 되었다. 그러나 수령을 전면에 내세운다는 특수한 장치의 뒷면에는 여전히 수령을 민족과 국가의 대표자로 이해하고, 수령을 통해 민족과 국가를 신성화하는 보편적 기제가 작동하고 있는 것이다.

Ⅲ. 주체사회주의의 구조

북한의 공민종교인 주체사회주의가 어떠한 구조를 가지고 있는지를 살펴보는 것은 현재의 북한을 이해하는데 있어 중요한 의미를 가진다. 하나의 공민종교를 이해하는데 있어서 그 형성과정을 파악하는 것과 함께, 그러한 과정을 통하여 지금 현재 어떠한 모습을 갖추고 있는가를 파악하는 것은 그 종교를 총체적으로 이해하는데 있어 필수적인 전제가 되는 것이다. 니니안 스마트는 공민종교나 전통종교를 분석하는데 유용한 틀을 제시하고 있는데, 모든 종교는 교리, 경험, 신화, 의례, 공동체, 윤리의 여섯 가지 차원으로 이루어져 있다는 것이다.[47) 이 장에서는 니니안 스마트의 분류에 따라 북한의 공민종교인 주체사회주의를 여섯 가지 차원으로 나누어 고찰해 보고, 주체사회주의의 구조를 파악해 보도록 하자.

1. 교리와 경험

종교는 교리적 차원을 가지고 있다. 북한의 공민종교인 주체사회주의의 교리는 넓은 의미의 주체사상[48]이 해당된다고 할 수 있다. 즉, 주체사상은 사람이 어떠한 존재이며 세계에서 사람이 차지하는 지위와 역할은 무엇인지, 그리고 세계는 어떠한 존재이며, 어떻게 발전하는지, 그러한 과정에서 수령은 어떠한 지위와 역할을 가지는지, 인생의 의미는 무엇이며 인간의 참된 행복과 보람은 어디에 있는지, 무엇보다도 인간의 생명의 본성은 무엇이며, 사람은 어떻게 영원히 죽지 않는 생명, 즉 영생을 얻을 수 있는지에 대하여 전일적인 해답을 제시하는 바,

이러한 일련의 사상이론적 체계가 바로 주체사회주의의 교리를 구성하고 있다. 이러한 교리를 창안하고 제시한 존재는 바로 수령이며, 따라서 주체사상의 이러한 교리들은 수령의 사상으로 명명되는 것이다. 수령의 사상은 단번에 완성된 형태로 제시된 것이 아니라, 수령제의 정착과정에 따라 시계열적으로 형성되어 왔다. 따라서 주체사상의 교리를 검토하는데 있어서는 통시적인 접근이 필요하며, 무엇보다도 영생에 대한 문제의 제기와 그에 대한 해답이 어떠한 과정을 거쳐서 지금의 형태를 갖추었는지를 고찰하는 것이 중요하다.

---

47) 니니안 스마트, 앞의 책, 14쪽.

48)『조선대백과사전』에 의하면 주체사상은 두 가지 의미를 가진다. 첫 번째로는 좁은 의미로, "위대한 수령 김일성동지의 혁명사상의 주요구성부분이며 그 진수를 이루는 사상"으로서 "주체의 철학적 원리와 사회력사원리, 혁명과 건설의 지도적 원칙을 구성부분으로 하고"있으며, 둘째로는 넓은 의미로, "위대한 수령님의 혁명사상, 주체의 사상, 리론, 방법의 전반을 포괄한다"라고 말한다. 이 글에서 말하는 주체사상은 두 번째 의미, 즉, 김일성주의라고도 말할 수 있는 폭넓은 의미의 주체사상을 일컫는다.『조선대백과사전, 19』, 백과사전출판사, 2000, 342쪽 참조.

다음으로 종교는 경험적 차원을 가지고 있다. 종교를 받아들일 때, 사람들은 그 종교가 제공해 주는 교리에 근거한 독특한 경험을 가지게 된다. 그러한 경험은 해당 종교가 가지고 있는 교리의 성격에 따라 다양하게 나타나지만, 일반적으로 '자기를 넘어서는' 경험이라고 할 수 있다.

주체사상에 근거한 북한 주체사회주의의 초월경험의 핵심은 수령숭배심이다. 2002년 1월 4일자 로동신문의 사설은 수령숭배를 수령의 사상에 대한 '절대적인 매혹의 감정'이라고 명시하고 있다.[49] 이 짧은 정의는 종교를 '절대의존의 감정'이라고 말한 슐라이에르마허의 정의와 거룩한 것의 속성을 '두렵고도 동시에 매혹적인 신비'에서 찾았던 루돌프 오토의 정의의 조합으로 보인다. 또한 북한에서 2000년에 출판된 『조선대백과사전』 제15권에서는 '숭배'라는 항목에서 숭배를 "믿고 따르는 마음으로부터 높이 우러러 존경하고 떠받드는 행동방식. 자기 운명을 생사기로에서 구원해준 은인을 절대적으로 믿고 몸과 마음을 다바쳐 받들고 따르는 것을 말한다. 숭배는 은인에게 진정으로 완전히 매혹되였을 때 생긴다. 그 어떤 도덕적 의무감이나 론리적인 사고의 귀결로서는 결코 숭배가 나올 수 없다"고 설명하고 있으며, 역사적으로 존재했던 비과학적인 숭배의 형태로 신숭배, 자연숭배, 개인숭배를 예로 든 다음, "가장 과학적이며 숭고한 숭배는 위대한 수령에 대한 혁명전사들, 인민대중의 숭배이다. 그것은 수령이 전사들에게 고귀한 사회정치적 생명을 안겨주고 자주적이며 창조적인 생활을 마련해주며 인민대중의 운명을 구원해주고 영원히 보살펴주는 위대한 은인이기 때문이다"라고 설명하고 있다. 진정한 운명의 구원자는 신이나 기타 다른 존재가 아닌 수령이며, 수령의 구원행위에 대한 감사의 형식이 진정한 숭배라는 것이다. 뒤이어 이러한 숭배의 내용적 특성에 대해서 언급하고 있는데, "수령에 대한 인민대중의 숭배는 수령

---

49) 「올해의 뜻깊은 명절들을 강성대국 건설의 자랑찬 열매로 빛내이자」, 『로동신문』, 2002년 1월 4일, 1면.

의 사상의 위대성과 령도의 현명성, 고매한 덕성의 뜨거움에 대한 완전한 매혹으로부터 흘러나오는 가장 진실하고 깨끗하며 확고한 숭배이다"라는 것이 그것이다.[50]

이처럼 주체사상에 근거한 북한 주체사회주의의 초월적 경험은 수령숭배심이며, 수령을 운명의 구원자이자 영생의 부여자로 여기고 받드는 절대적인 매혹의 감정이라고 할 수 있다. 이러한 경험의 특징은 경험의 대상인 실재가 인격적이면서도 동시에 역사 내재적인 데 있다. 즉, 수령의 존재 자체가 세계 외적 기원을 가진 형이상학적인 존재가 아니라, 철저히 역사 내적인 인물인 것이다. 이러한 경우, 필연적으로 수령이 거쳐 온 역사가 거룩한 자욱으로 성화되기 마련이다. 따라서 주체사상의 초월경험인 수령숭배심은 인격적이면서도 동시에 역사 내재적인 초월경험이라고 할 수 있다.

2 신화와 의례

종교는 신화적 차원을 가지고 있다. 종교는 거룩한 이야기들을 가지고 있다. 이러한 이야기들은 특정한 역사적 배경을 가지고 있는 경우에도 결코 역사의 일부분이 아니다. 신화는 원역사이며, 모든 시간들의 원천이 되는 것이다. 비록 신화가 역사 속에서 태동하지만, 태동한 신화는 역사를 지배하게 된다. 신화는 공동체 속에서 제의를 통하여 재연되며, 행위의 원형을 기술해 준다. 인간은 이러한 신화를 통하여 자신을 이해할 수 있으며, 정체성을 가지게 된다.

북한의 주체사회주의 또한 거룩한 이야기들을 신화로서 가지고 있다. 수령의 혁명역사가 바로 북한 주체사회주의에 있어 신화적 차원을 구성한다. 그 중에서도 항일무장투쟁의 역사는 주체사상의 근원이자, 수령의

---

50) 『조선대백과사전 15』, 백과사전출판사, 2000, 54쪽.

혁명역사의 시원으로서 자리매김 되며, 북한 사회에서 모든 행위의 모범이자 원형이 된다. 항일무장투쟁사를 비롯한 수령의 혁명역사는 북한 사회에서 문학과 예술의 형태로 광범하게 재생산된다. 또한 북한의 주체사회주의는 민족의 시원에 관한 신화를 단군신화를 통해 차용했다. 이 경우에 원래의 단군신화는 수령의 존재를 부각시키는 방향으로 각색된다. 주체사상이 단군신화를 받아들이면서도, 동시에 그 내용을 자신에 맞게 고쳐서 소유한다는 점에서 주체사상이 단군신화를 '전유'했다고 말할 수 있을 것이다. 마지막으로 주체사상은 수령의 사후에 수령의 영생과 관련한 여러 이야기들을 '전설집'이라는 형태로 만들어 내었다. 이러한 전설집들은 그 이야기의 내용이나 구조상에서 전통종교의 신화와 가장 유사하다고 할 수 있다.

다음으로 종교는 의례적 차원을 가지고 있다. 의례는 신화를 재연하며, 초월경험을 표출함으로서 그것을 강화하는 역할을 담당한다. 모든 신화는 의례를 통하여 재연될 때에만 생명력을 유지하며, 모든 초월경험은 일정한 의례를 통하여 외적인 형태로 드러나기 마련이다. 북한의 주체사회주의도 이러한 의례적 측면을 지니고 있다. 북한 주체사회주의에서 수령의 혁명역사는 철저히 재연되며, 그 과정에서 수령숭배심이 표출된다. 수령이 거쳐 간 자욱은 모두 성화된다. 배움의 천리길과 광복의 천리길, 항일무장투쟁 전적지와 사적지, 사령부가 위치했던 귀틀집, 숙영지, 그리고 구호나무 등은 정기적인 순례의 대상이 된다. 이러한 순례를 통해 순례자들은 수령의 뒤를 따르려는 감정과 함께, 수령과 함께 걷고 있다는 감정을 느끼게 된다. 수령의 죽음으로 금수산 의사당이라는 관저에서 묘지로 바뀐 금수산 기념궁전은 '영생의 집'으로 불리며 '주체의 최고 성지'로 간주되며, 순례와 참배의 최고 대상지가 되었다. 이 곳에서 사람들은 수령이 생전의 모습 그대로, 생전에 있던 그 장소에서 영생하고 있다는 강한 확신을 가지게 되며, 자신의 운명과 생명의 문제를 생각하며 영생을 갈구하게 된다. 수령이 탄생한 만경대의 고향집과 후대 수령의 탄생지인 백두산 귀틀집도 순례의 대상이다. 수령에 충실했던 전사들은 대성산의 혁명열사 릉에 안장되어 있으며, 이 언덕은 '영생의 언덕'으로 불리운다. 특히 이 곳은 수령의 혁명역사의 첫 장이자 신화로 성화된 항일혁명투쟁 당시의 전사들이 묻혀있는 곳이기에, 유난히 전사자, 즉, 수령을 위해 산화한 희생 자들이 많다. 따라서 이곳에서의 의례는 희생제의적 성격을 강하게 가진 다. 최근에 개건된 단군릉에서의 의례는 여기에서 한 발 더 나아가 수령을 민족의 원시조인 단군의 대를 잇는 중시조, 즉, 사회주의 조선의 시조로 느끼게 하며, 수령숭배심에 강한 민족주의적 색채를 더해준다. 이러한 모든 곳은 북한 주체사회주의의 성소가 되며, 이 곳들에서의 의례는 수령 의 혁명역사를 재연하고, 수령숭배심을 고취시키는 역할을 감당한다.

3. 공동체와 윤리

종교는 사회적 차원을 가지고 있다. 모든 종교는 스스로를 지속시키기 위해서 일종의 조직을 필요로 하며 이것을 통해서 사회에 중요한 영향을 끼친다. 북한의 주체사회주의는 조직적인 측면에 있어서 매우 강한 일원 론적 성격을 띠고 있다. 주체사회주의 사회의 모든 조직들은 수령을 중심 으로 통합되어 있다. 북한에서 수령은 당의 뇌수이며, 당은 혁명의 참모부 이다. 이러한 당의 인전대인 대중단체로서 청년동맹, 직업총동맹, 농업근 로자동맹, 여성동맹, 소년단 등이 있고, 심지어 정부기관조차도 당의 인전 대로서의 기능을 담당한다. 뿐만 아니라, '우당'이라고 일컬어지는 야당들 인 조선사회민주당과 천도교청우당까지도 조선로동당의 지도를 받으며, 각종 종교단체들도 마찬가지이다. 북한사회에서 수령을 뇌수로 하는 조선 로동당의 영도를 떠난 독자적인 영역은 적어도 공식적으로는 존재하지 않는다. 한마디로 말하여 북한사회는 수령을 유일중심으로 하여, 조직적으로 통합되어있는 사회이다. 따라서 북한 주체사회주의에 대한 세계관 분석에서 그 사회적 차원을 고찰하고자 한다면, 반드시 수령을 유일중심으로 하는 북한사회의 일원론적 성격을 숙지한 다음에 수령과의 관계 속에서 각종 조직들에 대해 살펴보아야 할 것이다.

다음으로, 종교는 윤리적 차원을 가지고 있다. 종교의 신봉자들은 특정한 규칙과 계율을 지켜야만 한다. 종교의 윤리적 차원은 신화적 차원에 원형을 두고 있고, 교리적 차원에서 정식화되는 바, 이 세 가지 차원은 세계관의 신념체계를 이룬다. 윤리적 차원은 신화적 차원과 교리적 차원의 규정을 받지만, 동시에 신화적 차원과 교리적 차원을 완성시키는 역할을 한다. 사람이 특정한 세계관의 신념체계를 내면화하는 것은 윤리적 차원에서 이루어지기 때문이다. 즉, 세계관의 윤리적 차원은 세계관을 받아들인 사람이 교리의 가르침대로, 신화적 모범을 따라서 어떻게 살아야 하는가 하는 삶과 직결된 문제를 다루고 있으며, 따라서 윤리적 차원에서 신념체계는 삶으로 체화될 수 있는 방도를 찾게 되는 것이다.

북한의 주체사회주의도 나름대로의 윤리를 제시하고 있다. 주체사회주의의 윤리는 수령을 중심으로 이루어진다. 먼저 수령은 인민대중에게 사랑과 믿음을 준다. 인민대중에 대한 사랑과 믿음은 수령의 공산주의적 덕성이며, 이러한 덕성을 결여하면 수령이 될 수 없다. 또한 수령의 이러한 덕성은 절대적인 것이라고 말해진다. 수령은 인민대중의 모든 가치의 체현자이기에 수령의 사랑과 믿음은 사회 성원들 사이의 그것과는 구별되는 절대적인 덕성이라는 것이다. 수령의 이러한 사랑과 믿음에 대한 인민대중의 보답이 바로 충성과 효성이다. 수령의 믿음에 대한 인민대중의 충성, 그리고 수령의 사랑에 대한 인민대중의 효성은 자연스러운 귀결로서의 윤리라고 한다. 그리고 수령을 유일중심으로, 어버이로 삼고 있는 사회구성원들 간에는 혁명적 의리와 동지애의 관계가 형성된다고 한다. 주체사회주의의 횡적 윤리는 종적 윤리를 필수적인 전제로 하고 있다. 수령과의 관계에서 비롯되는 윤리가 사회전반의 모든 윤리의 시초이자 근거가 되는 것이다. 개별적인 사람은 수령과의 이러한 윤리적 관계를 맺음으로서 영생하는 사회정치적 생명을 지닐 수 있다는 것이다.

맺음말

현대의 모든 민족국가는 민족과 국가를 신성화하는 나름대로의 공민종교를 가지고 있다. 북한은 수령의 신격화를 통하여 민족과 국가를 신성화하는 주체사회주의를 공민종교로 삼고 있다. 주체사회주의는 인간의 운명문제와 생명문제에 대해 궁극적인 질문을 던지고 있으며, 그에 대한 대답으로서 수령을 통하여 부여받고 민족과 더불어 영생하는 사회정치적 생명을 제시하고 있다. 주체사회주의가 인간의 운명문제와 생명문제에 대한 질문을 궁극 질문으로 삼게 된 것은 항일무장투쟁의 경험에서 비롯된 것으로 보이며, 그에 대한 해답으로서 수령이 부여하는 영생을 제시한 것은 수령제의 확립과정에서, 그리고 수령을 민족과 적극적으로 결합시켜 해석한 것은 80년대 중반 동구권의 동요에서 비롯된 것으로 보인다.

주체사회주의는 수령을 영생의 부여자로 설명하는 교리를 가지고 있으며, 수령을 운명의 구세주로 고백하는 인격적, 역사 내재적 초월경험을 가지고 있다. 수령이 조국과 민족의 운명을 제국주의로부터 구원하는 거룩한 이야기들을 신화로 간직하고 있으면서, 지금도 그 신화를 재연하는 동시에 재현하고 있다. 신화는 영생을 얻기 위하여 따라 배워야 할 모범이며, 의례의 진정한 의미는 신화가 제시하는 성스러운 모범을 세속의 시간에서 살아내는데 있다. 주체사회주의의 거룩한 공동체는 바로 그 공동체를 통하여서 구원이 이루어지기 때문이며, 따라서 그 공동체에서 지켜야 할 윤리는 세속의 윤리와는 달리 절대와 연결된 것이며, 영원으로 통하는 바의 것이다.

결국 주체사회주의에서 말하는 수령은 개인이 아니라 민족과 국가의 대표단수인 것이고, 수령의 신격화는 민족과 국가의 신성화이며, 수령의 위대성은 민족의 위대성이고, 수령의 영생은 민족의 영원성을 나타낸다. 공민종교를 민족주의가 종교화되어, 민족이라는 집합적 단수를 신성화하는 것으로 이해할 수 있다면, 주체사회주의는 민족이라는 집합적 단수를 대표히는 대표단수로서의 수령을 신격화하는 것으로 이해할 수 있을 것이다.

북한의 공민종교인 주체사회주의에서 매개항인 수령을 소거해 버린다면 남는 것은 종교화된 민족주의이다. 따라서 수령중심의 주체사회주의는 전도된 민족주의라고도 말할 수 있을 것이다. 사실 이런 형식의 민족주의는 일본에서의 천황을 매개로 한 민족주의나, 영국에서의 여왕을 매개로 한 민족주의에서도 유사한 유형이 발견되며, 비록 민족주의는 아니지만 가톨릭에서 교황을 매개로 하여 지상의 전체 교회를 성화시키는 방식에서도 유사한 기제를 목격하게 되는 것이다.

이제 남는 질문은 이것이다. 남한의 전통종교는 북한의 공민종교에 대해서 어떠한 입장을 취해야 할 것이며, 취할 수 있을 것인가 하는 것과 남한의 민족주의는 북한의 전도된 민족주의를 어떻게 평가할 수 있을 것이며, 평가해야 하겠는가 하는 것이다.

· 접수일 2003년 7월 10일 / 심사완료일 2003년 8월 09일

· 주제어: 공민종교, 주체사회주의, 주체사상, 영생, 단군, 수령

Juche-Socialism as Civil Religion of North Korea
- Its Origin, Process, and Structure -

Jung, Dae Il

This study surveys on Juche-Socialism which is the only official belief system and so become the civil religion, or state religion of North Korea. Civil religion is the religious or quasi-religious regard for certain civic values and traditions found recurrently in the history of the political state. Such regard may be marked by special festivals, rituals, creeds, and dogmas that honor great personages and events of the past.

In North Korea, the only tradition is Anti-Japan Military Struggle tradition, and the only creed is Juche idea, and this tradition and ideology are due to one personage, the Great Leader Kim Il Sung. All the festivals, rituals, hymns, films, plays celebrate the Great Leader. It is obvious that Juche Socialism which is consist of Marx-Leninism, humanism, and nationalism is the only, and strong civil religion of North Korea.

In the 19th century, civil religion came in contact with the rising nationalism. The phrase "civil religion" seems to have disappeared from political discourse in the 19th century, but what did not disappear, what became indeed one of the two or three most significant phenomena of the age, was what the eminent historian C. J. H. Hayes called "the religion of nationalism." Hayes thought "The most impressive fact of the present age is the universality of the religious aspects of nationalism."

Juche-Socialism was born in the period of Japanese Imperialism, so its asks concern about the destiny of the nation, the salvation of the nation's destiny, the regaining of the nation's life, and the achievement of the eternal life. In fact, all this concern is religious concern, in other words, ultimate concern. Starting with religious question, Juche-Socialism has been more and more religious with its answer that the eternal life, Socio-Politico Life can be given through Socio-Politico Living Body by the Great Leader.

According to Ninian Smart, there are six dimension in every religion. They are consist of dogma, experience, myth, ritual, ethics, and organization. This frame will offer the most proper device to search the most vailed and the nearest state.

Key words : civil religion, Juche-Socialism, Juche idea, eternal life, Tangun, Suryoung

美國 留學時期 雪山 張德秀의 活動과 社會認識

심 재 욱[*]

―――― 목 차 ――――

머리말
Ⅰ. 유학생회 및 교민단에서의 활동
　1. 북미한인유학생총회와 설산
　2. 뉴욕교민사회와 설산
Ⅱ. 설산의 조선현실 인식과 사회 인식
　1. 조선현실 인식
　2. 사회 인식
맺음말

머 리 말

선진국가로의 유학은 선진문물의 습득을 통한 개인의 발전이라는 측면과 더불어 이를 배경으로 귀환 이후, 보다 우월한 사회적 지위를 차지할 수 있는 효과적인 방법으로 인식되어 왔다. 이는 식민지 조선에 있어서도 예외가 아니었다. 36년간에 걸친 일제 식민통치 기간 중 많은 수의 식민지 청년들이 일본을 비롯한 서구 선진국-주로 미국-으로 유학을 다녀왔다.

――――――――――――

* 동국대 강사

이들은 귀국 이후 조선 사회 내에서 주요한 위치를 점하며 지도급 인사들로 활동하였다. 그리고 그들의 '우월적' 지위는 해방 공간 및 그 이후에까지도 계속되었다. 특히 이들의 대다수는 해방 공간 및 제1공화국에서 핵심적인 지위를 차지하며 이후 남한 사회에서의 주도세력(opinion leader)으로서 자리잡았다. 따라서 식민지 조선 및 해방 이후의 한국 사회의 주도세력에 대한 연구를 위해서 이들에 대한 고찰은 한국근현대사연구에 중요한 의의를 지니고 있다.

이 글에서 살펴 볼 雪山 張德秀의 경우 역시 그러하다. 주지하다시피 장덕수는 1910년대 일본 유학을 거쳐 1920년대 초반 국내 '동아일보 그룹'1)의 문화운동에 앞장섰다. 동시에 초기 사회주의 운동에 주도적으로 참여하다가 급진적 사회주의자들의 공격으로 미국으로 유학을 떠나2) 약 13년(1923~36) 동안 미국·영국의 선진 문물과 지식을 직접 경험하였다. 이러한 그의 경력은, 물론 '동아일보 그룹'의 후광이 분명 존재하지만, 식민지 시기 '최고지식층'의 一人으로서 보성전문 교수와 동아일보 부사장이라는, 그리고 해방 공간에서 '한국민주당' 외교부장 등의 사회적 지위를 누리며, 작게는 '동아일보 그룹'의, 넓게는 남한 사회 주도층의 一人으로 활동할 수 있는 기반을 제공하였다. 특히 이 시기 설산의 활동은 당시 유학생들의 구심체였던 '북미한인유학생총회(The Korean Student Federation of North America)'의 활동 속에서 나타나기에 그의 활동과 인식을 고찰하는 작업은 식민지 시기 유학, 특히 미국유학을 경험한 지식인들

---

1) 여기서 말하는 '東亞日報 그룹'의 범주는 단순히 『東亞日報』에 어떠한 형태로든 관계를 맺었던 인사들을 모두 포함하지는 않으며, 이들이 기반으로 하는 『東亞日報』와 그 社主인 仁村 金性洙가 거느린 기관('경성방직', '중앙학교', '보성전문' 등)에 직접적으로 관여하며 『東亞日報』가 전개한 일련의 운동에 적극적으로 동참함과 동시에 '한국민주당'에 주도적으로 참여하여 우파 운동을 전개한 인사들로 한정한다. 이 '그룹'을 주도한 인사들로는 仁村 및 古下 宋鎭禹, 雪山 張德秀, 芹村 白寬洙 등을 들 수 있다.
2) 1910년대 및 20년대 초반 설산의 활동에 대해서는 졸고(「雪山 張德秀의 文化運動과 社會認識, 1912-1923」, 『한국민족운동사연구』 28, 2001.)를 참조 바람.

의 성향을 파악하는 것임과 동시에 '동아일보 그룹'의 성향을 파악하는 의미를 지니고 있다. 그리고 일제하와 해방 공간 및 분단 사회에서 한 축을 담당한 '국내보수우파' 정치세력의 동향 및 성향을 고찰하는 기초 작업이기도 하다.

이상과 같은 의의를 지니는 미주 지역 유학생들과 '동아일보 그룹' 및 설산에 대한 연구는 최근 들어 활발히 진행되는 추세이다.3) 그러나 전자의 경우 전체적인 미국유학생들의 성향 및 개별 인사들에 분석이 아직까지 미진한 상태이며, 후자의 경우 개별 인사들에 대한 연구가 나타나고 있으나 전체적인 인식에 대한 체계적인 분석이 미약한 상태이다.

따라서 본고에서는 미국 유학시기 설산의 활동과 인식에 대해 살펴봄으로서 당시 미주지역 유학생들의 인식에 대해 분석하고 이를 통해 해방 이후 남한 사회의 주도세력으로 등장하는 이들의 운동론과 인식의 일단면 및 그것이 가지는 의의에 대해 고찰하도록 하겠다.

I. 유학생회 및 교민단에서의 활동

1923년 도미한 설산의 본격적인 활동이 보이는 것은 1924년 뉴욕에

---

3) 당시 미국 유학생들에 대해서는 李秀日(「美國 유학시절 維石 趙炳玉의 활동과 近代의 수용」,『典農史論』7, 2001.), 홍선표(「일제하 미국유학 연구」,『國史館論叢』96, 2001. ;「북미대한유학생총회의 조직과 활동」, 한국민족운동사학회 2002년 3월 월례발표요지.), 방기중(「일제하 미국 유학 지식인의 경제인식」,『북미주 지역의 한국인』, 미주한인이민100주년 기념국제학술대회 발표요지, 2002. ;「일제하 李勳求의 農業論과 經濟自立思想」,『역사문제연구』1, 역사문제연구소, 1996.) 등의 연구가 '동아일보 그룹'에 관해서는 沈之淵의 선행연구(『韓國民主黨研究』1, 풀빛, 1982. ;『韓國現代政黨論 ; 韓國民主黨研究』, 창비, 1984.)를 비롯하여 朴贊勝(『한국근대정치사상사연구』, 역사비평사, 1992.). 박태균(「해방직후 한국민주당 구성원의 성격과 조직개편」,『國史館論叢』58, 1994.), 金炅宅(「1910·20년대 東亞日報 주도층의 정치경제사상 연구」, 延世大博士學位論文, 1998.), 沈在昱(「日帝下 古下 宋鎭禹의 思想과 活動」,『한국민족운동사연구』23, 1999. ;「雪山 張德秀의 文化運動과 社會認識, 1912-1923」,『한국민족운동사연구』28, 2001.) 등이 참조된다.

정착한 이후이다. 1923년 渡美 당시 설산은 뉴욕을 염두에 두었으나 약 1년간 오레곤(Oregon)洲 포틀랜드(Portland)에서 생활하면서 오레곤 대학 신문학과를 수료하였다.[4] 그리고 여기서 설산은, 이후의 유학 기간 동안 거의 모든 활동을 같이 하는 尹弘燮[5]과 밀접한 관계를 갖게 된다. 1924년 윤홍섭과 같이 뉴욕의 콜럼비아(Columbia) 대학 정치학과 석사과정에 입학한 이후[6] 본격적으로 나타나는 설산의 활동은 '북미한인유학생총회(The Korean Student Federation of North America)'[7]와 '뉴욕한인교민단' 속에서의 활동으로 구분할 수 있다.

1. '북미한인유학생총회'와 설산

'총회'는 1912년 시카고에서 결성된 '한인학생동맹'(The Korean Students' Alliance), 1918년 12월 30일 발기한 '북미한인학생회'(The Korean Students League of America) 등과 같은 유학생들의 통합 노력이 결실을 맺어 1921년 4월 30일 결성된 유학생 단체였다.[8] 설립 당시의 '총회'의

---

4) 이 기간은 영어 및 미국 문화를 익히는 시기로서 별다른 활동을 보이지는 않는다.(張德秀, 「米國와서」, 『東亞日報』 1923. 12. 1.-1924. 1. 14.) 한편 이 글은 20년대 초반 국내에서의 활동에 대한 감회 및 '조선'에 대한 인식, 그리고 미국문명에 대한 감상이 나타나 있다.

5) 尹弘燮은 尹妃의 동생으로서 소위 '朝鮮貴族'의 하나인 子爵 尹澤榮의 아들이다. 한성관립 영어학교를 졸업하고, 일본 유학을 거쳐 미국에 유학은 인물로서(이희승, 『딸각발이 선비의 일생 : 일석 이희승 회고록』, 창작과 비평사, 1996.) 당시 '신지식인'의 一人이라 할 수 있다. 그러나 여기서 주목되는 것은 그의 출신 성분이다. 즉 그는 '조선귀족'이라는 특권을 지녔던 인물이며, 특히 당시 대표적인 친일 행태를 보인 윤택영의 아들이라는 점은 그의 성향을 어느 정도 짐작할 수 있게 하는 부분이다. 그리고 이는 당시 유학 생활이라는 특수한 생활을 배제할 수는 없지만, 설산이 이런 인사와 교류를 지닌다는 점에서 시사하는 바가 크다.

6) 'Personal Item', *Korean Student Bulletin*, Vol.Ⅱ., No.1., 1923, p.1.

7) The Korean Student Federation of North America(K.S.F)는 여러 가지로 해석되나, 여기서는 당시 유학생들이 사용하였던 '재미조선인유학생회'를 근거로 '북미한인유학생총회'(이하 '總會'로 略)라 칭한다.

8) 李炳斗, 「米洲留學生及留學生會略史」, 『우라키』 1, 1925. 이에 따르면 '총회'는 1919년 오하이오주에서 설립된 '북미한인학생회'에 기원한다고 한다. 한편 '총회'가 유학생통합단 체로 성장하기 시작한 것은 1921년 이용직이 회장에 선임된 이후부터이다.('Our Federation

목적에 대해서는 총회를 조직하기 위해 임시적으로 조직된 '한인학생연
합회'에서 작성한 「북미대한인유학생회헌장기초안」 및 「북미한인유학생
회포고서」의 내용을 통해 알 수 있다.9) 즉 '총회'는 유학생들간의 '지·덕'
의 개발, 상호교통·친목 및 학업의 권장 등을 그 목적으로 하였고 국내
정치 및 사회 현상에 대해서는 '엄정 중립'을 표방함으로서 그 성격을
유학생들간의 순수 친목단체로 하였다. 그러나 한편으로는 '광복대업'을
위한 방법으로서 선전사업에 주력할 것을 천명하여 식민지하 지식인으로
자유로울 수 없었던 민족운동에도 일정 부분 기여할 것을 나타내고도
있다.

이러한 총회는 1922년부터 행정부10)와 의회의 기능을 갖는 이사부11)의
이원적인 체제로 이루어진 중앙 조직과 지방 조직12)을 갖추면서 본격적인
발전을 이루었다.13) 그리고 필요에 따라 새로운 기구가 첨가되었다.14)
특히 총회의 활동은 '유학생간의 교류, 지식의 교류·보급'을 그 목적으로

---

in Growth', The Korean Student Bulletin, Vol.Ⅲ., No.2., April, 1925, p.5.) '총회'의 조직과정
  및 조직에 대해서는 홍선표의 연구(「북미대한유학생총회의 조직과 활동」)가 참조된다.
9) 『新韓民報』 1920. 8. 5. 「북미대한인유학생회헌장기초안」; 1920. 12. 9. 「북미대한인유학생
  회포고서」
10) 행정부는 회장·부회장·총무·서기·재무·고문과, 재정·사회·종교·체육·편집·재
  정 등으로 구성되었다.(「유미학생총회소식」, 『우라키』 2, 1926, 134-135쪽.)
11) 이사부(Board of Directors)는 1923년부터 조직되었으며 의장·부의장·고문 및 부원들로
  구성되는데 고문의 경우 1923년에만 확인되며, 부의장은 1925년부터 부원들은 1928년부터
  지역별 대표로 구성되었다.(『학생회보』 참조)
12) 지방 조직은 '총회'가 확대되어 가면서 자연스럽게 지역적인 구분을 이룬 것으로 1925년부
  터 확인되는데, 동부(east)·중서부(mid-western)·서부(western)의 3개 지부(section)와 그 산하
  에 각 도시를 중심으로 하는 지회(chapter)로 구성되었다.
13) 최초의 조직 구성은 사무부(회장·부회장·총무·서기·재무 각 1인), 평의부(의원 9인),
  감독부(감독, 구역감독 3인), 고문부(총재, 고문 3인) 등으로 이루어졌다.(「북미대한인유학생
  회 헌장기초안」)
14) 한 예로 1926년부터 '학생비상기금위원회'(Student Emergency Fund Committee)가 조직되어
  경제적 상황이 곤란한 학생들을 구제하기도 하였다.('Student Emergency Fund', The Korean
  Student Bulletin, Vol.Ⅳ., No.2., March, 1926, p.5.)

강조한 바와 같이 집회와 출판사업에 집중되었다. 집회로는 '연례집회'(annual conference, 이하 '年會')가 대표적이다. 1923년부터 시작된 '연회'는 '총회'의 가장 큰 행사로서 주로 '총회'의 현안 문제를 토의하는 '사무회의'(business meeting), 정치문제 등과 같은 민감한 현안에 대해 토의하는 '토론회의'(discussion meeting), 그리고 만찬(banquet)과 예배로 구성되었다.15) 다음으로 유학생들간의 친목·知德의 개발·학술의 권장 및 선전사업 등과 같은 '총회'의 목적을 효과적으로 수행할 방법인 출판사업에도 역점을 기울여 미주 지역을 대상으로 한『한국학생회보(The Korean Student Bulletin)』와 국내를 대상으로 하는『우라키』등을 발간하였다.16)

이상과 같은 목적과 사업을 전개하는 '총회'에서 설산의 모습은 자신이 생활하는 동부지부 뉴욕지회의 활동 속에서 나타난다.17) 콜럼비아 대학에 입학한지 1년만인 1925년 설산은「마르크스의 국가관념에 대한 비판적 이해」라는 논문을 통해 석사학위를 취득하였고18) 이후 아래의 표에서 나

---

15) 회의의 경우 여기에서 전개된 토의를 통해 '총회'의 현안 및 유학생들의 인식 수준을 파악할 수 있기 때문에, 만찬의 경우 한인 및 미국인 지도급 인사들이 초빙되어 유학생들의 현안 문제 및 '조선'의 상황에 대한 의견을 개진하였기에 이들의 성향이 유학생들에게 많은 영향을 끼쳤을 것으로 파악되기 때문에 그 중요성을 지닌다.

16) 여기에 게재된 글들을 통해 당시 '총회'의 활동 및 유학생들의 인식 수준을 알 수 있기에 이 두 잡지는 중요한 가치를 지니고 있다.『한국학생회보』에 대해서는 홍선표의 해제(국가보훈처 편,『The Korean Student Bulletin』, 2000.)가,『우라키』에 대해서는 金喜坤의 연구(「北美留學生雜誌『우라키』연구」,『慶北史學』21, 경북대, 1998.)가 참조된다.

이상 '총회' 및 '총회'를 중심으로 하는 유학생들의 인식에 대한 보다 상세한 고찰은 추후 논문에서 다루도록 하겠다.

17) 뉴욕지회에서의 활동은 1929년 박사논문 준비를 위한 영국 런던대학 유학을 기점으로 크게 전기와 후기(1924~29, 1932~36)로 구분할 수 있다.

18) Chang Duck Soo, *A Critical Examination of Marxian Conception of the State*, M.A., Columbia, 1925.('A List of the Titles of Thesis and Dissertation written by Korean Students in America', The Korean Student Bulletin, Vol.Ⅶ., No.4., December, 1929, p.3.) 현재까지 국내의 연구들(이경남,『雪山 張德秀』, 동아일보사, 1981. : 심지연,「설산 장덕수의 정치이념」,『한국현대정당론』, 창작과 비평사, 1984.)은 당시『우라키』에 잘못 소개된 내용(「留學生界消息」,『우라키』7, 1936, 95쪽.)을 인용한 유광렬의 글(柳光烈,「東亞日報副社長 張德秀論」,『彗星』1권 8호, 1931년 11월, 36쪽.)을 참고하면서 이 논문을 '통과하지 못한 박사학위논문'으로 설명하고 있으나

타나는 바와 같이 중요한 직책을 고루 역임하면서 '총회'의 주도세력으로
활동하였다.

〈표 1〉 장덕수의 북미한인유학생총회 직책19)

직책	기간
총회 부회장	1927~28, 1935
이사부(Board of Directors) 의장	1925~26
이사부 부의장	1926
봉사부원	1925
우라키 편집부원	1936
동부지부 연례회의 의장	1936
뉴욕 분회장	1933
조선문화협회(조선회) 부회장	1933~35

'총회'에서의 설산의 활동 중 주목되는 것은 1927년 동부지부 '年會'에
서 행해진 토의 내용이다. 설산이 부회장으로 선출된 1927년, '총회'의
주도층은 최근 '조선'의 정치·경제적 조건에 대한 문제점들을 연구하고
사회·자연과학에서의 관심 있는 문제들에 대한 공통의 지식을 교환하기
위한 토론회와 같은 종류의 것을 계획하였다.20) 그리고 동부지부의 '年會'

　이는 오류이다. 당시 『우라키』 및 『학생회보』에서 유학생들의 학위논문의 하나로 소개되는
점과 콜럼비아대학 도서관의 학위논문 목록에 기록되어 있는 것을 통해서도 '실패한' 박사
학위논문이 아닌 실제로 쓰여진 석사학위논문임을 알 수 있다. 그러나 현재 목록에서만
확인될 뿐, 분실하였다고 하여 그 내용을 확인할 수 없었다. 하지만 단 1년만에 석사논문을
발표하고 학위를 인정받았다는 점은 당시 설산의 사회주의에 대한 인식 및 비판이 상당한
수준에 이르렀음을 짐작케 해주는 부분이다. 한편 윤홍섭은 '워싱턴회의'에 관한 논문(*The
Influence of the Washington Conference on the Far East*, M.A., Columbia, 1926.)으로 석사학위를
취득하였다.

19) 『우라키』 및 『학생회보』 참조.

20) 'Federation Notes', The Korean Student Bulletin, Vol. V., No.4., November, 1927, p.6. 그러나
정의·인도와 평화를 지지한다고 표명한 '총회'의 주도층은 모든 활동이 학생신분에 '적합
한' 것만을 추구하고 그 외에는 '어떤 종류'의 운동도 기도하지 않는다는 것을 분명히 밝히
고 있다. 따라서 '총회'에서 주관한 행사에 나타나는 유학생들의 토의는, 해당 안건에 대한
그들의 인식 수준을 판가름할 수 있는 좋은 자료임에는 분명하지만, 단순한 구상의 수준에

에서는 정치문제로 '어떻게 하면 韓民族의 독립을 목표한 一大革命黨을
조성할가'21)와 경제문제로 '朝鮮과 美國貿易增進에 對한 決意及要領'22)
이라는 두가지 주제로 토의가 진행되었다.23) '혁명당'에 관한 토의는 설산
이 '조사위원'으로서 진행을 주관하였는데 미리 조사위원들을 내정하여
토론의 질적 향상에 노력하기도 하였다.24) 이상과 같은 토의 주제와 내용
이 나타나는 배경은 바로 1927년이라는 시대적 상황에 기인한다. 즉 1927
년은 해외 독립운동의 거점이라 할 수 있는 상해임시정부가 내분을 거듭
하여 그 세력을 잃고 야화되던 시기였다. 또한 국내에서는 좌우 양진영의
민족협동전선인 '신간회'가 결성되어 본격적인 활동을 전개하고 있던 시
점이었다. 이에 유학생계 내에서도 이를 주요한 이슈로 삼아 토의한 것으
로 보인다. 이 토의에서 설산을 비롯한 여러 참가자들이 다양한 의견을
제시하고 있는데 이를 통해 당시 유학생들의 민족운동에 관심과 수준을
어느 정도 파악할 수 있다.25)

머무는 한계를 지닌다.
21) 「동부학생대회결의안」, 『신한민보』 1927. 6. 30. : 白善基, 「日帝下 在美留學生들의 革命黨
   構想 - 張德洙・金度演 등의 在美活動의 斷面」, 『신동아』 1986년 4월호. 여기에는 '재미한
   인유학생 동부지방 제2차 대회 토의 안건'이라는 부제를 달고 있어 『우라키』에서 5차 '연회'
   로 말하고 있는 것과 차이가 있다. 이는 1923년 시카고에서의 1차 '연회'(『우라키』)와, '연회'
   가 지부별로 개최되는 1926년(동부지부 유학생)을 기점으로 삼는데서 나타나는 차이점이다.
22) 張德洙 寄, 「朝鮮과 美國貿易增進에 對한 決意及要領」, 『현대평론』 8, 1927년 9월호. 이
   글 역시 '在美朝鮮人留學生 東部地方 第2會 大會'라는 부제를 지니며 시행일자가 1927년
   6월 10~12일로 되어 있어 앞서의 문건과 같은 회의에서 만들어진 것임을 알 수 있다.
23) 「유미학생총회소식 - 제5회 연회개최」, 『우라키』 3, 1928, 134쪽. 정치문제로는 국외문제로
   상해○○정부○○○ 및 구미위원부○○○ 건, 국내문제로는 민족운동촉성방침으로 절대○
   ○을 목적으로 한 민족・사회 양주의의 단일단체인 민중의회설치 건이, 경제문제로는 한미
   무역증진이 다루어졌다. 종교문제로는 선교회문제가 토의되었다. 한편 『학생회보』에서는
   1927년의 '연회' 토의 주제가 '학생비상기금과 『우라키』' 두 가지라 하고 있는데('The Fifth
   Annual Conference of K.S.F.', The Korean Student Bulletin, Vol. V., No.3., May, 1927, p.2.)
   전자의 주제는 토론회의 주제이고 후자의 것은 사무처리회의 주제이다.
24) 「동부학생대회결의안」, 『신한민보』 1927. 6. 30. : 白善基, 앞의 글, 341-343쪽. 토의에 참가
   한 인사들은 尹弘燮, 李東濟, 李大偉, 金度演, 洪得洙, 張利郁, *正洙, 李容稷, 쇠울氏 등이
   다.

한편 설산은 1927부터 許政 등과 더불어『삼일신보』의 창간 및 발간을 위해 활동하다가, 1929년 6월 박사학위논문을 준비하기 위해 영국의 런던 대학으로 떠나면서, 다시 미국으로 돌아오는 32년까지 '총회'의 활동에서 손을 떼게 된다. 그러나 '총회'에서 주도하는 사업에 참여함으로서 '총회' 와의 연결의 끈을 계속적으로 유지하였다.26)

1932년 미국으로 돌아온 후부터 설산은 학위논문을 준비하는 동시에 '총회'에서 활발한 활동을 전개한다. 미국 귀환 직후 설산의 공식적인 활동은 뉴욕대학교에서 열린 포럼에서 한국문제에 대한 강연으로 나타난다.27) 이후 1933년에는 제8회 동부지부 '年會'에서 의장을 맡고 또한 사무처리회의도 진행하였다.28) 이 '年會'에는 당시 미국에 와 있던 김규식이 만찬의 연설을 맡았는데 그는 극동의 비관적인 상황에 대한 상세한 설명을 하였다.29) 한편 설산은 1933년 여름에는 선거를 통해 조선문화의 보존과 콜럼비아대학의 조선문화센터와 도서관의 발전을 목적으로 조직된 콜럼비아 대학의 '조선회' 부회장30) 및 뉴욕 지회의 회장으로도 선출되었

---

25) 이 토의 내용에서 전개된 내용은 다음 장에서 살펴보도록 하겠다.

26) 설산은 런던에 있던 동안에도 '총회'의 기금 모금운동에 $3을 기부하고 있다.('The Second Annual Financial Campaign', The Korean Student Bulletin, Vol.Ⅶ., No.3., October, 1929, p.2.)

27) 'Personal News', The Korean Student Bulletin, Vol.Ⅹ., No.3-4., December, 1932, p.8. 이는 설산이 당시 뉴욕사회에서 차지하고 있는 위치를 단적으로 나타내는 것이다.

28) 한편 토론회의에서는 "일본의 만주 정책과 한국 독립의 장래에 미치는 영향"에 대한 두 개의 잘 쓰여진 글이 작성되었다고 한다.('Highlights of the Federation's Conference- Discussion Meetings', The Korean Student Bulletin, Vol.Ⅻ., November, 1933, p.4.)

29) 'The Eighth Annual Convention of the Korean Student Federation of N. A. - Eastern Section' ; 'Eighth Annual Conferences Outdid Previous Meetings with New Vim and Vigor', The Korean Student Bulletin, Vol.Ⅺ., No.3-4., May-June, 1933, p.3. ; Vol.Ⅻ, November, 1933, p.1. 당시 김규식은 신병치료차 미국을 방문하였고 그 도중에 뉴욕의 '연회'에 참석한 것으로 보인다. 불행하게도 만찬에서 행한 김규식의 연설 내용은 확인되지 않는다.

30) 회장으로는 킴버랜드(Mrs. A. G. Kimberland)가 선출되었으며 '조선회'는 문화센터에서 고대 조선의 銅錢전시회와 같은 한국문화소개행사를 주로 전개한 것으로 보인다.('Collection of Rare Coins Acquired by Korea Society', The Korean Student Bulletin, Vol.ⅩⅡ., No.1., November, 1933, p.5.)

다.[31] 1934년에는 설산의 주관하에 뉴욕지회에서 2차에 걸친 사회회의(social meeting)와 1회의 강연 그리고 토론회를 가졌으며 여기서 설산은 정치적 문제에 대한 연설을 하기도 하였다.[32] 또한 3·1절 기념행사에서 직접 극본을 작성한 'Before and After'라는 제목의 희비극을 한인교회에서 교민들을 위해 상연하기도 하였다.

한편으로 1934년 뉴욕에서는 동양학생기독교연합회가 개최되어 각국의 유학생들이 변화하는 세계에 있어서의 민족주의와 기독교주의에 대한 도의를 진행히였는데 설산은 '총회' 활동의 일환으로서 하 Florence, 김난혜, 박은혜, 이철원, 허진업 등과 함께 한국 대표로서 참가하였다.[33] 그리고 1935년 4월 18일에는 뉴욕시 리버사이드 교회에서 개최된 뉴욕 동양학생기독교연합회 제5회 연례회의에 참가하였다. 전체 회의의 사회는 許鎭業이 맡았다. 회의의 주제는 "극동과 세계의 평화를 유지하기 위해서 동양학생들이 할 수 있는 일"이었고 각국-중국·인도·일본·필리핀-대표들이 이에 대하여 연설을 하였다. 설산은 한인 대표로서 이 주제로 연설을 하였는데 극동 평화에 걸림돌이 되는 여러 문제들에 대해 '공정하고 명백한 논법'을 전개하여 회의에 참여한 학생들로부터 갈채를 받았다고 한다.[34]

이처럼 설산이 짧은 시간 내에 '총회'의 주요 세력으로서 자리 잡을

---

31) 'Local Chapter News - New York', The Korean Student Bulletin, Vol. ⅩⅠ., December, 1933, p.7.

32) 'Federation and Local Chapter News - New York', The Korean Student Bulletin, Vol. ⅩⅡ., No.1., April-May, 1934, p.10. 그러나 그 내용은 확인되지 않는다.

33) 토의에서는 민족주의를 바탕으로 하는 정치적 독립을 강조하는 주장과 정치적 독립보다는 문화적 측면을 강조하는 주장이 제시되었다고 한다.('News from Here and There' ; 'Nationalism versus Christian Ideals in the World today', The Korean Student Bulletin, Vol. ⅩⅡ., No.1., April-May, 1934, p.10. ; Vol. ⅩⅡ., No.1., April-May, 1934, p.4.)

34) 회의에 참석한 한국학생은 정일형, 노 P. N., 이 R. K., 朴恩惠, 하 Florence, 金蘭兮 등이다.('Korean Presentatives at Oriental Student Christian Federation Conference', The Korean Student Bulletin, Vol. ⅩⅢ., No.3., May-June, 1935, p.1.)

수 있게 된 데에는 크게 세가지 요인이 작용한 것으로 보인다. 우선 무시
할 수 없는 그의 명성이다. 고학을 통한 일본 유학 및 활동, '신한청년단'
결성과 같은 국외에서의 민족운동, 『동아일보』를 바탕으로 하는 문화운동
의 전개 및 초기 사회주의 운동에의 참여 등으로 나타나는 그의 명성은
당시 유학생계 내에서 독보적인 것이기 때문이다. 두 번째로 일본 유학
시절에서도 확인되는 그의 적극적인 성격이다. 즉 '동경조선유학생학우
회'에 참여한 이후부터 나타나는 그의 적극적이고 친화적인 모습은 미국
유학생계 내에서도 커다란 작용을 하였을 것이다.[35]

마지막으로 유학 생활 당시 지녔던 '동아일보 부사장'이라는 직책[36]
역시 유학생들의 성향으로 볼 때 '총회'의 주도세력으로서 활동하는데
많은 영향을 끼쳤을 것으로 보인다. 실제로 뉴욕의 한인사회 및 유학생계
는 설산으로 인한 '동아일보사'의 혜택을 누렸다. 즉 1931년 김성수가
뉴욕 한인사회의 구심점인 뉴욕한인교회의 재건축에 기부를 하였고,[37]
같은해 콜럼비아 대학에 '한국문화센터'(Korean Culture Center)가 설립되
고, 윤홍섭을 위원장으로 하는 '한국도서관위원회'(Korean Library
Committee)가 조직되었을 때 『동아일보』는 이를 선전하며 도서구입 및
문화교류에 적극적으로 참여할 것을 표명하였다.[38] 또한 『동아일보』는

---

35) 이 시기 설산에 대한 평가는 『遲耘 金綴洙』(한국정신문화연구원 한국현대사연구소 편,
   1999.), 174-176쪽 참조.
36) 당시 설산은 副社長 겸 美國海外常駐特派員('박춘금사건'이 일어 났을 때는 取締役)의
   직함을 지니고 있었다.(東亞日報社 編, 『東亞日報社史』1, 1969. 참조.) 『학생회보』, 『삼일신
   보』 및 『우라키』 등에서도 주로 '동아일보 부사장'이라는 직함으로 소개하고 있다.
37) 1931년 당시 김성수는 해외 여행 중 미국을 방문하였고 뉴욕에서는 윤홍섭의 안내를 받은
   것으로 보이며 이때의 인연과 설산과의 관계에서 기부가 이루어진 것으로 보인다.('Personal
   Notes - A Distinguishing Korean Visits America' The Korean Student Bulletin, Vol.Ⅸ., No.3.,
   October, 1931, p.7 ; 'Korean Church Redecorated', The Korean Student Bulletin, Vol.Ⅸ., No.4.,
   December, 1931, p.7.)
38) 'Korean Culture Center Established at Columbia', The Korean Student Bulletin, Vol.Ⅸ., No.4.,
   December, 1931, p.1., p.7.

1933년 '콜럼비아대학교 클럽'과 '콜럼비아대학교 한국도서관협회'의 후원으로, 그 이익을 한국도서관 도서 구입에 사용할 미스 크레인(Crane)의 '한국풍경화전'을 自社의 사옥에서 개최하기도 하였다.[39] 이와 같은 사실은 김성수를 비롯한 『동아일보』측의 뉴욕 지역 유학생 및 교민 사회에 대한 관심의 정도를 반영하는 것이며 이는 설산이 지니는 영향력의 일부를 보여주는 사례라 할 것이다.[40]

이상과 같은 그의 활동은 결국 '총회'를 하나의 큰 틀로 두고 행해진 것이다. 따라서 그의 활동과 인식 수준은 당시 '총회' 구성원과 유사할 것으로 파악되기에 이 시기 유학생들의 인식 수준을 파악하는데 있어 중요한 한 자료라 할 것이다.

2. 뉴욕 교민사회와 설산

미국 유학시기 설산의 모습 중 또 한가지 주목되는 점은 이 시기 교민사회에서의 활동이다. 그 가장 대표적인 내용이 바로 1927년 『삼일신보』의 창간과 1934년 임시정부 주외재무행서 제5행서(뉴욕)의 책임자로 활동하는 것이다. 이러한 설산의 활동은 '총회'에서 활동하던 기간과 동일하나 '총회'가 추구하는 성격과 다르다는 점에서 '총회'의 활동과는 구분하여야 한다. 이 중에서 특히 『삼일신보』에서의 활동이 주목된다. 이는 그가 교민사회 내에서 이승만 계열의 인사들과의 친분관계를 유지하면서 이승만을 지원하는 활동을 전개하기 때문이다.

1927년 설산을 비롯한 윤홍섭·許政·김도연 등의 동부지부 유학생들

---

39) 'News from Here and There', The Korean Student Bulletin, Vol. XⅠ., December, 1933, p.6.
40) 이와 같은 『동아일보』의 관심은 기사들(『동아일보』, 「컬럼비아 대학 조선도서관 기증도서 본사 서무부 접수」, 1931. 11. 17.~1932. 8. 7.(광고, 총16회) ; 「세계에 퍼지는 태평양을 건너는 二百種의 문헌」, 1933. 10. 25. 朝. ; 「미국 컬럼비아 대학 조선도서관과 그 후원회」, 1933. 10. 27. 朝. ; 「미국에 출생한 조선인문화회」, 1932. 2. 11. ; 「조선지식의 보편화」, 1931. 10. 28. ; 「조선도서관 기성위원선정」, 1931. 10. 28.)을 통해서도 확인된다.

과 홍득수·이진일 등의 뉴욕 교민들은 3.1운동의 정신을 계승하고 분열 중이던 교민 사회를 통합한다는 목표 아래 1927년 주간 신문으로『삼일신보(The Korean Nationalist Weekly)』를 창간하였다.[41] 당시 교민 사회는 이승만을 지지하는 '동지회' 계열과 안창호의 노선을 따르는 '홍사단' 계열로 분열되어 있었고, 각기 하와이와 샌프란시스코에서『國民報』와『新韓民報』를 통해 자신들의 주장을 전개하였다. 바로 이러한 상황에서 "교민 사회의 격의 없는 의견 제시와 건설적인 비판을 위한 초당파적인 공정한 언론의 필요성"을 느껴, 교민 사회를 통합하고 이를 바탕으로 임시정부의 후원한다는 목적으로 신문을 창간하였다.[42] 이들은 아래의「본보의 주의주장」과 같이 '노동대중을 위한 진보적 언론'을 신문의 성격으로 정하였다.

　　우리 한민족의 자주독립과 노농대중의 경제적 해방과 세계 열민족과의
　　공존공영을 실현하기 위하여 우리 전민족의 혁명적 세력을 총집중하며
　　우리 전민중의 사회생활을 배양 조직하여 세계 각 민족의 자결에 의한
　　연맹의 촉성을 기함[43]

　여러 어려움에도 불구하고 1927년 6월 사장 許政, 주필 김양수, 편집 장덕수, 영업 홍득수, 재정 신성구의 체제로 '대동단결, 임정지지'라는 기치 아래 발간을 시작하였다. 그러나 주도인사들이 개인적인 사정으로 운영에서 손을 뗌으로서 약 2년 후인 1930년 폐간하였다. 그동안『삼일신

---

41)『삼일신보』의 창간에 대해서는 직접 관여했던 許政(『내일을 위한 證言 : 許政 回顧錄』, 샘터, 1979.)과 金度演(『나의 人生白書 : 常山回顧錄』, 常山回顧錄出版同志會, 1967.)의 회고 및 미주 한인사회에 대한 글들[金元容,『在美韓人五十年史』, 1959. : 盧載淵,『在美韓人史略』, 1963.(독립운동사편찬위원회 편,『독립운동사자료집』9, 1970. 수록.)]이 참조된다.
42) 許政, 앞의 책, 51쪽. 許政의 회고에 따르면 '동지회계와 홍사단계는 교회도 따로 갖고, 경축일이나 기념일 행사도 따로 거행할 정도'로 당시 교민사회의 분열은 심각한 상태였다고 한다.
43)「본보의 주의주장」,『삼일신보』1929. 1. 4.

보』는 국내 사정을 교포들에게 전하고[44] '인구세'를 모집하는 등의 활동을 전개하였고 설산은 1929년 영국으로 가기 전까지『삼일신보』의 중심인물로 활동하였다.

그러나 현존하는『삼일신보』의 내용을 통해 볼 때 당초 표명한 것과는 달리 이승만 지지 노선으로 흘렀던 것으로 파악된다. 현재 국내에서 확인되는『삼일신보』는 총 3호에 불과하여[45] 정확한 성향 파악에는 많은 어려움이 있지만, 그 기사 내용을 볼 때 이승만 지지가 명확하게 나타난다. 즉 국내사정의 하나로서 구미위원부 관사 기본금을 모집하는 김현구에 대한 이야기를 소개하면서 기부금 성원을 촉구하는 점과 '인구세'[46]를 모집하고 있는 점, 그리고 임정의 이승만 탄핵에 대해 부정적인 인식을 나타내는 글 등은 이를 반증하는 사례이다.[47] 특히「임시정부에 대한 실지의 후원방침」이라는 글에서는 "이승만 지지나 한성정부의 정통성을 세우기 위한 것"은 아니라고 하고는 있으나 "민족운동에 있어서 대통령제 · 국무위원제와 같은 구성의 문제가 아닌 인재의 양성, 재물의 축적과 실제적 행동이 중요"하다고 주장하면서 임시정부의 계속적인 분열상을 비판하고 있다. 동시에 이승만에 대한 임정의 탄핵과 그 이유를 '경망한 행동', '시시한 잔소리'라 함으로서 이승만에 대한 지지를 분명히 하고 있다.[48] 이는

---

44) 1928년 9월『삼일신보』에서 한국의 수재민에 대한 의연금을 모집한다는 '회보'의 내용을 통해서도 확인된다.('The Korean Nationalist Weekly of New York Solicits Relief Fund for The Flood Disaster in Korea', The Korean Student Bulletin, Vol. VI., No.3., October, 1928, p.3.)

45) 현재 확인 가능한『삼일신보』는 이화장(창간호), 국사편찬위원회[복사본(1929. 5. 24.)]와 국회도서관[마이크로필름(제28호, 1929. 1. 4.)]에 소장중인 총 3호에 불과하다.

46) 당시 미주의 여러 단체들이 '애국의연금 · 애국금 · 인구세 · 혈성금' 등의 명칭으로 자금을 수합하였기에 '인구세'라는 명칭만으로는 어느 단체에서 모집한 것인지 판명할 수 없으나 이승만을 지지하는『삼일신보』의 기사 내용으로 볼 때 이들이 수합한 '인구세'는 이승만에게 돌아간 것으로 판단된다.

47)「국내사정」; 「임시정부에 대한 실지의 후원방침」,『삼일신보』1929. 5. 24.

48) 이는 유학생들의 '혁명당' 구상과 함께 당시 미국 교민 · 유학생 사회에 만연된 임정 분열에 대한 부정적인 인식을 반영하는 것이라 할 수 있다. 한편『삼일신보』의 이승만 지지는 그 기사 내용(「구미위원부 유지회」; 「동지회 뉴욕지회 1주年 기념식」; 「동지회를 디트로이트

『삼일신보』의 폐간에 관한 관계 인사들의 주장에서도 확인된다. 즉『삼일신보』가 이승만을 후원하는 논조를 전개함으로서 교민사회의 불신을 초래하였고 이것이 재정불안으로 연결되어 폐간되었다는 주장이 그것이다.49)『삼일신보』의 친이승만 성향은 당시 뉴욕교민사회의 인식을 통해서도 확인된다. 즉 당시 교민들은『삼일신보』를 동지회 계열이 장악한 '뉴욕한인교민단'의 기관지로 인식하고 있다는 점이다.50) '뉴욕한인교민단'은 '동지회' 계열이었던 사업가 安定洙, 洪得秀, 이진일 등이 콜럼비아 대학에 재학 중이던 유학생 許政, 宋世仁, 李奉洙, 申聖求 등을 규합하여 1924년 12월 10일 결성하였다. 이들은 창립 목적에서 "거류동포를 규합하여 친목을 증진하며, 정치적 행사에는 구미위원부 사업을 후원"할 것을 명시하였고, 1925년 3월 구미위원부 폐지령이 발표되자 이승만과 구미위원부를 옹호하고 나섰다.51) 앞서의 기사 내용과 더불어 볼 때 이러한 교민사회의 인식은『삼일신보』의 성격을 보다 명확하게 나타내는 사례라 할 것이다. 특히 교민 사회의『삼일신보』에 대한 부정적인 인식은 당시 교민사회의 대표적인 신문이었던『新韓民報』의 내용에서도 명확하게 드러난다.『新韓民報』의 경우 여러 차례 논설 및 기고문들을 통해『三一新報』의 발간에 부정적인 인식을 나타내고 있다.52)

한편 설산 경우 시카고 '삼일신보 유지원회'에서 다음과 같이『삼일신보』의 중립성을 강조하기도 하였다.

에 조직코자」,『삼일신보』1929. 1. 4.)을 통해서도 확인된다.
49) 김도연, 앞의 책, 114-116쪽. 이는 자신을 비롯한『삼일신보』주도층의 개인사정으로 인한 이탈과 침체, 그로 인한 재정불안을 원인으로 들고 있는 許政의 주장(許政, 앞의 책, 73쪽.)과는 상반된다. 그러나 許政이 동지회 계열이었다는 점에서 김도연의 주장이 보다 설득력을 지닌다.
50) 김원용, 앞의 책, 272쪽.
51) 金元容, 앞의 책, 214-215쪽. : 金度演, 앞의 책, 114쪽.
52)『新韓民報』「삼일신보의 발간설을 듣고」(장성욱), 1928. 2. 16.-23. ;「『三一新報』에 대하여」, 1928. 2. 16. ;「뉴욕유지들의 대동단결설」, 1928. 3. 15.

> … (광복을 위하여) 우리가 서로 **하는 야망으로 단결합시다. 대사를
> 위하여 조그마한 감정은 어디까지던지 초월하기를 바라며, … 그러나 삼일
> 신보는 어느 개인이나 단체의 기관지가 아니고 다만 우리의 혁명사업을
> 위하여 여론을 환기하며 역량을 총집중하자는 불편부당한 만인* **(의
> 언론 : 필자 주) 기관인즉 …53)

그러나 이와 관련된 설산의 시카고 지역 인사들과의 대화 내용을 통해
볼 때 설산 역시 『삼일신보』의 성향과 큰 차이가 없었던 것으로 파악된
다.54) 이와 같은 이승만 지지의 성향은 당시 동구지부 유학생들의 동향에
서도 확인된다. 동부 지부 유학생들은 구미위원부의 존속을 주장하는 결
의를 행함으로서 임정의 정책과 배치되는 모습을 보여주고 있다.55) 따라
서 당시 뉴욕 유학생계의 주도적인 위치를 점하며 『삼일신보』에서 활동했
던 설산 역시 이러한 동향과 무관하지 않았을 것으로 보인다.

한편 이러한 『삼일신보』 발간 및 활동에 대해 '총회'에서도 '학생회보'
의 기사를 통해 소개함으로서 어느 정도 관심을 기울이고 있다.56) 그러나
이러한 관심이 '총회'가 이들 『삼일신보』를 주도한 동부지부의 유학생들
과 입장을 같이 했던 것을 의미하지는 않는다. 이는 동부 지부 유학생들
이외 다른 지역의 학생대회에서는 이와 같은 내용이 확인되지 않기 때문
이다. 따라서 『삼일신보』에 대한 '총회'의 관심은 그 구성원들이 발간에
참여했다는 점과 뉴욕 지방의 교민사회에 대한 관심에 불과하였던 것으로
파악하여야 할 것이다.

한편 영국에서 돌아온 뒤 설산은 앞서 살펴본 바대로 '총회'에서의 활동

---

53) 「시카고 각 단체 연합의 장덕수 환영회」, 『삼일신보』 1928. 5. 24.(**는 판독불능한 글자)
54) 「장덕수씨 책임을 변명」, 『신한민보』 1929. 5. 30.
55) 「동부학생대회결의안」, 『신한민보』 1927. 6. 23.
56) '6월부터 김양수와 콜럼비아 대학 졸업생들이 편집을 담당'한다고 하여 관심을 기울이고
    있다.('New York News', The Korean Sutdent Bulletin, Vol.Ⅵ., No.2., April, 1928, p.4.)

과 더불어 임정의 '주외재무행서 제5행서(뉴욕)'[57] 책임자로 활동함으로
서 임정과 일정한 연결을 유지하게 된다. 주외재무행서[58]는 이동시기
(1932~40) 임정이 미주 동포를 주대상으로 하여 설치한 임정의 재정기구
였다. 즉 임정의 분열상으로 인해 침체되었던 미주 지역의 모금운동이
1932년 4월 '윤봉길 의거' 이후 활기를 띠기 시작하고 이를 수령하기 위한
새로운 단체를 요구하는 교민 사회의 요구에 따라 임정이 1934년 4월
「재무부시행규칙」을 제정하여 조직한 것이다.[59] 설산의 재무행서책임자
임명은 크게 두가지 요인이 작용한 것으로 판단된다. 먼저 임정인사들과
의 인적 연결을 들 수 있다. 설산 그 자신이 1910년대 말 상해에서 망명생
활을 하며 '신한청년단'의 주도 세력으로서 활약했던 점과 동생인 張德振
이 김구 휘하에서 의열 투쟁을 전개했던 점이 이를 뒷받침한다. 그러나
무엇보다도 당시 뉴욕 지역 한인사회에서 차지하고 있었던 설산의 위치가
커다란 역할을 했던 것으로 보인다. 즉 뉴욕 유학생계의 대표적인 인사라
는 점과 『삼일신보』의 발간과 같은 활동에서 나타나는 뉴욕 지역 한인교
민단 내에서의 영향력이 그것이다. 현재 이와 같은 주외재무행서의 조직
에 대해 이승만의 영향력을 배제하기 위해 이승만을 책임자로 하는 외무
행서와 철저히 구분하였다는 선행 연구가 존재한다.[60] 실제로 재무행서책

---

57) 미주 지역에 설치된 재무행서와 그 책임자는 다음과 같다. 제1행서(하와이) : 李正健(→金潤
  培), 제2행서(하와이) : 李元淳, 제3행서(샌프란시스코) : 白一奎, 제4행서(로스앤젤레스) :
  宋憲樹, 제5행서(뉴욕) : 張德秀(→고소암), 제6행서(시카고) : 金慶[국회도서관, 『韓國民族運
  動史料』(중국편), 1976, 812·843쪽 : 국사편찬위원회, 『韓國獨立運動史資料』(임정편) 1,
  1970, 64쪽.] 그러나 뉴욕 재무위원으로서의 설산의 활동 내역은 확인되지 않고 있다.
58) 주외재무행서에 대해서는 고정휴(『대한민국임시정부 구미위원부(1919~1925)연구』, 고려
  대 박사학위논문, 1991.)와 윤대원(「대한민국임시정부 후반기(1932~1945)의 재정제도와 운
  영」, 한국근현대사학회 편, 『대한민국임시정부수립80주년기념논문집』 상, 국가보훈처,
  1999.)의 선행연구가 참조된다.
59) 당시 대한국민회는 "임시정부가 현재와 같이 유명무실한 상태에 있는 것을 유감이라 하여
  재미한인동보로부터 모집한 의무금은 확실한 단체가 조직되기까지 송금하지 않겠다"고 하
  였다.(국회도서관, 앞의 책, 777쪽.)

임자를 맞고 있는 인사들 중 상당수가 홍사단원 및 국민회 계열의 인사들이라는 점은 이를 반증하는 사례이다.[61]

그러나 설산의 경우 안창호를 비롯한 국민회계 인사들과 일정한 거리를 두고 있었다. 이는 설산을 "동경에까지 사람을 보내어 안창호의 홍사단 입단 권유를 단호하게 거절한 공정하고 초당파적인 인물"로 파악한 이승만 계열 인사의 회고[62]와, 뉴욕을 방문한 도산을 윤홍섭과 함께 방문하여 독립운동 방략에 대해 토의를 한 설산에 대하여 도산이 매우 부정적인 평가를 내렸다는 점에서 확인된다.[63] 이러한 점은 설산의 재무행서위원 임명의 배경을 보여주는 것이라 할 것이다. 결국 미주 유학 시기 이승만 지원 활동을 전개했던 설산의 모습은 해방 공간에서 '한국민주당'이 이승만과 일정한 유대 관계를 유지하게끔 한 연결고리 역할을 할 수 있었던 배경을 이룬다고 할 것이다.

이상의 '총회'와 교민사회에서 활동을 하던 설산은 1936년 『산업평화의 영국적 방법 - 노동분쟁과 관련된 민주주의의 연구』[64]이라는 논문으로 박사학위를 받고 11월 '조선'으로 귀국하였다.[65] 귀국 이후 동아일보 주필 및 보성전문 교수로서 활동하던 설산은 결국 친일의 길로 들어서게 됨으로서 자신의 한계를 들어내게 된다.

---

60) 고정휴, 앞의 책, 273쪽. : 윤대원, 앞의 글, 271쪽.

61) 『도산안창호전집』 10, 동우회 II · 홍사단우 이력서, 2000. 참조.

62) 許政, 앞의 책, 70-71쪽.

63) 郭林大, 『못잊어 華麗江山 : 在美獨立鬪爭半世紀秘史』, 대성문화사, 1973, 156쪽.

64) Chang Duck Soo, *British Methods of Industrial Peace - A Study of Democracy in Relation to Labor Disputes*, Columbia Univ. Press, 1936.(이하 British Methods of Industrial Peace로 略) 한편으로 이 책의 서문에서 설산은 인촌 김성수의 '정신적 · 재정적 지원'에 대한 진실된 감사를 표하고 있어 그에 대한 인촌의 영향력을 살펴 볼 수 있다.

65) 'Personal Notes', The Korean Student Bulletin, Vol. XV., No.2., December-January, 1936-1937, p.7.

Ⅱ. 설산의 조선현실 인식과 사회인식

1. 조선현실 인식

유학 시기 설산의 인식은 '총회' 사업의 일환으로 전개된 활동 속에서 나타나는 한정적인 자료들을 통해서만 확인이 되고 있다. 물론 그가『동아일보』에 연재한 글을 통해서도 일부분이 확인되나[66] 이는 20년대 국내활동의 연장선상에서 파악해야 될 것이다. 따라서 그의 인식의 내용 및 수준은 유학생의 그것 속에서 파악해야 한다. 당시 유학생들 및 설산의 인식을 확인할 수 있는 자료로 앞서 언급한 1927년 제5회 '연회'의 동부지부의 토의 내용을 들 수 있다.

토의는 '조선'의 상태에 대한 정치문제와 경제문제로 나뉘어 진행되었는데, "어떻게 하면 韓民族의 독립을 목표한 一大革命黨을 조성할가"라는 주제로 진행된 정치문제 토의에서 설산은 '우리 독립의 몇가지 기본요점'이라는 다음과 같은 주장을 하고 있다.

    ① 독립운동의 의의 : 사회의 정치적 조직 - 생존경쟁에 조직이 불가결
    ② 독립을 목표로 한 일대 혁명당의 조성 필요
    ③ 혁명당 활동요목 : 혁명사상 고취, 군사준비, 외교활동 - 세계사조 문명
       운동과 합치할 것
    ④ 기본금 적립
    ⑤ 혁명도덕 확립
    ⑥ '정부'와 연락

여기서 설산이 말하는 '정부'는 토의에서 구상된 '革命政府'이다. 당시 유학생들이 구상한 '혁명정부'의 형태는 토의에 참여한 김도연의 구상에 잘 나타나 있다. '聯合議院'과 '政務院'으로 구성되는 '혁명정부'는 먼저

---

66) 장덕수, 「米國와서」,『동아일보』1923. 12. 1.~1924. 1. 14.

中國·滿洲·西間島·北間島·露領·美洲의 6개 각 지역의 정당-獨立黨-에서 선거를 통해 선출된 각 8인의 대표 48인으로 연합의원을 구성하고 그 중에서 각 지역 대표 1인씩 6인이 議政院의 執行委員이 된다. 政務院은 庶務·宣傳·財務·外交·軍事·司法府의 6개 부가 있으며 政務委員은 議政院의 執行委員들이 선출하는 것으로 되어 있다. 한편으로 여기서 설산이나 그 외 유학생들이 구상한 '혁명당'은 사회주의 혁명을 쟁취하기 위한 혁명당이라기 보다는 독립을 쟁취할 수 있는 하나의 기관으로서 혁명당을 제시한 것이다.[67] 결국 이와 같은 토의는 임정의 분열과 무능에 상당한 실망을 느끼고 동시에 '신간회'운동에 많은 기대를 걸어 민족·사회 양진영이 통합·조직되는 '새로운' 정부, 즉 독립운동의 구심체의 구성을 기대했던 당시 유학생계의 분위기를 반영하는 것이다.

한편 여기서 나타난 설산의 구상은 세계 질서를 '약육강식·생존경쟁'의 틀 안에서 파악하고 '혁명운동'-독립운동-을 세계사조인 '문화운동'의 선상에서 진행되어야 한다고 주장하는 점에서 볼 때, 이전 국내 활동 시기 사회진화론적 인식을 바탕으로 '개조론'을 전개했던 인식의 연속선상에 있음을 알게 해준다. 동시에 '정치적 조직'을 중시하는 것은 1924년 초 김성수·송진우·최린 등의 주도로 전개되었던 '연정회' 논의와 연관시켜 볼 때 시사하는 바가 크다. 즉 설산 자신은 비록 유학으로 인해 그 논의에서 제외되었지만 인식 자체는 그들과 커다란 차이가 없었음을 알 수 있게 해주는 부분이다. 특히 이러한 점은 독립운동의 구심점으로 상정한 '혁명당'을 구성하는데 있어 '국내 대표'를 배제한 채 국외 대표들로만 조직할 것을 주장한 유학생들의 구상과 연결시켜 볼 때 더욱 확연해진다. 즉 설산은 비롯한 이들은 식민통치를 받고 있는 국내에서는 실제적인 독립운동이 사실상 불가능하다는 인식을 지녔던 것으로 파악할 수 있기

---

67) 토의에 참가한 쇠울씨의 경우 사회주의적인 입장에서의 '혁명당' 구상을 강조하고 있지만, 대부분의 참가자들의 주장은 설산과 같은 입장이다.(「동부학생대회결의안 참조)

때문이다.[68]

한편 경제적 문제를 갖고 진행한 토의에서는 설산을 비롯한 당시 유학생들의 '조선'현실에 대한 인식이 보다 분명하게 확인된다. '조선과 미국간의 무역증진'이라는 주제로 진행된 토의는 피폐되어 있는 '조선'경제의 융성을 목적으로 하고 있다. 이들은 '조선'경제의 상태를 농업·수공업이 유치해서 '조선인'의 상품이 일본 상인들에 의해 수집되어 미국에 판매됨으로서 일본 상인들만 이익을 얻고 '조선'경제는 피폐해진다는 인식을 가지고 있었다. 따라서 우선 1단계로는 농촌진흥과 수공업을 발달을 꾀하고, '조선'상인들이 상품을 모아 그 이익을 보전하고 미국에서 '조선'상인이 판매함으로서 경제를 진흥시키고, 2단계로 농업과 기계공업을 발달시켜, 역시 조선인 상인들이 상품을 모아 이득을 취하고 조선상인이 미국에 판매함으로서 조선경제를 융성시킬 것을 토의 목적으로 삼고 있다. 즉 조선경제 발전의 한 방법으로 한미간의 무역증진을 모색하고 있는 것이다. 그리고 이를 수행한 조직체의 설립 및 그 활용방안에 대해서 다음과 같은 제안을 하고 있다. 즉 국내에서의 직접적인 활동으로 '朝鮮對美貿易會社'를 설립하고 농촌을 진흥시키는 한편, 간접적 활동으로 국내의 조선·미국간 무역을 목적으로 미국 영사·상인을 중심으로 하는 社交團 설립과 교육의 보급 및 신문잡지를 통한 선전을 주장하고 있다. 동시에 미국에서의 활동으로는 1단계로 미국내 조선상인과 결탁, 대리상을 지정하고, 2단계로 대미무역회사 대리점을 설립하고 필요에 따라 공장도 설립할 것을 제시하고 있다. 그리고 이들은 무역을 할 수 잇는 조선이 물품으로 絹紗, 마포, 모, 유기, 찬장·옷장, 竹物, 목기 등을 제시하고 있다.[69]

---

68) 한편으로 1927년 崔麟이 동부지부를 방문하여 유학생들과 간담회를 할 때 '독립운동의 준비 단계로 독립운동의 중심체가 되는 국내외 연결 비밀결사를 조직하여 국내외에서 조직적인 활동을 해야 한다고 제의'했다는 김도연의 회고는 유학생 내부의 다양한 구상을 보여주는 사례라 할 것이다.(金度演, 앞의 책, 108쪽.)

69) 「朝鮮과 美國貿易增進에 對한 決議及要領」, 46-49쪽.

이상과 같은 토의에서 설산이 주장한 내용은 확인되지 않지만, 당시 설산이 이 토의에 참여하고 있었던 것으로 볼 때, 이와 같은 유학생들 전체의 인식과 커다란 차이는 없었을 것으로 판단할 수 있다. 한편 이러한 유학생들의 주장은 조선의 경제적 피폐를 개선하려는 점에서는 의의를 지닐 수는 있으나 그 인식의 한계가 보이고 있다. 즉 당시 국내의 경제적 피폐를 단순히 '조선'산업의 낙후성에 파악하고 있다는 점이다. 물론 이러한 원인이 없는 것은 아니었지만 당시 조선경제의 피폐는 가장 중요한 원인은 식민지경제의 수탈체제였음은 주지의 사실이다. 따라서 이러한 상황 하에서는 朝美간의 무역 증진을 통해 발생하는 이익이 '조선인'들에게 돌아 간다기 보다는 결국 식민경제를 더욱 윤택하게 하는 결과를 초래하는 것은 분명한 사실이었다. 그리고 유학생들도 아래의 글에서 나타나는 바와 같이 이러한 상황을 분명하게 인지하고 있었다.

> 오늘의 한국은 … 경제상황이 더욱 악화되고 있다. 산업 시대에 농업국가로 있음으로서 땅에 의지하는 모든 국가들과 똑같은 불행한 운명을 경험하고 있다. 이것을 더욱 가중하게 하게 하는 것이 정부의 약탈적 경제정책이다. 소작인의 증가, 부채의 누적, 인구불안, 이것들은 직접적인 결과들이다. …70)

그럼에도 불구하고 토의의 결과가 이러한 내용으로 나타나는 것은 결국 조선의 정치적 상황을 배제한 채 실력양성론적인 입장만을 강조하는 유학생들의 조선현실 인식에서 비롯된 것으로 보인다.

이러한 유학생들의 인식은 당시 『우라키』나 『학생회보』에 나타나는 여러 글들에서 확인된다. 특히 「오늘날 한국에 가장 필요한 것」이라는 주제에 대한 토론71)에서 유학생들은 식민지 체제하에서는 '조선인'의 자립이

---

70) 'Steering the Destinies of Korea', The Korean Student Bulletin, Vol.ⅤⅢ., No.4., December, 1930, p.2.

필요하고 이를 위해서는 기독교적 인식에 기반을 둔 지도자가 필요하다고 주장하였다. 또한 국내의 산업-특히 농업- 및 사회의 낙후성을 인식하고 이의 개선을 위해 교육이 실행되어야 한다고 주장하였다. 특히 교육의 강조에 있어서는 '조선인'들은 자립·협동의 경험·정신이 결여되었다고 하여 대중교육의 필요성을 강조하고 있다. 한편으로 각자 맡은 책임과 의무-조선의 발전에 대한-를 충실히 할 것과 과학적 사고와 건설적인 행동을 주장하고 있다. 이러한 주장들은 당시 유학생들이 '조선'의 정치적인 상황은 배제한 채 '조선'사회의 개량을 추구하려는 실력양성론적인 입장을 견지하고 있었음을 단적으로 나타내는 사례라 할 것이다.

이러한 유학생들의 입장 및 인식에 있어 당시 미국 사회에서 이들과 밀접한 관계에 있었던 지도급 인사들의 성향도 많은 영향을 끼쳤던 것으로 보인다. 이는 이들이 유학생들에게 주장하고 있는 내용들이 유학생들의 그것과 커다란 차이가 없기 때문이다. 먼저 서재필의 경우도 1928년 7월 7일 '총회' 동부지부 연회집회 만찬석상에서 행한 연설에서 아래와 같이

> … 우리의 직업을 잘하자. 일본인보다 더 잘하자. 더 나은 학생, 더 나은 농부, 더 나은 기업가가 되자. 우리의 임무를 일본인보다 더 잘한다면, 그들은 우리를 우러러 보게 될 것이다. 내가 보기에는 이것 하나만으로도 우리의 자유를 찾을 수 있을 것이다.[72]

---

71) 여기에 참여한 인사와 주제는 다음과 같다. 정일형('대중 교육, 농업 향상, 영적 지도력'), 소운숙('미래에 대한 예지, 용기와 진실성'), 전 Y. T.('사랑, 성실한 지도력과 경제적 正義'), 윤성순('정신과 물질의 동반'), 김활란('한국인들에게 필요한 것과 우리가 지금 할 수 있는 것'). 전 Y. T.의 경우 이러한 것들의 성취를 위해 정치적 자유가 필요하다고 주장하는 점이 주목된다.('A Symposium on "What Korea of Today Needs Most"', The Korean Student Bulletin, Vol.Ⅸ., No.1., March, 1931, pp.1-2.)

72) 'The Annual Dinner of the Eastern Section of the K.S.F.', The Korean Sutdent Bulletin, Vol.Ⅵ., No.3., October, 1928, p.3

라고 하여 실력양성적 입장을 제시하고 있다.[73] 그리고 미국인사들의 인식 역시 여기서 크게 벗어나지 않는다. 이들의 주장은 『우라키』나 『학생회보』를 통해서 그리고 '연회'의 만찬 연설이나 다양한 모임에서 유학생들에게 전해졌다. 앞서의 「오늘날 한국에 가장 필요한 것」이라는 주제로 연재된 글에서[74] 웰치는 용기, 근면, 독창성, 산업-무역, 농업, 기타 사업 등-발전에 필요한 실용적 교육과 자본 및 숙련된 기술, 금융기관-低利융자-등과 구습의 폐지 및 종교의 영감을 강조하였다. 부르너 역시 善한 미국문명의 선택적 전달 및 농업의 다각화와 자본과 기술자의 필요성을 강조하면서 이는 단시간에 이루어지는 것이 아니기에 과학적 인내 및 개인 및 사회의 지속적인 노력이 필요하다고 주장하였다. 빌링스는 경제적인 자유와 독립을 위해 토지 소유권 개선의 필요성 제시하면서도 산업화가 필요하며 실용적 노선의 대중교육의 확대와 훈련된 지도자 및 기독교적 믿음이 필요하다고 주장하였다. 그리고 뉴욕대학교 교육철학과 교수인 혼(Dr. H. H. Horne) 역시 동부지부 '연회' 만찬연설에서 유학생들이 '조선'으로 가져가야 할 미국-서구-문명으로 '과학'-수단(method)으로서의 과학-과 인간 복지의 향상을 위한 물질적 조건들을 조절하는 역할을 하는 '산업' 그리고 '민주주의'를 제시하였고 동시에 '조선'의 농업 향상과 보다 많은 근대 문물 및 기관의 수용을 강조하였다.[75]

물론 조선신학대학의 교육과 교수였던 피셔(James E. Fisher)와 같이 일제의 본질을 정확히 파악하고 있는 인사도 있다. 그는 유학생들에게 조선

---

73) 이러한 서재필의 입장은 다른 곳에서 확인되는 그의 글들에서도 이러한 내용은 계속되고 있다.(서재필, 「朝鮮의 將來」, 『우라키』 4, 1930, 3-4쪽.)

74) 참여한 인사들은 일본·한국교회 前감독관 Herbert Welch, 콜럼비아 교육학과 교수이자 『소박한 한국(Rural Korea)』의 저자 Edmund deS Brunner, 조선기독대학 역사과 교수 B. W. Billings 등이다.('What Korea Needs Today', The Korean Student Bulletin, Vol.Ⅶ., No.2., May, 1929, p.1. ; Vol.Ⅶ., No.3., October, 1929, p.1. ; Vol.Ⅶ., No.4., December, 1929, pp.1-2.)

75) 'Things Korean Students should take home', The Korean Student Bulletin, Vol.Ⅸ., No.3., October, 1931, pp.1-2.

과 만주에 대한 일제의 잔학성 및 제국주의적 팽창에 대해서 부정적인 측면을 강조하면서 '일본의 군국주의·황제숭배·제국주의가 세계평화와 인간 복지에 있어 무신론적 공산주의보다 위험하다.'고 주장하였다. 또한 일제가 러시아의 무신론적 공산주의로부터 세계를 보호한다는 논리로 동아시아를 지배하려는 정책에 대해 서구 기독교 국가들의 동정과 협조를 얻기를 바라는 사실에 대해 주의를 촉구해야 한다고 하였다.[76] 그러나 그 역시 조선의 현상에 대해서는 이상적인 측면만을 강조하고 있다.[77] 이상과 같은 미국 지도인사들의 주장 역시 일제의 식민지배라는 '조선'의 객관적 조건을 배제한 채 경제 발전과 같은 현실 수준의 개선만을 주장하고 있는 한계성을 보이고 있다. 따라서 이와 같은 인사들의 지도·영향을 받던 유학생들과 설산의 경우도 이러한 인식의 선상에서 크게 벗어나질 못했을 것으로 판단된다.

한편 당시 유학생들은 자신들을 민족의 장래를 개척할 '지도자'로 상정하고 있다. 이는 1932년 뉴욕에서 열린 동부지부 7차 '연회' 만찬연설에서 양주삼이 「지도력의 핵심」이라는 주제로 연설한 것에서도 파악된다.[78] 이는 당시 이들을 국내 사회의 지도자로 성장할 인사들로 인식하고 있음을 보여준다. 이와 같은 점에 있어 설산도 예외는 아니었다. 이는 그가 작성하여 3.1절 기념행사로 한인교회에서 상연된 연극의 극본 내용에서

---

76) 'Dr. James E. Fisher addresses American Friends of Chines people on Korea', The Korean Student Bulletin, Vol. XIV., No.2., December-January, 1935-1936., p.1.

77) 이는 뉴욕한인교회에서 "한국의 장래를 위한 프로그램"이라는 주제로 가진 미팅(1936. 4. 5.)에서 '배타적 민족주의를 버리고 일본의 자유주의자들과 연계할 것'을 제시한 것에서 확인된다.('New York Chapter of the K.S.F. Hears Dr. James Fisher', The Korean Student Bulletin, Vol. XIV., No.3., March-April, 1936, p.1.)

78) 이때 지적한 핵심은 '이기적이지 않을 것, 난관에 직면하여도 용감할 것, 자신의 이익을 위해 남을 속이지 말 것, 의무에 진실할 것, 타인의 의견에 관대할 것, 다양한 의견과 구상을 선택·평가할 것, 무엇보다도 자신의 계획을 가질 것' 등이다('National and Federation Problems Discussed', The Korean Student Bulletin, Vol. X., No.2., June, 1932, p.3.)

그 일단면이 확인된다. 연극의 내용은 식민지 조선이라는 상황에서 핍박받는 한 가정의 어려움을 신지식을 수용한 아들이 해결한다는 것이었다.[79] 이는 '조선'의 상황을 개척하는 지도세력은 자신과 같은 서구 지식을 수용한 인사들임을 상징적으로 표현한다고 할 것이다. 그러나 당시 유학생들의 상당수는 귀국 이후 헌신적인 지도자 역할보다는 사회적 안정이 보장된 '취업'에 많은 관심을 기울였던 것으로 보인다. 이는 '조선'의 상황에 대한 설명을 통해 '중앙'에서의 취업난을 걱정하는 유학생들에게 지방에서 조국을 위해 봉사하자는 내용의 글에서 역설적으로 확인된다. 즉 유학생들이 서울 지역을 중심으로 한 고위직의 부족에 따른 실업문제를 걱정하고 있는 내용을 통해 볼 때 당시 그들이 도시 지역의 취업과 함께 상위 클래스의 생활과 고상한 환경을 원하고 있었음을 알려주는 대목이라 할 수 있다.[80]

2. 사회 인식

1920년대 초반 설산은 자신의 글을 통해 '개인의 자아'가 완벽하게 발휘되는 '문명된 사회'를 이상적인 사회로 인식하였다.[81] 이러한 그의 인식은 미국 유학을 통해 서구 문명을 직접적으로 경험하면서 보다 구체적으로 나타났다. 그리고 이는 1936년 콜럼비아 대학에서 박사학위를 인정받은 『산업 평화의 영국적 방법』에서 살펴 볼 수 있다.[82]

---

79) 김도연, 앞의 책, 107쪽.

80) 이러한 내용은 에비슨 박사와 韓 C.C.가 쓴 글의 내용에서 역설적으로 확인된다.('Unemployment Question at Home', The Korean Student Bulletin, Vol.Ⅶ., No.1., March, 1929, p.2.)

81) 이에 대해서는 졸고(「설산 장덕수의 문화운동과 사회인식」, 199-203쪽) 참조.

82) 이 글은 당시 심사를 담당한 교수들로부터 호평을 받아 대학출판부에서 단행본으로 출판할 정도로 우수한 논문이었다.('Personal Note', The Korean Student Bulletin, Vol.ⅩⅤ., No.1., October-November, 1936, p.8.)

이 글은 먼저 영국을 그 연구 대상으로 설정하고 있다는 점에서 주목된
다. 즉

> … 세계에서 가장 최고로 산업화되고 명백히 가장 잘 운영되는 민주주의
> 일 뿐만 아니라, 대의 정체와 근대 산업주의의 분야에서의 선구자인 국가
> 에 의해서 발전되어온 체제 … 민주주의의 실제적인 교훈을 가르쳐 줄
> 수 있다. …[83]

라고 하여 영국을 세계에서 가장 발달한 민주주의·자본주의 체제를
운영하는 국가로 파악함으로서 자신이 인식하고 있는 '이상적인 사회'의
모델로 상정하고 있는 것이다.[84] 이처럼 설산이 유학생활을 하고 있으며,
당시 조선의 지식인들이 자유·평등의 상징으로 삼았던, 그리고 당시 세
계 최고의 자본주의 국가로 발전하고 있던, 미국이 아닌 영국을 연구대상
으로 삼은 것은 크게 두가지 요인에서 비롯된 것으로 보인다. 우선 당시
미국문명에 대한 설산의 소극적인 평가를 들 수 있다. 설산은 분명 미국의
물질문명을 극찬하고 있으며[85] 또한 미국인들의 진취향상·자유독립의
기상, '낙관적·奮鬪적 품성' 등과 같은 본받을 점도 제시하고 있다. 그러
나 한편으로 종교·철학·예술 등과 같은 내적 생활 및 '최고의 도덕점'이
라 하는 사회적 의식의 미달로 인해 인종·계급차별, 황금만능주의, 향락
주의 등의 병폐를 지니는 미국 문명을 '미숙'한 상태의 것으로 평가하였
다. 결국 설산에게 있어 미국이라는 나라는 그 문명의 성공 여부가 아직
확정되지 않는 '미숙'한 국가였던 것이다.[86]

---

83) *British Methods of Industrial Peace*, p.13.
84) 이렇듯 영국을 하나의 모델로 삼고 있는 것에 대해서는 일본 유학 시절 일본 지식인들로
   받은 영향이 일정 정도 잠재해 있는 것으로 유추된다. 이에 대해서는 김경택의 연구(앞의
   글)가 참조된다.
85) 이는 앞서 언급한 그의 글(「米國와서」 ; 「미국 유학생의 미국문명에 대한 감상」)에서 이미
   확인된다.
86) 「미국 유학생의 미국문명에 대한 감상」, 『우라키』 3호, 1928, 1~11쪽. 이 글은 당시 유학생

한편으로 이와 같은 미국문명에 대한 소극적인 인식은 비단 설산만의 것은 아니었다. 이는 당시 미국에서 생활했던 유학생들의 공통적인 인식이었다. 즉 당시 유학생들은 미국의 발달된 물질 문명에 대해서는 높은 평가를 내리고 있음에도 불구하고 사회도덕·윤리적인 측면에서의 미국문명에 대해서는 '천박한' 것으로 평가하고 있다. 그러나 설산이 미국문명의 성공여부에 대해 판단을 유보하고 있는 것과는 달리 이들은 비록 한계성은 있으나 성공적인 것으로 평가하고 있다.[87]

다음으로 콜럼비아대학의 분위기 및 정치학과 교수들의 성향에 많은 영향을 받았던 것으로 판단된다. 먼저 콜럼비아 대학에는 '반맑스주의'적 분위기가 매우 강하게 형성되어 있었다고 한다.[88] 동시에 보수 경제주의적 입장이 강하여 이에 당시 조선인 학생들이 많은 영향을 받았다.[89] 그러나 한편으로는 사회입법을 통해 사회보장제도를 강조하는 세력도 존재하였다. 대표적인 예가 Burns, Rogers, Seager, Macmahon 등[90]으로 이들은

들에게 진행된 설문이었는데 그 질문들은 '미국문명 중 ① 가장 놀랍다고 생각되는 것, ② 가장 본 받을 만한 점, ③ 가장 배척할만한 점, ④ 미국인 국민성 중 가장 본받을 만한 점, ⑤ 미국인 국민성 중 가장 배척할 만한 점, ⑥ 미국문명의 성공여부' 등이다.

87) 위와 같음. 설산을 비롯하여 당시 설문에 참여한 모든 유학생들(李勳求, 尹致暎, 李東濟, 崔允鎬, 金鍾哲, 曹應天, 崔淳周, 朴晟華, 韓稚振, 張利郁, 崔熙松, 金良洙, 黃昌夏, 尹弘燮, 金度演, 張世雲, 崔敬植)의 인식 역시 설산의 인식과 큰 차이가 없다.

88) 조병옥, 『나의 회고록』, 어문각, 1963, 44쪽 참조.

89) 방기중, 「일제하 미국 유학 지식인의 경제인식」, 『북미주 지역의 한국인』, 미주한인이민100주년 기념국제학술대회(2002. 5. 16.~19.) 발표 요지, 311-313쪽. 참조

90) Eveline M. Burns(1900~85)는 콜럼비아 대학 교수(1928~67)로서 영국에서의 사회 보험(보장)분야의 전문적 지식을 바탕으로 F. 루즈벨트 대통령의 경제안전위원회에서 명백한 선택을 하였고 1935년의 '사회안전법'을 기안하는데 결정적인 역할을 하였다. 『Social Security and Public Policy』(1956)라는 주목할만한 저서를 저술하였다. Lindsay Rogers(1891-1970)는 콜럼비아 대학에서 '정부와 公法'을 가르쳤으며(1920~59) New York state department of labor(1928), National Recovery Administration(1933), Public Works Administration(1934~36) 등에서 근무하였다. Henry R. Scager는 콜럼비아대학 정치경제학과 교수로 있던 1910년 사회보장에 대한 미국 최초의 저작들 중의 하나이며, 미국에서의 사회 보험(보장)을 위한 철학적 운동의 초기 해설이자 고전인 『Social Insurance : A Program of Social Reform』을 저술하였다. Arthur Macmahon(1881-1980)는 콜럼비아대학의 교수(1913-58)로서 '공공행정'이 학문적 분

설산이 논문 서문에서 감사의 뜻을 표할 정도로 많은 영향을 끼친 것으로 보인다.[91] 이들의 학문적 영향으로 영국의 사회입법에 대한 연구를 진행한 것으로 판단된다.

한편으로 이 글이 중요한 이유는 이 글을 통해 설산이 인식하는 이상 사회의 모습과 그것을 성취하는 방법의 일부를 알 수 있기 때문이다. 우선 설산은 이 글을 통해서도 계속적으로 개인의 자아를 최우선시하고 이것이 완성되는 사회를 최고의 문명된 사회로 인식하고 있다. 이는 1920년대 초반 국내활동 시기에 나타났던 인식과 동일한 것이다. 설산은 개인성을 사회단결의 기본 핵심으로 파악하고 있다. 그리고 이러한 개인의 자아가 완성되고 문명된 사회를 이룰 수 있는 사회 체제로서 보다 구체적으로 정치체제로서의 민주주의와 경제체제로서의 자본주의를 강조하고 있다. 즉 민주주의를 다음과 같이 정의하여 모든 개개인이 "유익하고 문명화된 삶을 살 수 있는 기회"로 인식하고 있다.

> … 다수가 얻으려는 어떠한 목적에 대한 성취를 위한 단순한 주된 규칙이 아니다. 진정한 목표는 '공동체의 어느 구성원도 완전하고 자유로운 삶을 살려는 기회를 거부당하지 않는 것'을 확실하게 하는 것 …[92]

동시에 설산은 독재-강압-정치에 대해서는 강한 부정을 나타낸다. 그것은 독재정치가 외면상으로는 국민의 일치를 확보하는 것처럼 보이지만, 그것이 만들어 내는 사회질서는 사회단결의 기본 핵심인 개인 자아 발전의 희생을 통해서 나타난다고 파악하였다. 또한 독재정치는 인간의 정신력을 불가능하거나 필요 없게 만들기에 인간의 도덕성에 커다란 빈곤을 제공한다고 인식하였다. 따라서 설산에게 있어 독재정치는 사회체제로서

야로 인정되는 것을 이끌어 내었다.

91) British Method of Industrial Peace, p.7.
92) British Methods of Industrial Peace, p.289.

반드시 배제되어야 하는 체제였다. 그런데 여기서 주목되는 것은 설산이 다음과 같이 이탈리아의 파시즘과 러시아-소련-의 공산주의를 독재체제로 제시하고 있는 점이다.

> … 이탈리아식이건 러시아식이건 간에, 독재정치는 자치가 불가능한 일반 대중들의 가정된 이익을 위해 정부 권력에 의해 위로부터 강요되고 강제된 질서와 통합을 의미한다. …[93]

이러한 그의 주장은 사회주의-공산주의-에 대한 그의 부정적인 인식을 단적으로 드러낸 것이라 할 수 있다.

한편으로 설산은 산업평화에 있어 자본계급과 노동계급의 존재를 인정함으로서 자본주의 체제를 긍정적으로 인식하고 있다. 그러나 자본가만의 이익이 극대화되는 자본주의를 주장하지는 않는다. 설산은 '자유'에 대한 개념을 다음과 같이 정의함으로서 개인의 '방종' 및 자유경제라는 명목 하에 저질러지는 자본가들의 '부의 축적'과 그를 통한 노동계급 억압을 비판적으로 인식하고 있다.

> … 가장 넓고 긍정적인 의미에서의 자유는 오직 조절된 사회협동을 통한 자기실현과 그 방식에서의 개개인 생활의 자유를 의미 … 자유는 직업과정에서 가난한 자를 파괴하는 부자의 자유로운 권력을 의미하지 않는다. …[94]

동시에 그는 '노동조합'을 영국의 합법적인 사회기관으로 인식함으로서 노동자들의 단결과 그를 통한 자본가들과의 협상과 투쟁을 필요 불가결한 요소로서 인정하고 있다. 그러나 이러한 노동분쟁은 평화적으로 해결될 수 있으며 그 중요한 요소로 분쟁 당사자들간의 중재와 국가에 의한

---

93) British Methods of Industrial Peace, p.15.
94) British Methods of Industrial Peace, p.288.

조정을 제시하고 있다. 또한 여기에는 사회구성원들 사이에 자리잡고 있는 민주주의적 성향이 중요한 역할을 한다고 파악하고 있다. 그렇다고 단순한 '투쟁의 기피'를 사회에서의 '평화'로 파악하지 않는다. 설산에게 있어 평화는 모든 사회구성원들이 서로의 발전을 위해 서로가 협동하는 것을 의미한다. 즉 설산은 사회구성원들간의 대립과 갈등이 아닌, 적극적인 참여 속에서의 협동과 조화의 정신을 강조하고 있는 것이다.

그런데 여기서 주목되는 것은 영국에서 노동조합이 합법화되는 과정이다. 영국의 경우 계속적인 입법과정을 통해 노동조합이 합법화되고 국가의 조정이 확립되기까지는 약 150년간이라는 오랜 시간을 통해서이다. 이러한 과정을 거친 영국의 산업평화를 이상적인 것으로 평가하는 것은 설산 자신이 '계급혁명'과 같은 '급격한 사회변화'를 부정하는 인식을 지녔음을 보여주는 것이다. 이는 다음과 같은 내용에서 보다 명확해진다.

> '최후의 계급 투쟁'이라는 마르크스주의적 감정이 근대 영국 정치사에서는 널리 보여지지 않는다는 점이 주목된다. 압박 받는 공장노동 소년들의 원인은 토리와 휘그당 뿐만 아니라 노동자들 자신에 의해 처리되었다. 진보적인 국가적 협동은 또한 정치적 개혁, 노동조합 입법, 공공교육, 사회 안정 방법들을 확보하였다. 영국 의회의 기록을 살펴 보면, 긴박한 시기에 '그럭저럭 해내는' 능력과 영국적 국가 결합의 비밀에 놓여 있는 실용적 이상주의와 페어 플레이의 영국적 정서에 대한 계속적이고 끊임없는 지적이 떠오른다.[95]

즉 설산은 사회구성원들간의 민주주의적 정서를 통한 협동과 조화 및 '상황에 따른 입법'을 통한, '급진적인 개혁'이 아닌 '점진적인 개량'을 사회 발전·평화의 원칙으로서 주장하는 것임을 파악할 수 있다.

이상과 같은 설산의 인식 속에는 이전 국내에서 활동하던 시기에 보여

---

95) British Methods of Industrial Peace, p.23.

줬던 사회진화론적 인식에서 완전히 벗어나지 못하고 있음을 보여준다. 그러나 한편으로는 이전 시기 단순히 사회구성원간의 협조를 피상적으로 제시하는 것에서, 민주주의와 자본주의 체제를 강조하고 노동조합 및 국가 개입의 필요성을 강조하는 보다 구체적인 인식을 보여주고 있다.

맺 음 말

이상과 같은 미주 유학 시기 설산의 활동 및 인식은 당시 미주 유학을 단행한 지식인들의 양태를 보여준다는 점에서 의의를 지니고 있다. 이들은 당시 선진 지식을 습득했다는 점에서 일제하와 해방공간 및 제1공화국에서 사회주도세력으로서 확고한 위치를 차지하였다. 특히 뉴욕을 기반으로 설산이 보여준 이승만 지원 활동은 이후 해방공간에서 '한민당'과 이승만 세력 간의 연결통로로서 활약하는데 그 기반을 제공한 것이라 할 것이다.

그러나 이들이 지니는 인식에는 다음과 같은 한계성이 분명히 존재하고 있다. 먼저 설산을 비롯한 미주 지역 유학생들의 '조선' 현실 인식에 대한 한계성이다. 앞에서도 언급한 바와 같이 이들은 일제가 지배하는 식민지로서의 조선의 한계성과 위치를 분명하게 파악하고 있다. 그러나 이들은 '조선'의 정치적 상황을 배제한 상태에서 경제적·문화적인 조건의 개선만을 제시함으로서 민족운동의 궁극적인 독립에 대한 방향을 제시하지 못하고 있다. 물론 '혁명당' 구상 및 『삼일신보』의 발간, 주외재무행서에서의 활동과 같은 나름대로의 민족운동에도 어느 정도 참여하고 있기는 하지만 전반적인 독립에의 전망을 제시하지 못하고 있다. 여기에는 유학 이후 '조선'으로 귀국해야한다는 점이 커다란 제약으로 자리잡았음은 분명하다.

그러나 그보다는 이들의 인식 그 자체가 일제의 지배체제를 인정하는 상황에서 실력양성을 통해 '조선'의 근대화를 이루고 이를 통해 '독립'을 이루자는 안일한 인식에 매몰되어 있었던 것에 근본적인 요인이 있다고 할 것이다. 이러한 그들의 인식은 그들에게 영향을 주었던 많은 인사들의 그것과 동일한 것이었다.

그런데 이러한 설산을 비롯한 유학생들의 인식을 국내 지식인들의 소위 '준비론'이라는 입장에서 볼 때 커다란 위험성을 내포하고 있다. 즉 송진우의 경우 자신의 글을 통해 "미·일, 소·일' 간의 전쟁이 발발하고 이는 필연적으로 일본의 패망을 가져올 것이기에 그 '기회'에 독립된 국가를 세우기 위해서는 먼저 그에 합당한 정치·경제 등 제 분야에서의 '준비'가 필요하다"는 정세 인식을 보이고 있다.96) 그러나 결론적으로 볼 때 이와 같은 '준비론'은 결국 일제의 지배체제를 용인하는 상황 하에서 '자치'를 의미하는 것이다. 유학생들의 '실력양성적' 입장 역시 이와 커다란 차이를 보인다고는 할 수 없다.

다음으로 설산은 개개인의 자아가 완성되고, 사회구성원간의 협동과 조화가 뒷받침되는 문명된 사회를 '이상적인 사회'로 인식하고 있다. 그리고 독재정치는 자신이 최고의 가치로 상정한 개개인 자아의 희생을 강요하기에 강력하게 부정하였다. 그러나 이러한 인식에도 불구하고 현실 정치에서는 일제의 지배체제를 인정함으로서 자신이 계속적으로 견지해온 입장을 '훼절'할 수 밖에 없는 한계성을 보인다는 것이다. 이는 비단 설산뿐만 아니라 같은 시기 미주 유학을 단행한 인사들의 공통적인 한계점이라 할 것이다. 특히 자신이 부정해왔던 '독재·강압정치'를 '세계대세'의 흐름으로 인정하여 '대동아공영권' 주창을 찬양하는 아래의 내용은 설산을 비롯한 서구 유학 출신자들의 이와 같은 한계성을 단적으로 들어낸 것이라 할 것이다.

---

96) 송진우, 「세계대세와 조선의 장래」, 『동아일보』 1925. 8. 28.~9. 6.

> ··· 中世紀의 世界觀은 近代 初葉의 文藝復興과 新大陸의 發見이며 그
> 에 따라 오는 其後의 政治的 經濟的 變革으로 因하여 根本的으로 破壞
> ··· 來世主義는 現世的 物質主義로, 團體主義는 個人的 自由主義로 變하
> 여 畢竟은 싸움투성 ··· 이에 世代는 다시 한번 크게 變하여 人類節制,
> 道義確立을 基礎로 한 全體主義, 統制主義의 世界觀이 서게 되고 그 具體
> 的 主張의 一端으로 皇國은 大東亞共榮圈을 提唱하게 된 것 ···97)

이와 같은 '친일행각'에는 물론 30년대 말 이후 일제의 강제동원체제와 같은 물리직인 압박을 무시할 수는 없다.98) 그러나 서구 유학을 통해서, 사회의 지도 인사로 인정받았던 이들의 '친일행각'은 시대상황에 기인한 것으로만 인정하기에는 커다란 문제점을 지니고 있다. 이는 "장덕수는 조선의 유용한 인물이다. 그의 덕성·열성·학식·재질 등 조선의 유일무이한 존재이다. 그러나 직업심리인지 無節操인지 비겁인지 전시협력만은 부인할 수 없는 사실"99)이라는 해방 공간에서의 설산에 대한 평가는 이들에 대한 평가에 있어 시사하는 바가 크다 할 것이다.

· 접수일 2003년 7월 30일 / 심사완료일 2003년 8월 15일

· 주제어 : 북미한인유학생총회, 한국학생회보, 우라키, 삼일신보,
　　　　　 뉴욕교민단

---

97) 張德秀, 「世界觀의 變遷」, 朝鮮金融聯合會 編, 『半島の光』, 1943년 1월.

98) 해방 이후의 설산을 "··· 피동적으로 끌려서 활동하는 체한 자 ··· 원래 英美에는 호의를 가졌으나 일본에 호감을 가지지 아니하였고, 혹은 친미 배일사상의 소지자였으나 위협에 공포를 느끼고 직업을 유지하기 위하여 과도의 친일적 태도와 망종적 협력을 한 자. 예 : 장덕수···"(민족정경문화연구소 편, 『親日派群像』, 1948, 14-16쪽.)라고 평가하는 문건은 이를 뒷받침한다.

99) 민족정경문제연구소, 앞의 책, 53쪽.

A Study of Activities and Social Recognition of Sul-San(雪山) Chang Duck-Soo(張德秀) during 1923~1936.

Shim, Jae Wook

It is very important that study the various Korean National Movement during the period of the Japanese Colonial Ruling. Because, the korean nationalist were divided into the Right & Left Wing in the course of the national movement, and their eruptions and complications were thus continued and got worse, as the opposition and dissension in the period of the Liberation(1945~1948), which made a internal factor of Korean War in 1950. So, to research the both sides equally, have an important meaning for the systematic study of Korean National Movement. And also, it is important to study about the people, those who had studied in western countries such as America during the Japanese Colonial Ruling. Because, they became the opinion leaders and established firm positions in the South Korea after their study abroad. But, until now, the examination about them was not carried out well.

Therefore, this thesis study about Sul-San(雪山) Chang Duck-Soo(張德秀), especially, his activities and social perception during the time when he studied in America(1923~1936)., hoping to analyze the group of the people.

After studying in Japan in 1910s, Sul-San led the 'Cultural Movement(文化運動)' of 'Dong-A Daily Group(東亞日報 그룹)' in early times of 1920s. And he went to America in 1923, cause of the critique of the radical socialists, such as Kim Sa-Guk(金思國).

In America, he entered the University of Columbia in New York in 1924, and took the M.A degree by "A Critical Examination of Marxian Conception of the State". And, he took the Ph. degree by "British Methods of Industrial Peace - A Study of Democracy in Relation to Labor Disputes" in 1936.

In that times, he played an important part in the Korean Student Federation of North America(K.S.F;북미한인유학생총회) as a vice-president or Chairman of Board of Directors, etc. Also, he occupied the essential role in establishing "The Korean Nationalist Weekly(삼일신보)" published by 'Korean Society in New York(뉴욕교민단)'.

But the most important thing is his recognition of the Society and the real situation of Chosun(朝鮮). It is proven in his articles in "Rocky(우라키)" and "Korean Student Bulletin" published by Korean students in America, along with in his Ph.D dissertation. In his articles, he suggested his opinions either on the Independence or on the Ideal Society. But by suggesting only the economical and cultural improvements without considering the political situation of Chosun, his recognition had a limitation of not proposing a specific direction of the Independence. Futhermore, after 1940s, by admitting Japanese Colonial Ruling in Chosun, while he intensively objected to Dictatorship, he represented the limitation of the intelligents in that times.

Key words : Korean Student Federation of North America, Korean Student Bulletin, Rocky, Korean Nationalist Weekly, Korean Society of New York

손두환의 항일민족주의 탐색과 민족운동관

한 상 도[*]

목 차

머리말
Ⅰ. 임정 참여와 민족운동관의 형성
 1. 임정 참여와 1920년대 전반기 활동
 2. 민족운동론과 반제 국제연대 구상
Ⅱ. 중국군 복무와 민족운동관의 확장
 1. 중국군 복무와 1920년대 후반기 활동
 2. 1930년대 활동과 한인독립운동진영으로의 귀환
Ⅲ. 임정 합류와 민족운동관의 심화
 1. 임시의정원 의원 활동
 2. 반일 국제연대의식 및 민족운동관의 심화
맺음말

머 리 말

　일제하 중국국민당정부 관할지역에서 활동한 독립운동가들 중에는 중국군에 복무하면서, 한인독립운동에 직·간접적으로 참여하였던 인물이 있었다.[1] 얼핏 金弘壹·李範奭·崔用德·蔡元凱·孫斗煥·金鐵男 등의 이름이 떠오른다. 이 글에서 살피고자 하는 손두환은 1919년 4월 대한

---

* 건국대 사학과 조교수

1) 이와 관련해서는 한상도, 『한국독립운동과 중국군관학교』, 문학과지성사, 1994이 참조될
　수 있다.

민국임시정부(이하 임정)에 참여한 이래, 1920년대 중반에는 廣州에서 黃埔軍官學校 교장실 부관으로 근무하였고, 1930년대에는 南京의 中國中央陸軍軍官學校에서 日本語敎官으로 근무한 이력을 갖고 있다. 그가 중국군을 떠나 한인독립운동 진영으로 되돌아오는 계기가 된 것은 1937년 7월 중일전쟁 발발이었고, 이후 1942년 10월 임시의정원 의원에 선임됨으로써 임정활동에 복귀하였다.

그는 1919년 임시의정원 의원으로 출발하여 消毒團·時事策進會 활동을 거쳐, 중국군에 복무하면서 留粤韓國革命同志會·南京韓族會·朝鮮民族戰線聯盟 활동에 참여하였고, 통합임정의 의정원의원이 된 후에도 韓國獨立黨統一同志會·朝鮮民族革命黨·新韓民主黨 당원으로 활동하였다. 해방정국에서는 勤勞人民黨과 民族自主聯盟에 참여하였으며, 1948년 4월 남북협상시 월북하여 북한정권에 참여하였다.

그가 참여하였던 단체를 일별하면, 민족주의 좌파 내지는 중간노선을 지향하고 있음이 눈에 띤다. 이는 그가 모색하였던 근대민족주의와 민족운동관을 암시한다. 특히 그의 항일역정을 특징짓는 사실은 재중 한인독립운동을 둘러싼 국제환경의 본체 속에서 독립운동의 진로를 탐색하면서, 자신의 민족운동관을 다듬어 갔다는 점이다.

그의 초기 민족운동관은 수립직후 임정을 무대로 한 독립운동세력의 진보적 민족운동론의 일면을 보여주고 있다는 점에서도 그 의미가 적지않다 할 것이다. 아울러 그의 반제·반침략 국제연대의식은 일제하 항일민족운동론에서 쉽게 발견되는 고립적·폐쇄적인 민족주의 관념을 뛰어넘고 있다는 점에서, 세계화라는 명제 앞에서 불안해 하는 현대한국민족주의의 입장에서도 반추해 볼만한 가치가 충분하다고 하겠다.

Ⅰ. 임정 참여와 민족운동관의 형성

1. 임정 참여와 1920년대 전반기 활동

1895년 6월 6일 손두환은 출생하였다.[2] 본적지는 황해도 은율군 長連面 車部里 1062번지이며, 별명은 笑公이었다. 장연공립보통학교 졸업 후 경성보통학교 및 안악 陽山學校를 중퇴하였다. 조선총독부 시행 判任大官 시험에 합격하기도 하였다. 1916년 일본으로 건너가 明治大學 法科에 입학하였다. 1919년 4월 25일 長崎에서 上海로 밀항, 독립운동에 투신하였다. 일제 정보자료는 그가 "국권회복을 도모하기 위하여" 상해로 건너갔다고 적었다.[3]

그의 임정활동은 1919년 4월 30일 개원한 제4회 임시의정원 회의에서 '황해도 의원'에 선임되면서 시작되었다. 청원법률심사위원으로도 선임되었고, 이날 회의에서 그는 대한민국임시정부장정의 통과를 동의하였다.[4] 5월 13일에는 韓偉健 등 5명과 함께 한성·노령·상해 임시정부의 통합을 촉구하는 결의안을 제안하였다. "한 나라에 국회가 양립치 못할 것이므로 급히 통일할 필요가 있다"는 한위건의 설명에 이어, 손두환은 "상해에 설립된 의정원은 정부와 밀접한 관계가 있으며, 이를 분립하기 어려운 즉, 다른 곳에 설립된 의회를 속히 본 상해의 임시의정원으로 통일토록 하자"고 제의하였다.[5]

각지 임시정부의 의회 기능을 상해 임시의정원으로 통일하자는 견해가

---

2) 그의 가족 상황은 부친: 孫昌濂(1925년 당시 75세), 모친: 李仁丁(53세), 처: 金相雲(34세), 장남: 基宗(10세), 장녀: 基周(5세), 동생: 昌煥이었다.

3) 朝鮮總督府 편,『國外ニ於ケル容疑朝鮮人名簿』(1934. 7), 194쪽 및 日本外務省 亞細亞局 第2課,『要視察人名簿: 朝鮮總督府調』(1925), 국가보훈처 편,『대한민국임시정부관련 요시찰인 명부』, 1996, 52~53쪽. 조선총독부 편, 위의 책에는 "惡友의 사주에 의해" 상해로 밀항하였다고 적었다.

4) 대한민국국회도서관 편,『大韓民國臨時政府議政院文書』(이하『의정원문서』), 1974, 45~46쪽.

5)『의정원문서』, 49~50쪽.

곧 상해 임정에 대한 지지 입장으로 해석될 수 있겠는가 하는 이의가 제기될 수는 있겠지만, 수립직후 임정의 법통 논의 과정에서, 손두환은 상해 임정으로의 통합을 주장하였던 것이다.

7월 7일 회의에서 법제위원회 위원으로 선임되었으나,[6] 8월 18일 개원한 제6회 회기 중 임시의정원 의원직에서 해임되었다.[7] 해임 사유는 파악되지 않지만, 같은 시기 독립신문에 기고한 글의 문맥으로 미루어 보면, 임시의정원에 대해 비판적이었다.

> 民主國이 민주국이 되는 까닭은 국가의 주권이 人民에게 있기 때문이다. 인민이 국가 최고의사의 주체되는 점이 민주국의 특색이니, 이를 실현하기 위하여 인민의 의사의 집합체 즉 전체의사를 요구하며, 이 전체의사를 만들어 내려면 자연히 일의 순서를 쫓아 대표의사를 모아야 할 것이니, 이로써 代議制度가 생기고, 議會가 생긴 것이라. 고로 의회는 민주국 적어도 立憲國에는 없어서는 아니될 기관이다.
>
> 그러므로 우리 대한민국도 민국인 이상에는 國會가 없어서는 아니될 것이나, 그러나 우리의 지금사정으로 능히 완전한 국가처럼 여러기관을 갖추고 모든 시정을 공론에 결정할 수 있겠는가. 기밀을 실행함이 오직 우리가 지켜야 할 바이다. … 기밀은 하나부터 열까지 실행 전에 폭로되고, 일이란 일은 적은 것으로부터 큰 것까지 진보가 부진하니, … 우리의 비밀을 무의식적으로 세상에 폭로시키는 자도 議政院이요, 어귀의 논쟁과 문자의 토론으로 사업의 진보를 방해하는 자도 의정원이라 하노라.
>
> 여론과 중의가 다 귀하고 중함이 아님은 아니나, 지금 우리 형편에는 채용키 어려울 뿐 만아니라 다수의 의견이라고 반드시 정곡을 득한 것이 아니오, 소수의 의견이라고 반드시 사리에 위반되는 것은 아니건만, 우매한 다수의견으로 명철한 소수의견을 압박하다가 대업을 그르친 예는 우리가 천고의 역사를 펴다가 왕왕 뜨거운 눈물을 떠러치는 페이지에 기록되어 있다. … 아무리 귀하고 편한 물건이오 제도일지라도 그 때가 아니면 소용

---

6) 『의정원문서』, 51쪽.
7) 『의정원문서』, 59쪽.

이 없는지라. 과연 대의제도가 善美한 것이 아님은 아니지만, 비밀을 요하
는 지금 우리의 형편으로는 자못 여름철의 수달껍질로 만든 속옷이나 여름
철에 마포적삼과 같아, 사용하면 무익할 뿐 아니라 오히려 해독이 된다고
하겠다.

　專斷獨裁가 가악한 제도이나, 기민한 일의 처리를 요하는 혁명이나 광복
시대에는 최적한 제도이므로 … 우리의 일이 日探에게 탐지되고 마땅히
해야 할 수단을 주저함이 소위 여론이니, 중의니 하는 시대착오 하에서
발생하는 현상이 아닌가.[8]

1920년대 초반 임정이 처한 주객관적 조건 하에서 임시의정원은 민주주
의 대의정치의 구현기관으로서 구실을 다하지 못하였으며, 오히려 독립운
동의 장애가 되기도 한다고 지적함으로써, 임시의정원의 존재 및 운영에
대해 회의적인 의사를 표시하였다. 또 혁명·투쟁의 시기에는 '專斷獨裁'
가 필요하다는 말에는 임정이나 임시의정원 나아가 한인독립운동을 이끌
어 나갈 리더십의 확립을 강조하는 함의가 깔려 있다고 하겠다.

미루어 보건대, 그는 실천 및 실용적 측면을 중시하는 유형의 인물이었
을 것이다. 다소 급한 성격이었을 그의 눈에 비친 임시의정원의 모습은
실망스러운 것이었고, 수립 초기 임정의 실태에 대해서도 갑갑함같은 것
을 느꼈던 것 같다. 이러한 유추는 독립공채 발행을 통한 독립운동자금
조달 계획에 대한 지적에서도 잘 드러난다.

　公債는 우리의 유일한 財源이어늘, 발행하기로 결정한지 어느덧 수 삼개
월을 경과하되 한폭의 채권을 보지 못하니 당국의 태만을 간과하기 어렵도
다. … 불량한 무리가 국내에 잠행하여 정부를 빙자하고 금전을 편취하는
사실이 일단을 가히 엿볼 수 있다. 이 어찌 재무부에서 마땅한 조치를 하지
못한 탓이 아니리오. … 우리나라의 소위 爲事者(실은 爲我者)는 단결의
필요성을 알지 못하거나, 또는 알고도 행하지 아니하는 폐단이 있으니[9]

---

8) 孫斗煥, 「時局에 對한 所懷」, 『獨立新聞』 1919년 9월 25일.

라는 내용이 그것이다.

그는 수립직후 임정의 체제확립 과정에서 적극적으로 활동하였다. 1920년 1월이래 그는 당시 임정활동을 주도하던 安昌浩와의 긴밀한 협의 하에, 임정의 군사·선전활동의 기반을 마련하는데 진력하였다.[10] 또 2월 21일자로 임정 軍法局長에 임명되었으며,[11] 1924년 9월에는 상해대한인교민단 議事員에 선임되었고,[12] 같은 해 말에는 임정 내무부 경무국장에 임명되었다.[13]

임정활동과 관련하여 주목되는 사실은 1919년 임정 수립 후 消毒團이라는 임정 외곽단체를 조직한 사실이다. "사회의 부정자를 소독한다"고 표방한 비밀결사로서, 손두환이 단장이었고, 단원은 20여 명을 헤아렸다. 단원 중에는 평안도와 황해도 출신이 많았다. 일제자료에 "1920년 봄 鐵血團에 패배하였다"는 기록이 있는데, 이는 소독단의 성격을 이해하는데 보탬을 준다. 일제자료는 철혈단이 "과격주의이며 현 임시정부의 무능을 공격하고, 여력이 있으면 파괴하려고 한다"고 분석하였다.[14] 손두환을 비롯한 대다수 단원이 황해도 출신인 점, 철혈단과의 갈등 사실 등은 소독단이 임정옹호단체였음을 뒷받침한다. 이처럼 그는 초기 임정의 체제 확

---

9) 孫斗煥, 「時局에 對한 所懷」(二), 『獨立新聞』 1919년 9월 27일.

10) 이 시기 손두환의 활동은 「安昌浩日記」, 朱耀翰 편, 『安島山全書』하, 삼중당, 1963, 626~646쪽이 참조된다. 그리고 鄭仁果가 손두환을 임정 외무부 비서장으로 추천한 사실, 안창호가 그에게 흥사단 입단을 권유한 사실, 1920년 6월 일부 한인청년들에 의한 내무부 습격 및 폭력사건 발생시 안창호가 그에게 사건의 수습을 지시한 사실(같은 책, 641·651·734쪽) 등은 그의 능력이 평가받았음을 뒷받침한다.

11) 『獨立新聞』 1920년 4월 8일.

12) 在上海日本總領事館警察部第二課 편, 『朝鮮民族運動年鑑』 1924년 9월 8일조.

13) 국가보훈처 편, 앞의 책, 55쪽. 그의 경무국장 임명은 당시 김구가 내무총장직에 있었던 사실과 연관지워 이해할 수도 있을 것같다. 김구와 손두환의 관계에 대해서는 뒤에서 살펴본다.

14) 대한민국국회도서관 편, 『韓國民族運動史料: 中國篇』, 1976, 213쪽.

립 과정에서 중추적인 역할을 수행하였다고 할 수 있겠다.

　이상의 임정활동과 함께, 상해지역 독립운동의 범주 안에서 그의 활동을 살펴보면 대체로 다음과 같다. 1919년 11월 29일 오후 상해 민단사무소에서는 '제3회 국민대회'가 개최되었다. 당시 일본정부 초청으로 일본을 방문 중인 呂運亨 일행에 대한 논의가 주의제였다.[15] 손두환은 선포위원 및 수금위원의 한 사람으로 선출되었다. 여운형 일행에 대한 비판적이 여론이 우세한 가운데, 그는 "日人과 상종한다 하여 적이라 하면, 일본에 간 우리 학생과 일인과 隣居하는 內地同胞는 다 적이 될 것"[16]이라고 하였다. 상대적으로 유연하고 진보적인 사고의 일단을 보여주는 사례라 하겠다.

　1920년 2월 8일 밤에는 동경유학생 출신 인물들이 '2·8독립선언 1주년 기념' 행사를 개최하였다. 애국가를 합창한 다음, 손두환은 "작년 오늘 우리들이 10년의 원한을 씻기 위하여 일어난 비통한 거사를 기념함은 기쁨을 금치 못하는 바이다. 그러나 아직 국토를 회복치 못하고, 이곳에서 이 기념을 행함은 심히 슬픈 일이다"[17]라는 요지의 연설을 하였다. 이날 회의에서는 上海留日學友俱樂部의 조직을 결의하였다. 4월 5일 밤 상해 유일학우구락부 제2회 강연회에서, 손두환은 '社會主義'라는 제목의 강연을 하였다.[18]

　이 무렵 그는 사회주의사상 및 사회주의운동에 대한 자신의 견해를 적극 피력하였다.[19] 그가 "목하 독일어를 공부하고 있는 것 같다"[20]는 1922

---

15) 『獨立新聞』 1919년 12월 2일.
16) 『獨立新聞』 1919년 12월 25일.
17) 『獨立新聞』 1920년 2월 12일.
18) 『獨立新聞』 1920년 4월 3일.
19) 그는 『독립신문』 1920년 5월 20일자에 「社會主義者의 韓日戰爭觀」을 발표하였고, 1920년
　　5월 29일부터 6월 17일사이 「社會主義研究」1~5를 게재하였다.
20) 국가보훈처 편, 앞의 책, 53쪽.

년에 작성된 일제보고서 또한 그의 사회주의에 대한 관심을 암시하고 있다. 명치대학 법과 출신인 그의 '독일어 공부'는 독일어로 쓰여진 사회과학 서적을 읽기 위함이었을 것이다.

이와 함께 손두환은 時事策進會 활동에서도 주도적인 역할을 하였다.[21] 1922년 7월 조직된 이 단체는 구심적인 역할을 상실해 가는 임정의 위상과 한인진영의 분열 등을 극복하기 위한 합의를 이끌어내려 하였다. 이로 미루어 보면, 국민대표회의 소집이 적극 추진되던 1922년 중반 무렵까지 그는 임정에 대해 애착심이나 내지 미련을 가졌던 것 같다. 하지만 그는 국민대표회의 개회 직후인 1923년 1월 6일, 金東植·金庸源과 함께 邯鄲 소재 陝西第1軍講武堂 입학을 위해 상해를 출발하였다.[22] 이로써 그와 임정과의 관계도 중단되었다. 국민대표회의 소집을 위해 진력해 왔던 그가 정작 국민대표회의가 소집되자, 새로운 항일진로를 찾아나섰다는 것은 국민대표회의에 대한 실망을 반영하는 것으로 이해되어도 무방할 것이다.

후일 그는 국민대표회의를 "大同統一을 이루기에 가장 좋은 일대 기회"였다고 아쉬워 하며, "이승만이 이 회의를 마치 君主가 自家의 社稷을 전복하려는 혁명당의 회의를 원수시하듯이 하여, 자기는 감히 이 회의에 출두치 못하고 백방으로 이 회을 방해"하기만 하였고, 그 결과로써 "임시정부는 거의 자멸하기에 이르렀다"고 썼다.[23] 이로 미루어 보면, 국민대표회의를 계기로 표출된 독립운동세력간의 갈등에 대한 실망감도 그가 임정을 주무대로 한 상해지역 독립운동계와 거리를 둔 배경의 하나였을 것으로 유추된다.

한단강무당을 나온 뒤에는 일시 北京에 체재하였다가, 5월 26일 김동

---

21) 『獨立新聞』 1920년 5월 29일.
22) 국가보훈처 편, 앞의 책, 54쪽. 이 자료에 의하면, 당시 邯鄲講武堂에는 한인 10 수명이 재학 중이었다. 張承祚가 副官部 書記로 근무하였으며, 柳泰烈 등의 입교생은 韓國勞兵會에서 파견하였고, 崔潘이라는 인물이 주선하였다고 한다.
23) 笑公, 「李承晚君의게 一言을 與하노라」, 『獨立新聞』 1925년 3월 31일 3면.

식·李承春과 함께 상해로 돌아왔다. 이로 보면, 그의 한단강무당 재학기간은 3개월 정도였던 셈인데, 속성과 혹은 예비반 과정을 수료하였을 것으로 짐작된다. 이후 그는 의열단 활동에 참여하였다. 이 시기 일제자료에서 그의 이름 앞에 '의열단원'이라는 관형사가 붙었다. 그는 '총기 및 탄약 밀수입' 사명을 띤 尹모를 일본 大阪에 파견하였으며, 50여 명의 단원이 그의 지휘를 받았다고 한다.[24]

또 1924년 11월 12일자 동생에게 보낸 편지에서는, 이해 9월 경부터 상해 프랑스조계 霞飛路 222호에서 "모 영국인과 함께 양과자가게를 경영하고 있다"고 밝혔다.[25] 사소한 일상사이겠지만, 영국인과의 동업 사실은 당시 일반한인의 사고나 삶과는 다소 차이가 있는 모습이었다.

이는 그의 세계관의 일면을 보여주는 것으로 해석될 여지가 있다. 사회주의노선에 입각한 독립운동의 방향을 모색하던 그로서는, 국제도시 상해에서 영국인과의 동업이 어색한 일이 아니었을 것이다. 한인으로서의 일상적인 삶의 궤적을 벗어던지고픈 자기변혁을 위한 시도였을 수도 있다. 그렇다면 일본 유학이나, 상해행 사실도 나름대로 '自由意志의 구현' 과정이었을 것이다. 그리고 중국국민혁명의 전개과정을 주시하고, 중국군 입대를 결정한 사실도 이 연장선상에서 이해하고 싶다.

이와 함께 임시대통령 이승만의 고압적인 개성과 외교·선전활동 노선 등에 대한 실망과 반감 또한 그가 새로운 항일진로를 추구하는 배경이 되었을 것으로 유추된다. 1925년 임시대통령 탄핵문제가 제기되었을 때, 그는 선봉에 섰다. 그는 李承晩의 임시대통령 선임은 당시의 인심이 윌슨 미대통령의 14개 조항 원칙에 심취하여, 베르사이유회담을 흡사 抑强扶

---

24) 1924년 6월에 작성된 일제자료는 그가 "의열단원으로서 여러 곳을 배회하여, 부친에게 어떠한 생활의 보탬도 제공하지 못하고 있다. 때문에 부친은 나이가 많음에도 불구하고 노동 등을 하고 있다"고 기록하였다(국가보훈처 편, 앞의 책, 54쪽).
25) 국가보훈처 편, 앞의 책, 54쪽.

弱하는 '정의적 神의 회의'로 오인하였고, 그 결과 이승만을 '정치적 위인'으로 오판한 결과였다고 비판하였다. 歐美委員部 설치 또한 "후일 이승만이 대통령 지위를 상실한 후 별개의 정부를 조직하려는 반역적 행동의 맹아"라고 비난하였다.[26]

이승만 임시대통령의 독단적인 리더십에 강한 거부감을 표시하는 그의 모습은 사회주의사상에서 자신의 민족운동론을 찾고자 하였던 면모와 함께, 반권위적인 일면으로 이해된다.

2. 민족운동론과 반제 국제연대 구상

(1) 민족운동의 의미와 국제연대 구상

먼저 그는 민족운동을 '민족적 독립운동'으로 정의한 다음, 독립운동은 이민족의 통치를 물리치고 자국의 주권을 회복하고자 하는 '민족주의적·국가주의적 운동'으로 설명하였다. 그에 따르면, 독립운동은 이민족의 통치로부터 민족의 자주권을 되찾는 것이 급선무였으므로, 되찾은 후 건설할 국가의 형태는 부차적인 문제로 일단 유보되었다.

때문에 대한제국의 회복을 목표로 하는 '황국주의적 광복운동', 부르주아적 민주국가의 건설을 목적으로 하는 '신사주의적 혁명운동', 공산주의를 실현하기 위해 군국적 자본주의국가에 대항하는 '무산계급의 혁명운동'을 독립운동의 범주에 포괄할 수 있다는 것이었다. 하지만 그는 "설명의 편의를 위하여"라는 간단한 단서 하에, '무산계급의 혁명운동'을 독립운동의 범주에서 제외시켰다.[27] 그는 독립운동을 "이족의 통치를 벗어나

---

26) 笑公, 「李承晚君의게 —言을 與하노라」, 『獨立新聞』 1925년 3월 31일 2면.

27) 이어지는 설명에서, 사회혁명을 자본주의사회를 전복시키고 공산주의사회를 건설하려는 투쟁으로 정의하고 있듯이, 그는 '무산계급의 혁명운동'을 독립운동이 아닌 계급운동으로 파악하였던 것 같다. 이와 함께 이 조처는 그가 임정의 실무적·중추적 역할을 수행하던 입장에서, 임정 상층부의 반공·보수적 사고를 고려한 흔적으로도 유추할 수 있을 듯하다.

민족고유의 자주권을 회복하여 국제적 자주적 국가를 건설하려는 피압박 민족의 정치적 투쟁"이라고 설명을 마무리하였다.[28]

그는 직접적이고 적극적인 방법을 동원한 파괴활동과 무장투쟁을 항일운동 방략의 골간으로 꼽았다. 때문에 그는 당시 독립운동진영 일각에서 중시하였던 외교·선전활동 노선에 대해 회의적이었다.

> 내부의 실력이 없는 外交는 그 성공이 恋하다. 설혹 어떠한 외부적 동기로 일시 성공한 것처럼 보이는 때가 있을 것이나, 내부의 실력이 없으면 결국은 恋으로 돌아가고 만다. 우리의 甲午獨立은 족히 이를 증명함에 넉넉하다

고 비판한 다음, "행동에 고려가 없는 선전은 空談에 불과"하며, "적의 無道를 선전하기보다 적의 무도한 정치적 시설을 파괴하는 것이 필요하다"고 역설하였다.[29] 또 "군사행동은 우리의 운동에 있어서 무엇보다도 긴요한 제일의 행동이다"라고 함으로써, 무장투쟁을 주요 독립운동방략으로 제시하였다. 그는 민족의 운명은 스스로의 희생과 분투에 의해 쟁취되는 것이지, 강대국에 의해 주어지는 것이 아니라고 지적하였다. 그리하여

> 우리의 독립은 미국이나 소련이나 프랑스·영국 기타 어느 국가가 떠다줄 것도 아니다. 또한 일본이 염가로 내어놓을 것도 아니다. 오직 우리의 귀한 피로 많은 값을 내고야 비로소 얻을 수 있는 고귀한 유일무이의 보배이다. 그런고로 우리는 독립을 얻으려면 먼저 이와같은 귀중한 피를 다량으로 모아야 하겠다. 즉 독립전쟁에 사용할 군인을 많이 양성하여야 하겠다

---

28) 이상 笑公, 「民族運動과 社會革命」, 『獨立新聞』 1925년 11월 1일 4면.

29) 笑公, 「李承晚君의게 一言을 與하노라」, 『獨立新聞』 1925년 3월 31일 2면.

라고 설명한 것처럼, 국제사회의 냉혹한 현실을 배경으로 독립쟁취의 관건인 독립전쟁에 소요될 군인양성의 필요성을 강조하였다. 그리하여 '군인의 정신'을 함양하며, '군인의 지식'을 제고시키며, 규율있고 질서있는 지휘체계를 확립하고, 군수품을 준비하는데 전력을 다하는 것이 "계획있고 예산있고 계통있고 질서있는 착실한" 독립전쟁을 실천하는 길이라고 강조하였다.[30]

다음으로 그가 민족운동 방안으로 중시한 반제 국제연대 노선에 대해 살펴보면, 먼저 3·1운동을 "세계민족의 인격시장에서 우리민족의 가치를 폭등하게 한 그날"[31]로 평가하였듯이, 그는 한국근대민족운동을 세계사적 변천이라는 큰 틀에서 파악하려 하였다. 그는 항일민족운동의 국제적 보편성 측면에 관심을 갖고 있었다. 항일민족운동의 외연을 제국주의 침략과 피압박민족의 저항이라는 국제적 관계의 범주로 확대함으로써, 항일민족운동의 나아갈 바로써 국제연대의 중요성을 주목하였던 듯싶다.

손두환이 제시한 '國際平等主義'와 '永久平和主義'라는 표현을 통해, 그의 국제연대의식에의 접근이 가능할 것 같다. 그는 제1차 세계대전의 결실인 국제연맹을 국제평등주의 및 영구평화주의의 실현을 위한 첫걸음으로 기대하였다.[32] 물론 국제연맹이 불안전하고, 평화에 대한 보장 능력이 결여된 한계가 있었지만, 그에게 있어서 국제평등주의와 영구평화주의는 새로운 국제질서 수립을 위한 중심가치였던 것이다.

그렇다면 그는 국제연대의 상대로 어느 나라를 상정하였을까? 우선 그는 국제연대 대상의 전제로써 한국독립운동을 도와줄 수 있는 국가로 한정하였다. 그는 타국에 대한 원조 제공도 자국의 이해관계에서 결정되는 것이므로, "정의나 인도와 같은 추상적인 물건을 위하여" 지원을 결정

---

30) 위와 같음.
31) 孫斗煥, 「元年을 送함」, 『獨立新聞』 1920년 1월 10일 2면.
32) 위와 같음.

하는 것은 아니라는 국제질서의 냉혹한 현실을 직시하고 있었다. 그는 "우리와 마찬가지로 동일한 일본이라는 강국의 압박을 가장 절실히 당하고 있는" 중국, "우리와 같은 처지에 있는" 세계 각 약소민족, "침략적 자본주의 및 제국주의를 적으로 하는 관계상, 우리에게 원조를 제공할 필요가 있는" 소련 및 코민테른을 국제연대의 대상으로 상정하였다.[33]

이러한 반제 국제연대 의식을 배경으로, 1920년대 초반 풍미하던 사회주의에 대한 관심을 통해, 진보적 민족주의운동관을 정립해 갔다.

(2) 반제 국제연대의 연결고리로써 사회주의 접근

> 중국의 社會主義者여 오라, 일본의 사회주의자여 오라, 우리와 손을 잡고 제군의 적인 우리의 적인 일본제국주의를 전복하자. 그리하여 사회주의적 한국·사회주의적 중국·사회주의적 일본을 건설하자, 사회주의적 동양을 건설하자, 그리한 후에 사회주의적 세계를 건설하자.[34]

한·중·일 세 나라 사회주의세력의 단결을 통해 일본제국주의를 타도하고, 사회주의 국가와 세계를 건설하자는 그의 주장은 그의 민족운동관이 피압박민족의 반제국주의투쟁의 주체로서 사회주의세력의 국제연대를 통한 항일민족운동의 완성과 근대민족국가 건설을 지향하였음을 뜻하였다.

1920년 4월 5일 저녁 거행된 留日學友俱樂部 주최 「社會主義에 대하여」라는 강연에서, 손두환은 사회주의가 정치적으로는 민주주의를 지향하며, 경제적으로는 생산의 공유·공영과 분배의 평균을 요구한다. 사회주의가 주창하는 '勞動專制'는 자유와 평등에 도달하는 도정일 뿐으로, 노동전제의 영속을 의미하는 것은 아니라고 설명하였다. 또 국제적 침략주의는

---

33) 笑公, 「李承晩君의게 一言을 與하노라」, 『獨立新聞』 1925년 3월 31일 4면.
34) 孫斗煥, 「社會主義者의 韓日戰爭觀」, 『獨立新聞』 1920년 5월 22일.

자본주의 발달로 인한 산업경쟁의 결과이며, 일본의 침략주의에 저항한다
는 견지에서 보면, 우리민족의 독립운동도 국제적 사회주의운동의 일환이
며, 세계의 노동계급과 사회주의자들이 우리민족의 독립운동을 동정한다
고 이해하였다.[35]

그에 의하면, 사회주의자는 평화와 자유·평등을 요구하며, 이들이 요
구하는 평화는 침략자·정복자의 요구하는 굴욕적·고식적 평화가 아닌,
자유·평등을 전제로 한 영구적 평화였다.[36] 사회주의의 기본이념으로서
自由와 平等을 중시한 그의 관점은 다른 자료에서도 확인된다. 1920년
2월 하순 안창호의 흥사단 입단 권유를 받은 손두환은 흥사단이 표방하는
'건전한 인격' 형성의 근본은 "共産主義를 실시하여 국민의 생활을 평균
케 함에 있는" 것으로 이해한다고 대답하였다.[37]

그러면서 사회주의자들이 자신의 활동목표를 평화로 설정하면서, 전쟁
을 주장하는 것은 모순이 아니냐는 지적에 대해서는 "이 모순을 낳은
자는 현대사회의 기초인 제국주의다, 침략주의다, 자본주의다. 이 모순을
해결할 자는 미래사회의 기초인 국제주의다, 협동주의다, 사회주의이다"
라고 하였다. 또 모순 해결의 방법으로 '각 민족의 자주, 제민족의 互相扶
助'를 통한 '世界改造'이며, "그 민족의 행복은 民族自主에서만 구할 것이
오, 영구한 평화는 제민족의 호상부조로만 기대할" 수 있다고 하였다.
자본주의 생산력을 바탕으로 한 제국주의 침략에 대항하는 약소민족의
국제연대에 기반한 저항과 투쟁은 민족자주와 상호부조의 측면에서 정당
하다는 설명이었다.

---

35) 『獨立新聞』 1920년 4월 8일.

36) 孫斗煥, 「社會主義者의 韓日戰爭觀」, 『獨立新聞』 1920년 5월 22일.

37) 「안창호일기」, 앞의 책, 651쪽. 당시 그가 "자본주의사회를 기반으로 삼아 사회주의사회의
건설이 가능하다"고 인식하였던 사실 등으로 미루어 보아, '公産主義'는 '共産主義'의 개념
으로 이해되어도 무방할 듯 하다. 이는 당시 혹은 후일 기록과정에서의 오류일 개연성도
있다.

그의 견해에 따르면, 인류사회가 사회주의적인 모습으로 개조되기 위해서는 전쟁의 수단이 필요한 것이지만, 전쟁은 자위적인 것으로써 침략적인 것이 아니며, 자유·공평·정의에 벗어나지 않는 것이어야 하였다. 동시에 사회주의자는 침략자의 침략을 불허할 뿐 아니라 피침략자의 침략도 허락하지 않아야 하는 것이었다. 따라서 우리민족의 자유와 행복을 얻기 위해서는 어떤 수단을 택하든지 옳은 것이며, 평화적 수단으로 자유와 독립을 얻을 수 없다면, 무력수단도 불가피한 것이라고 강조하였다.[38]

그는 사회주의혁명을 통해 제국주의 타도와 자주적인 민족국가 수립이라는 근대민족운동의 과제 달성이 가능하리라고 이해하였다. 그리고 그는 '신사회'인 사회주의사회의 건설은 '구사회'인 자본주의사회를 모태로 실현될 수 있다고 생각하였다. 그는 현실의 모순을 미래변혁의 모태로 파악하였던 것이다.[39]

다음으로 손두환은 사회혁명을 '사회개조의 혁명' 즉 "사회조직의 개조를 목적으로 하는 정치적·경제적 투쟁"으로 정의하였다. 그리고 모든 유형의 혁명운동은 '맑스주의'에서 비롯되는 것으로써, 복잡한 과도기적 현상을 띤다고 진단한 다음, 사회혁명을 자본주의제도의 사회조직을 파괴하고, 비자본주의제도의 신사회 조직을 건설하려는 피압박계급의 정치적·경제적·정신적 투쟁으로 정리하였다.[40]

또 사회개조를 위해서는 경제조직과 정치조직을 개조하는 방법이 있는데, 정치조직은 경제조직의 변동에 수반하여 개조되는 것이므로, 피압박계급의 사회혁명은 항상 사회·경제조직의 개조를 목적으로 하는 정치적

---

38) 孫斗煥, 「社會主義者의 韓日戰爭觀」, 『獨立新聞』 1920년 5월 22일.
39) 이러한 측면은 "사회주의사회의 실현될 조건은 벌써 자본주의사회의 모태 내에서 장성하였다"(「社會主義硏究」二, 『獨立新聞』 1920년 6월 1일) "고등한 신생산관계는 그 물질적 조건이 이미 구사회 내에서 발달된 후가 아니면, 단정코 출현하지 못한다"(「社會主義硏究」五, 『獨立新聞』 1920년 6월 17일)는 그의 설명 가운데에서도 엿보인다.
40) 이상 笑公, 「民族運動과 社會革命」, 『獨立新聞』 1925년 11월 1일 4면.

운동이 된다는 것이다. 아울러 사회혁명은 '피압박계급의 정권획득 시기'와 '사회조직의 개조를 실행하는 시기'의 두 단계로 나뉘어 진행되어야 한다고 생각하였다. 그리고 사회혁명의 완성은 단순한 정권의 획득이 아닌, '정신적 형태' 즉 종교·철학·도덕·예술 등 정신적 문화의 개력을 이룸으로써 비로소 가능해지는 것이라고 부연하였다.

끝으로 손두환은 민족운동과 사회혁명의 상관관계에 대해 설명하며, 민족운동은 민족적 각오와 국가적 적개심에 의해 지배되는 데 반해, 사회혁명은 계급적 각오와 평등적 정의 관념의 지배를 받는다고 하였다. 그의 논리에 의하면

> 民族運動은 타민족의 군국주의 내지 자본주의적 약탈을 부인하지만은, 그 민족 자체의 군국주의 내지 자본주의적 발전의 부인을 보장할 수 없는 운동이오. 社會革命은 타계급의 약탈을 廢除하는 동시에, 그 계급 즉 현재의 피약탈계급인 무산계급 자체의 장래 약탈을 부인하는 운동이다. 환언하면 일체의 계급을 철폐하려는 운동 - 비록 무산계급의 독재를 시인하지만은, 오직 일시적·과도적으로만 시인하는 운동이다

라는 것으로써, 민족운동가는 '독립'이라는 가치아래에서는 공산주의에 속한 자이건, 혹은 자본주의 및 기타 어떠한 주의에 속한 자임을 불문하는 것임에 반해, 사회혁명가 내지 사회운동가는 "신봉하는 주의만을 표준으로 하여 구성되고", "민족이나 국가를 불문한다"고 구분하였다. 그렇기에

> 民族運動을 기준으로 관찰하면, 적인 민족 중에서는 일개의 동지도 발견할 수 없는 동시에, 자기민족 중에서는 일체를 포용 - 물론 적에게 매수된 매국노를 제하고 -할 수 있고, 社會革命을 기준으로 관찰하면, 동족 중에서도 對敵을 발견할 수 있는 동시에, 모든 다른 민족 중에서도 동지를 얻을 수 있는 것이다. 그런고로 민족운동의 대적은 정복국가이고, 사회혁명의 대적은 약탈계급이다. 환언하면 민족운동의 대적은 군국주의이오, 사회혁

명의 대적은 자본주의이다.

라는 설명이 가능해지는 것이다.[41] 그에게 있어서, 민족운동은 정복과 피정복의 관점에서 군국주의·제국주의국가에 대항하는 정치적 운동이오, 사회혁명 즉 사회주의혁명은 자본주의사회의 변혁운동으로써 부르주아지계급에 대항한 프롤레타리아계급의 경제적 투쟁이 되는 것이다.

그런데 1920년대 초 그의 사회주의관은 당시 임정의 성격 및 한인독립운동의 정황을 배경으로 이해되어야 할 것이다. 1919년 4월 수립시기로부터 1921년 초 이동휘의 국무총리 사임에 이르기까지, 임정은 좌우합작의 통일전선 성격이 강하였다. 때문에 이 시기 그의 사회주의 논리는 明治大學 수학 과정에서 습득한 진보적 사회과학지식 뿐 아니라, 한인독립운동의 진로 모색의 측면을 반영하고 있음을 헤아려야 할 것이다. 그리고 사회주의 몰두에 함축되어 있는 그의 진보적 사고와 보편적인 세계관은 이후 중국국민혁명과 항일전쟁의 소용돌이 속에서 한인독립운동과 자신의 진로를 설정하는 밑받침으로 기능하였다.

미루어 보면, 그는 이상추구형의 혁명가 타입이기보다는, 현실조건에 대한 과학적 탐구를 통해 미래의 나아갈 바를 추구하는 현실주의자로 분류될 수 있는 유형의 인물이었던 것 같다.

Ⅱ. 중국군 복무와 민족운동관의 확장

1. 중국군 복무와 1920년대 후반기 활동

일제자료에 의하면, 손두환은 "광동정부에 들어가 군관학교에서 공부하고, 육군 보병소좌로 승진하였다"[42]고 한다. 여기서 말하는 '廣東政府'

---

41) 이상 笑公, 「民族運動과 社會革命」(續), 『獨立新聞』 1925년 11월 11일 4면.
42) 조선총독부 편, 앞의 책, 194쪽.

는 中國國民黨政府를 가리키며, '군관학교'라 함은 黃埔軍官學校를 일컫는다. 그의 황포군관학교 입교시기는 명확하지 않지만, 앞에서 보았듯이, 1924년 말에 그가 임정 내무부 경무국장에 임명되었고, 후술하듯이 1926년 봄에는 황포군관학교 교장실에 근무하고 있었던 사실로 미루어 보면, 1925년의 어느 시점에 입교한 것으로 유추할 수 있다.[43]

그런데 그는 앞에서 살폈듯이, 1925년 3월 31일자 독립신문에 이승만 임시대통령의 탄핵 사유를 밝히는 장문의 논설을 게재하였고, 11월에도 두 차례에 걸쳐 자신의 민족운동관을 반영하는 사회과학 논설을 전개하였다. 이는 이 시기 그가 광주에 머물면서도, 임정을 중심으로 하는 상해시역 한인독립운동 진영과 적극적인 관계를 유지하였음을 짐작케 한다.

그의 입교 시기는 황포군관학교 2기 내지는 3기생에 해당되는데, 당시 입교생들의 재학기간이 수 개월에 지나지 않았던 사실로 미루어 보면, 그의 황포군관학교 입교 개연성은 크다고 할 수 있다. 하지만 황포군관학교 졸업생 명부나 여타 관련자료에서 그와 관련된 사실이 확인되지 않는 점 등을 종합해 볼 때, 그는 入伍生이나 교육훈련 과정 중 발탁되었을 가능성도 떠올려 볼 수 있다. 일본 명치대학 법과 출신의 학력과 임정 군법국장 등의 이력을 소유한 젊고 진보적인 캐릭터와 능력을 바탕으로, 황포군관학교 蔣介石 교장실에서 근무하는 행운을 잡을 수 있었을 것이다.

이후 의열단원의 황포군관학교 입교에는 광동지역 한인독립운동의 주요 인물이었던 손두환의 역할이 컸던 것으로 평가된다. 1926년 봄 金元鳳

---

43) 이와 관련하여 "1925년 7월 廣州에서는 중국·한국·월남·인도·대만의 혁명가들이 東方被壓迫民族聯合會를 결성하고, 아시아 피압박민족의 反帝國·民族解放을 고양하였다. 손두환은 姜世宇·王山而와 함께 광주지역 조직의 집행위원으로 참여하였다"(水野直樹, 「東方被壓迫民族連合會(1925~1927)について」, 『中國國民革命の研究』, 京都大學人文科學研究所, 1992, 312~350쪽 참조)는 설명은 1925년 중반무렵 그의 광주체류 및 황포군관학교 입교 사실을 뒷받침해 준다.

과 金星淑은 손두환을 통해, 장개석 교장을 방문하여 황포군관학교 입교 및 학비면제 승락을 받았다.[44] 김원봉 등 다수의 의열단원이 입교한 4기 시절 교장실 부관 겸 교관으로 재직하였다[45]는 손두환의 존재는 한인의 황포군관학교 입교경위를 살펴보는 데 소중한 단서를 제공한다. 그가 '장개석의 신뢰'[46] 및 "국민정부군 간부와 아는 사이인 것을 기화로"[47] 진보적 사고를 강화하고 있던 의열단원의 황포군관학교 입교를 적극 지원하였을 개연성은 높다. 당시 상해주재 프랑스 총영사관은 "손두환은 장개석의 부관을 지냈는데 … 孫의 영향력으로 장개석은 황포군관학교에 점점 많은 한인학생의 입학을 허락하였다"고 평가하였다.[48]

이와 함께 주목되는 사실은 광동지역의 유력한 독립운동단체인 留粤韓國革命同志會의 역할이다. 1926년 상반기 金元鳳·손두환·吳成崙·金山·金星淑 등이 조직하였으며, 핵심인물은 손두환·김성숙이었다고 한다.[49] 황포군관학교에 입교 중이던 한인교관 및 입교생들이 주요 회원이었는데, 단원의 대다수는 의열단원이기도 하였다. 유월한국혁명동지회는 한인의 黃埔軍官學校와 中山大學 입교에 공헌하였을 뿐 아니라, 이들 학교에 재학 중인 한인입교생들과 연계하여 항일운동의 기반을 조성하는 한편, 한·중연합의 기틀을 조성하였다. 특히 광동지역 한인독립운동 진

---

44) 李鍾範,『義烈團副將李鍾岩傳』, 光復會, 1970, 255쪽.
45) 秋憲樹 편,『資料韓國獨立運動』1, 연세대출판부, 1972, 322쪽.
46) 警務局保安課,「在外不逞鮮人ノ狀況」, 朝鮮總督府警務局 편,『朝鮮の治安狀況: 昭和 2年版』, 東京: 不二出版, 1984에 재수록.
47) 坪江汕二,『朝鮮民族獨立運動秘史』, 東京: 日刊勞動通信社, 1959, 97쪽.
48) 국사편찬위원회 편,『한국독립운동사』자료 20, 임정편 Ⅴ, 1991, 88쪽.
    이와 관련하여, 또다른 일제자료도 "손두환은 蔣介石과 잘 아는 사이임을 기화로 조선혁명에 있어 軍務에 복무시킬 목적으로 다수의 한인청년을 불러모아, 한때 同地(광동) 각급학교에 재학하는 자가 수백 명을 헤아렸고, 장개석의 수하에 있는 군대양성소인 黃埔軍官學校 한인 졸업생이 38명에 달하였다"고 적었다(朝鮮總督府警務局 편,『最近に於ける朝鮮治安狀況: 昭和 8년』(復刻), 東京: 嚴南堂書店, 1966, 246쪽).
49) 警務局保安課,「在外不逞鮮人ノ狀況」, 앞의 책.

영의 유력한 인물로 평가받던[50] 손두환은 교장 장개석의 지근거리에 있었던 사실을 연결고리로 삼아, 한인의 황포군관학교 입교와 중산대학 입교 등에 적극적인 역할을 수행하였던 것이다. 이렇듯 손두환은 유월한국혁명동지회라는 유력한 단체의 중심인물로서, 국민당정부의 권력 중심부에서 한인독립운동의 리더십을 발휘하였던 것이다.

손두환의 활동역량은 그가 呂運亨과 함께 광주지역 한인공산주의세력의 연합체 조직을 주도한 사실로도 뒷받침된다. 1926년 1월 20일경 廣州를 방문한 여운형은 손두환 등과 함께 일크츠크·상해파 한인공산당원 및 코민테른 계통의 중국인단체를 망라하여 비밀결사 CY社를 결성하였다. 회장에 여운형, 감사에 손두환·金鐵男·朴永權이 선임되었고, 상당수의 중국공산당원도 참여하였다고 한다.[51] 이는 제1차 국공합작시기 그의 항일역정을 이해하는 단서가 될 수 있다.

이어서 손두환은 1927년 3월 '모스크바대학'[52] 입학을 위해 모스크바로 갔다가, 수 개월 후 상해로 귀환하였다. 그는 광주로 가서, 황포군관학교 교관 근무가 내정되었다고 하였다.[53] 일제자료의 분석에 따르면, 손두환의 모스크바행은 장개석의 지시로, 그가 "장개석의 반공정책에 반대 입장을 표명함에 따라, 모스크바로 추방당한" 것이라 하였다. 반면에 손두환은 상해에서 "내가 광동으로 가서, 일반 국민당원들을 이해시킬 수 있다고

---

50) 일제자료는 "광동에 있는 손두환은 종래 이 지역 한인의 우두머리를 차지하였다"고 적었다(「在外不逞鮮人ノ狀況」, 앞의 책).

51) 신주백 편, 『日本外務省特殊調査文書』 28, 高麗書林 영인, 1989, 240~241쪽. 'CY'는 Communist Youth의 약자로, 共靑(공산청년회) 조직을 가리킨다.

52) 이 자료에서 말하는 '모스크바대학'은 다른 자료에서 '모스크바 中山大學' 등으로도 등장하는데, 제1차 국공합작시기 모스크바에 개설된 중국국민당 및 중국공산당 당원을 대상으로 한 교육과정을 가리킨다.

53) 1927년 봄 황포군관학교에 도착한 蔡元凱는 기술주임 교관인 한인 楊林의 영접을 받았고, 5기생 第1學生總隊 부대장에 임명되었다. 그는 楊林·崔秋海(崔庸健, 필자)과 함께 교본부 부관인 손두환·김철남 등의 재직 사실을 회고하였다(채원개, 「나의 一生記」, 원고본, 1962, 60~61쪽).

확신한다"고 호언하였는데, 일제기관은 그가 종래의 신임을 회복할 수 있을지 의문시된다고 하였다.[54]

이로 미루어 보면, 손두환은 국민당정부의 공산당 탄압에 비판적인 입장이었을 것이고, CY社 조직 사실의 예처럼, 이 시기 그는 친공적 성향을 강하게 띠었다. 따라서 그의 모스크바행은 국민당정부의 문책성・보호차원의 격리 조처로 이해될 수 있을 듯하다. 하지만 모스크바 체류가 일시적이었던 사실로 미루어 보아, 장개석 위원장의 신임을 잃거나 국민당정부 요로와의 관계는 단절되지 않았던 것 같다.

2. 1930년대 활동과 한인독립운동 진영으로의 귀환

손두환이 국민당정부의 수도 南京에 정착한 시기는 불분명하지만, 일제자료에 의하면, 1934년 7월 경 그는 남경 本廠街 10호에 거주하였으며, '군관학교 교관'으로 재직하였다.[55] 일제기관의 파악처럼, 손두환은 남경 소재 中國中央陸軍軍官學校의 '日本語敎官'으로 재직하였다.[56]

그의 중앙육군군관학교 근무 사실은 재중 한인독립운동사 상에서도 다소 특이한 사실로 분류될 수 있다. 한인으로서 국민당정부 권력기반 중의 하나인 중앙육군군관학교의 교관이 된다는 것은 쉽게 상상되는 일이 아니다. 아마도 일본 명치대학 법과 출신으로서 일본에 대한 분석력, 진보적인 사회과학지식, 국민당정부의 최고지도자이며 중앙육군군관학교 교장인 장개석의 신임 등이 그 배경이 되었을 것이다.

그가 1930년대 남경지역을 무대로 한 한인독립운동에 등장하는 시기는 1935년 이후로 확인된다. 1931년 9월 만주사변을 계기로 적극화된 한인독

---

54) 「在外不逞鮮人ノ狀況」, 앞의 책.
55) 조선총독부, 앞의 책, 194쪽.
56) 社會問題資料硏究會 편, 『思想情勢視察報告集』9, 京都: 東洋文化社, 111・135쪽 및 內務省警保局 편, 『社會運動の狀況』8 (1936), 東京: 三一書房, 1972, 1592쪽.

립운동의 흐름이 한국대일전선통일동맹 결성 민족혁명당 및 한국국민당 결성을 거쳐, 1935년말에 이르면 남경을 포함한 중국국민당정부 관할구역 내에서 전개된 한인독립운동의 양상은 金九와 金元鳳을 중심으로 한 민족주의 우파세력과 민족주의 좌파세력의 양립국면을 띄게 된다.[57] 이러한 상황을 배경으로, 일제기관자료에 그에 대한 정보가 등장하기 시작한다.

일본총영사관을 비롯한 일제의 한인독립운동세력에 대한 감시와 정보수집 활동 등이 엄중하였던 상황 하에서, 중국중앙육군군관학교의 일본어교관 신분인 그가 공개적·공식적으로 한인독립운동에 참여한다는 것은 용이한 일이 아니었을 것이다. 하지만 그는 중국중앙육군군관학교에 근무하면도 한인독립운동과 직·간접적인 관계를 맺고 있었다.[58]

일례로 1934·5년 무렵 김구는 洛陽의 중국육군군관학교 분교 내에 韓人特別班을 운영하며, 남경을 무대로 韓國特務隊獨立軍과 學生訓練所라는 조직을 가동하여 중국중앙육군군관학교 입교생 모집활동을 전개하는 등, 자신의 독립운동 기반을 강화하고 있었다. 白贊基라는 인물이 김구의 특무조직체계를 통해 중앙육군군관학교 11기생으로 입교하는 과정을 살펴 보면, 손두환이 김구의 청년단원 모집체계의 일원으로 활동하였음이 드러난다.[59]

백찬기는 '南京中央大學校 학비면제 입학'이라는 잡지광고[60]를 보고, 1934년 4월 15일 부산을 출발하였다. 상해행 배 안에서 한국특무대독립군 학생부 책임자인 盧泰然의 조카 盧榮昊를 만남으로써, 그의 중국행은 전

---

57) 한상도, 『한국독립운동과 국제환경』, 한울, 2000, 394쪽.
58) 1935년 10월에 조사한 일제자료「要視察人·要注意人 名簿(朝鮮人之部)」에서는, 손두환을 '민족주의'로 분류하였다(『思想情勢視察報告集』2, 241쪽).
59) 1936년 7월 1일·10일자로 작성된 일제자료와, 1937년 12월 현재 상황을 정리한 일제자료에서는, 손두환을 '韓國國民黨(金九派)'로 분류하였다(『思想情勢視察報告集』3, 12·443쪽, 『思想情勢視察報告集』9, 111쪽).
60) 開闢社 別乾坤部, 『別乾坤』1933년 1월호, 58쪽에, '在南京 申基彦' 명의로 중국 각급학교 유학에 관한 광고가 실렸다.

기를 맞았다. 두 사람은 상해 도착즉시 입교생 모집활동의 중간연락처인 남경성내 鄧府路 同慶里 14호로 갔다. 다시 그는 손두환을 통해 남경성내 柳葉街 56호 소재 노태연에게 인도되었고, 1934년 10월 그는 중앙육군군관학교 11기로 입학하였다.[61] 손두환이 김구 특무조직의 일원으로서 모집인물의 중간경유지 역할을 하였음이 확인되는 것이다.

이는 손두환과 김구의 인간관계로도 이해 가능하다. 1910년대 초반 손두환은 안악의 陽山學校에서 공부하였는데, 이때 김구가 그의 스승이었다. 김구의 손두환에 대한 기억[62]만큼이나 손두환 역시 김구에 대한 믿음을 간직하였을 것이며, 추억의 공유는 두 사람 사이의 신뢰와 의지를 담보해 주었을 것이다.[63]

1933년 경부터 1937년 중일전쟁 발발 시까지 중국국민당정부의 수도인 남경은 중국관내지역뿐 만아니라 미주를 포함한 해외독립운동의 주요무대였다. 공개적으로 확인되지는 않지만, 남경한족회 활동에 있어서 손두환의 역할 또한 주목되어야 한다.

> 中日戰爭이 전면적으로 전개되자, 민족혁명당·조선민족해방운동자동맹·조선혁명자연맹의 대표들은 남경에 모여, 통일전선 결성에 대한 논의를 전개하였다. 南京韓族會 회원인 孫建(손두환, 필자)·金鐵男·李然浩 3인은 어느 단체에도 속하지 않는 '개인자격'으로 각 단체 사이를 주선하

---

61) 한상도, 『한국독립운동과 중국군관학교』, 346~347쪽.
62) 김구는 "양산학교는 우리들 불온분자들의 학교라 하여 강제로 폐지해 버린 것이다. 내가 그렇게 사랑하는 아이들은 목자를 잃은 양과 같이 다 흩어져 버렸을 것이다. 특별히 孫斗煥·禹基範 두 학생이 생각났다. 재주로나 뜻으로나 특출하였고, 어리면서도 망국한을 느낄 줄 아는 이들이었다"고 회고하였다(김구, 『白凡逸志』, 백범김구선생기념사업협회, 1971, 218~219쪽).
63) 손두환과 김구의 재회는 손두환이 上海에 도착한 1919년 4월 하순이었을 것이다. 이 시기 김구는 임정 경무국장으로, 손두환은 군법국장으로 활동하였다. 적어도 손두환이 중국군에 복무하는 1925년 경까지 두 사람은 임정이라는 무대에서 활동하였다. 두 사람은 만주사변 후 한인독립운동세력이 南京으로 집결하면서, 다시 만나게 되었을 것이다.

여 통일을 성사시키기 위해 노력하였다. 그 결과, 세 사람은 연명으로 선언
을 발표하고, 통일에 대한 간담회를 소집하였다.

그리하여 남경 함락 직전의 긴장감 속에서, 각 단체 대표 15인이 모여
토론한 결과, 朝鮮民族戰線統一促成會를 조직하고 통일을 위하여 노력할
것이라는 선언을 발표하기에 이르렀다. 수일 후 남경한족회도 전체대회를
소집하고 在中國朝鮮民族抗日同盟을 발기하였고, 두 단체는 다시 朝鮮獨
立運動者同盟으로 통합하였다.[64]

朝鮮民族戰線聯盟의 중심인물인 柳子明의 위 회고는, 손두환이 중일전
쟁 직후 金九를 중심으로 한 민족주의 우파세력과 金元鳳을 중심으로
한 민족주의 좌파세력의 연합을 위해 중재역할을 담당하였음을 알려준
다.[65]

조선독립운동자동맹은 12월 초 漢口에서 결성된 조선민족전선연맹의
기반으로 구실하였다.[66] 1938년 1월 중순 조선민족전선연맹측은 王君實
과 손두환을 長沙에 파견, 민족주의 우파세력의 통일전선인 韓國光復運
動團體聯合會 측과 통합을 타진하였다. 두 사람은 이동녕·김구·이청천
·조소앙·현익철 등을 방문하고 조선민족전선연맹 측과의 협동전선 건
립에 관한 의견을 교환하였으나, 합의에 도달하지는 못하였다.[67]

위의 사실을 통해서 유추해 볼 수 있는 개연성은 그가 지역적 연고관계
의 측면에서는 김구와 가까웠으나, 혁명관이나 정치사상 등 의식면에서는

---

64) 『朝鮮民族戰線』 창간호 (1938. 4. 10), 4~5쪽.
65) 손두환의 역할에 대한 이해에 보탬이 될 수 있는 사실로써, 1938년 6월 25일자로 작성된
    일제자료는, 손두환이 "민족혁명당에 호의를 갖고 있지만, 김구파와도 황해도파로서 깊은
    친교를 갖고 있다"고 분석하였다(『思想情勢視察報告集』9, 135쪽).
66) 손두환의 조선민족전선연맹 참여와 관련하여, 일제자료는 "혁명단체에 직접 관련이 없는
    손두환·김철남·이연호·柳興湜(유자명, 필자) 등을 합류시켜, 대대적인 명칭을 내걸고
    통일의 외형을 갖춘 것같다"고 분석하였다(內務省警報局保安課 편, 『特高外事月報』1938
    년 6월분, 100쪽).
67) 『朝鮮民族戰線』 창간호, 6쪽.

민족혁명당의 인물들과 공유부분이 많았으리라는 점이다. 이처럼 합치되기 어려워보이는 두 개의 가치기준이 그의 민족주의 탐구의 근저에 흐르고 있었을 것이다. 이를 중간파 인물의 개성의 일단을 반영하는 것으로 파악할 수도 있겠지만, 이성과 감성의 골 사이에 서있었던 한 민족주의자의 고뇌였을지도 모른다.

  이후 손두환의 활동은 구체적으로 파악되지 않지만,[68] 그는 조선민족전선연맹과 한국광복운동단체연합회의 양립구도를 띤 1930년대 後半期 중국국민당정부 관할구역 내 한인독립운동의 정황 하에서, '제3의 길'을 택하였던 것으로 유추된다. 1940년 8월에 작성된 일제자료는, 그가 김철남 등과 朝鮮民族解放運動者同盟을 조직하여 "김구·김원봉 양파의 단일합동에 반대하는 일파를 규합하여 세력을 신장하려 하고 있다"고 분석하였다.[69] 그는 임정을 비롯한 한인독립운동세력이 중일전쟁의 전란을 피해 南京을 떠나 長沙→柳州→廣州→綦江을 거쳐 국민당정부의 전시수도인 重慶으로 이동하는 상황을 배경으로, 조선민족전선연맹과도 별도의 독자적인 항일행로를 밟았던 것으로 짐작된다. 이러한 추정과 관련하여, 다른 자료는 그의 소속단체를 '韓國獨立黨統一同志會'로 파악하였다.

  그는 한국독립당이나 조선민족혁명당과 거리를 둔 별도의 '광복을 향한 길'에 서 있었던 셈이다. 중국국민당정부와의 제휴를 배경으로 한 김구·김원봉의 권위를 거부하는 '작은 반란'을 택하였던 것으로 이해하고 싶다. 정치세력 판도뿐 만아니라, 이념적으로도 자신의 정체성을 유지하려 하였

---

68) 일제자료에 의하면, 1938년 5월 당시 그의 장남 孫基周(基宗의 착오일 듯하다, 필자)는 "蔣介石의 자가용 비행기 기관사로서, 蔣과 함께 행동하고" 있는 것으로 파악되었다(『特高外事月報』 1938년 5월분, 129쪽). 물론 이 사실의 신빙성에는 의문이 제기될 수 있지만, 그의 아들이 장개석을 지근거리에서 보필하고 있다는 사실은 그와 국민당정부 요로와의 밀착관계를 뒷받침해 주는 것으로 해석되어도 무방할 것이다.

69) 內務省警報局保安課 편, 『特高月報』 1940년 8월분, 167쪽. 1942년 8월에 작성된 「在支不逞鮮人團體組織系統表」에서도, 그는 '조선민족해방운동자동맹' 소속으로 분류되어 있다(『特高月報』 1943년 1월분, 93쪽 「附表」).

던 것같다. 그러면서 그는 한인독립운동의 무대 전면으로 서서히 등장하고 있었다.

1942년 10월 24일 개회한 제34차 임시의정원 회의에서, 김원봉·유자명·박건웅 등 '반임정 세력'의 대표적 인물들과 함께 임시의정원 의원에 선임되어, 임정활동에 합류하였다.[70] 1941년 말 태평양전쟁 발발과 조선의용대 주력의 중국공산당 관할구역 이동 등 일련의 상황을 배경으로, 일제멸망과 한국해방의 기대감 또한 점증되면서 중국관내지역 한인독립운동은 김구와 임정을 구심점으로 하는 구도로 재편되었다. 이러한 정황에서 손두환은 임정 참여를 통해 자신의 활동공간을 확보코자 하였던 것이다.

1943년 2월 조선혁명자연맹·조선민족해방동맹·한국독립당통일동지회는 조선민족혁명당과 통합하였다. 이로써 민족혁명당은 임정의 여당격인 한국독립당에 필적할만한 야당으로서의 위용을 갖추게 되었는데, 손두환은 민족혁명당의 중앙집행위원회 5인 상무위원의 한 사람으로 선임되었다.[71]

Ⅲ. 임정 합류와 민족운동관의 심화

1. 임시의정원 의원 활동

이후 손두환은 민족혁명당 선전부장·임정 선전부 선전위원 등을 겸하며,[72] 활발한 임시의정원 활동을 펼쳤다. 1945년 2월에는 한국독립당과

---

70) 『의정원문서』, 769쪽. 손두환과 金鐵男은 10월 26일 新到議員資格審査委員(李象萬·李光濟·嚴恒燮)에 의하여 신임의원(황해도선거구 선출의원)으로 결정되었다. 그러나 당선증서를 제출치 않아, 10월 30일 신임의원 자격을 획득하였다(같은 책, 274·280쪽).

71) 『資料韓國獨立運動』2, 215쪽.

72) 『資料韓國獨立運動』2, 246·313쪽. 일례로 1943년 3월 21일 손두환은 '조선민족혁명당 중앙선전부장' 자격으로 重慶 沙磁區에서 열린 학술강연회에서「韓國社會의 特殊性과 韓

민족혁명당에서 이탈한 인물들이 결성한 新韓民主黨의 중앙집행위원에 선임되었다.[73] 임시의정원 의원으로서의 주요 활동사실을 살펴 보면 대개 다음과 같다.

　1942년 10월 29일 왕통·한지성·김원봉·송욱동과 함께 의원선거법 제정안을 제의하였고,[74] 1943년 10월 12일에는 이정호·김상덕·김원봉과 함께 임정승인 및 독립운동에 대한 원조 획득을 목적으로 중국·미국·영국·소련에의 常駐代表 파견을 제안하였다. 같은 날 전체 해외교민의 호적등록제 실시를 제의하였고,[75] 10월 14일에는 미주본토와 하와이·쿠바·멕시코 및 중국 화북·화중·화서지역의 한인사회에 '임시정부 세포조직' 설치를 제안하였다.[76] 1943년 11월 29일에는 민족혁명당소속 의원들과 함께, 모든 외교사무는 임정 외교부를 통해 집행하며, 단체나 개인은 극력 이에 협조함으로써, 임정의 외교활동을 확대 강화하자는 긴급제의안을 제출하였다.[77]

　1944년 10월에는 최동오·조소앙·유림·강홍주 의원과 함께 建國綱領修改委員에 선임되었다. 그러난 그는 10월 26일부터 12월 10일까지 계속된 네 차례의 회의에 모두 불참하였다. 그 이유는 파악되지 않지만, 나름대로 자신의 이론과 주장을 갖추고 있었고, 임시의정원회의 과정에서 논전에도 적극적으로 참여하였던 그가 건국강령을 검토·개정하는 중요한 작업에 한 차례도 참석하지 않았음은 의아함마저 불러 일으킨다. 회의 기간 중 그가 와병 중이었거나, 중경을 떠나 타지역을 여행 중이었을 개연

　國革命」이라는 주제의 강연을 하였다(石源華 편저, 『韓國獨立運動與中國』, 上海人民出版社, 1995, 420쪽).
73) 『資料韓國獨立運動』2, 191쪽.
74) 『의정원문서』, 589쪽.
75) 『의정원문서』, 592쪽.
76) 『의정원문서』, 596쪽.
77) 『의정원문서』, 598쪽.

성도 있지만, 그럴 가능성은 그다지 크지않다. 아무래도 임정 지도부 및 한국독립당측에 대한 반대와 비판의 표현으로 유추된다.[78]

일제의 항복 소식이 전해진 1945년 8월 13일에는 민족혁명당소속 의원들과 함께, 임시의정원의 권한을 장차 성립될 전국통일적 임시의회에 봉환하고, 임시의정원의 직권을 정지시킬 것을 요구하였다. 이어서 8월 23일에는 민족혁명당 및 신한민주당소속 의원들과 연명으로 '看守內閣'의 조직을 제안하였다.[79]

그는 해외망명정부로서 또 한인독립운동의 구심점으로서 임정의 위상과 역할에 부정적이었다. 일제패망직후 그의 임정에 대한 평가는 "광복전에는 광복운동자가 대행하지만, 광복만 하면 그 주권은 벌써 인민에게 있는 것이다"[80]라는 표현으로 대변된다. "우리 임시정부는 국내인민에게 정권을 행사해 본 적이 없습니다" "이 정부를 조선에 가지고 들어가자는 것은 즉 내란을 일으키자는 위험한 정책입니다. … 조선에서 일어나는 정권이 있다면 그대로 복종할 것 뿐입니다"[81]라는 발언의 진의는 정치적 이해관계에 연연하지 않고 임정의 한계를 비판해 온 직설적인 성격의 일단을 보여주는 것이겠지만, 어쨌든 이는 임시의정원 의원이기도 한 스스로를 부정하는 모순으로까지 비친다.

이는 일제말기 임정을 구심점으로 통일전선을 형성하였던 독립운동세력이 해방정국기 새로운 정치환경에 직면하여, 정권쟁탈의 경쟁관계로 변모해 가고 있었음을 알려준다. 임정이 망명정부 자격으로 귀국하여 한 민족국가의 정부가 된다는 가정은 임정야당세력의 몰락을 의미하는 것으로 인식되었을런지도 모른다. 어느새 이들은 혁명가의 외투를 벗어던지

---

78) 『의정원문서』, 388~390쪽. 건국강령수개위원회 회의록에도 그의 불참사유를 '無故缺席'으로 기록하였다.
79) 『의정원문서』, 610쪽.
80) 「의정원회의록」(1945년 8월 22일), 『의정원문서』, 568쪽.
81) 「의정원회의록」(1945년 8월 17일), 『의정원문서』, 551쪽.

고, 턱시도를 걸친 자신의 모습을 꿈꾸고 있었다.

2. 반일 국제연대의식 및 민족운동관의 심화

손두환이 염두에 둔 반일 국제연대의 일차적인 대상은 중국이었고, 그
의 중국관은 互惠原則에서 비롯되었다.

> 한국(대일항전, 필자)의 성공은 중국항전의 승리를 촉진시킬뿐 만아니
> 라, 중국의 영원한 安全을 보장할 것이다. 그러므로 중국이 한국독립을
> 원조하는 것은 단순히 인간의 道義 문제만이 아니라, 자신의 利害와 직결
> 되는 것이다. 이는 즉 중국의 한국독립운동에 대한 責任으로써 여타 국가
> 와 다른 점이다.[82]

그는 한국의 해방과 중국의 항일전쟁 승리를 불가분의 관계로 파악하였
다. 때문에 중국의 한인독립운동 지원은 곧 중국의 해방을 위한 關鍵이
되는 것이라고 지적하며, 한·중관계의 특수성에 기반한 중국측의 대한방
침 재고를 촉구하였다.

국민당정부가 한국광복군의 지휘권을 장악한 韓國光復軍行動9個準繩
의 폐지를 요구하는 임시의정원의 논의 과정에서, 그는 국민당정부의 강
압과 구속이 본질적으로 임정을 포함한 한인독립운동진영의 역량 미흡에
서 비롯되었다고 지적하면서, 9개준승의 폐지 요구는 곧 독립을 요구하는
강한 정신을 보여주는 것이라고 하였다. "우리에게 일본제국주의를 타도
하는 힘이 있다는 것만을 보이면, 열번이라도 9항준승을 고쳐 줄 것이다"
라는 격정적인 표현은 중국군 생활을 통해 체득한 결론이었을런지도 모른
다.

---

82) 孫斗煥, 「泛論韓國問題(計劃大綱)」, 『資料韓國獨立運動』2, 445쪽. 이 문건은 1944년 4월
  11일자로, 중국국민당 중앙집행위원회에 제출하기 위해 작성되었다.

　　중국은 우리를 도와준다고 했는데, 사실은 간섭을 받고 있습니다. …
중국사람이 돈을 쓰며 도와주는 것은 이렇게 함으로써 한국혁명을 촉진
강화하는 것이오, 자기네의 항전목적과 완전히 일치된다는 것에서요, 이런
목적이 없다면 도와주지 않을 것입니다. … 우리가 일본제국주의에 타격을
줄 것을 바라고 도와주는 것이니, …

　　구항준승을 고치지 않으려는 것은 우리의 가치를 인정치 않는 것이오,
우리에게 일본제국주의를 타도하는 힘이 있다는 것만을 보이면, 열번이라
도 구항준승은 고쳐 줄 것이다. … 우리에게 강한 결심이 있다는 것을 필사
의 결심으로 보이려면, 아무리 무력과 강한 힘으로 누르려 해도 금하지
않는 것을 보여야 됩니다. 이렇게 말하면 나를 反中派라고 하지만, 사실은
이렇게 해야 중국에도 이익이 있으므로, 이 말은 중국을 위하여 하는 말입
니다. … 국제적으로 우리의 독립을 주장하려면 우리의 정치적 가치·정치
적 능력, 민족적으로 살았다는 기백을 보여야 됩니다.[83]

　그는 중국국민당정부의 한인독립운동 지원의 요체를 꿰뚫고 있었다.
그는 중국이 "종래 한국독립운동에 대해 비록 강건너 불 보듯이 하지는
않았지만, 적극적인 정책으로 이를 추동하지도 않았다. … 중국동지들이
만일 지난날의 태도를 고치지 않는다면, 재중 한인독립운동은 영원히 발
전의 날이 없을 것이며, 중국도 한국문제에 있어서 또한 엄중한 실패에
직면할 것이다." 또 "중국당국은 두 손을 나누어 양당을 도우니, 지금과
같이 함은 비록 그 뜻은 좋지만, 그 결과(한인세력의 분열을 가리킴, 필자)
를 조장함과 다를 바 없다"고 다소 감정적인 표현을 서슴치 않았다.[84]
　손두환의 지적은 냉혹한 국제질서를 배경으로 한 것이었다. 제2차 대전
말기 국제질서의 재편성 과정을 배경으로, 전세계는 거대한 변화를 맞이
하고 있으며, 인류의 명운을 다시 결정할 이번 전쟁은 머지않아 종결될
것이라는 전망 하에서, 우리 자신의 역량을 단결하여 외래정세에 잘 대응

---

83) 「의정원회의록」(1943년 11월 15일), 『의정원문서』, 365~366쪽.
84) 孫斗煥, 「泛論韓國問題(計劃大綱)」, 앞의 책, 445·448쪽.

해야 하며, "우리가 자치 능력이 있다는 것을 행동으로 보여야 한다"고 주장하였던 것이다.[85] 이러한 행동양태는 1920년대 중반 임시대통령 탄핵시 보여주었던 권위주의를 부정하던 모습과도 상통할 수 있는 것이었다.

그는 일침을 주저하지 않았다. 중국의 지도자들은 한국인의 자존심과 신념을 훼손시키는 언동을 삼가야 한다. 이러한 언동은 한인들로 하여금 중국에 대해 회의와 실망을 갖게 만들 것이며, 이는 일제로 하여금 한국인을 속이는 구실을 제공하게 될 것이라는 논리는 9개준승 폐지를 요구하는 한인진영의 바램을 잘 대변하였을 것이다. 그의 중국관은 이렇듯 변해 있었다. 1920년대 중반이래 국민당정부의 핵심에 근접한 거리에 머물렀으며, 한·중연대 형성에 일조를 한 그였기에, 그의 중국관의 변화를 눈여겨보게 된다.

스스로를 '反中派'로 지칭하며, 한인세력의 단결을 바탕으로 한 자주적 능력의 과시를 주문한 것은, 현실과 실리의 관점에서 힘의 논리가 국제질서의 기본가치라는 사실에 기반하여, 한인독립운동세력이 단결을 통해 항일투쟁 및 자주적인 민족국가건설 능력을 배양해야 하는 필요성을 지적하고 있었다. 중국측에서 보면, 서운함마저 느낄 수있었을 손두환의 거침없는 중국관은 반제 국제연대를 통해 민족주의의 외연을 확대하고자 기원하였던 약소민족 민족운동세력의 분노를 대변하는 것이었을지도 모른다.

그리하여 그는 리더십의 재창출을 위해 임정의 개편을 요구하였다. 독립운동세력으로 하여금 "임정에 관심을 갖도록" 해야 하며, 이는 임정의 명운을 개척하고, 독립운동의 추진을 위해서도 요긴한 사안이라는 것이다.[86] "독립운동에 관한 계획이 없다. 그래 가지고 어떻게 총영도하겠는가, 근본정책이 세워졌어야지요"[87]라는 질책은 "객관으로 아니될 것을

---

85) 「의정원회의록」(1945년 4월 11일), 『의정원문서』, 405쪽.
86) 「의정원회의록」(1943년 11월 12일), 『의정원문서』, 354쪽.

주관으로 생각하는 것은 꿈입니다"[88]라는 힐난으로 이어졌다. "대전 후 조선이 즉각으로 독립을 할 수 있느냐 없느냐 하는 문제"가 임시의정원 및 임정의 대처 능력에 달려 있다는 그의 발언은 임정이 미·소 냉전체제의 소용돌이에 휩싸일 개연성을 지적하는 동시에, 임정의 리더십 부재가 전후 한반도 및 한민족의 운명과 직결될 것이라는 우려에 다름아니었다.

> 우리 정부가 (독립운동세력으로 하여금, 필자) 다 옹호 지지하게 하지 못하면, 다른 지방에 딴 정부가 생길 염려가 있다. 그 가능성은 俄羅斯(소련, 필자)에 세일 가능성이 있다. … 만일 그렇게 된다면, 소련은 소련 안에 있는 그 정권을 도우려 할 것이고, 미국과 중국은 여기 있는 정부를 지지하려고 할 것이다. 그러면 그 영향이 內地(국내, 필자)에 미쳐, 우리 조선사람끼리 잔혹한 싸움이 일어날 것이다. 그 결과는 조선문제를 두 사람이 같이 간섭하게 될 것이다. 그러므로 우리는 위임통치의 위험성이 있다.[89]

그렇기 때문에 이러한 위험을 막기 위해서는 임정의 문호개방이 필요하다고 주장하였다. 즉 임정이 중경의 독립운동세력만이 아닌, 미주·소련 지역과 중국화북지역의 한인세력까지 포괄할 것을 주문하였다.[90] 특히 "소·중·미 세 나라에 대해서 물론 평등 외교정책이겠으나, 세 나라에 대하여는 특별히 다른데, 지금 외교로 보면, 중국과 미국에 대한 외교보고는 있으나, 소련에 대한 것은 없으니, 거기 대하여는 어떠한 외교를 하고 있는지 알고 싶습니다"[91]라는 소련에 대한 관심은 1920년대 초반에

---

87) 「의정원회의록」(1945년 4월 17일), 『의정원문서』, 426쪽.
88) 「의정원회의록」(1945년 4월 21일), 『의정원문서』, 471쪽.
89) 「의정원회의록」(1945년 5월 1일), 『의정원문서』, 512쪽.
90) 그가 말하는 미주·소련·중국 화북지역의 한인세력이라 함은, 대한인국민회·대한인동지회 등 미국본토 및 하와이지역의 한인단체, 소련령 하바로프스크에 있던 東北抗日聯軍 소속 한인빨치산그룹, 陝西省 延安의 중국공산당 항일근거지에서 활동하던 朝鮮獨立同盟과 朝鮮義勇軍을 가리키는 것으로 이해할 수 있다.
91) 「의정원회의록」, 1945년 4월 17일, 『의정원문서』, 432쪽.

보여주었던 사회주의에 대한 적극적인 탐구와, 소련을 국제연대의 대상으로 지목하였던 사실을 연상시킨다.

그리고 대안으로써, 중국·미국·소련 등지에 거주하는 한인 대표를 망라하는 '韓國革命者代表大會'를 소집하고, 이로 하여금 임정을 접수 관리토록 하거나, 새로운 영도기구로서 '韓國革命最高委員會'를 구성한 다는 복안을 마련하였다. 이 기구가 임정에 대신하여 한국민족의 대표성을 확보하여 국제관계와 대외활동을 관장하며, 임정을 포함한 여타 단체와 개인의 대표성은 박탈한다는 요지였다.[92]

물론 이에는 임정 야당으로서 민족혁명당의 공세적 측면도 개재되어 있겠지만, 그의 임정 확대개편 논리는 일제패망기 임정의 위상에 대한 회의와 우려를 반영하는 것이었다. 그의 우려는 냉전체제의 도래와 함께 파편화되어 간 임정의 모습을 떠올리게 하는 불길한 것이었다.

맺음말

손두환의 항일민족운동 역정은 반제·반일 국제연대 모색과 실천을 통한 민족주의의 탐구 과정이었다. 그는 수립초기 임정옹호세력의 일원으로서 군사·선전활동 부문의 기반을 갖추는데 헌신하였다. 그러나 1923년 초 국민대표회의 소집을 계기로 임정과는 거리를 유지하며 자신의 항일진로를 모색하였다. 그는 한인독립운동을 둘러싸고 있는 국제적 조건을 객관적으로 인식하고, 이에 능동적·적극적으로 대처함으로써, 독립운동의 진로에 보탬이 되는 길을 찾고자 하였다. 그는 중국군 복무라는 우회로를 택하여, 중국항일전쟁사 가운데에서 한인독립운동의 지름길을 찾으려 하였다.

---

92) 孫斗煥, 「泛論韓國問題(計劃大綱)」, 앞의 책, 445쪽.

그는 蔣介石 황포군관학교 교장의 측근에 위치하며, 1920년대 중·후반기 재중 한인독립운동에서 주요한 역할을 수행하였다. 만주사변 이후 1930년대에는 중국중앙육군군관학교에서 일본어 교관으로 근무하며, 중국국민당정부 수도 南京을 무대로 한 한인독립운동에도 가담하였다.

1937년 7월의 중일전쟁은 그가 한인독립운동진영으로 되돌아오는 계기가 되었다. 그는 민족주의 우파세력의 중심인물인 김구와 사제관계의 인연을 맺고 있었고, 민족주의 좌파세력과는 이념적 공감대를 갖고 있었다. 이러한 관계를 배경으로, 그는 1930년대 후반기 협동전선운동의 중재·견인 역할을 담당하였으면서도, 스스로는 좌우파세력의 각축 현장에서 비껴서려 애썼다. 그는 한국독립당이나 조선민족혁명당의 흡인력 바깥에서 별도의 항일도정을 헤쳐나가려 하였다.

1941년말 미국과 일본의 개전은 하나의 전환점이었다. 대한민국임시정부에 대해 방관적·비판적 입장을 취해왔던 세력들이 임정에 합류하는 상황이 도래하였다. 1942년 10월 말 임시의정원 의원에 선임되는 것을 계기로, 그도 임정활동에 합류하였다. 그는 야당의원으로서의 역할을 적극적으로 수행하였는데, 그의 임정정책 및 지도부에 대한 질책과 비판은 진보적인 지식체계와 중국군 복무 등, 폭넓은 체험에서 비롯된 것이었다.

또한 그가 장개석 위원장의 지근거리에 있었고, 중앙육군군관학교 교관을 재직한 사실 등으로 미루어 본다면, 그가 일제말기 한인독립운동진영과 국민당정부의 관계에서 보다 적극적인 역할을 할 수도 있었을터인데, 실제로 그렇지는 못한 것 같다. 그 이유를 한인독립운동의 환경변화라는 측면에서 접근해 보면, 1941년 조선의용대의 화북이동과 국민당정부의 반공노선 강화를 배경으로, 민족혁명당 등 민족주의 좌파세력이 위축되었고, 한국독립당을 중심으로 한 우파세력의 위상이 상대적으로 강화되는 상황을 배경으로, 손두환의 대국민당정부 역량도 약화되었으리라고 유추할 수는 있을 것같다.

다시 말해 1920년대 초·중반 그는 사회주의 국제연대를 통한 한국의 해방을 추구하였으나, 국공합작의 결렬과 사회주의세력의 민족협동전선 이탈 등 상황변화에 적응하면서, 그의 민족운동관은 점차 중간파적인 모습으로 형상화되었다. 그러나 1930년대 후반이래 국민당정부의 반공노선 강화, 민족주의 우파세력의 임정 주도권 확보 등에 직면하면서, 그의 이상주의적인 민족운동관은 현실의 무게를 이겨내지 못하였고, 그 자신도 차츰 추락하기에 이르렀던 것이다. 그리고 이러한 손두환의 역정은 중간파의 한계를 보여주는 것이기도 하였다.

다음으로 손두환의 항일민족운동관을 살펴 보면, 1920년대 초반 그는 임정활동에 참여하여, 독립운동의 진로 모색을 위한 노력의 일환으로써 사회주의이념에 몰두하였다. 사회주의이론을 반제국주의 국제연대 논리의 기반으로 삼는 한편, 이를 통해 자신의 민족주의 인식체계를 다듬어 갔다. 이는 1920년대 초반 한인독립운동세력이 지향하였던 해방과 독립에의 갈증과, 임정의 통일전선적 성격을 반영하는 것이었다.

그의 설명에 따르면, 한인독립운동은 국제사회주의운동의 일환이며, 세계노동계급과 사회주의세력의 지지와 동정을 확보하고 있었다. 또한 현대사회의 모순을 제공한 제국주의·침략주의·자본주의는 '민족자주'와 '상호부조'를 통해 극복되어야 할 과제였다.

1920년대 초반 일제침략 상태라는 동질성을 지적하며 중국을 반제 국제연대의 우선 대상으로 꼽았던 그의 중국관은 일제말기 한국광복군 9개행동준승의 강요에 직면하여서는 반중 자주적 자세를 강조하는 논리로 변화하였다. 이는 그의 중국관이 중국근대사의 현장에서 단련된 것임을 반증한다. 그가 근무하였던 장개석 위원장실이나 중앙육군군관학교는 국민당정부의 핵심권력기관 중의 하나였고, 한인독립운동을 지원 지도하는 施惠

的 위치에 있었다. 이들 기관의 분위기나 구성원들의 韓國觀 등과 맞닥뜨리면서, 그의 중국관도 변하였다. '國際的友誼'의 구호에 함축되어 있는 국제정치적 의미를 깨닫기에 이르렀을 것이다.

그는 중국국민당정부의 지원도 한인독립운동의 역량과 직결되는 것임을 지적하였다. 국민당정부의 지원은 중국항일전쟁의 전략적 측면에서 고려되는 것이기 때문에, 대중 외교활동의 관건은 한인세력의 자구적인 노력에 달려 있다고 하였다. 그리고 이를 위해 강력하고 새로운 리더십의 창출을 강조하였는데, 그는 임정의 문호 개방을 통한 중경지역뿐 만아니라, 미주·소련·중국화북지역에서 활동하는 세력까지 포용할 것을 촉구하였다.

요컨대 손두환은 중국을 반일 국제연대의 대상으로 파악하면서도, 한·중연대의 관건은 한인 스스로의 자구적이고 자주적인 자세와 노력에 달려 있다고 갈파하였다. 그는 자신의 정체성을 잃지 않으면서도, 진취적·개방적이고 포용력 있는 民族主義像을 그리고 있었던 것이다. 특히 그가 한인독립운동의 독자성과 정체성을 강조한 사실은 중국국민당정부의 간섭과 지원 이면에 감추어져 있는 中華主義의 욕망을 고발하는 외침이었을런지도 모른다.

· 접수일 2003년 8월 5일 / 심사완료일 2003년 8월 20일

· 주제어 : 대한민국임시정부, 임시의정원, 남경한족회, 중국국민당정부,
　　　　　중국중앙육군군관학교, 한국광복군9개행동준승,

A Study of Sohn Du-hwan's Anti-Japanese Nationalism and His Perspective on Nationalist Activities

Han, Sang Do

Sohn Du-hwan recognized the importance of international society and participated in overseas activities for the independence of Korea. Therefore, through participation in the Chinese army, he groped for a short cut for the independence movement of Korea in China.

He worked for Jiang Jieshi, principal of Hwangpu Military Academy as well as a major leader in the Chinese National Party, and played important roles in Korean independence activities in the late 1920s.

After the Manchurian Incident, he worked as a Japanese instructor in the Central Military Academy in China and took part in Korean independence activities in Nanjing in the 1930s.

In July 1937, during the China-Japan war, he returned to the camp of Korean independence activitists. He established friendship with Kim Gu who was the main power of the right wing and shared ideology with Kim Wonbong who was the main power of the left wing. He wanted to keep neutral status between the right and left wings.

If we look at his anti-Japanese activist perspective, he seemed to apply sociology theory for international cooperation against imperialism. He joined activities of the Korean Provisional Government after its establishment in the early 1920s and emphasized socialist ideology for the independence movement. His acceptance of progressive perspectives reflected a strong will for Korean independence and an effort to strengthen the united front of the Korean Provisional Government.

He had considered China as the most important partner against Japanese imperialism in the early 1920s. However, he emphasized independence activities beyond China after the Chinese Nationalist Party intended to control Korean independence activists toward the end of Japanese imperialism.

He had stressed that China's support for the Korean independence movement would have destroyed Japanese imperialism and have eventually assisted the anti-Japanese movements in China. His activities for Korean independence were set on the stage of Chinese modern history.

Jiang Jieshi's Committee Office and Central Military Academy where Sohn Du-hwan worked were the main places of the Chinese Nationalist Party and supported Korean people's activities.

However, their attitude toward Korean independence activities made Sohn Du-hwan's perception of China change. He recognized realism in the name of international cooperation and friendship.

In his thought about anti-Japanese movements in China and analysis of international politics and social science, he not only considered China the most important partner for the Korean independence movement but also stressed an independent attitude of Korean people in their relations with China.

Key Words : Hwangpu Military Academy, the Central Military Academy in China, the Chinese National Party, international cooperation against imperialism, the Korean Provisional Government, perception of China

1930年代 初 咸北地方 學生運動의 展開樣相

조 성 운[*]

목 차

머리말
Ⅰ. 함북지방 학생운동의 성장
Ⅱ. 광주학생운동 이후의 함북지방 학생운동의 전개
맺음말 - 1930년대 초 함북지방 학생운동의 성격

머 리 말

일제하 민족운동사에서 양적·질적인 측면에서 분수령을 이룬 사건은 3·1운동이었다. 이는 한국 민족운동이 더욱 풍부하게 전개될 수 있는 조건이 되는 것이었다. 그리하여 노동운동, 농민운동, 학생운동, 청년운동, 여성운동, 형평운동 등 다양한 부문에서 운동이 전개될 수 있었다.

특히 학생층은 신지식인으로서 이미 3·1운동 과정에서 민중을 동원하고 시위를 확산시킴으로써 민족운동에 대한 새로운 대안세력으로서 대두하였다. 그리하여 기존의 민족운동세력은 학생층에 대해 새롭게 주목하게 되었다. 그리고 학생층은 6·10만세운동을 선도하고 1929년의 광주학생운동을 통해 한국민족운동의 중요한 주도세력으로 자리잡았다.

이와 같이 학생층은 3·1운동 이후 민족운동의 새로운 주도층으로 대두

---

* 수지고등학교 교사

하였다. 그리하여 학생운동에 대한 연구는 일찍부터 진행되었다. 1920년대의 학생운동에 대한 연구는 학생운동의 이념적 지향에 대한 연구와 6·10만세운동이나 광주학생운동과 같이 중요한 사건에 관계된 조직이나 학교를 중심으로 한 연구, 학교별로 전개된 비밀결사사건 등에 대한 연구 등으로 유형을 나누어 연구되었다.[1] 그러나 이러한 연구들은 대부분 학생운동의 선도성에 주목하면서 학생운동이 항일민족운동의 일환으로 전개되었다는 점을 강조하였다.

그리고 1930년대 이후의 학생운동에 대한 연구는 1929년의 광주학생운동 이후 전국 각지에서 전개된 학생운동을 개별학교나 지역 차원에서 연구하였다.[2] 특히 최근 함흥지역과 대구지역의 학생운동에 대한 연구[3]는 지역별 사례연구라는 점에서 의미가 있다. 필자가 본고에서 다루고자 하는 함북지방의 학생운동 역시 이러한 노력의 일환이라 할 수 있다. 필자가 함북지방을 사례연구의 대상으로 삼은 이유는 이 지방의 학생운동에 대한 연구가 전무한 형편이기 때문이다. 또한 鏡城지역이 광주학생운동 이후 함남의 함흥지역과 함께 함경도지방의 학생운동을 이끌었던 함북학생운동의 중심지이기 때문이기도 하다. 이는 경성고등보통학교, 경성농업학교, 주을보통학교, 주남보통학교, 어랑공립보통학교, 어대진공립보통학교, 주북사립보통학교, 삼향학교 등 경성지역 내의 중등 및 초등학교에서 시위운동이 지속적으로 발생하였고 또 신간회 경성지회 및 경성청년동

---

1) 박철하, 「일제하 청년운동연구의 현단계와 과제」, 『한국사론』26, 1996. 참조.
2) 대표적인 연구로는 다음과 같은 것들이 있다. 김성보, 「광주학생운동과 사회주의 청년·학생 조직」, 『역사비평』4, 1989. ; 박찬승, 「광주항일학생운동의 정치사상적 배경」, 『전남사회운동사연구』, 한울아카데미, 1993 ; 이준식, 「광주학생운동의 전개과정과 역사적 성격」, 『한국근현대청년운동사』, 풀빛, 1995 ; 박철하, 「1920년대 후반 서울지역 학생운동의 양상과 성격변화」, 『향토서울』55, 1995 ; 한국역사연구회·전남사학회 공편, 『광주학생운동연구』, 아세아문화사, 2000.
3) 이계형, 「1920년대 함흥지역 학생운동의 전개와 성격」, 『한국근현대사연구』20 : 김일수, 「1920년대 대구지역 학생운동의 전개와 성격」, 「한국근현대사연구』21.

맹 등 지역사회의 민족운동단체와의 연대투쟁이 활발히 전개되었다고 믿기 때문이다.

따라서 본고의 논지를 전개하기 위해서 광주학생운동 이전인 1920년대의 함북지방의 학생운동에 대해 먼저 살핀 후 1930년대의 학생운동을 경성지역과 기타지역으로 나누어 살펴보고자 한다. 그리고 이러한 과정을 통해 함북지방의 학생운동의 성격을 도출해내고자 한다.

따라서 전국적인 학생운동의 발전과정에서 함북지방의 학생운동의 전개과정과 그 의미를 살펴보고자 하였다.

I. 함북지방 학생운동의 성장

함북지방에서 발생한 최초의 동맹휴학(이하 맹휴라 칭함.)은 1924년 갑종학교로의 승격을 주장하면서 전개된 경성농업학교의 맹휴이다. 이후 함북지방에서는 1926년의 경성고등보통학교, 경성군 주북면의 사립문암보통학교, 성진의 학남공립보통학교, 1927년 경성농업학교, 길주공립보통학교, 1928년 길주공립농업학교에서 각기 맹휴가 전개되었다. 이 시기 함북지방의 학생운동의 특징은 주로 학내문제 및 민족차별교육의 철폐를 주장하면서 전개되었다는 점이다. 이를 각 지역별로 보면 다음과 같다.

경성농업학교에서는 1924년 갑종학교로의 승격을 제기하면서 맹휴를 전개하였다. 이 때 맹휴생과 학교측은 원만히 합의하였으나 1927년에도 승격이 이루어지지 않자 1927년 3월 1일 1, 2학년생 120여 명이 학교의 승격문제를 제기하면서 맹휴에 돌입하였다.[4] 그 후 맹휴생과 졸업생은 다음과 같은 3개항의 요구조건을 제출하였다.[5]

---

4) 『동아일보』, 1927. 4. 15, 「3名엔 有期停學 2名은 退學處分」.
5) 『동아일보』, 1927. 3. 20, 「盟休生 登校 要求에 承諾얻고」.

1. 今秋에 신축되는 校舍는 甲種制로 건축하도록 할 것.
2. 승격시일은 명년 1월에 개최되는 道評議員 1개월 전에 확정할 것.
3. 금번 맹휴사건에 대하여 희생자가 없도록 할 것.

위의 요구조건이 학교당국에 의해 수용된 이후 맹휴생 전체가 등교하였다. 그러나 4월 9일 갑자기 학교 당국에서 맹휴생 중 2명을 퇴학, 3명을 무기정학, 17명을 2일간 정학에 처하였다.[6] 이에 학생들은 다시 동요하고 학부형과 함께 대책을 강구하고자 하였다.[7]

그리고 1926년 주북면 私立文岩普通學校에서는 교원 초빙문제로 會文洞의 학부형들에 의하여 맹휴가 발생하였다. 이는 교원 초빙 시 회문동 출신의 지원자가 탈락하였기 때문에 발생한 사건이었다.[8]

또 1926년 4월 14일 경성고보의 2, 3, 4학년생 200여 명이 교장의 불친절, 교원부족, 교수겸무의 3조건을 내걸며[9] 맹휴에 돌입하였다.[10] 그리고 학교측은 학생들의 요구사항을 모두 수용하면서 맹휴가 종료되었다.[11]

길주지역에서는 1927년 9월 길주공보에서 교내 문제로 인하여 맹휴가 발생하여 학부형회원인 李楨燮, 鄭熙星, 黃鉞, 南奎三 등이 검속되고,[12] 9월 25일에는 池若明, 李東哲, 徐喆山, 徐世甲 등은 맹휴를 선동했다는 이유로 검거되었다.[13] 이들이 검거된 이후 학부형회는 맹휴를 원만히 해결하기 위하여 학교측과 협의하였으나 맹휴는 해결되지 않았다. 그리하여 학부형들은 맹휴에 동참하지 않았던 학생들도 맹휴에 참가하도록 하였다. 그리하여 보습과 학생 30여 명은 교장에게 600여 명 생도의 맹휴에 대하

---

6) 『동아일보』, 1927. 4. 15, 「3名엔 有期停學 2名은 退學處分」.
7) 『동아일보』, 1927. 4. 22, 「20餘 名 黜校로 境城農校 또 動搖」.
8) 『동아일보』, 1926. 5. 1, 「文岩校生 盟休 原因은 敎員問題라고」.
9) 『동아일보』, 1926. 4. 30, 「鏡城高普 盟休生 要求를 全部 承諾 4學年生은 爲先 就學」.
10) 『동아일보』, 1926. 4. 29, 「盟休生 一部 登校」.
11) 『동아일보』, 1926. 4. 30, 「鏡城高普 盟休生 要求를 全部 承諾 4學年生은 爲先 就學」.
12) 『동아일보』, 1927. 9. 24, 「吉州公普 學父兄 檢束」.
13) 『동아일보』, 1927. 10. 2, 「學生 四名 檢束」.

여 속히 처단할 것, 우리들의 교수를 받는데 교란의 폐해가 없을 때까지는 맹휴생과 일치한 보조를 취한다는 등 몇 가지 조건을 제출하고 맹휴에 동참하였다.[14] 이렇게 사태가 악화되면서 학부형들은 10월 19일 제5회 학부형회를 개최하여 다음과 같이 결의하였다.[15]

> 길주공보의 문제인물 馬東徹氏에 대한 사직은 군수로부터 그 책임을 負하겠다고 언명한 바 우리는 군수의 盡力을 생각하고 맹휴생 700여 명을 오는 20일부터 등교케 하되 좌기 요구 조건에 불응하는 時는 此에 反할 것.
> 가. 학교장 이하 관계자 교원의 사과를 학부형위원회에 정식으로 할 것.
> 나. 등교생 대 맹휴생 수는 200대 600인 맹휴생 다수 본위로 그 동안 받지 못한 학과를 처음부터 성의있게 교수할 것.

이와 같이 길주공보의 맹휴가 확대되자 신간회 단천지회와 성진지회, 성진기자단에서 진상조사단을 파견하기도 하였다.[16]

1928년 2월 17일에는 길주공립농업학교에서 갑종학교로의 승격을 주장하며 80여 명의 학생이 등교하지 않고 맹휴가 전개되었다. 이에 길주의 7개면장들은 2월 26일 길주공보에서 吉州郡民學父兄含有志者大會를 개최하고자 하였으나 참석자들은 대회의 명칭을 봉건적이라며 군민대회로 변경하고 林鳳來를 의장, 許鎭을 부의장으로 선출하였다.[17]

그러나 경찰은 대회명칭의 변경을 불법적이라며 탄압하다가 대회 참석자의 반발만 사게 되었다. 이를 계기로 대회의 열기는 더욱 높아졌고 길주 농교를 을종에서 갑종으로 승격시키기 위하여 길주농업학교 승격촉성

---

14) 『동아일보』, 1927. 10. 14, 「六百 盟休生에 同情 補習科도 動搖 교장에게 성명서를 제출」.
15) 『동아일보』, 1927. 10. 24, 「第5回 父兄會 吉州公普 問題로」.
16) 『동아일보』, 1927. 10. 3, 「各團奮起調査 길주공보사건」.
17) 『동아일보』, 1928. 3. 3, 「農校生 盟休事件으로 吉州郡民大會 을종을 갑종으로 승격시키라고」.

회[18]를 조직하였다. 이들이 촉성회를 조직하게 된 근거는 이웃의 경성군과 비교되는 처사 때문이었다. 즉 경성고등보통학교와 사범학교의 2개의 중등교육기관이 있음에도 불구하고 경성농업학교를 을종에서 갑종으로 승격시킨 데 비하여 길주농교는 승격시키지 않았기 때문이었다. 그리하여 촉성회에 참석한 학부형들은 갑종으로의 승격이 이루어지지 않으면 차라리 폐교시킬 것을 만장일치로 채택하였던 것이다.[19]

이와 같이 맹휴생들과 학부형들은 강경한 방법으로 맹휴를 전개시켜 나갔다. 이에 학교측에서는 비밀리에 맹휴생에게 가정통신문을 발송하여 학생들을 등교시키고자 하였다. 여기에 학생들은 학교에서 기숙하며 수업을 받던 학생들을 습격하였고 그 중 한 학생이 교사인 上原의 집으로 도망가자 맹휴생이 뒤쫓아 上原의 집으로 따라 들어가니 上原은 그 학생에게 권총으로 생명을 위협하고 경찰을 불러 21명의 학생이 검거되어,[20] 6명이 검사국에 송치되었다.[21]

성진지역에서는 1926년 7월 2일 학남공립보통학교에 日新洞에서 통학하던 생도 40여명이 동맹휴교를 단행하였다. 그 원인은 1926년 7월 1일의 조기회에서 행한 德田의 훈시에 있었다. 본래 일신은 학교로부터 20리나 떨어져 있어 도보로 등교하는 것이 불가능하였다. 그리하여 7월 1일의 조기회가 있기 전날 학교 소재지에서 숙박하게 되었다. 교장 德田은 이것이 교칙위반이라 하여 일신학생들에게 조기회 시간을 이용하여 일신학생들은 전부 퇴교하여도 좋다는 말을 하였다. 이에 일신학생들과 학부형들은 교장의 언사에 불만을 품고 동맹휴학을 단행하였던 것이다. 그리고 함경북도 학무국에 다음의 조건을 내걸고 진정서를 제출하였다.[22]

---

18) 위와 같음. 촉성회의 실행위원은 呂鳳魯, 金重熙, 權國仁, 朴履燦, 李柱植, 梁在鴻, 林鳳來, 許鎭, 黃泰成이 선출되었다.
19) 위와 같음.
20) 『동아일보』, 1928. 3. 25, 「生徒를 拳銃으로 威脅 20餘 名을 總檢束케」.
21) 『동아일보』, 1928. 4. 1, 「吉州農校盟休生 六名은 檢事局에」.

1. 이하의 조목에 의해 교장의 사임을 요구함.
 가. 교장이 학생에게 불친절함. (예) 일신생도는 퇴학하여도 무방함. 퇴학
　하는 것이 교실도 넓어서 더욱 양호하다고 함.
 나. 교장의 신분으로 왕왕 체면을 실하여 일반에 불신임 받는 사 유함.
 다. 교장이 인정으로 입학시키는 사 유함. (예) 보결시험 아니 받는다 하고
　金學哲은 입학시키고 黃鳳明, 林鍾完은 입학을 허치 않은 일.
 라. 수업료가 기일만 경과하면 학생을 정학시키는 사 유함.
 마. 생도가 초근을 먹는다고 도야지새끼라는 무리한 폭언을 한 사.
 바. 교수시간을 폐하고 자기 사택 온돌석을 운반케 한 유함.
 사. 조기회를 엄수키 위하여 학교 소재지에서 숙박한 생도에게는 10세
　미만의 아동까지 闕食케 하고 20리나 되는 거리에 승차케 못하고 도보
　케 하여 울게 하는 사 유함.
 아. 硝子 1매를 파손하면 50전을 변상하는데 사실 초자대는 25전인데
　25전을 사기하여 징수하는 사 유함.

2. 좌기 선생은 좌기 조건에 의하여 사직할 일
 가. 崔正秀 선생-타처에 來한 여학생을 데리고 교실에서 接吻하려는 부정
　행동 및 그 여자에게 성적까지 고사케 하며 또 교수시간에도 그 여자에
　게 한하여는 자유출입을 허하는 사와 질문을 설명치 아니하는 사 유함.
 나. 朴曾南 선생-여성에만 취하여 연애 시간까지 생도에게 傳託하는 사와
　교수시간에도 연애 담화와 여성조사로 학과를 반도 아니하고 하학하는
　사와 습자, 도화 洋書紙를 塵紙로 상하는 사 외 주점에서 부정한 언론을
　하다가 타인에게 구타를 당하여 체면을 실한 사 유함

　이러한 학생들의 행동에 대해서 학교측은 여러 선생과 학남면장 金昌
仁, 학무위원 김원희를 일신에 보내 등교를 설득하여 학생들은 등교를
하였다. 그러나 학생들의 등교는 학교 당국자의 태도를 확인하기 위한
것이었고 학생들의 태도는 더욱 강경해졌다. 그리하여 용태학생을 중심으

---

22) 『동아일보』, 1926. 7. 6, 「성진학남공보 40여명 맹휴」.

로 교장의 비리를 조사하기도 하였다.23) 그리고 일신학생 대표가 학남면 협의회와 구장회를 기회로 면유지에게 진정서를 제출하기도 하였다. 그러나 이 회에서 학무위원인 金宗默은 학생대표인 김광운에게 '학생을 도야 지새끼라 한 것은 君師父一致라는 조건으로 하등의 여론거리가 못된다고 교장을 옹호하고 학생들이 제출한 진정서도 은닉하고자 하였으나 발각되었다.24)

이와 같이 학남공보의 맹휴를 해결하는 과정에서 일부 인사들이 교장의 편에 서기도 하였다. 그런데 학남공보의 맹휴는 7월 5일 지역의 유지와 학부형의 중재로 3일만에 학생들이 등교를 하면서 해결25)된 것으로 보이나 이 과정에서 진정서에 대표로 서명한 김광운, 최병택, 이기배 등은 무기정학에 처해졌다.26) 그리고 교장 德田은 이 사건의 배경에 대해 다른 견해를 밝혔다. 즉 학남공보가 설립될 당시 학남면 소재지인 일신동에 학교를 설립하고자 하였으나 용태동민의 유치운동의 결과 용태동에 위치하게 되어 일신동의 학생들을 중심으로 맹휴가 발생하였다는 것이다.27) 이러한 교장 德田의 견해는 교장과 교사가 관련된 문제를 지역문제화 함으로써 맹휴의 쟁점을 희석시키고자 하였던 것으로 보인다. 하지만 학남공보는 7월 12일부터 다시 맹휴에 돌입하였다. 그 이유는 학생측이 제출한 진정서에 대한 '知而不知的 態度'로 교육당국에서 회답이 없고 교장이 조선인 학생들에 대해 민족적 차별을 했기 때문이었다. 동시에 학부형들도 또 다시 진정서를 교육당국에 제출하기로 하였다.28)

---

23) 『동아일보』, 1926. 7. 9, 「生徒의 態度 强硬 학남공보 맹휴 속보」.
24) 위와 같음.
25) 『동아일보』, 1926. 7. 10, 「盟休生은 登校 完決은 아닌 듯」.
26) 『동아일보』, 1926. 8. 1, 「3名에 無期停學 학남공보생 맹휴사건 후문」.
27) 위와 같음.
28) 『동아일보』, 1926. 7. 21, 「德田校長 指導엔 教授絶對不受 組織的 團結로 積極的 排斥 鶴南公普生盟休事件 再燃」.

이상에서 볼 때 이들 학교에서 동맹휴학을 전개하면서 요구한 조건은 주로 학내문제와 관련된 것이었다. 1924년과 1927년의 경성농교의 동맹휴학에서는 갑종학교로의 승격을 요구하였고, 1926년의 사립문암보통학교의 동맹휴학에서는 교원 채용 문제, 1926년의 경성고보의 동맹휴학에서는 교장 배척, 1926년의 학남공립보통학교의 동맹휴학에서는 교장 및 교원 배척 문제, 1927년의 길주공보의 동맹휴학에서는 교원 배척 문제, 1928년의 길주농교의 동맹휴학에서는 갑종학교로의 승격문제 등이 요구되었다. 이로 보아 1920년대 함북지방에서 전개된 학생운동은 주로 교내문제와 관련된 것이었음을 알 수 있다. 이는 6·10만세운동 이후 학생운동이 점차 정치운동으로 그 성격이 변화하고 있음에 비해 특이한 점이다. 따라서 함북지방의 학생운동은 1920년대 중반까지도 정치투쟁으로서의 성격을 갖지 못한다고 할 것이다.

Ⅱ. 광주학생운동 이후의 함북지방 학생운동의 전개

앞 절에서 보았듯이 1920년대 함북지방의 학생운동이 제기한 것은 주로 교내문제에 한정되어 있었다. 이러한 함북지방의 학생운동이 정치투쟁적인 성격을 띄게 한 사건은 1929년의 광주학생운동이었다. 주지하다시피 1929년 10월 30일 나주역에서 있었던 한·일 학생간의 충돌은 11월 3일 광주지역의 시위를 통해 본격화한 광주학생운동은 광주지역을 넘어 전국적으로 확산됨으로써 3·1운동이래 국내에서 전개된 민족운동 중에서 가장 대표적인 시위운동이라 평가할 수 있다. 그리고 이러한 시위를 전개하는 과정에서 각급 학교에 조직되어 있던 독서회와 같은 비밀결사가 운동의 전개와 확산에 큰 역할을 하였음은 주지의 사실이다. 특히 1926년 11월 광주고등보통학교와 광주농업학교의 학생으로 조직된 성진회는 1927년 3월 형식상 해산을 결의하고 광주고등보통학교, 광주농업학교,

광주사범학교, 광주여자고등보통학교에 독서회를 설치하고 1929년에 중앙기관으로서 '독서회중앙부'를 설치하여 일찌감치 운동을 준비하고 있었다. 그리고 이들은 11월 3일 1차 시위 후 시위를 전국적으로 확산시킬 계획으로 신간회 광주지회 및 광주청년동맹과 연계하였다. 이러한 과정에서 시위의 소식이 서울을 비롯한 각지로 알려지고 신간회가 진상조사단을 파견하는 등 광주의 학생 시위는 전국적인 관심사가 되었다. 이에 각지의 학교에서는 광주학생의 시위투쟁에 동조하면서 일제에 저항하기 시작하였다.[29]

함북지방도 이러한 경향에서 예외가 아니었다. 1929년 12월 23일 鏡城高等普通學校(이하 경성고보라 칭함)에서 격문살포가 발생하면서 광주학생운동의 영향이 함북지방에까지 미치게 되었다. 그러나 함북지방에서는 1929년에는 경성고보의 격문살포사건 이외에 광주학생운동에 동조하면서 전개되었던 학생운동은 발생하지 않았고 겨울방학이 끝나고 신학기가 시작되는 1930년에 회령, 경성 등지의 중등학교에서 시위가 전개되기 시작하면서 학생운동이 본격화하였다. 이는 당시에 일반적인 현상이었다. 그리고 이 시기의 학생시위는 신간회, 청년동맹 등 사회운동세력과의 연계 하에서 비교적 격렬한 전개양상을 보였다.

이러한 함북지방의 학생운동에는 1920년대 후반 이후 함경도지방에서 강력하게 전개되었던 농민조합운동 등 지역사회의 민족운동의 흐름과 1920년대의 학생운동의 경험이 크게 영향을 끼쳤으리라 생각된다. 먼저 농민조합운동[30]은 함경남도를 포함하는 함경도지방에서 거의 '혁명적'인 성격을 지니면서 전개되었다. 이 농민조합운동의 극성기가 1930년대 초

---

29) 광주학생운동의 국내외 확산에 대해서는 장석홍, 「광주학생운동의 국내외 확산과 그 성격」, 『광주학생운동연구』, 아세아문화사, 2000.을 참조바람.
30) 농민조합운동에 대해서는 지수걸, 『일제하 농민조합운동연구』, 역사비평사, 1993. : 이준식, 『농촌사회변동과 농민운동』, 민영사, 1993. : 조성운, 『일제하 농촌사회와 농민운동』, 혜안, 2002. 참조바람.

반임을 생각하면 이 시기 함경도지방의 사상적 혹은 운동적 토대는 민족
운동에 대단히 적극적이었을 것이라는 점은 쉽게 생각할 수 있다. 따라서
이러한 지역적인 분위기 혹은 정서는 민족운동의 전위적인 성격을 갖는다
고 볼 수 있는 학생운동에 일차적인 영향을 주었을 것이다. 이렇게 보면
광주학생운동이 함북지방에 전파되는 과정에서 사회주의의 영향을 받았
다고 생각할 수 있다.

1. 鏡城지역

광주학생운동 이후 함북지방에서 학생운동을 주도한 지역은 鏡城高等
普通學校(이하 경성고보라 칭함), 鏡城公立農業學校(이하 경성농교라 칭
함), 漁郎面公立普通學校(이하 어랑공보라 칭함), 朱南公立普通學校(이
하 주남공보라 칭함), 朱乙公立普通學校(이하 주을공보라 칭함), 漁大津
普通學校(이하 어대보교라 칭함), 朱北普通學校(이하 주북보교라 칭함)
등이 위치한 경성지역이었다.

1929년 광주학생운동의 영향을 받아 발생한 함북지방 최초의 학생운동
은 鏡城高等普通學校(이하 경성고보라 칭함), 鏡城公立農業學校(이하 경
성농교라 칭함), 漁郎面公立普通學校(이하 어랑공보라 칭함)의 투쟁이었
으며 이어서 朱南公立普通學校(이하 주남공보라 칭함), 朱乙公立普通學
校(이하 주을공보라 칭함), 漁大津普通學校(이하 어대보교라 칭함), 朱北
普通學校(이하 주북보교라 칭함) 등에서 시위를 전개하였다. 그런데 광주
학생운동 이후 경성지역의 학생운동은 1930년 1월 고보를 중심으로 운동
이 전개되다가 2월 이후에는 보통학교가 운동의 전면에 나서고 있다는
특징이 있다. 이를 학교를 중심으로 살펴보면 다음과 같다.

광주학생운동 이후 함경북도지방에서 발생한 최초의 학생운동은 1929
년 12월 23일 경성고등보통학교의 각 교실에 격문을 살포한 투쟁[31]으로

서 이후 전개되는 경성고등보통학교의 투쟁과 구별하기 위하여 1차투쟁이라 하겠다. 이 1차투쟁은 경성청년동맹 및 신간회 주을지회 집행위원장인 李濟栢이 지도한 사건이라 할 수 있다.[32) 이제백은 신간회 주을지회 집행위원인 柳栢和 외 3인과 경성청맹 집행위원이며 중외일보 주을지국 원인 李曾松, 경성고보 학생인 朴榮植과 함께 12월 19일 밤부터 1차투쟁을 준비하였다. 이제백은 박영식과 함께 조선청년총동맹에서 발행한 「조선피압박민중에게 격함」이라는 제목의 격문을 읽은 후 「조선피압박학생제군에게 격함」이라는 격문을 작성하여 수백매를 인쇄하여 崔德進, 金澤龍 등과 함께 경성고보 내에 살포하였다.[33) 격문의 내용은 "조선 총독정치를 비방하고 나아가 광주학생사건에 대하여 대중적 시위운동을 일으켜 노예적인 교육제도에 반대하라"는 것이었다.[34) 그러나 이 투쟁은 학교당국의 무마로 당장 확산되지는 못하였고 2명의 학생이 검속되었다.[35)

그리고 경성고보의 2차투쟁[36)은 1930년 1월 21일 全達俊, 李鴻雨 등에 의하여 계획되었다.[37) 이들은 학생 200여명을 동원하여 1월 25일 방과 후 읍내에 모여 시위를 한 후 경성농업학교에 몰려가 함께 투쟁할 것을 촉구하였다.[38) 이 투쟁은 전달준 등이 1930년 1월 21일 全達俊, 李鴻雨 등이 朴應南, 洪吉南, 李龍雲, 安石鍾, 朴南順, 崔靑用, 康楚根 등과 협의하여 1월 24일 전교생을 동원하여 시위할 것을 결의하였다. 이어 이들은

---

31) 朝鮮總督府警務局, 『光州抗日學生事件資料』, 71쪽.(이하 『자료』라 칭함).
32) 『자료』, 214쪽. : 『중외일보』, 1930. 2. 17, 「境城高普示威生 1年을 求刑」.
33) 위와 같음.
34) 昭和 5年 刑控 第70號, 「朴榮植에 대한 判決文」, 독립운동사편찬위원회편, 『독립운동사자료집』 13, 1551~1552쪽. 참조.
35) 朝鮮總督府警務局, 『光州抗日學生事件資料』, 71쪽.
36) 별도의 주가 없는 한 제2차 경성고보의 투쟁은 昭和5年 刑控 第109號, 「全達俊 등 11명에 대한 判決文」, 독립운동사편찬위원회편, 『독립운동사자료집』 13, 1527~1532쪽을 참조하여 작성하였다.
37) 『중외일보』, 1930. 3. 7, 「境城 2次 萬歲生 全達俊 等 公判開廷」.
38) 『자료』, 86쪽.

1월 25일까지 태극기 700매를 작성하고 "노예교육타파, 광주사건으로 구금된 학생을 석방하라, 학원의 독립에 경찰은 간섭하지 마라." 등을 대서한 先導旗 8개를 제작하여 학교에 운반한 후 같은 날 방과후에 시위할 것을 선동하였다. 이렇게 하여 경성고보생 약 250명은 1월 25일 12시 40분경 경성 서문 밖에 집합하여 우자옥은 2학년생 40여 명을 이끌고 경성농교에 가서 강당 안에 태극기 1포를 투기하였고, 나머지 200여 명은 곤봉 혹은 장기를 앞세우고 태극기를 각자의 손에 들고 만세를 연호하면서 경성농교에 합류하여 농교생에게 시위 참가를 촉구하였다. 그러나 농교생이 시위에 참가하지 않자[39] 경성고보생들은 경성농교의 유리창을 비롯해서 학교 건물을 파괴하였다. 그리고 전달준은 시위 후 동맹휴교를 계획하였다고 한다.

다음은 경성고보의 3차투쟁으로서 맹종호는 앞의 사건으로 인하여 100여 명의 학생들이 나남경찰서에 검거되자 이들을 탈환하기 위한 투쟁을 계획하였다. 그리하여 宋四龍과 함께 '해방' 혹은 '조선 학생 석방'이라 쓴 격문 1,000여장과 무명천에 태극기를 그린 후 뒷면에 '학생 석방 만세', '검속생 위로 만세'라 대서한 長旗 8개를 제작하여 1월 27일 40여 명의 학생들과 함께 주재소에 몰려가 검거된 학생들의 석방을 교섭하였으나 성공하지 못하였다.[40] 한편 전달준 등 제2차 시위학생 25명이 퇴학 등의 징계[41]를 받자 경성고보의 3학년 학생들은 교장배척, 森田선생 배척, 교우회 자치요구, 희생학생복구 등을 제기하면서 동맹휴학을 단행하였다.[42] 그리고 이와 같은 경성고보의 학생운동이 확대되는데는 앞에서 보았듯이

---

39) 다른 자료에 의하면 경성농교생 100명이 시위에 참여했다고 하며(『자료』, 86쪽.) 또 다른 자료에도 경성고보생과 경성농교생 700여 명이 함께 시위에 참여하였다고 한다.(『중외일보』, 1930. 1. 27, 「境城高, 農生 七百名이 萬歲」)

40) 이 때 압수한 물품은 長旗, 태극기 약 400매 등이었다.(『자료』, 90쪽.).

41) 『중외일보』, 1930. 2. 13, 「25名 退學 處分」.

42) 『중외일보』, 1930. 3. 8, 「境城高普 3年生 同盟休學 斷行」.

경성청년동맹과 신간회 주을지회 간부들인 이제백, 김창원, 류상화, 이중송, 이일보 등의 역할이 컸다고 할 수 있다.[43]

경성농교에서는 1930년 1월 19일 본교의 2학년 학생인 최일규와 3학년 학생인 최창한이 광주학생운동에 발맞추어 경성농교에서도 격문을 살포하자는데 합의하여 전개되었다. 이들이와 같은 계획을 세운 것은 광주학생운동으로 인해 전국적으로 맹휴가 전개되고 있는 상황 속에서 경성농교만이 침묵할 수 없기 때문이었다. 그리하여 이들은 韓昌洙, 金奎昌 등과 '1930년 조선혁명'이라는 제목의 격문을 제작하여 이튿날인 1월 20일 저녁 경성농업학교의 2, 3학년 교실에 60여장의 격문을 살포하였다.[44]

경성지역의 보통학교의 학생운동으로는 먼저 주남공보의 시위를 들 수 있다. 이 시위는 朴王龍을 비롯한 주남공보의 5, 6학년생 50여 명이 1930년 1월 28일 주남면 시장에 모여 「朝鮮學生被壓迫諸君에게 告함」이라는 격문을 살포하며 전개한 시위였다.[45] 이 결과 주남공보의 학생 40여 명이 검거되었으며[46] 사건을 해결하는 과정에서 학부형에게 서약서에 날인을 강요하는 등의 학교측의 고압적인 자세는 학부형 및 지역사회의 지탄을 받기도 하였다.[47] 그리고 이 사건의 배후 인물로 지목되어 경성청맹 주남지부원인 金武虎 외 2명이 검거되었다.[48]

어랑공보에서는 2월 1일 전염병인 천연두가 창궐하는 관계로 휴교 중임

---

43) 『중외일보』, 1930. 1. 27, 「境城郡同盟 主要幹部六名送局」.
44) 경성농교의 투쟁에 대해서는 昭和5年 刑控 第93號, 「崔昌漢에 대한 判決文」, 독립운동사편찬위원회편, 『독립운동사자료집』13, 1525~1526쪽을 참조하여 작성하였다. 격문의 주요내용은 다음과 같다. 민족적 차별을 철폐하라. 체포 한국인을 무조건 석방할 것을 주장하라. 동포여 깨어나라. 그리고 굳세게 싸우라. 우리의 혁명의 계기를 잃지 말라. 태극기의 깃발은 우리들을 기다린다.
45) 『자료』, 92쪽.
46) 『중외일보』, 1930. 2. 4, 「朱南公普學生事件 檢擧者 40餘名」.
47) 『중외일보』, 1930. 2. 6, 「學父兄會席上에서 誓約에 捺印强要」. 서약서의 주요 내용은 1. 학생사건의 원인 여하를 물론하고 금후 재발될 때는 廢校할 사 등 3개항이다.
48) 『자료』, 207쪽.

에도 불구하고 300여 명의 학생들이 신간회 경성지회와 경성청맹의 지도
에 의하여 「광주학생만세, 제국주의타파」라 쓴 기를 들고[49] 시내에서 교
정으로 행진하면서 교정에 들어가 학교의 기물을 파괴하고 경찰관 및
교사를 폭행하기도 하였다.[50] 이 결과 5, 60여 명의 검거되었는데,[51] 이
중 신간회, 청년동맹 등 신간회 및 청맹원이 18명이었다.[52] 이후 어랑공보
의 학생들은 태업을 하였는데 특히 3월 1일에는 "교과서를 휴대하지 않고
등교하여 만세를 부른 것이 왜 나쁜가, 선생은 산돼지다" 등이라 소리치며
교장의 훈시에 항의하기도 하였다.[53] 2월 6일에는 주을공보 학생 500여
명이 시위를 전개하였다.[54] 이어 주을공보의 학생들은 2월 22일[55]과 27
일[56]에도 시위를 전개하였고 2월 24일[57]과 3월 1일 밤,[58] 그리고 3월 3
일[59]에는 시내 각처에 격문을 첨부하였다. 이와 같이 주을공보의 시위는
지속적으로 발생하였는데 일제 경찰은 그 원인을 주을공보 학생운동의
배후에 유력한 지도분자가 개재해 있기 때문이라 파악하였다.[60] 즉 일제
는 주을공보 학생운동의 이면에는 신간회와 경성청맹의 간부들인 金月石,
吳益龍, 尹吉龍, 金定赫 등이 있다고 파악하였다.[61] 주남면 사립 三鄕學
校는 어랑공보의 시위에 영향을 받은 池龍澤 등이[62] 1930년 2월 10일

---

49) 『자료』, 97쪽.
50) 『자료』, 207쪽. :『중외일보』, 1930. 2. 4,「漁郎公普生이 萬歲」.
51) 『중외일보』, 1930. 2. 7,「檢擧된 者 5, 60名」.
52) 『자료』, 207쪽.
53) 『자료』, 125쪽.
54) 『중외일보』, 1930. 2. 9,「朱乙溫普校 動搖計劃發覺」.
55) 『중외일보』, 1930. 2. 23,「朱乙公普生 檄文散布示威」.
56) 『중외일보』, 1930. 2. 28,「朱乙公普生 示威萬歲高唱」.
57) 『자료』, 272쪽.
58) 『중외일보』, 1930. 3. 5,「朱乙에 檄文 十數名檢擧」.
59) 『자료』, 126쪽.
60) 『자료』, 272쪽.
61) 『자료』, 281-282쪽.
62) 『자료』, 273쪽.

「學生에게 自由를 달라, 朝日民族差別을 撤廢하라」는 기를 들고 시위를 전개하였다.[63] 이외에도 주북보교, 어대보교 등에서도 시위가 전개되었다.

한편 이와 같은 학생들의 투쟁이 전개되자 1930년 1월 26일 경성읍의 조선인 상인들을 비롯한 시민들은 철시를 하여 학생들의 투쟁에 동참하였고 신간회 경성지회는 이 투쟁을 협의하기 위한 집회계를 제출하였다.[64] 그 결과 시민대회에서 검거된 학생들의 석방을 요구하였다.[65]

2. 기타지역

경성지역을 제외하고 학생운동이 발생한 지역은 회령, 청진, 길주, 성진, 명천, 웅기 등지이다.

먼저 회령지역에서는 1월 20일 회령공립상업학교와 사립보흥여학교의 학생들이 동맹휴업에 들어가고자 하였으나 사전에 발각되어 실행에 옮기지 못하였으나 보흥여학교의 경우는 휴교[66]에 들어가는 등 광주학생운동을 계기로 항일투쟁의 기운이 점차 성장하고 있었다. 이러한 가운데 양학교 학생 100여명이 1월 21일 정오 회령읍내의 2개소에서 만세를 고창하면서 시위를 전개하였다.[67] 다음날인 22일에는 보흥여학교 학생과 회령공립보통학교 학생이 가로상에서 만세를 부르다가 검속되었고, 회령시내에는 광주학생운동에 관련된 격문 250-260매 정도가 살포되었다. 이 격문은 신간회 회령지회 집행위원인 朴秉均과 朴世昌이 전개한 투쟁이었다. 이와 같이 상황이 전개되자 회령공립상업학교는 22일 휴교에 들어갔다가[68]

---

63) 『자료』, 106쪽.
64) 『자료』, 88쪽.
65) 『조선일보』, 1930. 1. 29, 「市民大會에서 釋放을 要求」.
66) 『자료』, 80쪽.
67) 『자료』, 82쪽.
68) 『자료』, 83쪽.

24일에 개교하였다.[69] 이 투쟁의 결과 崔銅石, 朴昌國, 姜戌童, 金曾權, 林榮華 등 회령상업학교 학생 5명이 退學[70]을 당하였고 27명이 정학을 당하였다.[71] 이후 회령상업학교의 학생들은 시위 계획이 사전에 유출된 경위를 조사한 후 학교측에 시위계획을 밀고한 2학년 급장과 부급장을 구타하였다. 이에 교장은 다시 李哲宮, 金槓佑, 金範龍, 金卿得 등 4명의 학생을 다시 퇴학을 시켰다. 이에 회령상업학교의 학생들은 3월 5일 퇴학 당한 학생들의 복교를 요구하면서 맹휴를 단행하였다.[72] 상황이 이와 같이 전개되자 학부형과 시민들은 사태를 원만히 해결하기 위하여 "1. 교장의 전횡적 행위에 반대함 1. 퇴학생 4인을 복교시킬 것 1. ×××(프락치-인용자) 학생은 2학년급에 가입시키지 말 것"을 학교측에 요구[73]하면서 한편으로는 학생들을 회유하여 등교시켰으나 교장 太田이 여전히 학생들의 반성을 촉구하자 학생들은 총퇴학원을 제출하기에 이르렀다.[74] 이러한 상황 속에서 동창회 및 학부형측이 학교측과 협의한 결과 교장의 사과 및 퇴학생을 복교시키는 조건으로 맹휴가 해결되었다.[75] 한편 사태가 이와 같이 악화된 배경에는 평소 교장이 조선인을 차별하는 민족 차별적 행위가 있었다.[76]

청진지역에서는 1930년 1월 17일 청진공립상업보습학교의 학생들이 '1월중에는 하루 3시간 이상 수업을 받을 수 없다.'고 하면서 태업을 하였

---

69) 『자료』, 85쪽.
70) 『중외일보』, 1930. 3. 11, 「校長의 專橫的 行爲로 會寧商校生 突然 盟休 출학생 복교를 절대 요구 學生態度 자못 강경」.
71) 『자료』, 88쪽.
72) 『중외일보』, 1930. 3. 11, 「校長의 專橫的 行爲로 會寧商校生 突然 盟休 출학생 복교를 절대 요구 學生態度 자못 강경」.
73) 『중외일보』, 1930. 3. 11, 「學校當局에 陳情書提出 삼개조를 요구」.
74) 『중외일보』, 1930. 3. 20, 「去益重大化하는 會寧商校盟休事件 학부형측은 강제 등교시키려 하고 학생측은 총퇴학원서 작성」.
75) 『중외일보』, 1930. 「會寧商業盟休解決 부형의 조정으로 해결」.
76) 『중외일보』, 1930. 3. 20, 「맹휴의 根本動機는 朝鮮人侮辱한 것 同窓會의 調査結果 判明」.

고,[77] 1월 27일에는 64명의 학생들이 교장에게 '학생사건에 의한 퇴학처분 취소, 검속학생의 전부석방, 교사이전, 학교승격, 교원증가' 등의 요구를 진정하였으나 받아들여지지 않자 교정에 모여 시위하였다.[78] 이 결과 27명의 학생들이 검속되어 무기정학에 처해졌다.[79] 그리고 청진여자고등여학교[80]에서는 1930년 2월 10일 신간회 청진지회 간부인 李時雨의 처인 尹天女와 윤천녀의 동생인 근우회 회령지회 서무부원인 尹仙女(尹善嬉) 자매의 지도하에 운동이 전개되었다. 청진고등여학교는 朝日共學으로서 이 학교에 다니던 학생들은 평소 민족차별에 상당히 민감하였을 것이다. 이 때 윤천녀, 윤선녀 자매는 광주학생운동의 처리 과정에서 민족차별이 자행되어 학생들이 봉기하였으므로 청진고등여학교에서도 이와 같은 투쟁을 해야한다고 설득하여 조선인학생 17명과 함께 운동을 전개하였다. 이러한 지역사회의 분위기 속에서 北鮮日報가 국세조사 결과를 보도하면서 無籍鮮人은 들개와 같다고 한 것에 대해 광주학생운동 이상의 문제로 생각하고 사회문제를 삼겠다고 할만큼 민족의식이 고양되었다.[81]

성진지역에서는 1930년 2월 8일 성진청년동맹 학남지부 집행위원장 李漢洙 외 간부 10명과 신간회 지회 반장 韓柳寅 등이 학남공보의 학생들을 동원하여 시위를 전개하고자 하였으나 일제에 사전 검속되었다.[82] 그리고 2월 25일에는 학동공보의 학생 80여 명이 시위를 전개하였다.[83] 성진공립보통학교에서도 고등과 2학년 韓文燮, 6학년 金興榮이 광주학생운

---

77) 『자료』, 77쪽.
78) 『자료』, 90쪽.
79) 『자료』, 92쪽.
80) 청진고등여학교의 시위에 대해서는 昭和 5年 刑控 第155號, 「尹天女, 尹仙女에 대한 判決文」, 독립운동사편찬위원회, 『독립운동사자료집』 13, 1532-1535쪽. 및 『자료』, 281쪽. 참조 바람.
81) 『자료』, 122-123쪽.
82) 『자료』, 104쪽.
83) 『자료』, 120쪽.

동이 전국적으로 확산되고 있음에도 불구하고 성진공립보통학교에서는 시위가 없으면 안된다는 생각에 시위를 준비하다가 사전에 검속되었다.[84]

이외에도 명천지역에서는 신간회 명천지회의 지도하에 1930년 2월 3일 明澗公立普通學校 6학년 일동이 광주학생운동에 동정하면서 시위를 준비하다가 사전에 검속되었으며,[85] 花台公立普通學校도 2월 8일 시위를 계획하였으나 사전 검속되었다.[86] 길주지역에서는 德山公立普通學校 3학년 학생들이 각지에서 전개되는 학생운동에 자극받아 2월 8일 장날을 이용하여 대중적인 시위를 준비하였으나 역시 사전에 검속되었다.[87] 그리고 雄基公立普通學校에서도 1월 30일 교정에서 시위를 준비하였으나 학교측과 학부형의 설득으로 실행하지 못하였다.[88]

이러한 함북지방의 학생운동에서 사용한 도구 가운데는 '구한국기', 혹은 '태극기'가 있는데, 이들이 태극기를 사용한 이유는 "태극기는 한국 민족임을 표시하고 약소 민족의 해방이란 조선 민족이 일본으로부터 자유, 권리, 기타 모든 점에서 압박을 받고 있으므로 한국 민족의 자주권을 인정하지 않으면 안된다는 것을 뜻하고 이번 불온 계획에도 한국의 독립을 이룩하려는 뜻[89]을 포함하고 있"기 때문이었다.

다른 한편 이 시기의 함북지방의 신간회나 청년동맹 등 민족운동단체의 회의가 금지[90]되거나 경찰이 적극적으로 방해하는 것에 주목할 필요가 있다. 이것은 각지의 학생운동의 배후에 이들 단체의 구성원들이 깊게

---

84) 『자료』, 274쪽.
85) 『자료』, 275쪽.
86) 위와 같음.
87) 위와 같음.
88) 『자료』, 99쪽.
89) 앞의 「尹天女, 尹仙女에 대한 判決文」.
90) 『중외일보』, 1930. 2. 5, 「雄基槿友 大會 또 禁止」. : 1930. 2. 20, 「城津青盟 委員長會禁止」. : 1930. 3. 10, 「中止, 退場, 檢束으로 會場이 一大修羅場化」. : 1930. 3. 12, 「咸北新幹 道聯合 大會禁止」. 등을 참조바람.

관련을 맺고 있는 사실과 관련된다고 생각된다. 따라서 일제는 이들 단체의 회의를 금지함으로써 이들 단체와 학생운동의 고리를 끊으려고 했다는 것이다.

맺음말 - 1930년대 초 함북지방 학생운동의 성격

1930년대 초반에는 1929년의 광주학생운동의 영향으로 전국 각지에서 학생운동이 전개되었다. 이 시기의 학생운동은 서울에서의 학생투쟁을 중심으로 한 것이기는 하지만 이전 시기에 비해 첫째, 비합법영역에서 학생청년운동을 지도하고 있던 세력에 의해 계획되고 실행되었다. 둘째, 지역에 따라 여러 학교가 공동으로 참여하는 연대투쟁이 활발히 전개되었다. 셋째, 학생운동에 대한 사회주의와 민족주의계열의 대응양상에 일정한 차이가 있었다. 넷째, 투쟁의 지향성이라는 측면에서 볼 때 식민지 노예교육 반대라는 요구가 제기되는 동시에 민족적 대립이 강조되고 있었다.[91]

학생운동의 이러한 변화는 함북지방에서도 예외는 아니었다. 1920년대 중반의 함북지방의 학생운동은 대부분 맹휴의 형식으로 발생하였다. 그리고 맹휴를 전개한 이유도 교장 배척, 교원 배척, 갑종학교로의 승격 등 대부분 학내문제에 있었다. 이는 1926년 6·10만세운동 이후의 학생운동이 정치투쟁을 중심으로 발전하고 있었던 사실과 비교할 때 함북지방만이 가지는 독특한 현상이다. 그러나 1920년대의 함북지방의 학생운동에 대한 학부형들의 태도는 길주공보의 사례에서 볼 수 있듯이 긍정적이라 할 수 있다. 이는 맹휴의 원인이 학내문제에 있었고 이를 통해 자신들의 이익도 보장받을 수 있으리라 생각했기 때문이라 생각된다. 예를 들어

---

91) 이준식, 앞의 논문, 『한국근현대청년운동사』, 216-220쪽.

학남공보의 맹휴에서는 학교 설립시 학교를 어느 지역에 설립할 것인가 하는 문제와 맹휴가 일정하게 연관을 맺고 있는 것으로 보이며 이에 따라 학부형회가 학교문제의 해결에 적극적으로 나서고 있는 것이다.

이에 비해 광주학생운동을 겪은 이후인 1930년대 초의 함북지방의 학생운동에서는 다른 특성을 보이고 있다. 이를 다음의 몇 가지로 정리할 수 있다.

첫째, 당시 함북지방 학생운동에서 발행했던 격문이나 슬로건을 통해 이들이 목적으로 했던 것이 무엇인가를 알기 위해 다음을 보도록 하자.

경성고보 1차투쟁 : 총독 정치 반대, 구속 학생 석방, 노예 교육 반대
경성고보 2차투쟁 : 노예 교육 타파, 구속 학생 석방, 학원 독립
경성고보 3차투쟁 : 구속 학생 석방, 교장 배척, 교사 배척, 교우회 자치
경성농교 : 민족 차별 철폐, 식민지 지배 정책 반대, 체포 한국인 석방
주남보통 : 민족 차별 철폐, 검속 학생 탈환, 학생에게 자유를, 광주 학생
　　옹호 만세
어랑공보 : 광주 학생 만세, 제국주의 타파
주을공보 : 약소 민족 해방, 구속 학생 석방, 보통학교장을 조선인으로,
　　조선인 경찰관 처단, 조선 독립 만세
어대진공보 : 광주 학생 동정
주북공보 : 광주 학생 동정
삼향공보 : 학생에게 자유를 달라, 민족 차별 철폐
회령상업보습 : 광주 학생 사건 만세
회령보흥여학교 : 광주 학생 사건 만세
청진상업보습 : 검속 학생 석방, 교사 이전, 학교 승격, 교원 증가
청진고등여학교 : 노예 교육 철폐, 약소 민족 해방, 검속 학생 석방
덕산공보 : 검거 학생 석방

위에서 볼 수 있듯이 광주학생운동 이후 함북지방의 학생운동이 주장한 것은 광주학생운동을 지지하면서 민족적 혹은 정치적인 요구와 개별 학교

의 당면의 문제를 요구한 것이었다. 따라서 함북지방의 학생운동이 주장한 것은 당시 전국적으로 전개되었던 학생운동의 주장과 맥을 같이 한다. 특히 여기에서 주목되는 것은 1926년 6·10만세운동 이후에도 나타나지 않았던 정치투쟁의 성격이 함북지방의 학생운동에서도 보이기 시작했다는 점이라 할 것이다.

둘째, 광주학생운동 이후 전개되는 함북지방의 학생운동의 또 다른 특징으로는 신간회와 근우회, 청년동맹 등 지방의 민족운동단체의 지도 혹은 연대 하에 운동이 전개되었다는 점이다. 예를 들면 회령의 朴秉均, 朴世昌, 張順明, 경성의 李濟伯, 柳栢和, 李曾松, 尹星宇, 金月石, 吳益龍, 尹吉龍, 金定赫, 金武虎, 류상화, 김창원, 이일보, 회령의 朴秉均, 朴世昌, 성진의 李漢洙, 韓柳寅, 웅기의 馬性林, 청진의 尹天女, 尹仙女, 명천의 李燦璧, 길주의 安相源 등이다. 이들은 모두 신간회나 청년동맹의 간부 혹은 구성원으로서 각지의 학생운동에 영향을 끼쳤다. 특히 함북지방의 신간회나 청년동맹의 위원회가 이 시기에 금지되고 있는 사실은 학생들의 투쟁과 깊은 관련이 있을 것으로 보인다. 또한 이들과 함께 운동을 전개하는 과정에서 경성고보의 맹종호, 학동공보의 최주황, 회령상교의 장순명 등은 사회운동에 참여하기도 하였다.[92]

셋째, 투쟁의 방법으로서 폭력이 사용되기 시작하였다. 특히 경성고보는 경성농교에까지 몰려가 투쟁에 동참할 것을 요구하면서 경성농교의 기물을 파손하였고 어랑공보를 비롯한 몇 몇 학교들도 학내의 기물의 파손 혹은 교사의 폭행 등 폭력을 사용하였으며 대부분의 학교에서 곤봉을 투쟁의 준비물로 제작하였다. 특히 광주학생운동이 일단 진정되었다고 보이는 1931년 성진의 학동공보에서 발생한 맹휴[93]에서도 시위를 하면서

---

92) 이준식, 앞의 논문, 227쪽.
93) 이에 대해서는 昭和 6年 刑控 第329號 「金星範에 대한 判決文」, 독립운동사편찬위원회, 『독립운동사자료집』 13, 1566-1569쪽. 참조 바람.

곤봉을 사용하여 학교의 기물을 파손하고 제지하는 경관을 폭행하는 등 광주학생운동기의 투쟁 형태가 그대로 보이고 있다. 이로 보아 폭력의 사용은 이후 학생운동의 일반적인 형태로 자리잡은 것이 아닌가 한다.

넷째, 투쟁의 형태도 시위투쟁을 위주로 한 대중투쟁 방식으로 변하였다. 경성고보가 경성농교에 몰려가 시위에 동참할 것을 요구한 것, 덕산공보의 경우에서처럼 장날을 이용해 시위를 전개하고자 한 것 등이 대중투쟁을 지향했음을 보여주는 사례라 할 것이다. 하지만 함흥지역의 공동위원회와 같은 연대투쟁의 지도조직이 탄생하지는 못하였다는 한계 또한 지적하지 않을 수 없다.

이상에서 볼 때 함북지방의 학생운동은 광주학생운동 이후에 신간회, 근우회, 청년동맹 등의 민족운동단체와 연대하면서 발전하였으며 시위를 비롯한 대중투쟁의 방식으로 운동을 전개하였고 방법론적으로도 폭력을 배제하지 않았던 것으로 보인다. 그러나 학생은 시간적으로 제한된 신분이기 때문에 운동이 지속적으로 전개되는데 한계를 가질 수밖에 없는 것이었다. 이러한 한계를 극복하기 위하여 학생운동 출신자 가운데는 혁명적 농노조운동 등 민중운동에 종사하는 인물도 배출되었다고 볼 수 있다.

· 접수일 2003년 8월 7일 / 심사완료일 2003년 8월 22일
· 주제어 : 신간회, 근우회, 청년동맹, 경성고보, 경성농고, 최주황,
　　　　　장명순, 맹종호

A STUDY ON THE STUDENT MOVEMENTS IN NORTH HAMGYEONG PROVINCE

Cho, Sung woon

The student movements that took place in North Hamgyeong Province in the early 1930's right after the student independence movement in Gwangju had different characteristics. The characteristics can be summarized as follows.

First, after the Gwangju student independence movement, the student protests in Hamgyeong called for attention to national or political issues, including the challenges facing schools, while supporting the Gwangju student independence movement. In other words, the goals of the student's demonstrations in North Hamgyeong were in the same vein as other student movements that were taking place across the nation at that time. Notably, the student protests in North Hamgyeong took on the form of a political struggle, which did not appear even after the June 10 independence movement of 1926. Second, it is characteristic of the student movements in North Hamgyeong after the Gwangju student independence movement that they took place under the leadership of or in connection with local independence movement bodies such as Singanhoe(신간회), Geunuhoe(근우회), and Youth Union(청년동맹). As either the leaders or the members of Singanhoe and Youth Union, they affected student movements across the nation. Particularly, the fact that the activities of Singanhoe and Youth Union were banned at that time in North Hamgyeong has a lot to do with the student struggles of the time. While staging the student protests, Maeng Jongho(맹종호), Choe Juhwang(최주황), Jang Sunmyeong(장순명), and others participated in social movements. Third, violence began to be used as part of protest. Gyeongseongggobo(경성고보) rushed to Gyeongseongnonggyo(경성농교) to force them to join the protest launched by Gyeongseonggobo, destroying the property of Gyeongseongnonggyo; some schools including Eoranggongbo took to violence, destroying school property, with teachers using force; and most schools prepared clubs in case of a fight. Fourth, the form of fight began to shift to a massive protest rally. The invasion of Gyeongseongnonggyo by Gyeongseonggobo to ask for participation in their protest, and the case of Deoksangongbo(덕산공보) staging their protest on the day of the opening of a local market show that there was a shift towards mass demonstrations. However, there was a limit in that a leadership body for protests such as the Hamheung joint committee did not come into being.

As shown above, after the Gwangju student independence movement, the student movements in Northern Hamgyeong developed in connection with national independence organizations such as Singanhoe, Geunuhoe, and Youth Union; the protests took place in the form of a mass struggle, including protests; and violence was not ruled out. However, students were limited for time they could spend on developing the protests. In order to overcome the constraints, among the students who participated in the student movements, some of them later became involved with grassroots movements such as a revolutionary farmers' union movement.

Key Words : Gwangju student independence movement, Gyeongseonggobo Eoranggongbo, Gyeongseongnonggyo, Deoksangongbo

「滿洲國」商工業界의 民族構成과 그 實態
- 奉天市의 事例를 中心으로 -

윤 휘 탁[*]

―――― 목 차 ――――

머리말

Ⅰ. 奉天市의 民族別 産業別 職業分布

Ⅱ. 奉天市의 民族別 商業實態

Ⅲ. 奉天市의 民族別 工業實態

Ⅳ. 奉天市의 民族別 物資配給實態

맺음말

머 리 말

주지하듯이 滿洲(Manchuria, 중국 東北地區)[1)]는 원래 滿洲族과 일부 蒙古族의 삶의 터전이었다. 그런데 청조 中後期에 접어들어 만주족 귀족의 노동력 확보 요구 및 청조의 재정 확보 의도와 맞물려, 漢族과 回族이 중국 關內의 경지 부족, 土匪의 창궐, 자연 재해, 각종 전쟁 등으로 야기된 가난을 벗어나기 위해 거기로 흘러들어갔다. 게다가 조선 말기 조선인도 경제적·정치적인 이유로 入滿했다.[2)] 러시아 중에도 東淸鐵道의 부설에

―――――――

* 동아대 연구교수

1) '滿洲', '滿洲人' 등의 어원과 그 변천사, 그 영역 등에 관해서는 中見立夫, 「歷史のなかの"滿洲"」(文藝總合誌 『環』(季刊) 2002년 10월호, 東京: 藤原書店), 79-87쪽 및 神田信夫, 「滿洲(Manju)國號考」(『山本博士還曆紀念東洋史論叢』, 山川出版社, 1972); 尹輝鐸, 『日帝下「滿洲國」硏究: 滿洲抗日武裝鬪爭과 治安肅正工作』(서울: 一潮閣, 1996), 1-2쪽을 참조 바람.

따른 노동력 수요에 응해서 혹은 러시아 10월혁명을 피해서 만주로 유입한 사람들이 상당수에 달했다.[3] 일본인 역시 러일전쟁에서의 승리를 바탕으로 만주에 거점을 확보한 이후 대륙 침략의 거대한 야심을 품고 만주로 발길을 돌리기 시작했다. 이러한 역사적 배경 속에서 1932년 3월 소위 「만주국」은 국제 사회로부터 일본의 '괴뢰국'이라는 비난 속에 성립되었다.

「만주국」에서는 일본 관동군의 內面指導하에 일본 제국주의의 식민 정책이 관철되고 있었을 뿐만 아니라 '國籍法'이 끝내 제정되지 못했다는 사실, 일본의 패망과 더불어 역사 무대에서 사라졌다는 점 등에서도 알 수 있듯이, 「만주국」은 분명 일본의 괴뢰 국가였지만 '국가'로서의 기본적인 틀을 갖추고 있었다. 「만주국」의 국가적 요소를 구체적으로 말하면, 「만주국」은 행정·사법 기관을 비롯해서 독자적인 군대(즉 滿洲國軍)를 지니고 있었고, 소수에 불과했지만 일부 국가들과의 외교 관계를 맺고 있었다. 더욱이 「만주국」에서는 청조의 마지막 황제였던 푸이(溥儀)가 국가의 수장으로서 형식적이나마 국정을 總攬하고 있었다. 「만주국」이 '온전한 국가'였는지에 관해서는 여전히 이론이 있지만, 「만주국」은 적어도 형식적인 면에서 '국가적 기능'를 수행하고 있었거나 혹은 국가적 효과를 드러내고 있었다.[4]

하여튼 만주가 상술한 동아시아 주변 민족(한족·滿族[5]·몽고족·회족·

---

2) 여기에 관한 대표적인 연구로는 依田憙家, 「滿洲における朝鮮人移民」(滿洲移民史硏究會 編,『日本帝國主義下の滿洲移民』. 東京: 龍溪書舍, 1976); 유병호, 「중국 조선족 이주 개관」, 중국조선족청년학회 편, 『중국조선족 이민실록』, 延吉: 延邊人民出版社, 1992) 등이 있다.
3) 山室信一, 「滿洲·滿洲國をいかに捉えるべきか」, 위의 잡지『環』(季刊) 2002년 10월호, 51쪽.
4) 이러한 시각을 처음으로 제기한 것으로는 韓錫政,『만주국 건국의 재해석---괴뢰국의 국가효과, 1932-1936』(동아대학교출판부, 1999)을 들 수 있다.
5) '滿洲族'이라 함은 淸朝를 건설한 민족을 말하는 데 비해, '滿族'이라 함은 근대 이후 파생된 '中華民族'을 구성하는 제 민족의 하나를 지칭한다. 본고는 중화민국 시기를 다루고 있으므로 '만족'이라는 호칭을 사용하고자 한다.

조선인·러시아인·일본인 등)의 모순 해소를 위한 '代案地帶'의 성격을 띠게 되면서 多民族의 집결지로 되자, 그 터전 위에 세워진 「만주국」은 온전한 국가냐 아니냐의 논쟁을 떠나서 '괴뢰국'이라는 政體 이외에 '多民族國家'라는 歷史共同體의 성격도 띠게 되었다. 이처럼 동아시아 주변의 다민족이 「만주국」의 사회 구성원으로 되면서 자연스럽게 제기된 문제의식은 '「만주국」에서의 민족 구성과 그에 따라 형성된 민족간의 위상은 어떠했는가?'였다.

특히 중화인민공화국의 수립과 더불어 중국의 온전한 영토로 된 만주에 아직도 200만 명으로 추산되는 조선족이 거주하고 있는 오늘날의 현실에 비추어 볼 때, 「만주국」 시기 조선인의 민족적 정체성과 민족간 위상 문제는 우리의 주요한 관심사가 될 수밖에 없었다. 「만주국」 시기 조선인의 민족간 위상과 관련해서 우리 사회에서 간혹 거론되는 논리는 "재만 조선인이 「만주국」의 2등 국(공)민이었다"[6]는 것이다. 이러한 주장의 근거가 아직까지 학문적으로 혹은 法理的으로 명확하게 제기된 적은 없지만, 그러한 논거로 추정되는 부분을 열거한다면, 國籍上 일본인이었던 재만 조선인은 임금이나 물자(특히 쌀을 비롯한 식량) 배급에서 중국인보다 우대를 받았다는 점,[7] 또한 조선인은 적어도 1937년 12월 「만주국」의 치외법권이 철폐될 때까지 중국인에 비해 법적인 우월권을 확보하고 있었다는 점[8] 등이다.

---

6) 이것의 실상과 허상에 관해서는 필자가 이미 「滿洲國의 2等國(公)民, 그 實像과 虛像」(『歷史學報』 169집, 2001.3) 및 「滿洲國의 民族協和運動과 朝鮮人」(『韓國民族運動史研究』 26집, 2000.12)이라는 제목으로 다룬 적이 있다.

7) 「만주국」 내 각 민족간의 위상, 특히 임금 격차 실상에 관해서는 필자가 이미 「'滿洲國' 勞動界의 民族構成과 民族間 位相」(동아대학교 동아시아연구원 편, 『동아시아: 비교와 전망』 창간호, 2003. 5)이라는 제목으로 다룬 적이 있다.

8) 여기에 관한 유사한 연구로는 申奎燮, 「在滿朝鮮人の'滿洲國'觀および'日本帝國'像」(『朝鮮史研究會論文集』 38輯, 2000; 申奎燮, 『帝國日本の民族政策と在滿朝鮮人』(東京道立大學大學院 博士學位論文, 2002)을 들 수 있다.

그러나 민족간 위상을 파악할 때는 단순히 민족간 임금 격차나 물자 배급상의 우선 순위 혹은 법규상의 우열 이외에도, 당시 「만주국」의 정치·경제·사회·문화·군사·인구 등 사회 전반에 걸친 민족 구성과 그에 따른 각 민족의 역할이나 위상, 상호 관계나 의식, 민족 각자의 자아 의식 등에 대한 총체적인 분석이 요구된다. 이 글은 바로 그러한 요구에서 비롯된 것이다. 이 글은 「만주국」 상공업계의 민족 구성과 그에 따른 민족간 위상을 파악하기 위한 것이다. 당연히 이를 위해서는 「만주국」 내 각 도회지뿐만 아니라 그것과 연계된 농촌 사회에서의 각 민족의 상공업 실태를 분석해야 할 것이다. 그렇지만 이 글에서는 지면 관계상 혹은 시간 관계상 奉天市(지금의 瀋陽市)를 사례로 삼아 「만주국」 상공업계의 민족 구성과 그에 따른 민족간 위상을 가늠하고자 한다.

그런데 「만주국」의 많은 도시 중에서 왜 하필 봉천시인가? <표>에서도 알 수 있듯이, 봉천시가 소재한 奉天省은 「만주국」의 상공업 분야에서 압도적인 비중을 차지하고 있었다. 즉 1939년 8월 말까지 奉天省에 소재한 공장 수는 「만주국」의 전체 공장 수(241개)의 67.2%인 162개에 달했다. 또한 봉천성 거주 노동자 수는 「만주국」의 전체 노동자 수 12만 9,784명 가운데 84.6%인 10만 9,736명에 달했다. 이처럼 봉천성이 「만주국」의 상공업 분야에서 압도적인 비중을 차지한 가운데, 봉천시 역시 봉천성의 省會로서 봉천성의 인구 가운데 커다란 비중을 차지하고 있었다.9)

따라서 봉천시가 「만주국」 상공업계에서 엄청난 비중을 차지하고 있던 점을 염두에 둔다면, 봉천시 상공업계의 민족 구성과 그에 따른 각 민족간의 위상은 사실상 「만주국」의 실상과 大同小異할 것으로 추산해도 큰 무리는 없을 것으로 생각된다.

---

9) 奉天省公署 編, 『奉天省市勢要覽』(康德6年版), 奉天: 1940, 32-33쪽.

〈표 1〉「滿洲國」工場勞動者의 地方別 民族別 分布現況(1939. 8)

지방별	공장수	노동자수					백분비(%)					
		총수	일본인	조선인	중국계	기타	공장수	총수	일본인	조선인	중국계	기타
關東州	103	51,076	5,938	70	45,068	-	30.0	28.2	35.6	2.7	27.9	-
滿洲國	241	129,784	10,741	2,564	116,417	62	70.0	71.8	64.4	97.3	72.1	100
奉天省	162	109,736	9,940	906	98,890	-	47.1	60.7	59.6	34.4	61.2	-
吉林省	29	7,197	401	169	6,627	-	8.4	4.0	2.4	6.4	4.1	-
龍江省	2	181	-	1	180	-	0.6	0.1	-	-	0.1	-
黑河省	1	1,038	-	30	1,008	-	0.3	0.5	-	1.1	0.6	-
牡丹江省	8	2,579	118	187	2,274	-	2.3	1.4	0.7	7.1	1.4	-
濱江省	19	3,400	50	9	3,279	62	5.5	1.9	0.3	0.4	2.0	100
間島省	5	1,166	90	327	749	-	1.4	0.7	0.6	12.4	9.5	-
安東省	11	4,134	115	935	3,084	-	3.2	2.3	0.7	35.5	1.9	-
錦州省	1	185	21	-	164	-	0.3	0.1	0.1	-	0.1	-
熱河省	1	51	-	-	51	-	0.3	0.0	-	-	0.1	-
興安四省	2	117	6	-	111	-	0.6	0.1	0.0	-	0.1	-
총수 백분비	344	180,860 (100.0)	16,679 (9.2)	2,634 (1.5)	161,485 (89.3)	62 (0.0)	100.	100	100	100	100	100

출전: 滿洲勞工協會 編, 『康德六年 滿洲工場鑛山勞働調査書』, 新京: 1940, 2쪽.

I. 奉天市의 民族別 産業別 職業分布

「만주국」에서는 건국 이후 현지 공업의 배양과 공업 立國이라는 목표하에 '현지 자재에 의한 생활 필수 물자의 공급'이라는 과제를 설정하면서 종래의 商社資本體制를 現地工業體制로 바꾸기 시작했다. 일본 공업 중에 특수 제품을 제외한 나머지 공업품(해산물·견직물·竹材 등)이 점차 만주에서 생산되고 「만주국」 내에 일본 공업이 건설되면서, 만주에서는 일본 공업의 分駐 체제가 형성되기 시작했다. 그 결과 종래에는 南滿洲[10]의 주요 공업지인 봉천과 大連에서의 산업 활동이 일본의 오사카·고베·

---

10) 남만주와 북만주의 경계는 1906년 체결된 日露協約에서 획정되었다. 이 협약에는 "그 분계선은 露韓國境의 北西端에서 시작하여 琿春 및 必爾勝湖 北端을 거쳐 秀水站까지를 점차 직선으로 긋고 수수참에서는 松花江을 따라 嫩江의 河口에 이르고, 여기부터 눈강의 水路를 거슬러 托羅河의 하구에 이르며, 이곳에서부터 탁라하 수로를 따라 탁라하와 그리니찌 東經 122도의 교차점에 이른다."고 되어 있다(여기에 관해서는 近現代史編纂會 編纂, 『滿洲帝國の興亡』(別冊歷史讀本 제32호), 東京: 新人物往來社, 1997, 92-95쪽을 참조 바람).

교또·시모노세끼 일대와의 무역 관계에 그쳤지만, 그 이후에는 봉천 부근 전체가 이들 일본 도시의 산업 경제 문화의 培養地로 바뀌기 시작했다. 봉천의 공업 지대에는 일본 공업의 만주 分駐가 진척되면서 1941년경에 6억 원에 달하는 일본의 공업 자본이 투자되었다.[11] 즉 「만주국」이 일본 공업의 下請企業化 내지 보완적인 공업 기능을 하게 되었던 것이다.

1936년 5월 말까지 봉천시에 설립된 「만주국」 法人會社는 모두 34개였는데, 이 가운데 23개가 일본인의 출자에 의한 것이었다. 일본계 법인회사의 拂入資本金은 「만주국」 법인회사 자본금의 70%를 차지하고 있었다.[12] 1937년 업종별 민족별 전체 투자 금액을 비교해 보면, 중국계는 3천 3백만 원(21.6%), 일본계는 1억 2천만 원(78.4%)이었다. 투자 규모에서도 짐작할 수 있듯이 중국계 상공업의 경우 관련 종사자 1만 315명 가운데 68% 가량이 자본금 100-500원 미만일 정도로 영세성이 강했다.[13]

1936년 關東州를 포함한 만주의 일본계 회사 현황을 살펴보면, 일본 법인의 경우 주식 회사가 106개, 合資會社가 281개, 合名會社가 45개였고, 「만주국」 법인의 경우 주식 회사가 18개, 합자 회사가 5개, 개인 회사가 1,734개였다. 1941년 말 봉천시의 회사 및 은행의 분포 상황을 살펴보면, 주식회사의 경우 본점은 690개, 지점은 193개였고, 합자 회사의 경우 일본계가 202개, 중국계가 187개였으며, 合名會社의 경우 일본계가 543개, 중국계가 58개였다.[14] 「만주국」의 투자 금액 가운데 4/5가 일본계였을 만큼 「만주국」에서 일본계 기업이 차지한 비중은 압도적으로 높았다. 또한 일본계 회사의 경우 자본 규모가 컸던 주식 회사 등이 주류를 형성했는데 비해, 중국계 회사의 경우 자본 규모가 영세한 개인 회사 등이 주종

---

11) 奉天商工公會 編, 『奉天産業經濟事情』, 奉天: 1942, 188-196쪽.
12) 앞의 책 『奉天産業經濟の現勢』, 34쪽.
13) 위의 책 『奉天産業經濟の現勢』, 33쪽, 40쪽.
14) 앞의 책 『奉天産業經濟事情』, 383-384쪽.

을 이루고 있었다.

「만주국」의 전체적인 산업 동태를 살펴보면 상업과 금융 부분에서는 일본 자본이 진출하여 절대적인 지위를 차지하게 되었고, 공업 부분에서는 값싼 양질의 일본 제품이 밀려들어오고 일본측의 근대적인 공장이 들어서면서 중국계의 자본 진출은 점점 곤란해지면서 정체되거나 쇠퇴하고 있었다.[15] 1935년까지의 산업 동향을 개괄하면 만주의 일본계 기업은 1931년부터 일본 경제가 세계 경제 공황의 후유증에서 벗어나 서서히 회복되고 日滿 블록화의 일환으로 準戰時 체제가 정비되면서 그에 따른 군수 공업의 호황과 더불어 활기를 되찾기 시작했다. 이에 반해 중국계 토착 기업은 공황 상태를 벗어나지 못한 채 침체 상태에 빠져 있었다. 특히 세계 경제의 블록화로 인해 해외 시장이 경색되고 만주 농업 공황으로 시장이 좁아진 데다가 중국 관내 및 일본으로부터 값싼 상품이 흘러들어오면서, 중국계 토착 기업은 경쟁력을 상실해 가고 있었다.[16]

봉천시의 상공업 실태를 파악하기에 앞서 산업별로 분류된 직업 분포상에서 민족별 구성이 어떠했는지를 살펴볼 필요가 있다. 왜냐하면 그것은 봉천시의 모든 산업에서 상공업이 차지한 위상을 엿볼 수 있게 해줄 뿐만 아니라, 각 산업별 직업 분포에서의 각 민족의 구성 현황 및 그 특징까지도 보여줄 수 있기 때문이다.

1935년 12월 말에 조사된 봉천 만철부속지 거주 각 민족의 직업별 분포(<표 2-1> 참조)를 살펴보자. 먼저 이 표에서 가장 주목되는 점은 사회적으로 지위가 높고 생활 수준도 높아 사회적 지도층을 형성하고 있던 公務自由業 종사자의 경우 일본인의 비중이 다른 민족과는 비교가 안 될 정도로 높았다는 점이다. 이를 구체적으로 살펴보면 陸海軍人이나 法務 종사

---

15) 위의 책 『奉天産業經濟の現勢』, 33쪽, 39쪽.
16) 中楯壽郎, 「現在に於ける滿洲工業生産の特質と諸問題」, 『滿鐵調査月報』 제17권 제7호
(1937. 7), 6-7쪽.

자는 사실상 일본인뿐이었고, 官公吏를 비롯해서 醫療人·記者·著述家·
예술가·교육자·종교인 등 이 분야 종사자는 거의 대부분 일본인이었다.
특히 의료 분야 종사자의 경우 일본인 여성의 참여도가 다른 민족에 비해
압도적으로 높았기 때문이다. 이 현상은 단지 각 민족의 직업적 취향과
관련되어 있었다기보다는 간호 분야의 경우 일본인 여성의 수요가 상대적
으로 많았던 데에 있었다. 그리고 절대 인구수가 적었던 외국인 가운데에
도 교육자·의료인·법무 종사자·예술가 등이 골고루 분포되어 있었다. 이
에 비해 중국계나 조선인 중에는 官公吏 雇員이나 교육자·의료인 등이
극소수였다. 특히 조선인의 경우 종교인·기자·저술가·예술가 등 고급 문
화 지식인은 전무했다.

다음으로 각 분야별 실태를 살펴보면, 農·牧·林業 분야의 경우, 대규모
자본이 소요된 임업 종사자는 일본인뿐이었다. 공업 분야의 경우, 일본인
은 토목 건축업·기계 기구 제조업·가스 전기업·금속 공업·採冶金業·토
석 채취업·窯業 등 대규모 자본이 소요되는 중공업이나 광업 등에 비교적
많이 종사하고 있었다. 중국계는 식음료 기호품 제조업·피복 장신구업·제
지 공업·皮革骨甲毛業·木竹類業 등 영세 자본에 의존한 경공업 분야에
많이 종사하고 있었다. 조선인의 직업별 분포는 중국계와 비슷한 양상을
띠고 있었는데, 조선인이 비교적 많이 종사한 분야는 식음료 기호품업과
피복 장신구업 등 경공업 분야였다. 전체적인 인구 수에서 조선인이 차지
한 비중은 보잘 것 없는 수준이었다.

상업 분야의 경우 중개 알선이나 금융 보험업 등 상업 금융의 중심 직종
에는 일본인의 비중이 상대적으로 높았다. 중국계는 물품 판매업·여관음
식점욕탕업 및 금융 보험업·물품 임대업 종사자의 비중이 높았다. 조선인
의 경우 상업 금융의 중심 분야인 금융 보험업 종사자는 극소수였고 대다
수는 여관음식점욕탕업에 종사하고 있었다. 이와 관련하여 「만주국」 수립

〈표 2-1〉 奉天滿鐵附屬地 居住 民族別 産業別 職業分布(1935년 12월 말)

구 분		日本人		朝鮮人		中國人		外國人		합 계		總計
		남	여	남	여	남	여	남	여	남	여	
農牧林業	農牧蠶業	41	1	7	-	28	-	-	-	76	1	77
	林業	13	-	-	-	-	-	-	-	13	-	13
	소계	54	1	7	-	28	-	-	-	89	1	90
工業	採冶金業	32	1	4	-	-	-	-	-	36	1	37
	土木採取業	14	-	1	-	-	-	-	-	15	-	15
	窯業	74	-	1	-	7	-	-	-	82	-	82
	金屬工業	205	-	10	-	101	2	4	-	320	2	322
	기계기구제조	499	-	13	-	163	-	4	-	639	-	639
	화학공업	71	2	4	-	36	-	-	-	111	2	113
	섬유공업	42	2	8	-	46	3	1	-	97	5	102
	紙工業	70	4	1	1	279	11	-	-	350	16	366
	皮革骨甲毛業	42	-	8	-	165	-	4	-	219	-	219
	木竹類제조	241	9	14	-	189	12	-	-	444	12	456
	食飲料嗜好品	483	91	35	-	680	7	19	-	1,217*	98	1,315
	被服裝身具業	238	164	37	2	630	9	16	3	921*	178	1,099*
	토목건축	1,447	6	4	-	318	1	6	-	1,775	7	1,782
	인쇄제본업	251	5	11	-	163	2	2	1	427	8	435
	學藝娛樂品	75	5	5	-	32	7	-	-	112	12	124
	가스전기업	357	1	2	2	28	-	2	-	389	3	392*
	기타공업	510	25	13	-	297	10	1	-	821	35	856
	소계	4,651	315	171	5	3,134	64	59	4	7,975	379	8,354
商業	물품판매	3,037	306	234	12	4,386	228	103	5	7,760	349	8,109
	媒介斡旋	55	3	-	-	9	-	-	-	64	3	67
	금융보험	402	10	5	-	281	2	1	-	689	12	701
	물품임대업	136	15	7	1	208	-	5	-	356	16	372
	旅館飲食浴湯	883	1,851	139	46	1,455	201	14	8	2,491	2,146	4,637
	기타상업	831	287	76	2	772	33	6	-	1,685	322	2,007
	소계	5,344	2,472	461	61	7,111	464	129	13	13,045	2,848	15,893
交通業	통신	1,080	101	2	-	20	-	1	-	1,103	101	1,204
	운수	3,355	84	72	-	230	2	14	-	3,671	86	3,657
	소계	4,435	185	74	-	250	2	15	-	4,774	197	4,861
公務自由業	陸海軍人	161	-	-	-	-	-	-	-	161	-	161
	官公吏雇用員	1,069	27	15	-	131	5	-	-	1,215	32	1,247
	종교인	138	11	-	-	12	-	-	-	150	11	161
	교육자	516	32	3	-	46	-	5	-	580	32	612
	醫療人	434	506	7	-	31	5	5	-	477	511	988
	法務종사자	60	8	1	-	-	-	1	-	62	8	70
	記者著述家	148	35	-	-	9	-	-	-	157	35	192
	예술가	106	70	-	-	5	-	3	-	114	70	184
	기타자유업	1,112	228	43	3	306	4	5	1	1,466	236	1,702
	소계	4,704	917	69	3	540	14	19	1	4,382	935	5,317
	其他有業者	2,139	462	110	18	2,074	9	34	5	4,357	494	4,851
	家事使用人	243	873	93	41	1,339	119	4	7	1,679	1,040	2,719
無職者	無職有收入	138	47	-	-	5	2	3	-	146	47	193
	無職無收入	847	592	17	4	732	29	2	-	1,598	625	2,223
총계	有業者	20,818	5,310	980	128	14,486	463	263	30	36,547	5,931	42,478
	無業者	12,732	22,704	282	405	3,146	3,873	93	274	16,253	27,256	43,509
	합계	33,550	28,014	1,262	533	17,632	4,336	356	304	52,800	33,187	89,987

출전 : 奉天市公署總務處 編,『大奉天市事情總攬』, 新京: 大同印書館, 1938, 15-18쪽.
비고 : 위의 표에서 일본인 중에는 대만인 32명(남자 21명, 여자 11명), 樺太人 217명(남 17명, 여자 200명)
　　　이 포함되어 있다.

　직후인 1932년 9월 봉천시 거주 조선인의 직업 실태를 따로 살펴보아도 전체 호수 2,260호(11,371명) 가운데 농업 종사자는 1,107호(5,670명) 49.9%, 물품 판매업 437호(1,912명) 16.8%, 정미업 16호(57명), 여인숙업 18호(113명), 음식점업 19호(132명), 요리업 19호(279명), 이발업 4호(26명), 은행 회사원 49호(222명) 2.0%, 관공리 13호(58명) 0.5%, 금융업 1호(7명), 학교 교원 29호(59명), 의사 3호(11명), 일용직 232호(1,101명) 9.7%, 기타 313호(1,724명)[17]로서, 물품 판매업·요리업·음식점업·여인숙업·정미업 종사자의 비중이 상대적으로 높았다.

　가사사용인의 경우 중국계 남성의 비중이 압도적으로 많았다. 이것은 아마도 중국계 남성 중에 일본인 가정의 청소부나 경비원, 정원사, 개인용 인력거 운전수로 종사한 사람들이 많았음을 시사해준다. 그리고 일본인 가운데에는 無職有收入者의 수가 많은 것으로 보아 직업에 종사하지 않은 財力家들이 많았던 것 같다. 無職無收入者의 경우 중국계의 비중이 상대적으로 높았다. 이 분야에서 일본인 여성의 비중이 높았던 것으로 보아 일본인은 부양 가족 수가 다른 민족에 비해 상대적으로 많았던 것 같다. 이것은 일본인 가정의 경제적 능력을 반영해준다. 이에 비해 중국계의 부양 가족 수가 극히 적었던 것으로 보아, 만철부속지에는 혼자서 일정한 직업이나 수입이 없이 빈둥거리며 건달 생활을 했던 중국인이 매우 많았던 것 같다.

---

17) 京城商工會議所 經濟月報 編,『滿洲國經濟調査報告書』, 京城: 同會議所, 1933, 31-32쪽.

Ⅱ. 奉天市의 民族別 商業實態

「만주국」 수립 전후의 상업계 동향을 살펴보면, 만주사변 전까지 중국계 상업은 세계적인 경제 공황, 不換紙幣의 남발, 특히 1929년 이래의 銀價의 폭락 등으로 엄청난 타격을 받았으며, 금융 기관의 梗塞이 초래되면서 크고 작은 상점 가운데 도산한 것들이 속출했다. 만주사변 후에도 세계 경제 공황은 여전했고 匪害나 水害에 의한 농촌의 피폐, 금융의 경색, 일본 상품의 왕성한 진출 등으로 중국계 상업은 큰 타격을 받아 극도의 영업 부진 상태에 빠져 있었다.[18]

일본계의 상업 활동은 러일전쟁 후부터 시작되었지만 만주사변 전까지는 거대 자본과 근대적인 경영에 입각한 商事會社의 상품 유통 활동이 거의 없었고, 중소 상업자마저 경제 불황에 휘말려 있었다. 게다가 일본계 소매상들이 증가함으로써 한정된 구매자를 놓고 서로 잠식하는 상황에 처해 있었다. 더욱이 동북 군벌 정권의 집요한 일본 상품 배척 主唱과 課稅 조치, 중국계 상업자들의 압박으로 인해 軍部 관계자와 여관업자 이외에는 극도의 영업 부진 상태를 면치 못하고 있었다. 그러나 「만주국」 수립 후에는 排日 분위기가 사라진 가운데 교통망의 확충, 치안의 확립, 일본인 인구의 증가, 중국 關內 상품의 관세 특권 박탈 등에 따른 일본 상품의 경쟁력 제고 등으로 일본계 상업 활동이 활발해졌다. 그 결과 만주사변 전까지는 일본계의 상권이 滿鐵 沿線으로 한정되어 있었지만 사변 후에는 奧地의 주요 도시뿐만 아니라 새로 건설된 지방 도시까지 일본계 자본이 투자되었다.[19]

---

18) 滿洲國國務院總務廳情報處 編, 『省政彙覽』 第八輯(奉天省篇), 1936년 11월(여기에서는 東京: 龍溪書舍, 1987년 復刻本), 240쪽.

19) 앞의 보고서 『滿洲國經濟調査報告書』, 15쪽; 위의 책 『省政彙覽』 第八輯(奉天省篇), 248쪽. 참고로 일본의 對滿 투자액을 보면, 1932년 9,715만 2천 圓, 1933년 1억 5,125만 원, 1934년 2억 7,110만 2천 원, 1935년 3억 8,621만 원으로 합계 9억 571만 5천 원에 이르렀다(위의

봉천시 소재 商社들의 민족별 구성 실태를 보면, 일본계(조선계 포함) 상사의 경우 개인 경영이 1,017개(70.7%), 合資 형태가 135개(9.4%), 주식 회사 형태가 199개(13.8%)였는데 비해, 중국계 상사의 경우 개인 경영이 6,699개(82.9%), 합자 형태가 310개(3.8%), 주식 회사 형태가 13개(0.2%)였다. 게다가 이들 상사나 상업 점포들에 고용된 종사원 수를 보면 전체 84,460명 가운데 일본계(조선인 포함)가 17,202명(20.4%), 중국계가 67,104명(79.5%), 기타 외국인이 154명(0.2%)이었다.[20] 이러한 상사(혹은 점포) 구성 형태를 보면 일본계 상사들의 경우 경영 규모가 적은 개인 점포 형태는 중국계보다 적었던 반면에 규모가 큰 합자나 주식 회사 형태는 중국계보다 훨씬 높은 비중을 차지하고 있었다. 이에 반해 중국계 상사(혹은 점포)의 경우 개인 경영 형태의 상사 비중이 일본계보다 훨씬 높았고 규모가 큰 주식 회사나 합자 형태의 상사들은 일본계보다 훨씬 낮았다. 이것은 중국계가 상사(혹은 점포)들의 수에서는 일본계보다 훨씬 많았지만 경영 규모 면에서는 일본계보다 훨씬 작았음을 말해준다.

<표 2-2> 奉天市의 民族別 業態別 店鋪數 現況(1941.9)

구 분	總 數	都 賣	小 賣	都·小賣	奉天市 人口對比率
日 本 系	1,497(16.2)	407(33.1)	745(10.5)	345(37.9)	16.2
中 國 系	7,699(83.4)	821(66.7)	6,322(89.1)	556(61.2)	83.7
기 타	35(0.4)	2(0.2)	25(0.4)	8(0.9)	0.1
合 計	9,231(100.0)	1,230(100.0)	7,092(100.0)	909(100.0)	100.0

출전: 奉天商工公會 編,『奉天市槪觀』, 1943, 45쪽. 봉천시 인구 비율은 1941년 10월 1일 기준 봉천시의 전체 인구 가운데 각각의 민족이 차지하고 있던 비율을 의미한다.

봉천시의 민족별 業態別 店鋪數 현황을 살펴보면(<표 2-2> 참조), 1941년 9월 당시 일본계는 거래 규모가 큰 도매업 비중(약 33%)이 컸던

책 『省政彙覽』, 250-251쪽).
20) 앞의 책 『奉天産業經濟事情』, 341-342쪽.

반면에 중국계는 거래 규모가 적은 소매업 비중(약 89%)이 컸음을 알 수 있다. 봉천시의 도매 점포수에서 일본계가 차지한 비중(33%)은 봉천시 거주 일본계 인구 비율(16.2%)보다 두 배나 많은 비중이다. 또한 소매 점포수에서 중국계가 차지한 비중(89%)은 봉천시 거주 중국계의 인구 비율(83.7%)보다 높은 수치이다. 이것을 통해 일본계는 자본 규모가 큰 도매 점포 비중이 컸지만 중국계는 자본 규모가 적은 소매 점포 비중이 컸음을 알 수 있다.

1935년 여름 奉天商工會議所에서 奉天商業學校 생도들을 총동원하여 봉천 만철부속지의 상업 실태를 조사케 한 결과에 따르면, 만철부속지 거주 상공업자 호구 수는 3,526호였는데, 이 가운데 일본인은 2,348호, 조선인은 33호, 중국계는 1,103호, 기타 외국인은 42호였다.[21] 이들을 업종별로 분류하면, 일본인이 가장 많이 종사한 업종은 飮食店業을 비롯하여 食料品商·古物商·産婆·理髮業·까페業·建築材料商 등이었고, 조선인은 行商·旅館業·음식점업·유흥 요리업 등이었으며, 중국계의 경우 행상이 압도적으로 많았고 그 나머지는 식료품상·음식점업·주식 거래업·여관업 등이었다.[22] 결국 일본인 특권 지역처럼 인식되고 있던 봉천 만철부속지에서, 조선인이나 중국계는 주로 일본인을 상대로 행상을 했거나 음식점·식료품상·여관업을 하고 있었다. 대체로 만철 부속지에서는 '일본인=고급 업종에 종사하는 민족', '중국계 및 조선인=허드렛일이나 하는 민족'이라는 민족적 이미지를 각각 풍기고 있었다.

1935년 당시 봉천시의 상업 개황을 살펴보면, 만철부속지에서는 만주사변 이래의 건설 경기 호황으로 일본계 상점들은 급속한 발전을 해왔는데 비해, 商埠地와 城內에서는 교역 상황이 쇠퇴하면서 매년 중간 규모 이하의 중국계 상점들은 점차 도산·몰락·폐쇄 경향을 나타내고 있었다. 건설

---

21) 滿洲統計協會 編, 『滿洲統計』 第一卷 第10號(1935. 11), 34쪽.
22) 위의 통계집 『滿洲統計』, 35-36쪽.

경기가 파급된 만철부속지에 비해 성내의 중국계 상점은 위기 상황에 빠져 있었던 것이다. 이러한 원인은 日貨排斥思想이 농후했던 중국계 상인들의 反日 감정이 만주사변을 계기로 약화되면서 일본 상품이 잘 팔린 데다가, 新京이 「만주국」의 首都로 결정되면서 중국계 大官들이 신경으로 이주하면서 그들의 구매력이 감소한 데 있었다. 더욱이 일본 상점의 진출, 奉天市場 背後地沿線 및 奧地 지방 농민들의 구매력의 감소 및 중국계 금융 기관의 결핍에 따른 융통 자금의 부족 역시 간과될 수 없는 원인이었다.23)

1939년 말 奉天商工公會가 실시한 봉천시 상업 실태 조사(<표 2-4> 참조)에 의하면 봉천시의 商社(혹은 店鋪) 총수는 9,553개였는데, 그 중 중국계 소유는 8,083개(84.6%), 일본계 소유는 1,439개(15.1%), 외국인 소유는 31개(0.3%)였다. 봉천시 상업 점포의 행정구별 분포 현황을 보면, 옛날부터 중국인이 건설한 시장으로서 봉천의 시발점이자 중국인 밀집 지구였던 城內의 瀋陽區에는 상점의 56.4%가, 과거 만철부속지의 중심이자 신도시의 성격을 띠었던 大和區에는 31.7%가 각각 분포되어 있었다. 다음에 상점의 민족 소유별 분포 현황을 살펴보면, 일본계 점포는 약 90%가 일본인 집거 지구인 대화구에 집중되어 있었고 7.7%만이 중국인 집거 지구의 하나였던 심양구에 분포되어 있었다. 이에 비해 중국계 점포는 61.7%가 심양구에 있었고 21.1%가 신도시이자 일본인 集居 지구인 대화구에 있었다.24)

상술한 수치를 고찰해보면 봉천의 중심 상업 지구는 성내의 중국인 밀집 지구였던 심양구와 일본인 밀집 지구였던 대화구로 양분되어 있었음을 알 수 있다. 여기에서 일본계 상업 종사자는 주로 일본인 밀집 지구인 대화구에서 일본인을 상대로 한데 비해, 중국계 상업 종사자는 대부분

---

23) 앞의 책 『大奉天市事情總攬』, 200쪽.
24) 앞의 책 『奉天産業經濟事情』, 337-338쪽.

성내의 심양구나 상부지의 皇故區에서 중국인을 상대로 하면서도 일부는 대화구에서 일본인을 상대로 상업 행위를 하고 있었음을 추측할 수 있다. 실제로 봉천의 중국계 상점은 商埠地 및 城內의 번화가에 자리잡고 있었다.

당시의 중국계 상권은 山東系와 關裡(華北, 山西)系가 가장 큰 세력을 형성하고 있었다. 絲房(백화점)이나 布莊(面紗布商)은 산동계가 장악하고 있었고, 잡화 도매상·油房·糧穀商은 관리계가 장악하고 있었다. 산동계는 구래의 관습대로 신용 거래의 경향이 강했고 관리계는 새로운 상거래 기풍이 있었다. 봉천의 일본계 소매 상점은 대부분 대화구의 春日町·青葉町·浪速通廣場·平安通廣場 부근 일대에 집중되어 중심적인 상가를 형성하고 있었다.[25]

위의 표에서는 조선계 상점의 행정구별 분포 현황은 알 수 없지만, 1942년에 접어들어 市·縣·旗 행정 지구에 대한 생필품의 배급을 원활하기 위한 배급 기구로써 중소 상업자로 조직된 '小賣聯盟'에 가입한 민족별 중소 상업자들의 분포 현황을 보면, 조선인 상업자들의 행정구별 분포 현황을 엿볼 수 있다. 즉 소매연맹에 가입한 조선인 상공업자 87명 가운데 59명(57.5%)이 일본인 밀집 지구인 대화구에, 9명(10.3%)이 皇姑區에 거주하고 있었고 瀋陽區 및 北陵區에 각각 3명씩이 거주하고 있었다.[26] 1942년 4월 당시 조선인은 주로 敷島區(25.1%), 황고구(24.6%), 대화구(14.1%), 공업 지대인 철서구(11.0%) 순으로 거주하고 있었다.[27]

봉천시의 민족별 행정구별 상사(혹은 점포)의 업종별 상황을 살펴보면, 일본인 집거 지구였던 대화구에는 일반 식료 잡화(369개)>被服 및 재료(239개)>과자류(219개)>蒲團類(180개)>가구류(155개)>약품(149개)>미

---

25) 앞의 책『奉天産業經濟事情』, 353-354쪽, 362쪽.
26) 위의 책『奉天産業經濟事情』, 466쪽.
27) 이상은 위의 책『奉天産業經濟事情』, 14-15쪽에 근거한 것이다.

곡(136개)>世帶道具(128개)>履物類(123개)>靑果 및 豆腐(120개)>양품 잡화(104개) 등의 순으로 점포가 많았다. 이에 비해 중국인 집거 지구였던 瀋陽區에는 포단류(597개)>피복 및 재료(476개)>과자류(374개)>이물류(312개)>일반 식료 잡화(283개)>양품 잡화(269개)>육류 및 계란(251개)>청과 및 두부(238개)>약품(218개)>세대도구(205개) 등의 순으로 점포가 많았다. 조선인의 집거 지구 가운데 하나였던 皇故區에는 일반 식료 잡화(127개)>미곡(69개)>과자류(66개)>청과 및 두부(38개)>육류 및 계란(26개)>味醬油(19개)=세대도구(19개)>이물류(14개) 등의 순으로 점포가 많았다.[28]

일본인 집거 지구에서는 일반 식료 잡화, 피복, 과자류 관련 점포가 많았는데 비해 중국인 집거 지구에서는 포단 및 피복 등 의복 관련 점포가 많았다. 이에 비해 조선인 밀집 지구의 하나인 황고구에서는 기본적인 식량이나 먹거리 관련 점포가 많았다. 민족의 주식 특성상 일본인 및 조선인의 집거 지구에서는 미곡상이 상위를 차지하고 있었다. 그리고 일본인 집거 지구에서는 자본이 상대적으로 많이 드는(구체적으로 말하면 천만 원 이상의 자본) 일반 식료 잡화·약품·가구류·피복 재료·미곡 관련 점포가 많이 포진되어 있었다. 이에 비해 조선인 집거 지구에서는 식료 잡화나 미곡상을 제외하고 영세한 자본이 소요되는 구멍가게 수준(백만 원 이하)의 청과·육류 및 계란·미장유 등의 상점 점포가 많이 포진되어 있었다. 중국인 집거 지구에서는 이 양자의 중간적 성격을 띠고 있었다. 이것 역시 상업 자본 면에서의 각 민족의 위상은 일본인-중국인-조선인 순이었음을 시사해 준다.[29]

당시 봉천시에서는 私設市場도 발달하고 있었다. 일본계의 경우 대화구 내 春日町의 번화가를 중심으로 발전하면서 春日商場·千日商場 등의 시

---

28) 앞의 책 『奉天産業經濟事情』, 339-341쪽.
29) 점포별 소요 자본의 실태에 관해서는 위의 책 『奉天産業經濟事情』, 343-344쪽을 참조 바람.

장이 개설되어 일용 양품 잡화 등의 판매가 활발하게 이루어지고 있었으며 이 부근에는 극장이나 활동 사진관 등이 집중되어 있었다. 중국계의 경우 일본계만큼 사설 시장이 확연하게 발달하지는 않았지만 일용 잡화의 소매 시장이 상권을 형성하고 있었다. 대표적인 중국계 소매 시장으로는 第一商場(점포수 98개, 小西關 소재), 利民商場(83, 城內), 中原商場(84, 大西門), 北市場商場(96, 北市場), 民生商場(12, 북시장), 公利商場(78, 29 緯路), 同善商場(24, 소서관) 등이 있었다.30) 일본계의 경우 주로 주식회사 조직 형태로 도매 시장 및 소매 시장이 兼營되고 있었다. 1935년 10월 말까지 봉천시에서는 만주시장주식회사 관할하의 만주시장이 개설되어 있었다. 중국계 시장은 대부분 조직 통제가 없는 露天市場이었거나 祭市의 형태를 띠고 있었다.31)

그런데 상품 판매에 따른 판매 이익이나 순이익을 살펴보면 다른 양상이 나타났다. 즉 자본 千圓에 대한 판매금 회전율(판매액)의 경우 일본계 상점은 1.14이었는데 비해 중국계 상점은 10.33을, 외국인은 3.852를 나타내었다. 상품 판매 이익의 경우 일본계 상점은 14.3%이었는데 비해 중국계 상점은 179.8%를, 외국인은 53.7%를 나타내었다. 일반 영업비의 경우 일본계 상점은 8.0%이었는데 비해 중국계 상점은 106.2%를, 외국인은 30.5%를 나타내었다. 영업 순이익의 경우 일본계 상점은 4.6%에 불과했는데 비해 중국계 상점은 73.6%, 외국인 상점은 23.2%이었다.32) 즉 중국계 상점이 일본계 상점보다 소액의 자본을 가지고 훨씬 많은 영업 이익을 올리고 있었고, 대부분 러시아 계통인 외국인은 그 중간적 양태를 보여주고 있었다.

이 특징에 관해서는 만주의 토착 자본인 화교 자본과 중국계 상점(인)의

---

30) 앞의 책 『奉天産業經濟事情』, 468-469쪽.
31) 앞의 책 『省政彙覽』 第八輯(奉天省篇), 254쪽, 251쪽.
32) 위의 책 『奉天産業經濟事情』, 344-347쪽.

관련성을 고려해야 하겠지만 중국계 상점의 영업적인 특이성을 보여준 사례임에 틀림없다. 결국 중국계 상점에서는 일본계 상점보다도 13배나 많은 영업비를 쓴 대신 16배나 많은 영업 순이익을 올림으로써 영업비를 상쇄하고도 남는 이익을 거두어들이고 있었는데 반해, 일본계 상점에서는 반대의 양상을 보여주고 있었던 것이다. 양자 사이에 판이한 영업 결과가 도출된 데는 현금 결제율에서도 잘 드러나고 있었다. 즉 일본계 상점의 현금 결제율이 41.6%이었는데 비해 중국계 상점은 61.1%이었다. 특히 중국계가 압도적 비중을 차지하고 있던 개인 영업 형태 점포의 경우, 중국계의 현금 결제율은 74.2%이었다.[33] 중국계 상점의 자본 회전율은 빨랐고, 그것 때문에 그들의 영업 활동도 원활했다.

Ⅲ. 奉天市의 民族別 工業實態

그렇다면 봉천시의 공업 분야에서의 민족 구성 및 그에 따른 각 민족의 위상은 어떠했는지를 살펴보자. 1941년 9월까지 봉천시의 공장 가운데 일본계 소유가 599개, 중국계 소유가 1,555개였다.[34] 기타 외국인 소유의 공장 수는 알 수 없지만 일본계 공장 수는 전체의 1/4를 상회했고 중국계 공장 수는 2/3를 상회했을 것으로 추정된다. 이 가운데 奉天商工公會의 조사에 응한 봉천시의 민족별 공장 수 현황(<표 2-3> 참조)을 살펴보면, 봉천시의 전체 공장 가운데 일본계 공장 수는 약 1/4 정도였음을 알 수 있다. 일본계에서는 경영 규모가 큰 주식회사나 중간 규모인 合名·合資會社를 운영한 사람들이 비교적 많았던 반면에 중국계에서는 경영 규모가 매우 영세한 개인 공장을 운영한 사람들이 대다수를 차지하고 있었다.

---

33) 위의 책 『奉天産業經濟事情』, 349-351쪽.
34) 위의 책 『奉天産業經濟事情』, 136쪽.

〈표 2-3〉 奉天市의 民族別 工場數 現況(1941.9)

企 業 別	工場數	日本系	中國系
個 人 經 營	1,268(76.8)	169(39.9)	1,099(86.7)
株 式 會 社	184(11.2)	175(41.4)	9(0.7)
合名,合資會社	198(12.0)	79(18.7)	119(9.7)
合 計	1,650(100.0)	423(100.0)	1,227(100.0)
	[100.0]	[25.6]	[74.4]

출전: 奉天商工公會 編,『奉天市槪觀』, 1943, 106쪽; 奉天商工公會 編,『奉天産業經濟事情』, 奉天: 136-137쪽. ( )는 민족 내부 비율을, [ ]는 민족간 비율을 의미한다.

게다가 1941년 9월 奉天商工公會에서 실시한 奉天工業實體調査에서는 경영 규모가 매우 방대했고 일본 정부(혹은 「만주국」 정부)나 일본인이 경영하던 産業開發5個年計劃 관련 공장, 즉 국가 기밀에 속한 사항으로 공개가 어려운 軍需監察指定工場, 電氣 및 瓦斯事業工場 등이 제외되었다.[35] 이 점을 고려해본다면, 일본계에 속한 주식회사 같은 대규모 공장이 <표 2-3>에서 제시된 수치보다 훨씬 많았을 것으로 추정할 수 있다. 아마도 이 중에서 조선계에 속한 대규모 공장은 극히 적었을 것이다. 「만주국」의 공업 분야에서 민족별 공장 소유 분포 상황을 살펴보면, 개인 경영 공장의 경우 5-100인 이하 공장에서는 중국계의 비중이 압도적으로 많았던 반면, 100인 이상의 대규모 공장에서는 일본계의 비중이 많았다.[36]

또한 각 공장별 차입금 현황을 살펴보면 일본계 공장의 1공장 당 차입금은 47만 6천 圓이었는데 비해 중국계는 7만 원에 불과했다.[37] 이것은 자금의 차입에서 일본계 공장이 중국계보다 유리했고, 공장 규모도 중국계보다 컸기 때문에 차입금 규모도 상대적으로 컸다는 것을 의미한다. 공장 생산액 역시 일본계는 1공장 당 71만 9천 6백여 원이었는데 비해 중국계는 15만 8천 3백여 원에 달했다.[38] 1940년 봉천시의 총 생산 실적 4억

---

35) 앞의 책 『奉天市槪觀』, 105쪽.
36) 위의 책 『奉天市槪觀』, 106쪽.
37) 앞의 책 『奉天産業經濟事情』, 140쪽.
38) 위의 책 『奉天産業經濟事情』, 141쪽.

8,521만 4천 원 가운데 일본계 공장의 생산액은 전체의 65.3%인 3억 1,670만 4천 원에 달했다. 또한 동년의 봉천시 총 생산 능력 7억 3,808만 8천 원 가운데 일본계 공장의 생산 능력은 69%에 달했다.[39] 즉 1940년 봉천시 전체 공장의 총 생산 실적이나 생산 능력 가운데 일본계가 약 2/3 이상을 차지하고 있었던 것이다.

1941년 봉천시의 각 지구별 공장 생산액을 보면 전체 생산액 4억 8,997만 8천 원 가운데 鐵西공업지대인 鐵西區가 2억 1,726만 4천 원(44.3%), 北市場地區가 1억 2,753만 3천 원(26.0%), 南市場地區가 5,319만 원(10.9%)이었다.[40] 신흥 공업 지대인 철서공업지대에서의 공장 생산액은 봉천시 총 생산액의 절반에 육박하고 있었다. 특히 만철부속지 행정권이 「만주국」에 이관된 이후 일본계 중소 상공업자들은 철도 부속지 내 大和區를 중심으로 상공업 지대를 형성하고 있었다.[41]

1941년에 조사된 봉천의 중국계 공장의 실태를 보면 중공업 공장이 342개(금속 공업 162개, 機械器具 공업 180개), 경공업 공장이 211개(화학 공업 136, 인쇄 공업 75), 생활 필수품 공장이 706개(방직업 241, 식료품 86, 製材品 74, 窯業 76, 雜工業 229)에 달했다. 봉천시의 금속 공장은 모두 202개였는데 이 중 일본계 공장 40개(19.8%)를 제외하면 중국계 금속 공장은 162개였다. 중국계 금속 공업은 기계 기구 공업과 더불어 근대 공업으로써 기계화되어 있었으며 대표적인 것이 大東地區의 國營級 造幣廠이었다. 중국계 금속 공업은 이 조폐창을 중심으로 대동지구에서 瀋陽 지구 일대에 분포되어 있었지만, 점차 大和區·鐵西區 쪽으로 뻗어갔다. 중국계 금속 공업은 本溪湖煤鐵公司에서 산출된 生鐵(銑鐵) 자재를 중심으로 발달했는데 鑄造 공업이 주축을 이루고 있었다. 일본계 금속 공업은

---

39) 위의 책 『奉天産業經濟事情』, 149쪽.
40) 위의 책 『奉天産業經濟事情』, 142-143쪽.
41) 위의 책 『奉天産業經濟事情』, 182쪽.

티타늄·텅스텐·듀랄미늄·알루미늄 등 고도의 정밀 경금속 공업이 발달했는데 비해, 중국계는 이 분야의 특수 공업에서는 발달하지 못하고 銅공업에서 큰 비중을 차지하고 있었다.[42] 1941년 봉천시의 기계 기구 공업 공장은 모두 234개였는데 일본계가 54개(23.1%), 중국계가 180개(76.9%)였다. 중국계 기계 기구 공업은 일부 대기업을 제외하고 일본계 대공장의 하청 공업의 성격을 띠고 있었다.[43]

〈표 2-4〉滿洲 化學工業의 民族別 工場數 및 生產額(1931년)(단위: 個, 千圓)

구 분	10人 이하		10-30인		30-100인		100인 이상		未 詳		合 計		計
	日	中	日	中	日	中	日	中	日	中	日	中	計
工場數	8	31	7	16	15	-	12	7	-	4	42	58	100
	(19.0)	(53.4)	(16.7)	(27.6)	(35.7)	-	(28.6)	(12.1)	-	(6.9)	(100.0)	(100.0)	
生產額	107	38	331	134	3,958	88	10,269	1,098	-	271	14,665	1,629	16,289
	(0.7)	(2.3)	(2.3)	(8.2)	(27.0)	(5.4)	(70.0)	(67.4)	-	(16.6)	(100.0)	(100.0)	

출전: 滿鐵調查部 編, 『滿洲經濟年報』(1937年版, 上卷), 東京: 改造社, 1937, 111-113쪽. 여기에서는 합계가 잘못 계산되었기 때문에 바로잡았다. 중국계 30-100인 규모 공장의 경우 생산액이 집계된 것을 보면 공장 수가 누락된 것 같으나 확인할 수가 없어서 그대로 표기했다.

가령 〈표 2-4〉에 의하면 1931년 화학 공업 분야에서 일본계 공장은 노동자 수 30-100人인 경우가 35.7%로 가장 많았고 그 다음이 100인 이상인 경우로 28.6%였으며, 10인 이하인 공장은 19.0%에 불과했다. 이에 비해 중국계 공장은 노동자 수 10인 이하가 53.4%로 절반을 넘어섰고 그 다음이 10-30인인 경우가 27.6%였으며 100인 이상인 경우는 12.1%에 불과했다. 규모에 비례해서 단위 공장당 노동자 수의 경우 일본계 공장이 중국계보다 훨씬 많았던 것이다.

1941년 봉천시의 경공업 실태를 보면, 공장 수의 경우 일본계는 중국계의 16%에 불과했지만 자본금은 중국계의 40.7배, 拂入 자본은 23.4배, 운전 자금은 20.5배, 생산 실적은 3.5배(1940년 기준), 직공 수는 5.6배에

---

42) 앞의 책 『奉天產業經濟事情』, 191-194쪽.
43) 위의 책 『奉天產業經濟事情』, 197-201쪽.

달하고 있었다.[44] 실례로 1941년의 봉천시 생활 필수품 공업 실태를 보면, 식료품 공장 수는 모두 169개였는데 일본계는 76개(45%)로서, 중국계 93개(55%)의 83%에 불과했지만 자본금은 281배, 불입 자본은 254배, 운전 자금은 9.2배에 달했다. 또 하나의 실례로 1940년 일본계 공장의 생산 능력은 중국계보다 3.1배, 생산 실적은 2.5배, 직공 수는 4.5배에 달했다. 1941년 봉천시의 목제품 공장 수는 모두 94개로 일본계가 20개(21.3%), 중국계가 74개(78.7%)였는데, 생산 실적은 일본계가 8천만 원 정도, 중국계가 3천만 원 정도였다.[45]

조선인의 경우 봉천시의 업종별 실태에서 두각을 나타낸 분야는 精米業이었다. 1935년 당시 봉천시에는 모두 16개소의 精米所가 있었는데, 이 중 조선인이 운영한 곳은 7개소, 중국계가 운영한 곳은 4개소, 일본인이 운영한 곳은 5개소였다. 조선인 소유의 정미소는 모두 조선인 밀집 주거지인 西塔에 있었다.[46] 그밖에 조선인 중에는 귀속 의식 부족과 자금 문제로 「만주국」 당국으로부터 영업 허가를 받지 않고 불법적으로 여관업·하숙업·음식점업·떡장사를 하고 있던 사람들이 많았다.[47] 따라서 이들은 공식적인 통계 조사에서 제외될 수밖에 없었다. 이 점은 「만주국」(봉천시를 포함해서) 거주 조선인의 상공업 실태 파악을 어렵게 만드는 요인으로 작용했다.

---

44) 위의 책 『奉天産業經濟事情』, 202쪽.
45) 위의 책 『奉天産業經濟事情』, 207쪽, 209쪽.
46) 앞의 책 『大奉天市事情總攬』, 156-157쪽.
47) 「在京朝鮮人旅館業者 旅館組合을 結成?」, 『滿鮮日報』 1940년 5월 1일자, 2면;「營業組合 未加入으로 米使用 營業者 危機」, 『滿鮮日報』 1940년 5월 1일자, 2면;「米穀通帳制의 配給」, 『滿鮮日報』 1940년 5월 2일자, 2면;「떡장사等 無許可業者에 特別考慮로 善處」, 『滿鮮日報』 1940년 5월 9일자, 2면.

Ⅳ. 奉天市의 民族別 物資配給實態

한편 「만주국」에서 민족간 위상을 논할 때 기준으로 제시된 것 가운데 하나는 민족별 물자(특히 식량과 석탄)의 배급 실태이다. 「만주국」에서는 통제 경제 정책의 실시와 더불어 물자의 배급 문제가 중요시되면서 1939년에 生必品會社가 창설되었다. 1940년부터 物動 대책이 수립되어 소맥분에 대한 소매 최고 표준 가격의 실시, 煙草의 공정가 실시, 「만주국」 물동 계획 방책의 수립 등이 이루어졌다. 1941년에는 중일전쟁의 장기화에 따른 일본 전시 경제의 강화와 日滿一體의 종합 물동 계획의 수립, 물동 계획의 조직화, 民需 물자의 소비 부문 삭감, 「만주국」 물자 통제 대강의 수립, 소매 물가의 앙등에 따른 식료품의 소매 표준 가격 결정, 동년 6월 말부터 배급 통제 제도의 실시, 설탕의 배급 통제, 양곡·생필품 물자의 통제 강화, 家賃 통제, 大豆의 專管 실시 등이 이루어졌다. 1942년에는 공정 가격 제도의 확대 실시, 생산 통제와 소비 통제, 紡績 배급 업자의 합리화, 양곡 가격의 새로운 결정, 만주 전역의 생필품 통제, 무역 통제법의 개정 등이 이루어졌다. 이러한 일련의 과정 속에서 1941년 봉천 시 상업 기구의 일부는 경색 상태에 빠져 있었다.[48)]

1940년대 「만주국」에서의 물자, 특히 主食인 米穀과 小麥粉, 그리고 주요 연료인 石炭의 배급 실정은 어떠했을까? 이것은 奉天省 營口市農本 分會 회의 내용에서 잘 드러나고 있다. 이 내용에 의하면 당시 봉천성 營口市에서는 원칙적으로 일본인과 조선인에게는 미곡이, 중국계에게는 소맥분이 주식으로 배급되고 있었다. 그렇지만 배급 순서의 경우 일본 內地人에게만 우선권이 주어졌고 석탄의 품질 면에서도 일본 내지인에게는 좋은 석탄이 배급되고 있었던 반면에, 같은 일본계인 조선인은 중국계

---

48) 앞의 책 『奉天産業經濟事情』, 471-472쪽.

와 마찬가지로 뒤로 밀려나 있었다. 물자의 배급에서 조선인이라고 해서 중국계보다 특별히 우대를 받았다고 할 만한 것은 별로 없었다.[49]

　가령 新京市에서는 1940년 6월 1일부터 米穀·小麥粉·石炭에 대해 通帳制를 실시하여 이들 물자를 배급하기 시작했다. 1인당 1일 배급량의 경우 大人은 500g, 소인(2-12세)은 300g, 노인은 400g이었고 1회의 배급량은 반 달치였다.[50] 이때 영업자들은 해당 營業組合에서, 개인들은 町會에서 통장을 발급받아 이들 물자를 배급받아야 했다. 그런데 당시 조선인들이 미곡을 가지고 많이 운영하고 있던 업종은 여관업·하숙업·음식점업·떡장사 등이었는데, 조선인 대다수는 일본인과 중국인들이 주도하고 있던 영업 조합에는 가입하지 않고 있었으며, 조선인 자체의 영업 조합을 결성하지도 않았다. 또한 개인 역시 町會에 가입해서 町會費를 내고 있던 사람들은 극소수였고 대다수는 아예 가입하지 않고 있었다. 그런데 당시 통장은 조합 회원이나 町會員들에게만 지급되었기 때문에 그들은 물자를 배급받을 수 없는 상황에 처하게 되었고 큰 '충격' 상태에 빠졌다. 특히 아래의 진정서 내용에서도 알 수 있듯이 무허가 음식점 영업자나 비빔밥집, 또는 그날그날 떡 목판을 머리에 이고 다님으로써 一家의 생계를 유지하고 있던 떡장사들은 매우 큰 타격을 받을 수밖에 없었다.[51]

　　"여러 가지 사정으로 쌀을 마음대로 못 쓰게 된 것도…잘 알엇습니다. 그러나 저의 집은 한집안 다섯 식구가 벌서 멧해를 두고 떡목판 하나에 목숨을 매고 살어가든 터인데 이번에 실시된 쌀의 통장제 배급으로 쌀을

---

49) 「官吏는 政治信念 갓고 物資는 公平分配하라 營口市農本分會議案」, 『滿鮮日報』 1940년 4월 2일자, 3면.
50) 「國都의 米穀通帳制逐具體化」, 『滿鮮日報』 1940년 5월 9일자, 2면.
51) 「在京朝鮮人旅館業者 旅館組合을 結成?」, 『滿鮮日報』 1940년 5월 1일자, 2면; 「營業組合 未加入으로 米使用 營業者 危機」, 『滿鮮日報』 1940년 5월 1일자, 2면; 「米穀通帳制의 配給」, 『滿鮮日報』 1940년 5월 2일자, 2면; 「떡장사等 無許可業者에 特別考慮로 善處」, 『滿鮮日報』 1940년 5월 9일자, 2면.

　　못 사게 되어 어린 자식들의 교육은 물론 문제이고 우선 통장을 바덧서도
　　그 쌀을 살 돈이 업서 꼭 굶어죽게 되엇습니다.⋯⋯특별한 방법으로 쌀을
　　좀 사도록 하야 주십시요."라고⋯⋯구즌비가 시름업시 내리고 잇는 5일 오
　　후 2시경 市公署商工科에 조선복 입은 부인 10여 명이 나타나서 이채를
　　띠었다.[52]

　중국계의 주식인 小麥粉에 대해서는 1940년 7월 16일부터 일제히 통장
제가 실시되었다. 그 배급량은, 일본계(조선인을 포함해서)의 경우 배급
대상이 가족이 있는 자 및 독신자로서 共同炊事를 하는 자로 한정되었고
연령 구분 없이 1개월에 200g으로 정해졌다. 중국계의 경우는 가정의 경
제 수준에 따라 다섯 계급으로 나누었다. 제1종 배급자에는 관리 및 은행,
회사원으로서 月收 3백 원 이상인 자, 월수 6백 원 이상의 일반 시민,
자본금 10만 원 이상의 일반 상공업자가 속했는데, 그 배급량은 大人 1인
이 1개월 7근이었다. 제2종 배급에는 관리 및 은행 회사원으로서 월수
80원 이상인 자, 월수 백 원 이상의 일반 시민, 자본금 5천 원 이상의
상공업자가 속했는데, 그 배급량은 대인이 1개월 5근이었다. 제3종 배급
자에는 은행원 및 회사원으로서 월수 80원 이하인 자, 월수 30원 이상의
일반 시민, 자본금 1천 원 이상의 상공업자가 속했는데, 그 배급량은 대인
1인이 1개월 3근이었다. 제4종 배급자에는 前記 이외의 자가 속했는데,
그 양은 대인 1인이 1개월 1근이었다.[53]

　1941년 8월 봉천시장의 생필품 수급 상황을 보면, 일본계의 경우 쌀의
배급은 동년 6월 이후 실시되었는데, 1일 배급량은 약 2,200叺이었고 한달
배급량은 66,000叺이었다. 1941년 봉천시의 일본계 인구는 약 19만 명이
있었는데, 그들에 대한 배급은 대체로 원활했다. 그런데 조선인 중에는 粟
(조)이나 高粱(수수)을 常食하고 있는 자가 많았던 결과 배급 쌀의 일부는

---

52) 「떡 장사로 지내든 몸이 살길이 막연합니다」, 『滿鮮日報』 1940년 6월 6일자, 7면.
53) 「小麥粉도 通帳制」, 『滿鮮日報』 1940년 7월 15일자, 2면.

중국인에게 몰래 흘러 들어갔다. 당시에 잡곡·大豆·小豆 등은 배급이 되지 않아서 상점에서는 자취를 감추었기 때문에 구입할 수는 없는 실정이었다. 麥粉[54]·輸入粉은 두절되었기 때문에 물자 및 사람들을 통제하기 위해 通帳制를 실시해서 매월 1인당 반 근씩 배급되고 있었지만, 일본계는 중국계에 비해 수요량이 적었다. 그 결과 수급 상황은 중국계보다 원활했다. 빵은 맥분의 배급 금지와 중국계 구매자의 증대로 극도로 부족해서 수요자의 1/3 정도만 충족되고 있었다. 이에 비해 중국계의 경우 주요 식량인 高粱米·小米(精白粟)·包米·豆類의 배급은 양곡 소매 상점에서 각 조합원(지정 양곡 판매점)에게 소요 식량을 할당하면 지정 양곡 판매점에서 일반 소비자인 시민에게 배급하고 있었다. 이것의 수량에는 하등 제한이 가해지지 않았다. 그러나 당시 배급되고 있던 고량미의 품질이 나빠서 일반 가정의 식용으로 할 수 없는 실정이었다. 그 때문에 중국계 일반 시민은 어쩔 수 없이 精白高粱米를 암시장에서 구입하여 생계를 유지하고 있었다. 게다가 봉천시의 1일 고량 및 小米의 수요량은 약 15차량 분(45톤)이었지만 실제의 배급량은 5차량 분에 불과했기 때문에 중국계 시민들은 식량난에 봉착하고 있었다. 중국계 시민들의 주식인 소맥분은 輸入粉이 두절되었기 때문에 입수가 곤란해서 舊正·端午節·仲秋節 이외에는 거의 배급되지 않고 있었다. 包米粉은 양곡 가공업 조합에서 각 가공업자에게 원료 포미를 할당하면, 각 가공업자가 그것을 가공해서 일반 시민에게 배급하고 있었는데, 그 수급은 비교적 원활했다.[55]

일반 시민이 아닌 노동자의 경우 식량 배급 실태를 보면, 노동자 1인당 1일 배급량은 白麵·白米·粟은 800g, 기타 양곡은 1,000g이었는데, 그 혼

---

54) 참고로 間島省 延吉에서는 麥粉의 경우 1940년 4월부터 중국계에게는 通帳制를 실시해서 배급을 하고 있었지만, 日鮮系에는 特別販賣人을 指定해서 판매하도록 했다(「麥粉配給에 通帳制」, 『滿鮮日報』 1940년 4월 10일자, 2면).
55) 앞의 책 『奉天産業經濟事情』, 473-474쪽.

합률의 경우 일본인은 백미 80%, 속 20%였고, 조선인은 백미 20%, 속 80%였다. 중국계는 백면 20%, 高粱·包米 80%였으며, 각 민족의 가족에 대해서는 1일 500g으로 그것의 민족별 혼합률은 위와 같았다.[56]

상술한 물자, 특히 식량 물자의 배급 실태를 보면, 식량 중에서 고급이자 高價였던 쌀은 일본인과 조선인에게만 배급되었고 중국계에게는 그들의 주식인 高粱米·小米·包米 등이 배급되었음을 알 수 있다. 「만주국」에서 白米(쌀)의 부족에 따른 배급제를 실시하게 된 원인을 살펴보면, 우선 통장제를 통해 영업 조합에 가입하지 않았거나 町會에 가입하지 않은 사람들에게는 배급을 하지 않음으로써 그들로 하여금 거기에 가입하게 한 뒤 이들을 통제하는 동시에, 물자를 통제하여 암시장 거래를 막으려고 한 데 있었다. 다음에는 쌀 자체의 부족에 있었다. 1940년대에 접어들어 「만주국」에서 쌀이 부족하게 된 배경과 원인을 살펴보면, 조선인들이 水田 경영에 몰두함으로써 만주에서의 쌀 생산량이 급증되어 이것이 일본에 이입되자, 일본 본토의 농민들이 반대하게 되었다. 이에 「만주국」에서는 조선인 농민의 경작지 20陌 가운데 수전을 13맥으로 제한했다. 그 결과 만주에서의 쌀 생산량은 감소했다. 그 밖의 원인으로는 1939년 3월 이후 조선총독부에서의 「만주국」 및 關東州에 대한 朝鮮米의 수출 제한 조치, 「만주국」 내의 인구 증가, 특히 일본인의 급증(만주사변 전 20만에서 80만으로 격증) 및 중국인의 생활 향상에 따른 쌀 소비량 증가로 인한 쌀 수요의 격증, 「만주국」의 저물가 정책으로 쌀 가격이 생산비 이하로 책정된 데 따른 조선 농민의 쌀 판매 회피, 만주양곡회사의 출현에 따른 쌀 판매 절차의 복잡화로 인한 조선인 농민의 쌀 출하 회피, 麻袋의 부족, 조선미의 일본 수출 급증에 따른 만주 수출의 감소, 조선의 대흉작, 전쟁의 확대에 따른 군량미 수용의 격증, 소맥분 배급의 원활하지 못함, 高粱·包米·粟

---

56) 「勞動者 食糧配給에의 證明書 發給을 開始」, 『滿鮮日報』 1940년 7월 21일자, 5면.

의 가격 앙등에 따른 代用食으로써의 쌀 수요의 급증 등을 지적할 수 있다.[57]

물자 배급은 일본인 쪽이 조선인 및 중국계 쪽보다 원활했다. 게다가 小買 물가 지수의 경우, 1937년의 평균 물가를 100으로 했을 때 1942년 6월의 물가는, 일본측이 217.3을, 중국측이 251.6을 나타내었다.[58] 즉 물자 부족 상태가 상대적으로 더 심했던 중국측이 일본측보다 더 높은 물가에 시달리고 있었던 것이다. 그런데 여기에서 주목해야 할 것은 쌀이 중국인보다도 조선인에게 먼저 배급되었다고 해서 조선인의 민족적 위상이 중국인보다 우월했다고 단정할 수는 없다는 점이다. 당시 조선인은 여전히 일본 국적이었고 일본인과 조선인은 민족적 食生活에서 쌀을 주식으로 하고 있었다. 이에 비해 중국인은 쌀보다는 고량미나 소미 등을 주식으로 하고 있었다. 따라서 식량 종류의 차별적 배급은 조선인에 대한 법제적 차원에서의 우대라는 측면 이외에 朝·日 양 민족의 식생활 조건을 고려한 측면도 있었다. 비록 조선인에게 쌀이 배급되었다고 해도 조선인 가운데 상당수는 생활이 가난해서 배급받은 쌀을 직접 먹지 못하고 암시장에 내다 팔고 대신 값이 싼 조나 수수를 구입해서 연명하고 있었다. 게다가 1940년 3월 말부터 新京에서 白米(米穀)에 대한 현금 판매가 실시되면서,[59] 이 방식이 만주 전 지역에 점차 확산되기 시작했다. 그 결과 「만주국」에서 쌀의 민족별 배급 순서는 별다른 의미가 없어지게 되었다. 왜냐하면 당시 부유한 일본인이나 중국인들은 자유롭게 白米를 구입할 수 있었던 반면, 상대적으로 가난했던 조선인은 백미를 구매하기가 쉽지 않았을 것이겠기 때문이다. 결국 상술한 점들을 고려해 본다면 중국인에게 배급하지 않은 쌀을 조선인에게 배급했다는 사실 자체만을 가지고 당시 조선

---

57) 「滿洲國內米穀需給, 그 克服策과 鮮農의 關係」, 『滿鮮日報』 1940년 5월 8일자, 1면.
58) 앞의 책 『奉天産業經濟事情』, 487쪽.
59) 「쌀은 現金販賣」, 『滿鮮日報』 1940년 3월 30일자, 2면.

인의 위상이 중국인보다 나았다고 단정지을 수는 없을 것이다.

맺음말

　「만주국」에서는 건국 이후 현지 공업의 배양과 공업 立國이라는 목표하에 종래의 商社資本體制가 現地工業體制로 바뀌면서 일본 공업의 分駐체제가 형성되기 시작했다. 그 결과 종래에는 南滿洲의 주요 공업지인 봉천과 大連에서는 일본과의 무역 단계에 그쳤지만, 그 이후에는 봉천 부근 전체가 일본 도시의 산업 경제 문화의 培養地로 바뀌기 시작했다. 그리고 「만주국」은 일본 공업의 下請企業化 내지 보완적인 기능을 하게 되었다. 「만주국」의 전체적인 산업 동태를 살펴보면 상업과 금융 부분에서는 일본 자본이 진출하여 절대적인 지위를 차지하게 되었고, 공업 부분에서는 값싼 양질의 일본 제품이 밀려들어오고 일본측의 근대적인 공장이 들어서면서 중국계의 자본 진출은 점점 곤란해지면서 정체되거나 쇠퇴하고 있었다. 이러한 상황에서 일본계 기업이 「만주국」에서 차지한 비중은 압도적으로 높았다. 일본계 회사는 자본 규모가 컸던 주식회사 등이 주류를 형성했는데 비해, 중국계 회사는 자본 규모가 영세한 개인 회사 등이 주종을 이루고 있었다.

　봉천시가 소재한 봉천성은 「만주국」의 공장 수나 노동자 수에서 압도적인 비중을 차지하고 있었다. 또한 봉천시는 봉천성의 省會로서 봉천성의 상공업 분야에서 막중한 비중을 차지하고 있었다. 봉천시에서 일본계는 거래 규모가 큰 도매업 비중이 컸던 반면에 중국계는 거래 규모가 적은 소매업 비중이 컸다. 일본인은 주로 飮食店業을 비롯하여 食料品商·古物商·産婆·理髮業·까페業·建築材料商 등에, 조선인은 주로 行商·旅館業·음식점업·유흥 요리업 등에 종사하고 있었다. 중국계는 압도적 다수가 행상에, 그 나머지는 식료품상·음식점업·주식 거래업·여관업 등에 종사하고 있었다. 대체로 신도시로 불려진 만철부속지에서는 '일본인=고급 업종에 종사하는 민족', '중국계 및 조선인=허드렛일이나 하는 민족'이라는 민족적 이미지를 각각 풍기고 있었다. 1935년 당시 봉천시의 상업 개황을 살펴보면, 만철부속지에서는 「만주국」 수립 이래의 건설 경기 호황으로 일본계 상점들은 급속한 발전을 해왔는데 비해, 商埠地와 城內에서는 교역 상황이 쇠퇴하면서 매년 중간 규모 이하의 중국계 상점들은 점차 도산·몰락·폐쇄 경향을 나타내고 있었다.

봉천시의 중심 상업 지구는 성내의 중국인 밀집 지구였던 심양구와 일본인 밀집 지구였던 대화구로 양분되어 있었는데, 일본계 상인은 주로 일본인 밀집 지구인 대화구에서 일본인을 상대로 영업을 한데 비해, 중국계 상인은 대부분 성내의 심양구나 상부지의 皇姑區에서 중국인을 상대로 하면서도 일부는 대화구에서 일본인을 상대로 상업 행위를 하고 있었다. 조선인 상인은 대화구나 皇姑區에 많이 거주하고 있었다. 민족의 主食 특성상 일본인 및 조선인의 집거 지구에서는 米穀商이 상위를 차지하고 있었다. 일본인 상인은 자본 규모가 큰 품목의 점포를 많이 거느린 반면에 조선인 상인은 일부 미곡상을 제외하고 영세한 구멍가게 수준의 점포를 많이 가지고 있었다. 그밖에 조선인 중에는 귀속 의식 부족과 자금 문제로 「만주국」 당국으로부터 영업 허가를 받지 않고 불법적으로 여관업·하숙업·음식점업·떡장사를 하고 있던 사람들이 많았다. 중국인 상인은 이 양자의 중간적 성격을 띠고 있었다. 중국계 상점에서는 다른 민족 소유의 상점보다 자본 회전율이 빨랐고 영업 이익도 상대적으로 높았다.

봉천시의 공업 실태를 보면, 일본계에서는 경영 규모가 큰 주식회사나 중간 규모인 合名·合資會社가 많았던 반면에 중국계에서는 경영 규모가 매우 영세한 개인 공장이 많았다. 조선계 회사로는 조선에서 진출한 극소수의 것이 전부였다. 개인 경영 공장의 경우 중국계는 5-100인 이하 공장이 많았던 반면, 일본계는 100인 이상의 대규모 공장이 많았다. 1940년 일본계 공장의 생산액은 봉천시 총 생산 능력의 2/3 이상에 달했다. 기계 기구 공업의 예에서도 알 수 있듯이, 대체로 중국계는 일본계 대공장의 하청 공업의 성격을 띠고 있었다. 경공업 역시 일본계가 자본금·불입 자본·운전 자금·생산 실적·직공 수 등 모든 방면에서 중국계보다 수배 내지 수십 배나 많았다. 조선계 상공업의 경우 精米業 분야가 두각을 나타내고 있었고, 조선인 소유의 정미소는 모두 조선인 밀집 주거지였던 西塔에 있었다.

한편 「만주국」에서 민족간 위상을 논할 때 기준으로 제시된 것 가운데 하나는 민족별 물자(특히 식량과 석탄)의 배급 실태였다. 1941년부터 「만주국」에서는 물자의 통제 및 배급 제도가 실시되었는데, 원칙적으로 일본인과 조선인, 그리고 일부 중국계 高官이나 자본가에게는 고급 식량이자 高價였던 미곡이, 나머지 중국계에게는 소맥분·高粱米·小米·包米 등이 배급되었다. 배급은 일본 內地人에게만 우선권이 주어졌고 석탄의 품질 면에서도 일본 내지인에게는 좋은 석탄이 배급되고 있었던 반면에, 같은 일본계인 조선인은 중국계와 마찬가지로 뒤로 밀려나 있었다. 물자의 배급에서 조선인이라고 해서 중국계보다 특별히 우대를 받았다고 할 만한 것은 별로 없었다. 당시 조선인 중에는 미곡을 가지고 여관업·하숙업·음식점업·떡장사 등을 영업한 사람들이 많았는데, 이들 대다수는 일본인과 중국인이 주도권을 쥔 영업 조합에 가입하지 않고 있었거나 자체의 영업 조합도 결성하지 않고 있었다. 또한 개인 역시 町會에 가입해서 町會費를 내고 있던 사람들은 극소수였고 대다수는 아예 가입하지 않고 있었다. 따라서 그들은 물자를 배급받을 수 없는 상황에 처해 있었다.

중국계에 대한 배급 기준은 생활 수준에 따라 다섯 가지로 나뉘었다. 일본계에 대한 배급은 대체로 원활했다. 조선인 중에는 빈곤 때문에 비싼 쌀을 내다 팔고 대신 값이 싼 粟(조)이나 高粱(수수)을 사서 常食하고 있던 자가 많았던 결과 배급 쌀의 일부는 중국인에게 흘러 들어가곤 했다. 빵은 맥분의 배급 금지와 중국계 구매자의 증대로 수요자의 1/3 정도에게만 충족되고 있었다. 대체로 중국계에 대한 식량 배급 상황은 상대적으로 열악했다. 일반 시민이 아닌 노동자의 경우 식량의 혼합률은 일본인이 白米 80%, 粟 20%였고, 조선인은 백미 20%, 속 80%였으며, 중국계는 白麵 20%, 高粱·包米 80%였다. 물자 배급은 일본인 쪽이 조선인 및 중국계 쪽보다 원활했다. 게다가 중국측이 일본측보다 더 높은 물가에 시달리고 있었다.

결론적으로 「만주국」 봉천시 상공업계의 민족 구성과 그에 따른 특징을 정리하면, 일본계 상공업자는 자본 규모나 생산 능력 등 질적인 면에서 중국계를 훨씬 압도하면서 봉천시 상공업계의 주도권을 장악하고 있었다. 그렇지만 중국계는 공장 수나 노동자 수, 상인이나 점포 수 등 양적인 면에서 압도적인 비중을 차지한 채 나름대로의 위상을 확보하고 있었다. 이에 비해 조선인은 정미업 분야를 제외하고 소유 점포나 공장 등 상공업 분야에서 영세한 수준을 벗어나지 못하고 있었다. 특히 조선인 소유의 공장은 전무하다시피 했다.

분명 고급 식량인 쌀이 일본인 다음으로 조선인에게 지급되었다는 사실만을 가지고 판단한다면, 분명 「만주국」의 조선인은 일본인 다음의 '2등 公民'이었다고 할 수 있을 것이다. 그러나 여기에서 주목해야 할 것은 쌀이 중국인보다도 조선인에게 먼저 배급되었다고 해서 조선인의 민족적 위상이 중국인보다 우월했다고 할 수 없다는 점이다. 식량 종류의 차별적 배급은 조선인에 대한 특별 우대라기보다는 각 민족의 식생활 조건을 고려한 조치에서 비롯된 측면도 있었다. 실제로 조선인 중에는 생활이 가난해서 배급받은 쌀을 직접 먹지 못하고 암시장에 내다 팔고 대신 값이

싼 조나 수수를 대신 구입해서 연명하고 있던 사람도 상당수였다. 게다가 1940년 3월 말부터 新京을 비롯하여 「만주국」 전역에서 쌀의 현금 판매가 점차 실시되면서 쌀의 민족별 배급 순서는 사실상 의미가 없어지게 되었다. 왜냐하면 당시 부유한 일본인이나 중국인들은 자유롭게 쌀을 구입할 수 있었던 반면, 상대적으로 가난했던 조선인은 쌀을 구매하기가 쉽지 않았기 때문이다.

· 접수일 2003년 6월 28일 / 심사완료일 2003년 8월 19일
· 주제어 : 민족구성, 민족간 위상, 2등 공민

The National Composition in the Commerce and Industry of "Manchukoku"

Yoon, Hwy Tak

「Manchukoku」was the beginning of history country consisted of the various nation , but there is seldom research about field society composition of each nations which is forming it. In this report, I makes Fengtian to example analyze dignified appearance between the nation that appear in national composition in the commerce and industry of 「Manchukoku」. In case of Fengtian that is occupying overwhelming weight in the commerce and industry of 「Manchukoku」, there were many factories (which transaction is large scale) and corporations (which operation is large scale), but there were many small-scale individual factories in the Chinese-origin. In the Choson-origin, there were small number of companies that only branched out from Choson. In Chinese-origin's stores, the total operating capitals are quick than other's. And that stores make a good profit than the other nation's. But, they are no match for Japanese stores -with the support of Japanese Imperialism authorities - in working capital or know-how. The people of Choson was engaged to the restaurant household, the pedlary, and the hotel business etc.. Specially, there were many peoples of Choson who did business illegally without being admitted from 「 Manchukoku 」 authorities, for lack of working capital or belonging to 「Manchukoku 」. As 「Manchukoku」was established, Japanese-origin's stores or companies had done fast development, but the Chinese-origin's stores were going to decline or bankrupt.

In 「Manchukoku」's rationed goods, the rice that was highest-quality food had supplied to only the Japanese, the Choson, and some Chinese-origin's high officials or capitalist. But general Chinese were supplied with wheat flour or kaoliang that is low-quality food than rice. In the case of fuel, the priority of distribution was given to only Japanese. So Japanese are supplied with high-quality fuel. But the people of Choson and the Chinese are treated discriminatingly. Specially, there were many peoples of Choson that they had not joined to the working association or basic organization which had the right for rationed rice. Especially, the people of Choson who is out of money had not received the benefit for the rationed rice system had changed to cash transaction.

I can bring to a conclusion of the national composition and national position in the commerce and industry at Fengtian of 「Manchukoku」. That is, the commercel and industry of Fengtian, Japanese-origin's merchants and industrialists took the leadership of the Chinese-origin's in capital scale or productive capacity. However, the people of Chinese-origin was securing their position with workshops, laborers, merchants, and shops. etc. in a numerical statement. But, the people of Choson was not securing their position. In principle, if only considering the truth that rationed rice had supplied to not the Chinese but the Choson, the people of Choson who was the 'Japanese(Subjects)' was securing its position against Chinese in legal.

But, in the commerce and industry that was an important guide post among the position of nations of 「Manchukoku」, - the people of Choson could not securing its position against Chinese.

Key words : National Composition, National Position, Japanese(Subjects)

在滿朝鮮人의 '滿洲國'觀 및 '日本帝國'像

신 규 섭[*]

목 차

머리말

Ⅰ. '滿洲國' 建國에 거는 期待와 限界

  1. 日本의 在滿朝鮮人 統治方針

  2. '民族協和' 認識의 差異

  3. '帝國臣民'과 '民族協和'의 矛盾

Ⅱ. 治外法權撤廢로 바뀌는 '民族協和'觀

  1. 治外法權撤廢와 在滿朝鮮人 統治方針

  2. '滿洲國' 國民으로의 새로운 摸索

  3. '滿洲國'에 대한 忠誠--'民族協和'의 實踐

Ⅲ. 帝國擴大過程에서의 '內鮮一體'論

  1. '內鮮一體'의 在滿朝鮮人에의 適用

  2. '內鮮一體'論 --'아시아 民族復興'--

  3. '內鮮一體'의 具現

맺음말

머 리 말

재만 조선인은 '만주국' 건국 이후, '만주국'과 '일본제국'이라는 중층
(重層) 구조 속에 휘말려든 동시에, '만주국'의 통치 이념인 '민족협화(民

---

* 성균관대학교 동아시아학술원 연구원

族協和)'와 종래의 '내선일체(內鮮一體)'라는 이념적인 중층 구조의 모순 속에 빠져들게 된다. 본 논문은 제국 일본의 '만주국' 통치 정책의 전개 과정에서 식민지 지배 이념인 '민족협화'와 '내선일체' 사이에서, 조선 민족으로서의 재만 조선인, '만주국 국민'으로서의 재만 조선인, '제국 신민'으로서의 재만 조선인이라는 복잡한 형태로 존재한, 재만 조선인 가운데 '유식자 계급'이라고 할 수 있던 朝鮮人民會·全滿朝鮮人民會聯合會·協和會幹部 등의 '민족협화'와 '내선일체'에 대한 인식을 분석함으로써 이들의 '만주국'관과 '일본제국'상을 밝히고자 하려는 것이다. 이것은 '公式的인 제국'의 일부 지역인 조선의 '제국 신민'이 그 이주지이자 '비공식인 제국'인 '만주국'의 지배 정책과 이데올로기에 대해 어떻게 인식했는지, '일본 제국'의 실태와 성질, 특히 '일본 제국'의 타민족 지배 이념에 내재하는 모순이 무엇이었는지를 해명하려는 작업이다.

본고에서 다루고자 하는 '민족협화'와 '내선일체'라는 두 가지 식민지 지배 이념 사이에 놓인 재만 조선인의 인식을 분석한 글은 지금까지 전무하다고 하겠다. 단지 본고의 분석 대상인 '민족협화'와 '내선일체'의 식민지 지배 이념에 대해서는 선행 연구가 있다. 우선 윤건차는 두 이념을 일본의 이민족 지배의 일환으로 파악한 뒤, 만주의 '민족협화'와 조선의 '내선일체'의 모순을 지적했다. 그러나 그의 연구는 재만 조선인 실태나 인식을 시대사적으로 분석한 것은 아니다.[1] 다나카 류우이치(田中隆一)는 '민족협화'와 '내선일체'라는 식민지 지배 이념을 재만 조선인 문제와 관

---

1) 윤건차 『民族幻想の蹉跌-日本人の自己想-』, 東京: 岩波書店, 1994년. '내선일체'에 대해서는 전쟁 동원 정책과 관련해서 조선 내의 '내선일체'의 전개 과정과 구조를 분석한 기미지마 가즈히코(君島 和彦) 「朝鮮における戰爭動員体制の展開過程」(藤原彰·野澤豊 編『日本파시즘과 東아시아-現代史심포지움-』, 東京: 靑木書店, 1977) 및 미야타 세츠코(宮田 節子) 『朝鮮民衆と'皇民和'政策』(東京: 未來社, 1985년)이 있다. 또한 '民族協和'에 대한 기원과 의도를 분석한 것으로는 야마무로 신이치(山室信一), 『キメラ 滿洲國の肖像』(東京: 中公新書, 1993)의 연구가 있다. 그러나 이 연구는 재만 조선인을 구체적으로 분석한 것은 아니다.

런시켜 재만 조선인 교육 행정권 이양 문제, 재만 조선인 국적 문제 및 ‘만주국’ 관세 문제 등을 분석한 뒤, ‘오족협화(五族協和)’, ‘내선일체’, ‘선만일여(鮮滿一如)’라는 식민지 지배 이념을 둘러싼 식민지 조선과 ‘만주국’의 관계를 밝혔다.[2] 그러나 그는 그러한 문제의 실행 과정에 대해서는 언급하지 않고 있다.

따라서 본고에서는 상술한 연구상의 한계를 염두에 두면서 ‘만주국’과 제국 일본의 관계 변화에 따라 변천하는 재만 조선인의 통치 방침을 비롯하여 지배 이념인 ‘민족협화’와 ‘내선일체’의 관계 변화에 따라, 분석 대상 시기를 ① ‘만주국’ 성립부터 치외법권 철폐까지(1932년-1937) ② 치외법권 철폐부터 ‘내선일체’ 적용까지(1937년-1939년) ③ ‘내선일체’ 적용 이후(1939년-1945년)의 세 시기로 구분하여, 각 시기별로 재만 조선인에 대한 통치 방침 및 지배 이념에 대한 조선인의 인식, 제국 일본의 ‘민족협화’와 ‘내선일체’라는 지배 이념의 의도와 재만 조선인의 인식 사이의 모순을 분석함으로써 제국 일본의 재만 조선인 통치 정책의 실태를 밝히고자 한다.

Ⅰ. ‘滿洲國’ 建國에 거는 期待와 限界

1. 日本의 在滿朝鮮人 統治方針

‘만주국’은 1932년 3월 1일, 건국 선언을 발표했다. 건국 선언에는 “원칙적으로 신국가 영토 내에 거주하는 자는 모든 종족의 귀하고 천함을 구별받지 않는다. 원래 거주하고 있던 한족·만족·몽고족·일본·조선의 각 민족을 제외한, (만주국에 거주하는) 국인(國人)으로서 오래 거주를 원하

---

2) 田中隆一, 「對立と統合の‘鮮滿’關係--‘內鮮一體’·‘五族協和’·‘鮮滿一如’の諸相--」, 東京: 『ヒストリア』제152호, 1996. 9.

는 자에게도 평등한 대우를 한다"[3]고 명기되어 있다. 그 결과 '민족협화'에 근거하여 재만 조선인은 '만주국'의 '국민'이 되었다.

또한 관동군은 1933년 12월, 「만주의 조선인 지도방안」[4]을 발표하여, 재만 조선인에 대한 통치 이념으로 "만주국에 있어서 민족협화 정신에 합치하는 지도"를 한다는 원칙하에 '민족협화'를 중시하겠다는 방침을 분명히 밝혔다. 그 구체적인 지도 요령으로써 우선 '만주국'에 대해서는 "조선인 통치는 민족협화의 취지에 근거하여 지도하게" 하고, 재만 조선인에 대해서는 "적절한 종교의 보급과, 언론 기관의 지도 등으로 사상 선도를 도모하고, 특히 유식 계급의 지도에 노력하며, 배일 공산 사상은 단속할 것을 독려"한다는 방침을 내놓았다. 이 방안을 보면 '민족협화'를 확대하고 재만 조선인을 통합하는 역할로서 '유식자 계급'이 중시되어 있는 것을 엿볼 수 있다.

그러나 이러한 방침은 재만 조선인을 제국 일본이나 식민지 조선의 법제 영역에서 분리시킨 것은 아니었다.[5] 일본이 '만주국'을 승인하고, 1932년 9월 15일에 '만주국'과 체결한 일만의정서(日滿議定書)에는 "만주국 영역 내에서 일본국 또는 일본국 신민이 종래의 일지(日支)간의 조약, 협정 그 외의 결정 및 공사(公私)의 계약에 의해 소유한 모든 권리 이익을 확인 존중한다"[6]고 규정하고, 제국 일본이 종래 주장하고 있던 재만 조선인에 대한 '권익'뿐만 아니라 '간도협약'과 '南滿東蒙條約'에 규정되어 있는 조선인의 지위도 보장한다고 하였다. 이것은 곧 일본 제국이 재만 조선인을 '일본국 신민'으로 통치한다는 방침을 고수한 것이다.

이와 같이 재만 조선인은, '만주국'이 성립되자, '민족협화'와 '제국 신

---

3) 『現代史資料(11)續·滿洲事變』, 東京: みすず書房, 1965, 525쪽.

4) 滿洲帝國協和會中央本部調査部 編, 『國內に於ける鮮系國民實態』, 1943, 99-101쪽.

5) 재만 조선인의 법적 지위에 관해서는 申奎燮, 「初期'滿洲國'における朝鮮人統合政策--全滿 朝鮮人民會聯合會の分析を中心に--」(東京: 『日本植民地研究』No 9, 1997, 7)을 참조 바람.

6) 外務省編纂, 『日本外交年表业主要文書』下, 東京: 原書房, 1966, 215쪽.

민’이라는 식민지 지배 이념 사이에 놓이게 된다. ‘민족협화’는 표면상 ‘만주국’에 거주하는 조선인이 당연히 받아야 할 ‘평등한 대우’를 주창한 것이며, ‘제국신민’은 일본인과 동등하게 치외법권을 포함한 ‘특권’을 향유하고 나아가 지도적인 지위를 획득하는 것을 의미한다. 그러나 재만 조선인의 위상 변화는 제국 일본의 ‘만주국’ 건국에 의해 주어진 것이었으므로, 중국인의 반발을 야기하여 조선인과 중국인의 대립을 심화시키는 요인이 되기도 하였다.[7]

본고에서는 그러한 상황 속에서 조국의 식민지화로 어쩔 수 없이 이주를 함은 물론, 심지어 제국 일본과 만주 군벌 사이에 끼여 고난을 겪게 되는 재만 조선인 ‘유식자 계급’이 ‘민족협화’와 ‘제국신민’이라는 식민 통치 이데올로기에 대해 어떠한 인식을 하였는지를 분석하고자 한다.

2. ‘民族協和’認識의 差異

(1) 朝鮮民族으로서의 地位

‘만주국’의 건국 이념인 ‘민족협화’는, 나라를 빼앗긴 민족으로서 또한 이주처의 민족적 차별을 받고 있던 재만 조선인에게 있어서 자신의 문제를 해결할 수 있는 선택 방안의 하나가 되었다. 이와 관련하여 당시 ‘민족협화’를 실천하는 전위 조직인 협화회 회원 趙悅은 ‘만주국’과 ‘만주국’이 내건 ‘민족협화’에서 그 가능성을 모색하려고 했던 사람 중의 하나였다. 조열이 논했던 “민족협화운동의 진전과 조선 민족--오족협화의 이상 실현--”은, 처음에는 『大滿蒙新聞』에 게재된 것이었는데, 재만 조선인에 있어서 ’중요한 문제‘라고 하여 『全滿朝鮮人民會聯合會會報』 제6호(1933년 8월, 이하 『회보』)에 다시 게재되었다. 이 『회보』는 1931년 10월에 설치된 전만조선인민회연합회가 1933년 3월 이후에 발행한 잡지이며, 발간 목적

---

7) 1934년 1월부터 6월까지 중국인과 조선인의 분쟁이 551건이나 발생했다.

은 이케다(池田) 조선총독부 경무국장이 "재만 각지의 민회를 통제하기 위함인 동시에 재만 동포의 지도에 한층 더 노력할 것"이라고 언급하고 있듯이, 민회의 통제를 통하여 재만 조선인을 통합하려는 것이었다.[8]

조열은 우선 "'동양 민족'인 일·만·지(支)·몽·조 민족은, 인류학적으로나 역사·지리·문화상으로나 '同文同種'이며, 경제적 활동에 있어서도 아무런 상반되는 것이 없"으며 "하나의 대가족으로서의 윤리적 관계"를 가지고 있다고 인식했다. 그러므로 그에 의하면 그러한 관계에 있는 '동양 민족'은 구미 자본주의의 鐵鎖 하에서 착취당하고 있으며, 국제연맹은 '歐洲聯盟'에 지나지 않으며 '동양 민족'의 결합에 의한 자주적인 동양의 부활을 저해하는 '장해물'로 밖에 그 존재 가치가 없다는 것이다. 이에 비해 그는 제국 일본을 '국제 평화의 유일한 지지자'로 받아들이고 '동양 민족'의 나아갈 길로써 "장해물인 국제권내에서 벗어나 '동양 민족'이 윤리적으로 결합해야" 한다고 주장했다.

제국 일본과 '동양 민족'의 관계에 대한 조열의 인식은 '만주국' 건국에 대한 인식에서 보다 구체적으로 나타난다. 그는, '만주국'의 건국 이전 상황에 대해서, 종래 만주에 거주했던 각 민족은 '지나(支那) 국민당의 국가주의적 선동'에 의해 각 민족이 격렬하게 대립하게 되었고 그로 인해 각 민족간의 반목과 알력이 나날이 증대되었다고 인식했다. 특히 그는 조선 민족에 대한 압박과 박해가 극심했다는 점을 지적했다. 그에 의하면 '만주국' 건국과 관련하여 "피지배적 지위에 굴복하고 있던 만주의 만·몽·러·일·선 각 민족이 9·18사건이라는 유리한 객관적 정세와 역사적 조건을 이용하여 분연히 궐기한"것이 '만주건국운동'으로 이어졌고,

---

8) 池田淸,「祝會報發刊」,『회보』창간호, 1933. 3, 11쪽.『회보』는 1934년도에는 매월 600부, 1934년도에는 매월 700부씩 발간되어 각 민회를 비롯해 관계 기간에 발송되었다. 전만조선인민회연합회와『회보』에 관해서는, 申奎燮,「初期'滿洲國'における朝鮮人統合政策--全滿朝鮮人民會聯合會の分析を中心に--」을 참조 바람.

그 운동의 결과가 ‘만주국’이었다는 것이다. 또한 그는 “만주에 있어서 각 민족의 정치적·경제적 요구는 동일선상에 있으며 이해 관계에 공통되는 합치점이 있다”는 전제 하에, ‘만주국’ 건국을 일종의 ‘민족공동혁명’으로 인식하였다.

따라서 그에 의하면 ‘만주국’의 최대 과제는 민족 문제이며, ‘만주국’의 근본 정책은 각 민족의 ‘협화 결합’에 있다는 것이다. 그리고 그는 ‘협화 결합’의 증거로써 ‘만주국’ 정부가 건국선언 및 인민보장법을 제정하고 ‘만주국’ 내 각 민족을 국민으로 대우하고 그들의 평등한 권리를 약속하고 있음을 들었다. 분명 조열의 시국 인식은 일본측이 주장하는 해방 논리는 물론이고 항일측이 주장하는 침략 논리와도 다른 것이다.

더 나아가 조열은 ‘민족협화의 이상 국가’ 구현을 ‘왕도주의(王道政治)’와 관련시키면서 다음과 같이 인식하고 있었다. 즉 그는 각 민족의 평등을, 공산주의자가 인터내셔널리즘에 의해 세계 약소 민족을 결합하기 위해 내건 슬로건과 유사한 것으로 파악하고 있었다. 그러나 그들의 제2 인터내셔널의 구주(歐州)대전 당시의 분열상, 즉 무산자에게는 조국이 없다고 교육을 받은 무산자들이 일단 전쟁이 발발하자, 이 철칙(鐵則)을 깨고 각자의 조국에 가담해 참전했다는 점, 소비에트 러시아가 성립되고 난 뒤 무산자가 조국의 옹호를 누구보다도 치열하게 외치고 있다는 점 등을 지적하면서 계급적·국제적인 결합의 모순을 강하게 비난했다. 그리고 그는 “막연한 국제 운동”보다는 단일 국가 체계 안에 조직된 각 민족의 “수평적 협화운동”이 훨씬 가능성이 있다고 파악했다. 즉 “왕도주의에 의한 민족협화운동은 훨씬 보편타당성을 갖고 있으며, ‘민족협화’도 ‘왕도주의’와 결합함으로써 그 실현 가능성이 크다고 인식했다. 더 나아가 ‘왕도주의’와 결합한 ‘만주국’의 ‘민족협화’ 운동이 ‘과학적 확실성’을 가지고 있다고 인식한 그는, ‘민족협화’ 운동을 “동양 전 민족의 협화의 단서”

로 단정하고, '민족협화'를 아시아에 확대해 나갈 것을 주장했다.

조열의 기대라고도 볼 수 있는 '만주국'에 대한 인식은 1934년 帝政이 실시됨에 따라 한층 더 강해졌다. 조열은 앞의 『회보』에 게재한 「찬란히 빛나는 滿洲國運--帝政 실시는 3000만 민중의 열망--」이라는 글에서, 집정(執政) 선조의 발상지인 이 땅에서 溥儀가 황제로 즉위한 사실은 "첫째 3천만 국민의 순진한 애국심과 성의의 결정이며, 둘째 성스럽고 총명한 집정 덕정의 구현이며, 셋째 우방 일본 국민의 실력적 부조에 있다"고 주장한 뒤, 이 제정 실시는 구 제정의 복벽 운동도 아니고 시대착오적인 봉건 군주제의 실시도 아닌, '왕도낙토(王道樂土)' 건설이라며 다음과 같이 적고 있다.

> 우리 만주국민은, 이러한 국체와 이미 실시된 제정에 한층 더 국가의 기초를 강화하고, 만세에 빛나는 영광스러운 국민으로서 주어진 임무를 다하여 동아(東亞)의 평화를 확보하고, 세계개신(改新)의 등대로써 국운의 발전에 추호의 의문도 갖지 않고 기원해야 한다.9)

상술한 제국 일본과 '만주국' 및 '민족협화'에 대한 인식에 근거하여, 조열은 재만 조선인의 '만주국'에 있어서의 '국민으로서의 지위' 확보를 모색한다. 조열은 우선 재만 조선인의 제국 일본에 대한 인식과 정치적 의식에 대해 다음과 같이 인식하고 있었다. 즉 그에 의하면, 재만 조선인은 "정치적 변동 및 일본 민족의 침입에 의한 불가항력적 대세", 즉 제국 일본의 조선 식민지화와 식민지 정책에 의해 이주했고, 이주지인 만주에서는 일·만 양국의 '정책적 이용물'로 되어, '도화선적 禍因'의 존재로 되었기 때문에, '이중 삼중의 중압'에 시달리고 있다고 지적했다. 그 결과 만주에 있어서 공산주의 운동 및 반제 운동의 헤게모니는 조선인이 주도

---

9) 『회보』제12호, 9-11쪽.

하고 있고, '만주국'에 있어서 조선 민족의 존재는 '절대 과소 평가' 해서는 안 될 것이라며, 재만 조선인의 반일본 제국주의 의식을 정확히 지적했다. 더욱이 이러한 반일본 제국주의 의식은 재만 조선인뿐 아니라, 만주의 약소 민족에 있어서도 "소멸되지 않은 채 앞으로도 그 사상은 늘 저변에 흐를 것이다" 라고 경고하고, 그 공산주의와 반제 운동을 진정시키려고 했다.

또한 그에 의하면 조선인은 역사적으로 볼 때, "대외적으로 계속적인 제 열강의 침입 압박이 전 민족을 자극"하고 있었기 때문에, '민족적 투쟁 의지'는 다른 약소 민족보다도 강하며, 그로 인해 조선인은 '정치적 자유와 권리'를 강하게 원하고 있었다는 것이다. 재만 조선인이 '만주국' 건국 선언 및 인민보장법에 의한 '국민적 자유'와, '권리의 享受'를 '얼마나 반기고 있는가'가 이것을 증명한다는 것이다. 이것은 조열이 재만 조선인의 강렬한 반제국주의적 의식 및 정치적 자유 의식을 자의적으로 '국민으로서의 지위' 확보에 연결시킨 것이었다. 결국 조열은 재만 조선인이 '만주국'의 구성원의 한민족으로서 '정치적 자유'를 영위하는 것을 기대했다고 말할 수 있다.[10)]

상술한 조열의 인식과 기대는 「재만 조선인의 당면 요구」에서 구체적으로 나타났다(『회보』 제6호, 12-13쪽). 조열은 지금까지 재만 조선인 문제가 정치적으로 매우 민감한 관계에 있어 해결이 곤란했던 문제를 한꺼번에 해결함과 동시에 새로운 '만주국'의 '하나의 국민', 곧 조선 민족으로서 그 지위를 확보하기 위해, "정부 내에 있어서 고급 관리의 임용, 자치권의 부여, 국적 문제의 해결, 토지 소유권의 확립, 소작권의 확립, 자작농 創定 및 집단 이주의 실시, 금융 기관 확충, 교육 기관의 증설 확충, 주택 문제의 해결, 日・滿・朝 각 민족의 共條制 실시" 등을 요구했다.

---

10) 이상은 『회보』제6호, 8-12쪽에 의한다.

조열에 따르면 그 가운데 재만 조선인이 가장 중시한 요구 조건이자 일반적인 관심은 국적 문제이며, "완전한 만주 국민이 되려고 하는 것이 일반 조선인의 희망"이라는 것이다. 그는 '만주국'에는 국적법이 제정되어 있지 않은 상황이었지만[11], 국적을 취득해서 '만주국'의 법제 영역 아래 법적으로도 인정받는 조선 민족으로서 '만주국'의 국민이 되기를 강하게 원하고 있었다고 인식하고 있었다. 또한 그에 의하면 '만주국'의 국적 취득은 제국 일본의 법제 영역으로부터 벗어나는 것을 의미하며, 제국 일본의 지배로부터의 탈피를 의미하였다.[12] 이러한 조열의 인식은, 제국 일본과 거리를 두면서 재만 조선인의 권리를 확보하려고 하는 의도였지만, 중국인에 있어서는 어디까지나 제국 일본이 만든 '만주국'에 편을 드는 주장처럼 들렸으며, 중국인의 생존권을 위협하는 것으로 인식되었다.

(2) "帝國日本"으로서의 地位

제국 일본에 의한 '만주국' 건국은 군벌의 영향을 후퇴시키고, 제국 일본에 강한 의존을 나타내는 재만 조선인을 출현시켰다.

하얼빈조선인거류민회회장인 卓春峰은 일본군의 만주 침공 작전에 대해서, 재만 조선인은 "(일본군이) 내선인의 현지 보호를 위해 대대적인 兵匪의 토벌 및 鎭撫를 했고 우리 관헌도 적극적으로 보호 규제를 한"것에 대해서 '皇恩의 鴻大'로 감격했고, 이로 인해 일부 '不良鮮人'을 제외한 대부분의 재만 조선인은 제국 일본을 신뢰하고, '內鮮融和의 열매'를

---

11) '만주국'의 국적법 문제에 관해서는 淺野豊美, 「'滿洲國'における治外法權問題と國籍法」(東京:『澁澤研究』제11호, 1998. 10)과 「蜃氣樓に消えた獨立-滿洲國の條約改正と國籍法」(『近代日本文化論2 日本人の自己認識』, 東京: 岩波書店, 1999)을 참조 바람. 또 재만조선인의 국적문제에 관해서는 앞의 논문 「對立と統合の'鮮滿'關係-'內鮮一體'・'五族協和'・'鮮滿一如'の諸相-」을 참조.

12) 조열은 제국 일본의 법제 영역으로부터의 조선인의 이탈과 관련해서 식민지 조선의 법제 영역 및 조선과 어떻게 관계를 설정하려고 했는지에 관해서는 언급하고 있지 않다.

맺었다며, 만주사변을 만주 군벌의 압박으로부터 벗어날 수 있는 '해방'으로 인식했다[13].

또한 전만조선인민연합회 간부로 후에 『회보』의 편집에 관여한 김의용(金義用)은, 『회보』에 게재한 「조선 사상계의 회고와 재만 선인의 지도 문제」[14]에서, 만주사변에 관해, "단지 십수년에 걸친 장가(張家)의 군벌을 근본적으로 뒤집어엎었을 뿐만 아니라, 만몽 3천 만 민중을 하루아침에 가렴주구의 질곡에서부터 해방시켰고 더 나아가 중화민국과의 관계를 탈피해서 새로운 만주국을 건국했듯이 회천(回天)의 대사업을 성취하기에 이르렀다"고 주장했다. 또한 그에 의하면 '만주국' 건국은 "세계사에 있어서 새 기원을 만드는 동시에 동양의 정세에 경이적인 전환을 초래했다"고, 재만 조선인뿐만 아니라 만주 전 민족 및 아시아의 해방이라고 인식했다.

더욱이 김의용은, 조선인은 "일본 국적을 갖고 있다는 실익을 체험했고 제국 신민이라는 긍지에 만족하고" 있고, "지금은 완전한 일본 제국 신민으로서 내지인과 아무런 차별 없이 동일선상에서 납세는 물론 병역 의무를 부담하는 동시에 모든 국민적 권리를 획득할 것"을 염원하고 있으며, '제국 신민'으로서 지위를 기대하고 있고 주장했다. 그에 의하면 그것은 일본인으로서의 법적 지위를 요구하는 것으로, 일본인의 차별로부터 탈출함과 동시에 '만주국'에서 일본인과 같은 지배 민족으로서 그 지위를 상승시키려는 것이었다는 것이다.

그리고 그는 '제국신민'으로서 그 길을 나아가기 위해서는 '유일절대'의 지도 이념을 최고 표준에 두지 않으면 안 된다고 주장했다. 그에 따르면 '유일절대'의 지도 이념이란 제국 일본의 "대표적 국민 사상으로서 현대 일본인의 동향을 지배하여 사상계의 왕좌를 차지하"고 있는 '황도정신'이다. 따라서 '황도정신'의 종교적 선화와 정치적 고양에 의해서 재만 조선

---

13) 하얼빈조선인거류민회회장 탁춘봉, 「哈爾賓近況」, 『會報』창간호, 1933. 3, 103-109쪽.
14) 김의용, 「朝鮮思想界の回顧と在滿鮮人指導問題」, 『會報』제27호, 1935. 3, 103-109쪽.

인의 사상을 통합하지 않으면 안 된다는 것이다. 여기서 '황도정신'의 종교적 의미와 조선인에의 적용 논리를 보면, 우선, '황도정치'는 '신인합일 (神人合一)'의 사상이며, 그것은 다음과 같이 해석되고 있다.

> 우리 제국에 있어서 역대 천황은 신이 지배하고 있던 시대의 신의 자손이고, '인간이자 신, 신이자 인간' 즉 천황은 살아있는 신이다. 이 神人合人의 사상이 일본 민족의 전통적인 국민 의식이다. 보통사람들도 신이 될 수 있는 요소를 갖고 태어났다. 즉 신적 부분이 누구에게도 갖추어져 있다. 그것을 자각하면 신의 정신이 발생한다. 이것이 옛날부터의 진심 또는 성심(誠心)이고 이 진심이 인간의 혼의 최고의 부분이다. 이것을 충분히 양성해 그 정신으로 사회에서 활약함으로써 국가의 진운(進運)을 돕는 사람은 숭고한 인격자이다. 그러므로 경우에 따라서는 신이 될 수 있다.

곧 그에 따르면 '神人合一'은 누구나 가능하다는 것이 '황도정신'의 진수라는 것이다. 그리고 일본인의 "전통적 국민 의식"인 '皇道'의 진수인 '現神'의 관념을 조선인에게 이해시키기 위해서는, 조선인의 전통적인 신앙에 내포되어 있는 '人天合一'의 관념을 재인식할 필요가 있다고 하였다.

조선인의 전통적인 신앙이란, "(1)하늘을 존경하고 (2)조상을 숭배한다"는 것을 가르침으로 하는 "조선敎(일명 단군교)"이며, 일본의 신도와 유사한 것으로 자의적인 해석을 했다. 그 후의 천도교도 이 '조선교'를 기반으로 불교·유교의 영향을 받아 조선인의 의식에 적합한 종교로, "사람이 곧 하늘이며, 하늘은 만물의 중심이며 儒와 佛은 이 일부를 적어 교의를 만든 것에 지나지 않고, 이런 교의를 합쳐서 人天一如의 義에 따라 종교로 만든"것으로, 일본의 전통적인 의식인 '神人合一'과 조선의 전통적 의식인 '人天一如'는 유사하다고 주장했다.

다시 말해, '황도정신'의 '神人合一'의 종교적 신념과 천도교에서의 '人天一如'의 종교적 신념은 "종교적 가치에 있어서 척도를 같이 하는"것이므로, '황국' 전통의 일본 정신에 입각하여 천도교의 교의를 '단군교'에 환원하고, "이를 포용하고 현대화해서 조선인에게 안심 立命의 경지를 주"는 것은 '황도정신'의 종교적 宣化밖에 없다는 것이다. 이것은 조선인은 '제국신민'이라는 사상적 근거를 제시한 것이었다. 더욱이 그것은 '만주국'에서의 유교 사상을 통해서 '왕도정신'과도 합치되는 이유가 된다고 하며, 다음과 같이 재만 조선인의 '만주국'에서의 사상적 역할을 강조했다.

> 지금은 東亞에 있어서 일본의 안정 세력은 모든 방면에 강력한 신념을 주었다. 특히 조선인은 일본 국민이라는 긍지와 신념 부분에서는 추호도 내지인에게 뒤떨어지지 않는다. 따라서 諸민족이 혼재되어 있는 만주국내에서 선인(鮮人) 동포가 갖고 있는 사명과 역할은 자연스럽게 중요성을 띠게 된다. (중략) 이 때문에 동아의 맹주로서 스스로 해야 할 일본제국은 만주국의 건국 정신인 왕도주의를 위대한 일본의 황도에 융화시키기 위해, 우선 재만 조선인에게 일대 종교운동-정신교화운동-을 자극할 필요는 없을까

그에 따르면, 상술한 것처럼 제국 일본에 기대를 건 재만 조선인은 제국 일본을 '황도정신' 즉 '신인합일'이 가능한 나라로 인식하고 있었고, 조선인이 '제국 신민'이라는 환상의 근거로 조선인의 전통적 신앙이 '황도정신'에 유사하다는 자의적 해석을 바탕으로, 조선인의 '황도정신'화를 제시했다. 더욱이 그는 '만주국'의 '왕도주의'를 '황도정신'에 융합시키려는 것에 의해 중국 측으로부터 압박을 받아왔던 재만 조선인을 탈출시킴과 동시에, 제국 일본에 의지하여 지배 민족인 '제국 신민'으로서의 지위를 향상시키고자 했다.

3. '帝國臣民'과 '民族協和'의 矛盾

여기서는 '만주국' 건국과 제국 일본의 통치 이념에 기대를 걸고 있던 재만 조선인이, 그 통치 이념의 실시로 야기된 그들의 지위와 생활에 대해 어떻게 인식했는지를 살펴보자.

林漢東은 '만주국' 정부의 '민족협화'에 근거한 정책에 기대를 걸고 있는 재만 조선인은 적지 않았지만, "('만주국' 정부의 재만 조선인 정책은) 적어도 현상적으로 볼 때 만족할 만한 정도는 아니며, 오히려 비관적이다" 라고 불만을 나타내는 사람들이 많았다고 지적했다. 그리고 그 배경에는 '만주국' 위정자가 재만 조선인을 "농민이나 불량분자만"[15]으로 바라보는 잘못된 인식이 자리잡고 있다고 지적했다. 또한 그에 의하면 재만 조선인은 중국인에 의한 압제를 완화하고, 그들 자신을 보호하기 위해서 '만주국' 정부에 다수의 조선인 관리를 임명해 줄 것을 기대하였지만(『회보』제16호, 18항), 실제로는 그 수가 적었으며, 그 중에는 '만주국'의 '민족협화' 정책에 대한 실망감을 나타내는 자도 많았다[16]는 것이다.

게다가 재만 조선인 중에는 '제국 신민'의 인식에 대해서도 의구심을 품고 있는 사람들이 있었다는 것이다. 일본인의 '제국 신민'으로서의 재만 조선인에 대한 인식과 관련해서, 그에 따르면 재만 조선인은 "무엇보다도 현재 만철의 조선인에 대한 인식 부족은 만주 거주 일본인의 대표적인 예라 할 수 있다. 이러한 상황에서 현재 만주국에 봉직하고 있는 일계(日系) 관리도 조선인을 무시와 냉담한 태도로 대했다. 그래서 나는 취직을 원하기보다 우선 그들이 갖고 있는 관념을 개조하지 않으면 안 된다고 생각한다"[17]고 하여, 차별적인 취급에 대해서 강한 불만을 나타내고 있었

---

15) 林漢東 「滿洲移民と朝鮮人問題一束」『會報』제2호,1933년4월, 2-9쪽.
16) 앞과 같음.
17) 조열 「在滿失業朝鮮人を如何にする 附無料宿泊所宿泊者調」『會報』제10호,1933년12월, 11-16쪽.

다는 것이다.

재만 조선인의 '제국 신민' 인식에 대한 의문은 그들의 '제국 신민'으로서의 지위 행사에 대한, 제국 일본측과, '만주국'측의 대립에 의해서 생기는 일도 있었다. 예를 들면 논농사를 목적으로 興安省에 이주한 조선인을 쫓아내려는 사건이 일어났다(『회보』제16호, 118-123쪽). 홍안성의 조치는 홍안총서훈령 제126호(1932년 11월 발표)에 정해져 있는, 몽고인 보호를 위한 조선인의 홍안성 이주 금지에 기초한 것이었다. 이에 대해 재만 조선인측은 그 훈령은 만주의 근본 정신에 위배되고 鮮農에 대해 왕도주의에 장벽을 쳐 낙토에 거주하는 선농으로 하여금 많은 기대심에 좌절감을 주어 결국 苦土의 사활에 빠지게 한다'고 하여 '만주국'의 통치 이념에 대한 불만을 나타냈다는 것이다. 재만 조선인은 '일본 신민'인데도, 이 훈령에서는 조선인만을 제한하고 있었다는 것이다. 따라서 당시 재만 조선인 중에는 '제국 신민'으로서의 지위에 대해 더욱 의문을 갖게 되었다는 것이다. 그리고 수리권이 토지상조권을 소유한 일본인에게는 주어졌지만 재만 조선인 토지상조권자에게는 제한적으로 주어지는 등, 농업뿐만 아니라 교육 문제 등 재만 조선인에 대한 차별 정책은 제국 일본에 대한 실망으로 연결되었다는 것이다.

그런데 다나카 다케오(田中武雄) 조선총독부 외사과장이 "만주사변 이후 재만 선인이 일본국 신민이라는 특권만을 휘둘러 교만한 태도로 나와, 자중하지 않고 겸손치 못한 불손한 행동을 함으로써 본래의 만주국인과 다른 민족과의 사이에서 사사건건 분쟁을 야기시켰기 때문에 조선인은 비난 혹은 기피 대상으로 되는 일이 많았다"고 지적하고 있던 상황에서, 재만 조선인의 '일본 신민'으로서의 지위 요구와 그에 따른 고착화는 자칫 '만주국'의 민족 대립을 심화시키고 더 나아가서 '만주국'의 통치 자체를 흔들 가능성이 있다는 것이었다[18].

Ⅱ. 治外法權撤廢로 變遷하는 '民族協和'觀

1. 治外法權撤廢와 在滿朝鮮人 統治方針

치외법권 철폐는 '만주국' 건국 이후, '독립 국가'로서의 '만주국'을 강조하고, '만주국'의 '대외적 신용'을 높여, 건국 이념으로서의 '민족협화', 곧 복수 민족 국가에 있어서 다민족 통합을 강화하는 목적을 가지고 실시되었다[19]. 그런데 '만주국'에 있어서 치외법권 철폐는, 재만 조선인이 제국 일본의 법제 영역에서 제외되어 '만주국'의 법제 영역에 편입되었음 의미했다. 1935년 11월 30일 '만주국'측과의 연락을 취하기 위해 관동군·대사관·'만주국'에 의해 설치된 현지위원회에서는 '치외법권 철폐 및 만철부속지 행정권의 조정 내지 위탁·양도에 관한 기관(제위원회) 및 결정요강'을 정리하였다. 대만사무국에서는 그 요강을 근거로 동년 12월 12일 현지위원회에서 결정한 제 행정권 처리요망에 대해서 현지위원회가 합석한 가운데 검토 회의를 열었다[20]. 이 회의에서 거론된 논의를 보면 현지위원회가 재만 조선인을 어떻게 인식하였나를 구체적으로 알 수 있다.

이 회의에서 우선 가타쿠라 마코토(片倉衷) 대만사무국 사무관(육군소좌)은 '전반적으로 치외법권을 취급할 때 조선인에 대해 대체로 어떻게 생각하고 있는가' 라고 하여 현지위원회의 재만 조선인에 대한 인식을

---

18) 田中武雄「在滿朝鮮人同胞に寄す」『會報』제23호, 1935년1월,19쪽.
19) 치외법권철폐의 구상과 과정에 관해서는「'滿洲國'統合と治外法權撤廢」(山本有造편『'滿洲國'の硏究』京都大學人文科學硏究所,1993년)을 참조. 副島昭一는, 치외법권철폐는 일본인에게 만철부속지와 상부지이외의 지역에서도 거주권 및 토지소유권 등을 취득할 수 있게 한 것을 전제로 하고 있다고 지적했다.
20)「治外法權撤廢現地委員會決定要綱說明關對滿事務局關係各省事務官及現地主任者會議議事錄」『大野綠一郎關係文書』동경, 국립국회도서관헌정자료실서장.

물었다. 이에 대해서 현지위원회의 시오자와 키요노부(鹽澤淸宣, 관동군 육군중좌)에 따르면, '만주국' 구성원은 일반적으로 일본인을 "오족의 리더로서 특별 취급하는 것은 어쩔 수 없다"고 받아들이고 있다는 것이다. 또한 현지위원회에서도 일본인을 '특별 취급'한다는 방침을 정하고, 이것에 대해서 타민족으로부터 "불만을 토로하지 못 하게"함으로써 치외법권 철폐 후에도 일본인에게 지도적 역할을 부여해야 한다는 것을 분명히 했다.

한편 '만주국인'은 재만 조선인에 대해서는 "한 단계 낮게, 때로는 노예같이" 인식하고 있기 때문에 그들의 지위를 타민족의 위에 두는 것 즉, 재만 조선인을 일본인과 같이 '특별 취급'하는 것은 오족의 융화상 적절치 못하며, 오히려 타민족과의 알력을 낳아 "장래에는 입국을 제한 혹은 금지"하는 문제로까지 발전할지도 모르기 때문에 일본인 이외의 타민족과 같은 지위에 둘 것을 분명히 밝혔다. 이는 재만 조선인의 '일본 신민'으로서의 지위를 부정한 것이었다.

이러한 현지위원회의 인식은 재만 조선인도 '일본 신민'이라는 조선총독부의 기본 방침과는 어긋나는 것이었지만 다른 참가자들의 반론이 없었으므로 그대로 관철되었다. 또한 치외법권 철폐의 조약문 가운데 재만 조선인의 취급 문제와 관련하여, 대만사무국의 마츠모토 슌이치(松本俊一) 외무사무관은 재만 조선인을 차별 대우하는 것은 불가능하기 때문에 조약문에서는 일본인과 동등하게 취급하는 것이 아니냐는 질문을 했다. 이에 대해서 현지의원회의 야마모토 타이이치(山本熊一) 대사관 일등서기관은, 조약문에서는 일본인과 동등하게 취급하지만 실질적으로는 타민족과 평등하게 취급한다는 점을 설명하고 그것을 양해 사항으로 정해 놓을 것을 검토하고 있다고 설명했다.21) 다시 말해, 치외법권 철폐에 관한

---

21) 앞과 같음.

공식적인 조약문에서는 일본인과 재만 조선인을 구별하지 않지만, 치외법권 철폐의 구체적인 적용에 대해서는 실질적으로 재만 조선인을 일본인과 동등하게 '특별 취급'하지 않겠다는 것이다.

치외법권 철폐와 함께 관동군사령부는 1936년 8월 5일 「재만 조선인 지도 요강」[22]을 발표하고, 재만 조선인에 관한 새로운 기본 방침을 내놓았다. 관동군의 지도 방침에서는, 재만 조선인은 "만주국의 중요한 구성 분자"라는 것을 자각하고, 만주 국민으로서의 의무를 이행하고 자발적으로 만주국 발전에 공헌하여 타민족과 협화 융화하고 '균등한 조건'하에서 발전하도록 지도할 것을 밝혔다. 그리고 지도 요령에서는 첫째 '민족협화' 정신을 각성 진흥시키고, 특히 '만주국'에의 의무 이행의 관념 및 근로 정신의 조장에 노력하기 위해서, '핵심적 지도 계급'을 양성하는 동시에 자정적 교화를 행하여 종래의 갈등으로 인한 불일치를 시정하고 재만 조선인에게 '민족협화'를 철저하게 가르쳐 '만주국'에의 동원을 위하여 조선인민회를 비롯한 조선인 단체를 협화회에 통합한다는 방침을 밝혔다. 둘째로 재만 조선인에 대한 조선총독부의 권한은 치외법권 철폐에 따라 '만주국'으로 이행하고, 조선총독부의 시정은 관동군사령관 겸 전권대사를 통해 '만주국' 정부가 실시할 것. 셋째 구 동북정권시대의 폭정에 대한 반동적 관념과 일부의 잘못된 우월감을 억제하고, '민족협화'의 건국 정신을 철저하게 하고 타민족과 균등한 조건과 처우를 받을 것. 마지막으로 재만 조선인은 '만주국' 국내의 치안 유지를 담당하고 국방의 책무를 부담할 것 등을 밝혔다.

이와 같이 치외법권 철폐에 대응한 관동군의 재만 조선인에 대한 방침을 보면, 재만 조선인에게 '민족협화' 정신을 철저히 관철시켜 타민족과의 대립 감정을 억제하고 '만주국' 구성원으로서 '만주국'에 대한 의무를 이

---

22) 위의 책. 『國內に於ける鮮系國民實態』, 101쪽.

행케 하는 동시에 장래 전쟁에도 동원하려고 했음을 알 수 있다. 이 요강에서 가장 중요한 점은 ‘만주국’의 주도권을 장악하고 있는 관동군이 재만 조선인에 대한 통치 이념으로서 ‘민족협화’를 새롭게 중시했다는 것이다. 즉 관동군에서는 재만 조선인으로 하여금 ‘만주국’의 중요한 구성분자라는 것을 자각케 하는 것을 가장 중요시 했던 것이다. 그렇지만 관동군의 방침에서 재만 조선인이 ‘일본 신민’이라는 점을 포기한 것은 아니었다. 그 방침은 ‘완전한 일본 신민’이 되기 위해서는 우선 ‘완전한 만주 국민’이 되지 않으면 안 된다는 논리를 전제로 한 것이었다.

그러므로 재만 조선인에게는 ‘만주국’의 중요한 구성분자로 ‘완전한 만주 국민’이 되기 위해서는 ‘만주국’에 대한 의무를 충분히 다하지 않으면 안 된다는 논리를 강요받게 되었다. 이 논리는, 뒤에서 언급하는 것처럼, 재만 조선인에게 ‘내선일체’의 논리를 적용하기 위해서 ‘완전한 일본인’은 ‘완전한 만주 국민’이 될 수 있지만, ‘완전한 만주 국민’이 반드시 ‘완전한 일본인’이 되지는 않는다는 논리로 바뀌었다.

이러한 관동군의 방침하에 국무원 총무청에서는 같은 해 10월 22일 ‘재만 조선인 지도 요강 설명’을 작성했는데, 이것은 29일 도문에서 열린 미나미(南) 조선총독과 우에다(植田) 관동군사령관과의 회담에서도 대부분 합의되었다.[23] 결국 ‘민족협화’를 우선하는 방침에 근거하여 재만 조선인에 대한 정책이 추진되었던 것이다.

2. ‘滿洲國’ 國民에의 새로운 摸索

(1) 治外法權撤廢에 대한 反應

재만 조선인은 자신들의 법적 지위 변화를 동반하는 치외법권 철폐에 대해 강하게 반대했다. 철령조선인청년회장 김인홍(金仁弘)은 1933년 開

---

23) 위와 같음.

原縣에서 발생한 중국인에 의한 조선인 소유의 소 절도 사건과 그 처리 과정을 예로 들면서, 재만 조선인에 대한 중국인이나 '만주국' 관리의 "무고한 박해와 부당한 처분", 피해 사건 등이 신문지상에서 매일같이 보도되는 상태라는 점, 재만 조선인이 '일본 신민'으로서 치외법권의 적용을 받고 있음에도 불구하고 불법 행위를 당하고 있는 현실을 지적했다.[24] 또 영구금융조합이사인 朴宗熙도 촌장과 경찰관리의 비행이 계속되고 있고 '만주국' 관헌의 명령이 오지까지 관철되지 못 하고 있는 상태에서, 치외법권을 철폐한다면 "백만 조선인을 모두 죽이는" 것이 된다고 하여 치외법권 철폐를 강하게 반대했다.

실제로 치외법권 철폐가 재만 조선인에게 미친 영향과 관련하여, 일본 정부의 파견 기관인 某부영사조차 과세 문제를 거론하면서, 조선인 농민은 "과중한 세금에 나날의 생활조차 위협을 느껴 점점 피폐해지고 있"다는 점, 오지의 조선인 농민도 자위단비 등의 명목으로 상당한 村費를 부담하는 등 곤란한 생활을 하고 있다는 점을 지적하였다. 그리고 그는 만일 치외법권이 철폐되고 조선인에 대한 과세권이 승인된다면, "조선인의 이주를 반기지 않는 滿人이 어떤 중세를 부담시킬지도 모른다" 라고 하여, 치외법권 철폐에 따른 재만 조선인에 대한 부당하고도 과중한 세금 부과의 위험성을 우려했다[25].

그러나 실제로 그들은 '만주국'의 법령과 정책을 거의 그대로 따르고 있었기 때문에 그들의 언급은 큰 영향을 미치지 못했다. 오히려 영향을 미쳤다면 '보호막'으로 치외법권을 가지고 있던 '상징적인 의미'가 없어졌다는 점일 것이다. 일본은 이전부터 재만 조선인을 직접 통치하기 위해 '일본 신민'인 재만 조선인을 보호한다는 명목으로 재만 조선인의 치외법

---

24) 『滿洲關係諸問題に對する現地輿論の動向』第五分冊. 출판년도는 불분명하지만 치외법권에 관해 논의되고 있던 1935년경에 작성된 것으로 추정됨.
25) 위와 같음.

권을 주장해 왔다. 일본은 '만주국'이 건립된 이후에도 재만 조선인에 대한 치외법권의 적용을 확인하였고, 치외법권이 적용된다는 사실만으로도 중국인의 '불법 행위'로부터 재만 조선인을 보호하는 역할을 할 수 있다고 인식했다. 치외법권이 철폐된다는 것은 '일본 신민'으로서 형식적으로 향유하고 있던 지위가 없어진다는 것뿐만 아니라 지금까지 잠재해 있던 중국인의 재만 조선인에 대한 반감이 재만 조선인의 일상 생활에까지 분출할(일본인에 향할 반감이 재만 조선인에게 향하는 것까지 포함해서) 가능성이 있다는 중요한 의미를 띠고 있었다.

(2) '民族協和'의 眞意

제1차 치외법권 철폐가 조인되자, 치외법권 철폐에 관한 선전·강연·영화회 등이 각지에서 열렸다(『회보』제42호, 99쪽). 전만조선인민회연합회 이사인 박준병(朴準秉)은 1936년 6월 21일 오후 9시 40분부터 약 20분간에 걸쳐 신경방송국에서 「치외법권 철폐와 재만 조선인」이라는 타이틀로, 치외법권 철폐 후에 재만 조선인이 명심해야 할 사항에 대해서 조선어로 전 만주와 조선에 방송 강연을 하였다(『회보』제41호, 5-15쪽).

이 방송에서 박준병은 치외법권의 철폐 이유와 목적에 대해서 "재만 일본 국민 즉 일본 민족과 조선 민족은 만주국 구성분자의 일원으로 되었으므로 타민족이 향유하고 있지 않은 특수 권리를 가급적 빨리 철폐해서, 만족·한족·몽고족 등 타민족과 동일선상에 서서 오족이 권리를 평등하게 향유하고 의무를 평등하게 부담해 온힘을 다해 만주국의 건전한 발전을 꾀해서 일만의 불가분 관계를 더욱 강화해 가자"고 하였다. 그는 치외법권의 철폐 목적이 각 민족간에 잠재하는 불평불만, 특히 일본인과 조선인의 "우월감과 자만심과도 같은 인습적 감정"의 제거에 있다고 지적했다.

치외법권 철폐로 불안을 느끼고 있던 재만 조선인에게, 치외법권 철폐 조약에서는 생활상 급격한 변동을 주지 않는 범위라는 원칙적인 해석을 거듭 밝힌 뒤에, 재만 조선인에게 '오족협화'의 '왕도낙토(王道樂土)' 건설에 공헌하도록 호소했다. 그리고 '민족협화'의 의의에 대해서 '만주국'은 다섯 민족의 결합체이기 때문에, '오족협화'의 정신이 아니면 다민족을 '만주국'에 통합시킬 수 없다고 하여, 치외법권 철폐 후 '오족협화'가 '만주국' 건국정신의 근본 요소가 되는 이유를 새로이 강조했다. 그리고 '민족협화'와 관련하여, "다섯 민족은 서로 다른 문화를 가지고 있고 민족성도 다르므로 오족협화의 진의는 이 오족을 대충 혼연일체로 동화시키는 것이 아니고, 각 민족을 각기 단일 민족으로 인정하고 어느 정도의 자치를 인정하여 각 민족에 적응시키는 정치를 하는 것이다"라고 하고, 치외법권 철폐 후의 재만 조선인이 나가야 할 방향으로서, 하나의 민족으로서의 '자치'를 주장했다.

박준병이 주장한 '자치'의 구체적인 내용은 확실치 않지만, 그의 자치론은 '일본 신민'으로서 조선인을 보호하고 있던 치외법권이 철폐되어 재만 조선인에 대한 중국인의 압박이 강해가는 것을 두려워한 결과 그 대응책으로서 나온 것으로 파악할 수 있다. 그에 따르면 재만 조선인은 지금까지의 '일본 신민'으로서가 아니고 '만주국' 건국이념인 '오족협화' 정신에 근거하여 하나의 민족으로서 자신들의 지위를 확립하고, 자신들에 의한 '자치'를 실시하고 소수 민족으로서 '자기 민족의 향상 발전'을 도모해야 한다는 것이다. 이러한 '자치' 요구는 그 후 구체화되지는 않았지만 치외법권 철폐 후 재만 조선인의 선택 방안의 하나로 강하게 인식되었다.

그런데 치외법권 철폐 후에 제시한 박준병 類의 '민족협화'론은, '만주국' 건국 후에 나온 조열과 같은 '민족협화'에 대한 환상적 이상론과는 다른 것이었다. 조열의 '민족협화'론에 따르면 '만주국' 건국을 '민족 공동 혁명'으로 보고 '평등 공존 공영'을 주창하는 '민족협화'하에서 재만 조선인도 당연히 지금과 같이 일본인과 중국인에 의한 차별로부터 해방됨을 의미한다는 것이다. 그러나 박준병의 '민족협화'론은 앞에서 언급했듯이 '민족협화'에 대해서도 '제국 신민' 에 대해서도 그 실상을 경험하고, 더욱이 '만주국'에서의 민족 모순이 새로운 양상을 보이고 있는 가운데, 재만 조선인이 반대한 치외법권 철폐 즉 제국 일본의 법제 영역에서 이탈된 상황에 대처하기 위해서 제시된 것이었다. 그러나 박준병의 '민족협화'론은 앞에서 언급했듯이 '민족협화'에 대해서도 '제국신민' 에 대해서도 그 실상을 경험하고, 더욱이 '만주국'에서의 민족 모순이 새로운 양상을 보이고 있는 가운데, 재만 조선인이 반대하는 치외법권 철폐 즉 제국 일본의 법제 영역으로부터 이탈된 상황에 대처하기 위해서 나왔다.

1936년 9월 협화회의 신경조선인민회분회를 설립한 박준병은, 치외법권 철폐 후 '만주국'이 안고 있던 '민족협화'의 모순과 관련하여, 1937년 9월에 쓴 「만주에 있어서 조선인 이민의 현상과 그 장래」에서, "오족의 민족이 가진 지식·문화·역량이 같으면 같을수록 권력투쟁에 관한 문제가 일어나고, 민족에 따른 차별이 있으면 있을수록 불평등 대우에 대한 고통이 나온다. 이러한 것들은 만주국의 앞길에 최대 난관이 될 것이다. 그것이 반도에서의 내선일체와 같은 관계에 이르기까지에는 상당한 시일이 필요할 것이다"라고 하면서, '만주국'의 '민족협화'와 제국 일본의 역할을 둘러싼 대립이 심각하다고 지적했다.26)

이처럼 '만주국'에 불안을 느끼고 있던 재만 조선인은, 다음의 인용문에서 알 수 있듯이 제국 일본에 가까이 다가서는 경향을 보였다.

---

26) 朴準秉「滿洲に於ける朝鮮人移民の現狀とその將來」,『會報』제55호(1937. 9), 2-16쪽. 박병준은 치외법권 철폐 후 '만주국'이 짊어진 중대한 문제로서, 구체적으로 "그 외에 산업 건설 자금의 취득, 치안의 회복, 치산치수의 수행, 일만 경제의 통제, 국적법의 제정, 각 민족에 조화하는 민법·상법의 개정, 교육 제도의 확립·진흥, 몽고인 문제의 처리, 일본이 보유하고 있는 교육상의 치외법권을 어떻게 운영할 것인가 등"을 지적하고 '만주국'에의 불안감을 토로했다.

일본 제국의 신민인 우리 동포는 숭고한 황도애(皇道愛)를 파악하여 이것을 철학화·종교화하여, 전 인류에게 안심입명(安心立命)의 경지를 줄 수 있도록 노력한다면, 반드시 도의(道義) 세계는 건설될 것이다

즉 치외법권 철폐에 따라 법적으로 제국일본으로부터 배제되었고, 치외법권 철폐 과정에서 일본인과는 차별당하는 등 법적 차원으로는 기대할 수 없게 되자, '민족협화'에 기대를 걸면서도 한편으로는 '도의세계' 건설을 위해 '황도정신'을 정신적 지주로 삼았던 것이다. 그 배경에는 중일전쟁 직후 일본군이 승리를 계속한 것과 전쟁 체제로 이행됨에 따라 '만주국'에 대한 제국 일본의 지배와 통합이 확대된 점, 본국인 조선이 '내선일체'의 관계에 놓여지고 중일전쟁 후 조선에 대한 중요성이 더욱 커진 점 등이 거론될 수 있을 것이다.

3. '滿洲國'에 대한 忠誠 -'民族協和'의 實踐 -

(1) 協和會에의 參加

제1차 치외법권 철폐에 따라 조선인민회의 행정 기능이 '만주국'의 행정 기관에 흡수되었다. 게다가 1936년 8월 5일 관동군사령부가 발표한 '재만조선인 지도요강'에 의거하여 조선인민회는 협화회에 통합되었다.

신경조선인민회와 신경시 행정당국 간에 조선인민회의 인수가 이루어진 직후, 신경조선인민회는 1936년 7월 20일 협화회 신경조선인민회분회를 설립하기 위해서 준비위원회를 조직했다(『회보』 제42호, 92쪽). 그 결과 동년 9월 5일 협화회 신경조선인민회분회가 "만주제국협화회의 요령에 따라 행동하고 이것을 실현한다"는 목적하에 설립되었다. 분회회장에는 신경조선인민회회장인 김도근(金道根)이 임명되었다[27]. 신경조선인민

---

27) 『회보』 제43호(1936. 9). 설립 당시의 회원수는 3,813명(신경 조선인 총인구는 약 8,000명)이

회분회는 협화회가 ‘만주국’의 각 민족을 ‘민족협화’의 이념으로 통합하고 조직하기 위해 1935년 민족분회의 설립을 정한 뒤 처음으로 설립된 민족분회였다[28].

　그 후 민회분회는 연이어 결성되었고, 협화회의 조선인 회원도 급증했다. 1936년과 1937년도의 조선인 회원수를 알 수 있는 자료는 없으나, 1938년 11월까지는 4만 1,713명에 달했다.[29] 또 같은 기간에 일본인 회원이 1.3배. 중국인 회원이 1.6배 증가한 것에 비해 조선인 회원은 2.1배 증가했다. 재만 조선인은, 치외법권 철폐에 따라 종래와 같은 ‘보호’를 기대할 수 없게 되었다는 불안감에서 각 민족의 ‘평등 · 공존공영’인 ‘민족협화’의 실현을 목적으로 하는 협화회에 참가하게 되었던 것이다.

　재만 조선인은 협화회의 분회원은 되었으나, 분회 내에서 민족간의 이해 관계와 대립, 특히 조선인과 중국인 사이의 뿌리 깊은 반감으로 소극적인 분회 활동을 하고 있었다.[30] 특히 1938년에 민족별 분회가 지역별 분회로 바뀜으로써 재만 조선인의 협화회, 그 중에서도 분회 활동은 커다란 제약을 받게 되었다. ‘만주국’에서 수적으로 절대 다수를 차지하며, 생활 영역과 전통, 그리고 정치적 · 사회적으로도 확고한 기반을 가지고 있던 중국인은 간도지방과 같이 조선인 인구가 많은 지역을 제외하면 지역별 분회는 실질적으로 중국인의 민족별 분회와도 같은 것이었다. 예를 들면 무순에서는 각 농촌에 산재해 있던 조선인이 2000여 호에 달했음에도 불구하고, 협화회 공작의 중점이 중국인에게 두어졌기 때문에 조선인은 협화회의 존재조차 모르고 있는 상태였다(『만선일보』 1940년 4월 12일

었다.

28) 협화회의 설립 과정에 관해서는 鈴木隆史, 『日本帝國主義と滿洲 1900-1945』하(東京: 塙書房, 1992)를 참조 바람. 참고로 협화회신경일본거류민회분회는 9월 8일에 결성되었다.

29) 1938년의 숫치는 『滿洲國史』各論, 107쪽에서; 1940년의 숫치는 『滿鮮日報』 1941년 1월 1일자를 참조.

30) 山田博, 「農村工作雜話」, 『協和運動』제4권 제10호(1942. 10), 115-116쪽.

자). 그리고 지배 민족인 일본인의 경우는 집중 거주지인 도시와 개척지의 분회가 일본인에 의한 민족별 분회와 같은 조직이었으며, 각 민족이 혼재하는 지방에서도 '만주국'의 지배 민족이라는 이유로 지역분회를 장악하는 지위에 있었다. 이와 같이 재만 조선인은 수적으로나 생활 조건으로나 중국인과는 비교도 되지 않았으며, '질적'으로도 '완전한 일본 제국 신민의 자격'을 갖추지 못했기 때문에, 분회 및 협화회 내에서 그 활동과 지위가 제약·축소되었을 뿐 아니라 불안정한 생활로까지 이어지게 되었다.

(2) 間島特設部隊

'만주국'은 협화청·소년단, 協和義勇奉公隊, 및 국민 隣保 조직을 통해, 국민총동원 정책을 재만 조선인에게 침투시켜, 조선인을 조직적으로 동원함과 동시에 '만주국군'에도 동원하기 위해 '만주국군'의 특설부대로 1939년에 간도특설부대를 편성했다.[31] 재만 조선인으로 구성된 간도특설부대를 편성한 것은 중일전쟁의 확대로 인적 자원이 필요하게 되었고, 재만 조선인에게 '민족협화'의 이념을 침투시켜 그것을 실천하도록 선전하기 위해서였다. 이것은 당시 간도특설부대의 대원으로 후에 한국 육군 참모총장에 취임한 白善燁이 "전쟁의 임무는 별도로 하더라도 만주국의 모토는 오족협화였기 때문에 몽고인에게는 홍안기병이 있었고 백계 러시아인에게도 부대가 있었던 것처럼, 한국인에게도 독자적인 부대가 만들어져야 한다는 것이었다"[32]고 회고하고 있는 점에서도 알 수 있다.

---

31) 滿洲國軍刊行委員會, 『滿洲國軍』, 東京: 1970년, 193쪽. 만주국군의 특설부대는 재만 조선인의 간도특설부대 외에도 백계(白系) 러시아인의 淺野부대(1937년 설립), 회교부대(1939년 설립), 오로총족의 오로총공작대(1939년 설립), 磯野부대 중 몽고인의 제53부대(1941년 설립)이 편성되었다. 또 만주국군의 형성·정비·붕괴의 과정은 山田朗, 「軍事支配(2)日中戰爭·太平洋戰爭期」, 淺田喬二·小林英夫 편, 『日本帝國主義の滿洲支配』(東京: 時潮社, 1986)을 참조 바람.

32) 백선엽, 『對ゲリラ戰』, 東京: 原書房, 1993, 28쪽. 백선엽은 만주국군관학교를 졸업하고 1943년 2월에 간도특설부대에 부임해서 1945년 봄에 연길부대로 전입했다.

간도특설부대의 구성은 총 360명으로 1개 보병 중대, 기관총 및 박격포를 장비한 1개 機迫 중대로 이루어져 있었는데 후에 보병은 2개 중대로 증강되었다. 지원 자격으로는 간도성내에 거주하는 자(1940년부터 安圖구역도 편입) 가운데 보통학교 졸업 이상의 학력을 가진 일본어 해독자로 보증인 2명 이상을 필요로 했다(『만선일보』 1940년 1월 29일자). 모집 방법을 보면 적령자로서 지원자를 우선으로 하는 한편 모집인수를 각 현별·촌별로 할당하여 縣公署는 응모선전공작반을 각 촌에 파견하여, 각 村公所와 협화분회, 지방경찰서의 지원을 받아 응모공작을 전개했다. 그리고 지원자에 대한 우대 정책으로서 지원자 가정에 대한 세금 면제, 농자금과 종자 대부 우선권, 필수품 배급 우선권 등 생활 안정책을 취했다(『만선일보』 1941년 1월 15일자). 나아가 제1차 입대자 가운데 3명을 ‘만주국’ 봉천군관학교에 입학시켰으며, 이 3명은 3년간의 군관학교를 졸업한 뒤 장교가 되도록 지원한다고 하여 간도특설부대 입대자의 지위 향상에 대해서 선전을 거듭했다.[33] 그 결과 1939년도(제2차 모집)은 화룡현만의 지원자가 약 2000명에 이르렀다.

재만 조선인 지원자 중에는 "일본군에 들어가고 싶지만, 시골에서는 일본군에도 들어갈 수 없으므로 어떻게 하든 국군에 들어가 천황에 봉공할 수 있다. 이것은 가문의 명예도 되고 부락에 대해서 면목도 선다"[34]고 언급하는 자도 있었다. 이처럼 재만 조선인은 간도특설부대에 입대해 ‘민족협화’를 실천하고 그 실현을 통해서 ‘황국신민’으로서의 의무를 다함으로서 ‘만주국’에 있어서 재만 조선인의 지위를 향상시키려고 한 자도 있었다.

---

33) 『滿鮮日報』 1940년 1월 29일자. 그 외에 3명을 선발하여 1941년에 연길헌병분단에 배치했다. 처음으로 조선인이 헌병에 채용된 것이다.
34) 「東滿地區從軍宣化工作員懇談會」, 『協和運動』 제3권 제2호, 1941년 2월, 18쪽.

Ⅲ. 帝國擴大過程에서의 '內鮮一體'論

1. '內鮮一體'의 在滿朝鮮人에의 適用

1937년 7월 중일전쟁이 발발하자, 조선은 대륙 전진 병참 기지로서 강력하게 자리매김되는 동시에 '내선일체'가 조선 지배 정책의 최우선 통치 이념으로 등장하게 되었다. 이것은 식민지 조선과 '만주국'의 관계, 특히 재만 조선인 정책에도 큰 영향을 미쳤다.

조선총독부는 중일전쟁의 확대에 맞추어 1938년 8월 시국 대책에 관한 제 사항의 조사·심의를 위해 총독의 자문 기관인 시국대책조사회를 설치했다. 이어서 9월에 조선총독부에서 열린 시국대책조사회총회에서는 "내선일체의 강화 철저에 관한 건"이 작성되었고, 재만 조선인에 대한 '내선일체'의 적용 방침도 정식으로 결정되었다.[35]

이 시국대책조사회의 답신을 받은 조선총독부는 외무성과 협의를 거쳐 '내선일체'의 적용을 일본 정부의 방침으로 결정하게 만들었다.[36] 이어서 1939년 초 '만주국' 및 관동군과도 교섭을 거듭해 "내선일체의 근본 취지"를 '만주국'의 조선인에게도 적용시켰다.[37] 이 결정이 이루어짐에 따라 이미 1938년 2월 22일에 공표된 '육군특별지원병령'을 재만 조선인에도 적용했다. 그렇지만 그것이 본격적으로 적용되기 시작한 것은 1942년 5월에 징병 제도의 적용이 결정되고 나서부터였다.

징병 제도의 실시가 결정되자, 같은 해 8월 조선총독부와 '만주국'은 '제2차 만선협정'을 체결했다.[38] 이 협정은 '滿鮮一如'의 방침을 한층 강화할 것을 재확인하는 한편, 조선에서의 징병제 등을 재만 조선인에게도

---

35) 조선총독부, 『朝鮮總督府時局對策會諮問答申書』 1938년 9월, 1-6쪽.
36) 위의 논문, 「對立と統合の'鮮滿'關係-'內鮮一體'·'五族協和'·'鮮滿一如'の諸相-」, 127쪽을 참조.
37) 위와 같음.
38) 앞의 책 『國內に於ける鮮系國民實態』, 113-114쪽.

적용하는 것과 관련해서 “만주측은 내선일체의 조선 통치의 근본 방침을 존중하고 전면적으로 협력할”것을 강조했다. 이것은 ‘만주국’ 정부가 ‘내선일체’를 ‘민족협화’보다 우선시했음을 말해주는 것이다.

상술한 ‘만주국’ 정부의 방침 변경에 따라 ‘민족협화’와 전쟁 동원의 실천 기관인 협화회도 그 변경에 응하지 않으면 안 되었다. 미야케(三宅) 협화회본부장 등은 1942년 6월 국민총력조선연맹과의 관계 강화와 鮮系 지도 방침’을 협의하기 위해 조선을 방문해 조선총독부에서 간담회를 열었다(『만선일보』 1942년 6월 3일자 및 18일자). 이 간담회를 통해 협화회는 “동아공영권내에서 조선이 차지하고 있는 중요한 지위”와 조선에서의 ‘황민화’ 정책에 대한 인식을 바꾸게 되었다. “복합 민족 국가인 특수 사정”을 이유로 재만 조선인에 대한 ‘황국신민’화에 소극적이었거나 반대했던 협화회가, 지도 방침으로써 “황국신민 의식을 고양”하고 “충실하고 선량한 일본인으로서의 연성”을 강화하는 쪽으로 변경한 것이다(『만선일보』 1942년 6월 21일자).

그런데 ‘만주국’의 방침 변경은 다음과 같은 두 가지를 전제로 한 것이었다. 첫째는 재만 조선인에 대한 ‘내선일체’의 적용과 그것에 동반한 재만 조선인에 의한 ‘내선일체의 구현’이 “조선인의 지위 향상 등 공리적으로 추구되어서는 안 되며, 대가적으로 추구되어서는 안 된다”는 것이다(『만선일보』 1942년 6월 18일자). 둘째는 ‘황민화’ 운동을 ‘만주국’에서 전개할 때 ‘황민화’라는 명칭을 사용하지 않고 “협화회운동의 하나의 내용”으로 전개하며, 일어 상용 보급, 신사 참배, 징용 제도의 취지 철저 등의 구체적인 실천 사항은 협화회운동으로 해야 한다는 것이다.39) 위의 내용들을 살펴보면, ‘내선일체’의 적용에 의해 발생할 민족간의 대립과 ‘민족협화’의 붕괴를 방지하기 위해 재만 조선인의 일방적인 희생만을

---

39)『滿鮮日報』1942년 10월 3일자. 滿洲帝國協和會,『康德九年度全國聯合協議會提出案文書說明書』, 47쪽.

요구하는 동시에 '황민화'운동을 협화회운동의 틀 속에 넣으려고 했음을 알 수 있다.

2. '內鮮一體'論 -'아세아民族復興'-

이 문제에 관해서는 間島協助會 회장을 지냈고 동변도특별공작대 대장이었던 金東漢이 남긴 「민족문제」와 「국민완성운동에 대해서」[40]를 분석함으로써 '내선일체' 적용 후의 '내선일체' 인식에 대해 논하고자 한다. 이 글은 김동한이 1937년 12월 三江省숙정공작 도중 사살되기 수개월 전에 쓴 것을 재만 조선인에의 '내선일체' 적용에 맞추어 1939년 12월 『협화운동』잡지에 게재된 것이다.

그 글에서 김동한은 먼저 민족간의 통합에 대해, 민족은 혈통과 문화를 함께 하는 것이지만 "혈통이 다르면서 동일 문화를 갖고 있는 민족간의 생활은 타협이 가능해서 공동 생활을 영위하는 데에도 마찰을 피할 수 있다"고 하여, 혈통은 달라도 동일 문화를 갖고 있는 민족간의 통합은 가능하다고 주장했다. 이 견해는 조선 민족과 일본 민족은 혈통은 다르지만 역사적으로 '동일 문화'를 갖고 있기 때문에 '내선일체'가 가능하다는 것을 의미하는 것이다.

또한 그에 의하면 민족은 '발전'함에 따라 영토의 확장을 필요로 하고 점령 지역 내의 민족과 문화를 단일화하는데, 이러한 '민족의 발전'에는 '입체적인 발전'과 '평면적인 발전'으로 나누어진다는 것이다. 그리고 '입체적 발전'은 "자민족의 우월적인 발전을 위해 많은 것이 필요하기 때문에, 이민족을 압박하고 착취하는" 것을 동반해 영속성이 없다는 것이다. 반면에, "평면적으로 발전하는 민족"은 "인접 민족과의 공동 생활을 도모하고, 이 공동 생활체의 순리화(順理化)를 높이면서 자민족을 핵심으로

---

40) 김동한, 「民族問題」, 「國民完成運動に對して」, 『協和運動』제1권 제4호, 1939년 12월.

둘러싸인 민족환(環)을 건전하게 육성하여 자민족의 외곽을 강하게” 한다는 것이다. 다시 말해 주변 민족의 건전한 발전을 도모하고 이것과 불가분의 관계 속에서 추진하는 ‘민족의 발전’이 ‘평면적 발전’이라는 것이다. 김동한은 ‘야마토(大和) 민족의 발전’이 ‘평면적 발전’이라고 주장하고 일본 민족의 아시아 진출에 의해 각 민족의 발전과 아시아 민족의 ‘공동생활체’를 달성할 수 있다고 주장했다.

이어서 김동한은 오늘의 세계 민족의 역사는 ‘민족의 비타협성’, ‘민족 독선주의’ 때문에 평화를 달성할 수 없었다고 비판하고, 세계 평화를 유지하기 위해서는 다음과 같은 ‘민족 블록’의 결성이 필요하다고 주장했다. 그에 의하면 ‘민족 블록’은 먼저 지리적으로 인접 민족을 포함한 ‘일대 민족권’을 결성해야 하며, 이 ‘민족권’에 속한 민족은 “같은 이해, 같은 이상, 같은 사명”을 갖는 것을 조건으로 한다는 것이다. 또 ‘민족권’은 대내적으로 생활의 경제적 균등과 문화의 일원적 건설을 달성함으로써, 대외적으로는 타민족 블록에 대해 균등을 지키고 세계 평화를 유지하는 데 소정의 임무를 다할 수 있다고 했다. 그에 의하면 ‘아세아민족결성운동’은 세계 평화를 목표로 한 것이었다.

김동한은 ‘아세아민족결성’론에 기초해서 “현재 아세아 민족 중 야마토 민족·조선 민족·만주족·몽고족·한족”은 지리적 관계도, 혈연 관계도, 문화 관계도, ‘동일 또는 유사’하여, “민족 블록 결성에 이 만큼 적당한 민족 집단은 없다”고 하여 그 필연성을 주장하였다. 또한 그는 제국 일본의 대륙 정책을 ‘야마토 민족’에 의한 ‘대동귀일’ 즉 ‘아세아 민족의 공동생활’을 목표로 한 것이라고 인식했다. 더 나아가 김동한은 그러한 인식에 기초해서 야마토 민족과 조선 민족으로 구성되는 ‘동방 민족’의 결합은 ‘자민족의 생존·결합’과 ‘아세아 민족의 구제·부흥·결합’을 과제로 하기 때문에, ‘세기적인 요구’라고 하고, ‘내선일체’가 ‘아시아 민족의 해방’

으로 이어지는 것이라고 인식했다. 다시 말해서 '아세아 민족 부흥의 추진력'이자 '핵심'인 '동방 민족'의 결합체를 방해하면 "기존 민족은 구제를 받을 수 없고 또 부흥도 못 하기" 때문에, '대륙에 기존하고 있는 민족'은 '동방 민족'의 결합을 '도의적인 입장'에서 인정하지 않으면 안 된다고 하여, '내선일체'의 필요성을 재차 강조하는 동시에 타 민족으로부터의 반대를 경계했다.

김동한은 '동방 민족'의 결합이 추진력이 있는 결합, 핵심을 목표로 하는 결합으로 되기 위해서는 양 민족이 같은 국가 의식, 같은 국체관념을 갖지 않으면 안 된다고 하여 '내선일체'는 제국 일본의 '국체' 아래에서만 실현될 수 있다고 주창했다. 그런데 김동한에 따르면 그러한 '내선일체'는 아직 실현되지 않았다는 것이다. 한국합병은 '내선일가'의 형성이라는 이념을 실천한 정치적인 약속에 지나지 않고, 일본과 조선이 완전히 결합된 것이 아니기 때문에 조선인은 '미완성 국민'이라는 것이다. 그리고 일본과 조선이 완전히 결합하기 위해서는 먼저 조선인이 "일본 국민으로 완성되어 가는 자각적인 동작"을 보이지 않으면 안 된다는 것이다. 즉 조선인 스스로 '국민완성운동'을 전개해야 한다는 것이다.

3. '內鮮一體'의 具現

(1) 創氏改名

창씨개명은 1939년 11월 10일에 제령(制令) 제1호 「조선민사령 개정의 건」과 제령 제20호 「조선인의 씨명에 관한 건」이 공표되어 다음해 2월 11일부터 실시되었다.[41] '만주국'에도 1939년 말부터 재신경(在新京) 조선인을 위한 조선인민사령의 개정 신고 소관 기관인 수도경찰청경찰과병

---

41) 창씨개명의 제도 및 실시과정에 관해서는 宮田節子・金英達・梁泰昊 『創氏改名』동경, 明石書店,1992년과 金英達 『創氏改名の硏究』동경,未來社,1997년,을 참조.

사부 내의 대사관지방병사원이 중심이 되어 준비에 착수해, 다음해 2월 11일부터 창씨개명의 신청을 접수하기 시작했다(『만선일보』 1940년 2월 11일자).

신경에서 창씨개명의 신청이 끝난 1940년 8월 10일까지의 신청 총 건수는 일본인과 관계가 있는 직업에 종사하는 사람을 중심으로 435건에 지나지 않았고, 신경 거주 조선인 전 호수 2,600호의 17%밖에 미치지 못했다(『만선일보』 1940년 8월 11일자). 이처럼 신청률이 저조한 것은 도시보다 농촌이 더 현저했다. 예를 들면 길림경찰청 九台현 및 永吉현의 2개소의 지방병사원이 취급한 창씨는 359호에 그쳤다(『만선일보』 1940년 8월 17일자). 이 숫자는 조선에서의 신청률 80%에 비하면 비참한 결과였지만, 한 관계자는 재만 조선인의 신청률이 저조한 이유에 대해서, '만주국' 거주 조선인은 호주가 적어 신청을 직접 조선의 본적지에 했기 때문이라고 해석하고, 실질적으로는 5할 이상이 될 것으로 예측하기도 했다(『만선일보』 1940년 8월 11일자). 그러나 이것은 창씨개명의 관계자로써의 변명에 지나지 않는다고 생각된다. 창씨개명을 한 재만 조선인 중에는 조선총독부의 의도대로 '황국신민'이 되기 위해서 적극적으로 신청한 케이스도 적지 않았다. 이러한 부류의 재만 조선인은 관리뿐만 아니라 농촌의 중간 지도자 중에도 존재했다.

당시 창씨개명을 둘러싸고 빚어진 사회 분위기가 어떠했는지는 흥안성의 동 포탈간이라는 조선인 개척 마을(153호, 850명)에 있던 국민학교의 조선인 교장으로써 지도적인 역할을 한 토요타 시게오(豊田繁夫)의 창씨개명 후의 태도를 보면 잘 알 수 있다.[42] 특히 아래의 인용문에서 '제게 과분한 은혜'라는 표현이 나왔던 것은 아마도 그가 일본의 국책에 복종한 개척 부락의 지도자 지위에 있었기 때문이라고 할 수 있다.

---

42) 大瀧重直, 「滿洲農村紀行」, 滿洲移民協會, 『開拓』제8권 4호(1944. 9), 41-42쪽.

저도 창씨개명을 했습니다만, 제가 이 부락에 왔을 때 일본어를 할 수 있는 사람이 5분의 1도 안 되었어요. 지금은 반 정도 됩니다. 창씨를 하는 것이 아직 빠르다고 생각했지만 고민한 끝에 모두 창씨를 했습니다. 처음에는 자기 이름도 잊어버리기도 하고 다른 이름으로 바꾸겠다고 해서 저도 당황했었지만, 지금까지보다 열 배 스무 배 열심히 노력해서 교육에 힘을 기우릴 결심을 했습니다. 내년부터 군에 입대할 청년이 5명 정도 있는데 일본어를 못 했습니다. 그래서 저와 처가 분담해서 특별 교육을 했더니 어느 정도 효과는 보았습니다. 이렇게 제게 과분한 은혜에 보답할 수 있을지 저의 미력함이 한스러울 뿐입니다. 만사 지금부터라고 생각합니다. 저는 여기에 뼈를 묻을 생각으로 저를 포함한 부락의 사람들을 일본인으로 만들어 갈 결심입니다.

한편 재만 조선인의 신청률이 저조한 이유는 무엇보다 조선인의 강인한 민족 의식에 기인한 것이었지만, '내선일체'와 '민족협화'의 모순 사이에 끼인 채 불안감을 느끼고 있던 조선인들이 창씨개명이라는 외적 변화에 의해 한층 곤란한 상태에 빠지지는 않을까 하는 불안감에서 비롯된 측면도 있었다. 그들 중에는 창씨개명이 '내선일체의 구현'으로써 이것을 통해 일본인에 의한 차별로부터 탈출함과 동시에 '만주국'에서의 자신의 지위를 향상시켜 일본인과 같은 지도적인 지위에 올라갈 기회라고 생각하는 사람도 있었다. 하지만 자신의 이름을 일본인 형식으로 바꿀 경우 이전부터 중국인이 갖고 있던 조선인의 '일본신민'화에 대한 경계심을 한층 높여 조선인의 생활을 위협하는 원인으로 될지도 모른다는 불안감 역시, '만주국'에서의 창씨개명 신청률을 조선보다 저조하게 만든 요인이라고 할 수 있다.

실제로 어느 隣組에서는 조선인이 배급 물자 카드 서류의 이름 기입란에 일본식 이름을 기입한 것에 대해, 중국인 조장이 일본식 이름 외에 본래의 조선명의 기입을 요구하기도 했다.43) 당시 배급은 민족별로 차별화되어 일본인은 지도적인 지위에 있었기 때문에 배급도 특별한 대우를 받고 있었다. 그래서 중국인은 재만 조선인이 창씨개명을 통해 일본인과 같은 특별한 대우를 받게 되는 것에 반발했다. 이에 대해 당시 재만 조선인 중에는 "일계(日系)는 아니지만 법적으로 일본인임에도 불구하고 병역 의무가 없고 의무 교육을 받지 못 해 문화의 정도에 차이가 나고 풍속 습관의 차이도 커져 있는 상태이므로 결국 선계(鮮系)는 선계일 뿐이다"44)라고 항변함으로써, 창씨개명을 해도 재만 조선인은 '선계'라는 주장을 하기도 했다. 이에 대해 재만 조선인 사회에서는 "조선의 위정 당국이 내선의 구별을 없애기 위해 창씨개명을 지도하고 있지만, 이처럼 다시 옛 이름을 사용해야 한다면 내지인(內地人) 식의 창씨는 무의미로 끝나는 것이 아닌가"45)라고 하여, 창씨개명의 무용론이 대두되기도 했다. 창씨개명의 무용론은 '내선일체'를 부정하고, '황민화' 정책을 반대하는 운동으로 발전할 가능성을 내포하고 있었다.

재만 조선인에 대한 창씨개명은 현실 생활에서 중국인과의 대립을 심화시켰다. 더욱이 재만 조선인과 중국인 사이의 민족 모순은 제국 일본의 식민지 조선과 '만주국'의 기본 통치 이념인 '내선일체'와 '민족협화'의 모순을 한층 격화시켰다. 더 나아가 그러한 모순은 '만주국'에 있어서는 '민족협화'의 허상을 드러냈고, 조선에 있어서는 '내선일체'·'황민화' 정책의 실상을 폭로시켜 제국 일본의 식민지 지배의 붕괴로 이어지는 중요한 단서가 되기도 했다.

---

43) 靑木一夫,「滿洲に於ける朝鮮人の概況と指導方針に付いての一考察」,『協和運動』제3권 제12호(1941. 12), 130쪽.
44) 위와 같음.
45) 위와 같음.

(2) 徵兵制

1942년 5월 8일 일본의 각의에서 조선인에 대한 징병제를 공표하고, 1944년도부터 징집할 것을 정했다. 이 각의의 결정 직후 일본 정부와 조선총독부 징병준비위원회는 재외조선인에 대한 징병제의 적용 문제를 협의한 후, 타국에 국적을 갖고 있지 않는 재외 조선인에게도 징병제를 적용한다는 방침을 정했다(『만선일보』1942년 5월 14일 및 16일자). 이렇게 해서 재만 조선인에게도 징병제가 적용되었다. 이와 아울러 재만 조선인을 황군 병사로 양성하기 위한 '황민화'운동이 전개되는 동시에, 징병 실시를 위한 실무준비도 진행되었다. 1942년 11월 일만 관계자를 위원으로 하는 재만 조선인 징병제실시준비위원회가 설치되었고 장정의 특별 연성 및 미취적 조선인에 대한 취적 사무에도 착수되기 시작했다.46)

관동군에서는 취적 신고와 '황민화'운동을 철저하게 추진해 나가면서, 1944년 4월 1일부터 8월 20일에 걸쳐 제1차 징병 검사를 실시했다. 제1차 수검자 총수는 1만 5,363명으로 예정 적령자의 전원이 수검했다. 그 중 갑종 합격자는 5,777명, 제1을 이하 제3을까지는 8,149명, 병종 이하 무종까지는 1,436명이었다.47) 징병 검사를 받은 자의 입대 상황은 알 수 없지만 예정 적령자의 전원이 수검한 것은 제1차 징병 검사의 실적이 이후의 실시에 중대한 영향을 미칠 것이라는 점을 염두에 둔 관계 기관이 징병 검사의 지도·연성을 철저하게 했기 때문일 것이다.

한편 징병제가 실시되자, 재만 조선인 가운데 유지들은 징병제 실시 축하 기념식을 개최한다든가, 감사문을 일본 정부 및 조선총독부에 보내는 등 환영을 표했다. 그들은 종래 조선인은 황국신민이라고 하면서도 그것은 이름뿐이었고 황국신민으로서의 의무를 다하지 않았기 때문에,

---

46) 朝鮮總督府,『昭和一九年一二月　第八六回帝國議會說明資料』(『朝鮮總督府帝國議會說明
資料』제10권), 東京: 不二出版, 1994, 9쪽.
47) 위와 같음.

징병제의 실시는 재만 조선인에게 있어서는 지금 이상으로 '내선일체'를 실현할 수 있는 "최상의 영광"이라고 여겼다. 따라서 그들은 "내지인과 동일한 국방의 의무"를 다해서 "완전한 황국신민"이 되자고 호소했다(『만선일보』 1942년 5월 13일자).

유지들이 아닌 일반 재만 조선인 중에도 '내선일체'의 구현을 통해 '황국신민'으로써의 지위를 확보하려고 하는 인식이 존재하고 있었다. 그것은 다음의 인용문에서도 잘 나타내고 있다.

> (재만 조선인에게) 만주국군에의 징병법을 적용한다면 무리가 있다고 생각합니다. (만주국) 국군에의 지원 제도는 좋지만 강제해서는 안 됩니다. 얼마 전에 제 자식이 중학교를 졸업하고 봉천의 군관학교에 갈까, 아니면 사법학교에 갈까 망설일 때 이왕이면 야스쿠니(靖國)신사에 묻히기를 바랬습니다. 그런데 지금 징병제를 실시하려고 해도 국민 교육이 철저하지 못해 무리가 있으므로 소화 19년에 의무 교육을 실시하고 나서 일본군의 징병법을 시행하려고 하니까, 지금으로서는 그때까지 기다려 주기를 바라며, 조선인으로서는 개인적으로 무리해서 만군(滿軍)에 입대시킬 필요는 없습니다.[48]

상술한 것처럼 재만 조선인은 '황국신민'이 되어 '만주국'에서 '지도자적 지위'를 획득하고, 지위의 향상을 꾀하기 위해 제국 일본에 협력하려고 하는 의식을 지닌 자도 존재했다.

그런데 징병 제도의 취지를 침투시키기 위하여 '만주국'의 각지를 순회한 미즈노(水野) 재만일본대사관 조선과장이 "재만 동포가 일본 신민으로서 지위가 향상되었다고 우월적인 태도를 보여 일계 혹은 만계 등과의 사이에서 좋지 않은 일이 일어나서는 안 된다. 재만 조선동포는 한층 자숙하는 자세를 취하지 않으면 안 된다"고 지적한 것처럼, 징병제를 실시하기

---

48) 위와 같음.

위해서 재만 조선인에게 '황민화' 정책을 강화하면 할수록 '만계'뿐만 아
니라 '일계'와의 대립으로 발전해 처음부터 '내선일체'가 내포하고 있던
모순과 '민족협화'와의 모순을 심화시킨 측면도 있었다.[49]

맺 음 말

이상 본문에서 검토한 것을 정리하면 다음과 같다. 재만 조선인 유식자
계급의 滿洲帝國像에 대한 인식을 살펴보면, 첫번째로, '만주국' 건국 후,
재만 조선인은 '민족협화'와 '제국신민'이라는 두 개의 식민지 지배 이념
사이에 이중으로 얽매이게 되었다. 재만 조선인은 이에 대응해서 차별로
부터의 탈출 및 지위 향상을 위해 한편으로는 '민족협화'에, 다른 한편으
로는 '제국신민'에 기대감을 갖고 공감을 표시했다. 먼저 전자는 제국 일
본과 '만주국'의 국가 관계는 대등한 관계이고 '만주국'의 건설은 '민족
공동 혁명'이기 때문에, 각 민족 관계도 '민족협화'에 근거한 평등한 관계
라고 인식했다. 그리고 그러한 인식에 바탕을 두고 '제국신민'으로부터
국적을 이탈해 조선인으로써 '만주국 국민'의 지위를 모색했다. 이에 대해
후자는 제국 일본에 의한 '만주국' 건설을 재만 조선인뿐만 아니라 만주
전 민족의 해방이라고 인식하고, 재만 조선인이 일본인처럼 지배 민족이
되기 위해서 최고의 지도 이념인 '황도정신'에 사상을 통합시키려고 했다.
그러나 이러한 인식은 다민족 국가인 '만주국'에서 새롭고 복잡한 민족간
의 대립을 발생시키는 결과를 가져왔다.

두번째로, 제국 일본은 다민족의 통합을 강화하기 위해서 치외법권을
철폐하고 '민족협화'를 재강조했다. 그로 인해 재만 조선인은 형식적이기
는 했지만 제국 일본의 법제 영역에서 '만주국'의 법제 영역으로 편입되었
다. 치외법권 철폐 후 재만 조선인 가운데 유식자 계급은 '제국신민'으로

---

49) 『만선일보』 1942년 7월 2일자.

서의 법적 차원에 기대를 걸 수 없게 되자, '민족협화'의 '평등·공존공영'
에 기대를 걸어 '만주국'의 하나의 민족으로서 '자치'를 요구하면서도,
한편으로는 제국 일본에 의한 '도의 세계'의 건설을 위해 '황도정신'에
사상적으로 의존하려고 했다. 이러한 복잡한 심경은 '만주국'에의 충성을
표현하기 위한 '민족협화'의 실천인, 협화회운동 및 간도특설부대에의 참
가에서도 나타났다.

　세번째로, 중일전쟁을 기점으로 조선에 '황민화' 정책이 실시되었고,
'만주국' 정부도 '민족협화'보다 '내선일체'를 우선하는 방침으로 변경했
다. 그러나 '내선일체'의 적용은 '완전한 일본인'이 되기 위한 의무만이
강요되었지, '제국신민'으로서의 지위 향상이나 '지도적인 지위'의 확보
를 동반한 것이 아니었다. 그럼에도 불구하고 재만 조선인 유식자 계급은
'내선일체'가 일본인과 조선인의 '평면적 발전'이고 '아시아 민족 부흥'의
추진력이자 핵심이라고 인식했다. 또한 그들은 '내선일체'를 달성하기 위
해서 양 민족이 동일한 '국체 의식'을 지녀야 하며, 조선인이 자발적으로
'국민완성운동'을 전개해야 한다고 주장했다. 그러나 그러한 인식은 실제
로 '내선일체'의 실천인 창씨개명이나 징병제의 실시 과정에서도 드러났
듯이 일반 재만 조선인에게 일정한 영향을 주기는 했지만, 재만 조선인
일반인과의 큰 괴리를 메우지는 못했다.

　결론적으로 재만 조선인 가운데 '유식자 계급'의 '내선일체' 및 '민족협
화'에 대한 인식은 제국 일본 및 '만주국'의 의도와도 괴리를 드러냈다.
또한 '유식자 계급'의 인식은 재만 조선인의 통합에 일정한 역할을 했지
만, 차별로부터의 탈출 및 지도적 민족으로서의 지위 획득이라는 그들의
기대는 '제국 신민'과 '민족협화'의 상극으로 이어졌다. 그 결과 '내선일
체'와 '민족협화' 사이의 모순은 민족간의 대립을 심화시켜 제국 일본의
통치와 그 이념을 내부에서 곪아터지게 했다.

· 접수일 2003년 8월 10일 / 심사완료일 2003년 8월 25일
· 주제어 : '만주국', 제국일본, 재만조선인, '민족협화', '내선일체'

How Koreans in Manchuria Saw "Manchukuo" and The Japanese Empire

Shin, Gyu Sub

This article, by analyzing the attitudes of Korean collaborators in Manchuria toward the colonial control ideologies of "ethnic harmony", and "Japan and Korea as one body", which combined to place the Koreans in a contradictory position, clarifies their attitudes toward both "Manchukuo", which was pursuing policies of integration, and the Japanese empire as a whole. The analysis of how "imperial subjects" from Korea, a part of the formal empire, perceived policies and ideologies of control in their new home of Manchukuo, a part of the informal empire, also sheds light on the reality of the Japanese empire and the process of its collapse.

Koreans in Manchuria perceived "ethnic harmony" as meaning equality between ethnic groups - that is, as a way of escaping the prejudice they had formerly endured. They saw "Japan and Korea as one body", meanwhile, as leading to higher status for themselves as imperial subjects and the attainment of positions of leadership.

However, their perceptions of there ideologies were, in part, at odds with the purposes of both Manchukuo and the Japanese empire. while these perceptions did contribute to a degree to the integration of Koreans in Manchuria into Manchukuo and the Japanese empire, Koreans' expectations for an end to prejudice and their attainment of the status of a leading ethnic group led to conflict between "ethnic harmony" and the ideal of the imperial subject, worsening ethnic strife and contributed to the collapse of Manchukuo.

Key Words : "Manchukuo", Japanese empire, Koreans in Manchuria, "ethnic harmony", "Japan and Korea as one body"

한국기독교여성사의 틈새를 채워가는
『한국기독교 여성운동의 역사』

윤정란, 『한국 기독교 여성운동의 역사』, 국학자료원, 서울, 319쪽

양 미 강[*]

　기독교여성사에 대한 글들이 별로 발표되지 않은 우리의 현실에서 윤정란의 글은 메마른 땅에 내리는 단비와 같다. 그 이유는 그동안 한국기독교사나 한국민족운동사에 있어서 기독교여성들의 위상이 매우 낮게 평가되기 때문이다.

　오늘날 한국기독교를 일구어낸 사람들은 누구인가? 한국기독교를 이끌어 가는 사람들은 누구인가? 그리고 일제 식민지 시대라는 민족의 고난 속에 기독교여성들이 어떻게 행동하였는가? 이 질문은 한국기독교사를 연구하는 사람에게 매우 중요한 질문이다. 한국기독교여성사를 붙들고 씨름하는 윤정란의 작업이 의미있는 것은 바로 여기에 있다. 오늘날 기독교여성들의 정체성을 찾을 수 있다는 점에서 그의 작업은 평가된다.

　기독교여성운동이 운동이라는 측면에서 조직적인 체계를 갖추고 분명한 가치지향점을 지니고 운동한 시기는 1910년대부터라고 할 수 있다.

---

[*] 일본교과서바로잡기운동본부 상임운영위원장, 한백교회 목사

이 책에서 1910년대부터 1940년대까지의 시기를 다루고 있다는 것은 암울했던 이 민족의 역사 앞에 기독교여성들은 무엇을 생각하고 무엇을 실천했는지에 대해 구체적인 역사적 사실로써 살펴보기 위한 것이다. 한 개인이 아닌 기독교여성이라는 집단이 가지고 있었던 신앙적 배경과 그들 운동의 행태와 논리가 무엇이었는지를 규명함으로써 결코 기독교여성운동이 시대적 과제를 망각하지 않았다는 것을 밝히려는 것이 저자의 의도이다.

저자가 이 책에서 집요하게 붙잡고 있는 물음은 두가지다. 기독교여성운동이 여성운동과 민족운동이라는 두 가지의 과제를 어떻게 수행하느냐의 질문이다. 그는 한국의 기독교여성운동이 서구와 다른 이유를 바로 여기에서 찾는다. 한국의 기독교여성운동은 식민지상황에서 '남성과의 전략적 동맹관계'를 맺었다는 논지이다. 서구의 여성운동은 성차별로부터 해방되는 운동으로 참정권운동과 권리획득운동으로 나아갔다면, 한국의 여성운동은 민족독립이라는 시대적 요구 앞에 여성해방과 아울러 민족해방을 위해 남성들과 전략적인 제휴를 했다는 점이다.

조금 더 자세하게 이 책의 구성을 살펴보자. 이 책은 총 5장으로 구성되어 있다. 제1장에서는 1910년대 기독교여성운동의 양상을 고찰하고 있는데 일제의 여성정책과 대비하여 기독교여성관을 살펴보고 있다. 일제의 여성정책이 근대적인 현모양처론이 아니라 식민지 지배체제를 유지하기 위해 상하복종관계 밖에 존재하지 않는 유교적 여성관을 더욱 심화시켰다는 것이다. 반면 기독교여성들은 민족해방운동을 위해 남성과 똑같이 적극적으로 나서야 한다는 절대독립론에 입각하여 운동을 전개했다고 파악한다.

제2장에서는 1920년대 전반기 전국기독교 여성운동단체를 고찰하였다. 1920년대 전반적인 분위기는 실력양성론이 지배했는데, 이것은 여성운동

에도 영향을 주어 여성교육을 통한 실력양성이 핵심적인 내용으로 떠오르
게 되었다는 것이다. 즉 1923년 한국 YWCA의 설립을 통해 여성 문맹퇴치
운동, 축첩 및 공창폐지를 통한 여성권위 회복운동, 생활개선운동으로
나아간 점을 강조하고 있다.

제3장은 기독교여성들의 근우회 참여과정과 탈퇴를 고찰하고 있다. 저
자는 기독교여성들의 근우회 탈퇴과정을 매우 중요하게 생각하면서, 1928
년 좌우합작 범민족적 여성단체인 근우회에서 기독교여성들이 대거 탈퇴
하는 과정을 기독교여성운동의 노선변화라는 측면에서 살피고 있다. 사회
주의 여성과의 이념적 갈등의 이유도 있지만, 가장 중요한 이유는 1930년
대 기독교운동이 농촌계몽운동으로 전환함에 따라 기독교여성운동도 지
방을 중심으로 한 농촌여성운동으로 매진하게 된 결과라고 파악하였다.

제4장은 1930년대 기독교여성들의 농촌계몽운동과 절제운동을 다루고
있다. 제3장 기독교여성의 근우회 탈퇴과정에서 언급된 농촌계몽운동으
로의 노선변화가 구체적으로 어떻게 나타나고 있는지를 살피고 있다.
1930년대 기독교여성운동은 농촌계몽운동에서 점차 절제운동으로 변화
되고 있었는데, 그 구체적 계기는 일제가 농촌진흥운동을 전개해 그동안
기독교의 농촌계몽운동의 입지가 협소해졌기 때문이다. 이것은 기독교여
성들의 절제운동이 활성화되는 계기가 되었다.

제5장에서는 일제의 ‘황국신민화’정책에 대한 기독교여성들의 대응논
리를 밝히고 있다. 1930년대 이후 일제의 신사참배 강요에 대응하는 기독
교 여성들은 저항과 순응이라는 두 가지 흐름으로 나아간다. 저항의 논리
가 유일신 신앙과 재림사상이라면, 순응의 논리는 불가피한 협력이라는
현실타협론이었다.

한국기독교여성운동의 ‘남성들과의 전략적 제휴’는 1910년대부터 1940
년대에 이르기까지 다양한 모습으로 나타난다. 대표적인 것이 1920년대

실력양성론, 1930년대 농촌계몽운동으로, 기독교운동이 전반적으로 취하고 있는 운동의 노선에 기독교여성운동은 비교적 충실하게 따랐다는 것이다. 따라서 기독교여성운동을 파악하기 위해서 기독교운동 전반이 어떤 노선을 견지하고 있는지를 파악하는 것이 중요하다. 이는 기독교여성운동의 독자성만을 부각하는 것이 아닌, 전체 운동 속에서 합류할 수 있는 지점을 찾아 공유하는 것이기도 하다.

저자의 이러한 문제인식은 한국기독교여성운동사를 전체적으로 조망하는데 있어서 매우 유용하다. 서구 기독교여성운동사와의 차별성을 보다 분명히 함으로써 한국기독교여성운동의 독특성을 규명할 수 있는 출발점이기 때문이다. 이러한 연구의 연계선상에서 식민지라는 한국의 콘텍스트, 그 콘텍스트 속에서 기독교여성이라는 정체성을 어떻게 확보했으며, 그 정체성이 기독교여성운동으로 어떻게 자리매김 되었는지를 보다 분명하게 부각시켜야할 것이다.

그간 한국기독교여성운동사는 아직 초보적인 차원에 머물러 있다. 연구자도 부족하고, 자료도 부족하다. 한국기독교여성사를 어떻게 보는 것이 올바른 것인가에 대한 토론도 부족하다. 이러한 상황에서 저자의 연구는 기독교여성사의 틈새를 채워가는 귀중한 작업이다. 틈새를 공략하고, 그 틈새를 채워 판판한 틀을 만들고 가다듬는 일이 남아있다. 또 예리한 예봉으로 틈새 사이에 삐죽 나와 있는 이물질을 제거하고, 매끄럽게 하는 마감 작업도 남아있다. 우리가 저자에게 거는 기대는, 사람들이 별로 돌보지 않았던 한국기독교여성사의 불모지를 그가 따끈따끈한 열정으로 여기저기 돌아다니며 개간할 수 있을 거라는 믿음이다.

기독교여성운동사의 영역은 학문적인 연구를 토대로 실천으로까지 나가야 한다는 점을 재삼재사 강조하고 싶다. 살아있는 글이 되기 위해선, 발로 뛰었던 우리 선배들의 역사인 기독교여성사의 구석구석을 책임지고 훑어야 하는 책임이 우리에게 있다. 우리의 역사인식은 사실의 확인과 해석을 넘어서, 오늘의 관점에서 역사를 다시 물어야 한다. 역사인식의 출발점이 바로 오늘이어야 한다는 것이다. 그러기에 여성사의 영역은 학문과 실천을 아우르는 것이다. 이런 점에서 윤정란의 연구는 그 출발점이다.

남북한 현대사의 제문제

인쇄일 초판 1쇄   2003년 10월 20일
        2쇄   2015년 06월 14일
발행일 초판 1쇄   2003년 10월 31일
        2쇄   2015년 06월 24일

지은이 한국민족운동사학회
발행인 정 찬 용
발행처   국학자료원
등록일 1987.12.21, 제17-270호
서울시 강동구 성내동 447-11 현영빌딩 2층
Tel : 442-4623~4 Fax : 442-4625
www. kookhak.co.kr
E- mail : kookhak2001@hanmail.net

ISBN 978-89-541-0119-6 *93900
가 격 18,000원